5
6月17日通り
Straße des 17. Juni
Brandenburger Tor
Pariser Platz
ケンピンスキー
コーミッシェ・オーパー
Komische Oper
P.92
リージェント
ベーベル広場
Bebelplatz
P.92
ロッコ・フォルテ・ホテル・デ・ローマ
Französische Str.
Schlossplatz
P.81
P.64
ホロコースト記念碑
Denkmal für die ermordeten Juden Europas
Französische Straße
フランス教会
Französischer Dom
P.69
ジャンダルメンマルクト
Gendarmenmarkt
P.89
リッター・シュポルト・ブンテ・ショコヴェルト
Ebertstr.
Wilhelmstr.
Mauerstr.
Hausvogteiplatz
ドイツ教会
Deutscher Dom
Stadtmitte
P.75
コンツェルトハウス・ベルリン
Konzerthaus Berlin
P.93
マンダラ・スイーツ
Mohrenstraße
楽器博物館
Musikinstrumenten-Museum
Ben-Gurion-Str.
P.92
リッツカールトン
P.62
ポツダム広場
Potsdamer Platz
ラウシュ・ショコラーデンハウス
P.89
Leipziger Str.
Spittelm
P.75
ベルリン・フィルハーモニー
Berliner Philharmonie
ポツダマー・プラッツ駅
Potsdamer Platz
Herbert-von-Karajan-Str.
Friedrichstr.
フリードリヒ通り
Markgrafenstr.
6
P.53,63
ゲメールデガレリー（絵画館）
Gemäldegalerie
Stresemannstr.
チェックポイント・チャーリー
Checkpoint Charlie
P.49,72
Zimmerstr.
Lindenstr.
壁博物館／ハウス・アム・チェックポイント・チャーリー
Mauermuseum Haus am Checkpoint Charlie
Kochstraße
Potsdamer Str.
新ナショナルギャラリー
Neue Nationalgalerie
P.65
テロのトポグラフィー
Topographie des Terrors
Köthener Str.
Kochstr.
P.80
ヴェストベルリン
Reichpietschufer
Oranienstr.
Heinrich-Heine-Str.

ベルリン交通路線図
(2020年1月現在)

※ベルリンの交通路線網は、たびたび変更されます。
現地では必ず最新の路線図を確認のうえご利用ください。

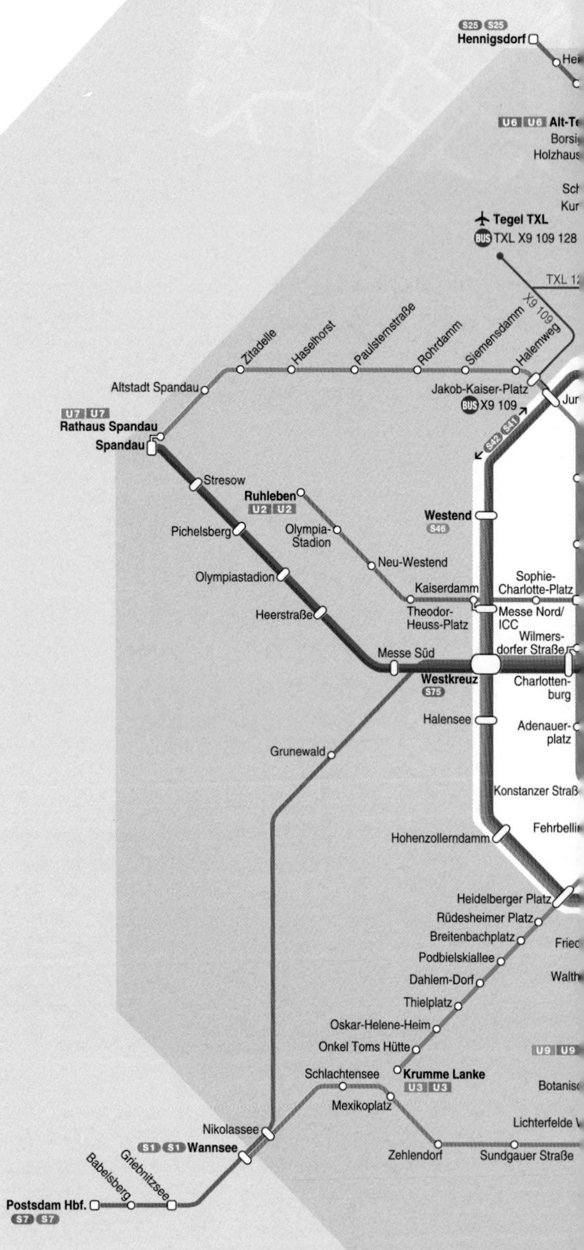

地球の歩き方 A16 ● 2020～2021年版

ベルリンと北ドイツ

ハンブルク ドレスデン ライプツィヒ

Berlin & Norddeutschland

地球の歩き方 編集室

CONTENTS

扉写真：ツェレの木組みの家

Tips!

旅のキーワード

ドイツへ行く前にこれだけ覚えておけば、旅がずっとスムーズにいくこと間違いなし。

バーンホーフ Bahnhof

駅のこと。大都市のメインステーションは、ハウプトバーンホーフHauptbahnhofといい、Hbf.と略記される。

ウーバーンとエスバーン U-Bahn & S-Bahn

U-Bahnは地下鉄(部分的に地上を走ることもある)、S Bahnは都市近郊電車で、大都市公共交通の中心となる。

マルクトプラッツ Marktplatz

町の中心となる広場Platzのこと。マルクトとは市場の意味で、現在も朝市やクリスマスマーケットの会場になる場合が多い。

ラートハウス Rathaus

市庁舎のこと。歴史的建築物である町が多く、ラーツケラーRatskellerというレストランを併設している町もある。

キルヒェ Kirche

キリスト教の教会。プファーキルヒェPfarrkircheは教区の中心となる教会、ドームDomは司教座大聖堂のこと。

道と住所について

ドイツ語で道を示す言葉には、英語のStreetにあたる「シュトラーセStraße (Str.と略記)」、細い路地を表す「ガッセGasse」がある。住所は通り名または広場名と、そのあとに続く住居番号Hausnummerで表す。住居番号は、通りの一方の側に奇数、反対側に偶数が並んでいる町が多いが、ベルリンのように例外の町もあるので注意。

歩き方の使い方

本書で用いられる記号・略号

本文中および地図中に出てくる記号で、ℹはツーリストインフォメーション（観光案内所）を表します。そのほかのマークは、以下のとおりです。

ACCESS 目的地への行き方

住 住所

📞 電話番号

ℹ ホームページアドレス
（http:// は省略）

ⓔ eメールアドレス

交 行き方

DB ドイツ鉄道

Ⓢ 都市圏の近郊電車

U 地下鉄

開 開館時間

営 営業時間

休 閉館日、休業日
クリスマスや年末年始などの休みは一部省略

料 入場料金

J e n a

イエナ

Map P.13-B2
人口 11万900人
市外局番（03641）

ACCESS
鉄道
ライプツィヒからREで約1時間5分。ヴァイマールから15分。

イエナの観光案内所
» Map P.185-A2
住Markt 16
📞(03641)498050
ℹwww.visit-jena.de
開4〜12月
10:00〜19:00（土・日曜、祝日〜15:00）
1〜3月
10:00〜18:00（土曜、祝日〜15:00）
休1〜3月の日曜

堂々としたヨハン・フリードリヒの銅像

大学町として知られるイエナは、若者の姿が目立つ活気のある町。今日のフリードリヒ・シラー大学は創立1558年の名門大学で、ここで教鞭を執った者のなかにシラーやゲーテ、哲学者ヘーゲルやフィヒテがいる。19世紀になって町の名を高めたのは精密機器の生産。なかでも良質なレンズを作ったカール・ツァイス社は、ドイツを代表する精密機械企業になっている。

イエナの歩き方
Walking

駅がふたつあり、旧市街の南にあるイエナ・パラディース駅Jena-Paradiesと、南西にあるイエナ西駅Jena-Westが旅の拠点となる。旧市街は歩いて回ることができる。イエナ・パラディース駅から中心部のマルクト広場Marktまでは徒歩10分ほど。こぢんまりとした広場で中央にザクセン選帝侯ヨハン・フリードリヒの銅像が立っている。広場の北側には市立博物館が、西側には市庁舎がある。シラーは広場の南東角に住んでいたことがあり、ゲーテとシラーは市庁舎脇の道を何度も行きつ戻りつしながら話し込んでいた。かつて大学校舎だった円形のイエン・タワーJenTowerは現在オフィスビルと展望台。町の北側に広い植物園があり、そこにプラネタリウムPlanetariumや**ゲーテ記念館**がある。**シラーのガーデンハウス**は町の南側に、**光学博物館**は中心部にある。

市庁舎

184 はみだし情報 イエナは光学機器製造会社カール・ツァイスの町として有名。光学博物館は2020年現在改修のため閉館中だが、2023年にリニューアルオープン予定。

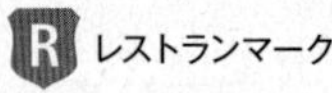

R レストランマーク

カフェ＆アート雑誌のショップ
ヴェストベルリン
westberlin　Map 折込表-C6
ミッテ 住Friedrichstr. 215 📞(030)25922745
ℹwww.westberlin-bar-shop.de
営月〜金曜8:30〜19:00（土・日曜10:00〜21:00）
休無休 CM A 交U6 Kochstraßeから徒歩2分
ベルリンの焙煎所の豆にこだわっており、エスプレッソ、アエロプレス、サイフォンなど入れ方まで選べる。キッシュなどの軽食も充実。

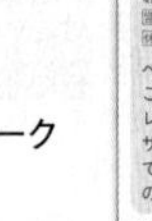

S ショップマーク

オーナー夫人厳選の布ものがおすすめ
フォアヴェンデ・ラーデン
Vorwende-Laden　Map P.47-B6
フリードリヒスハイン 住Thaerstr. 16
📞(030)41726450 ℹなし
営13:00〜18:00 休土〜月曜 C不可
交U5 Frankfurter Torから徒歩6分
店名は「壁崩壊前の店」の意。店内は足の踏み場もないほどに膨大な量の東ドイツ製の雑貨や食器、布などで埋め尽くされ、掘り出し物も多い。

H ホテルマーク
Ⓢシングルルーム
Ⓣダブルまたはツインルーム
※ホテルの料金は、特に記してある以外はトイレ、シャワーまたはバス、朝食、税、サービス料込みの1部屋当たりのもの

アパートメントタイプのホテル
マンダラ・スイーツ
The Mandala Suites　Map 折込表-B6
ミッテ 住Friedrichstr. 185-190
📞(030)202920 ℹthemandalasuites.de/de
料ⓈⓉ€144〜 朝食別€13.50〜 室80 CM V J A D 無料 交U2・6 Stadtmitteから徒歩1分
観光も買い物もショッピングも、すべて徒歩圏内で楽しめる立地。部屋にはフルキッチンや大き目のクローゼットがあり、ゆったりと過ごせる。

Tips!では、旅をもっと楽しむためのディープな情報を紹介しています。

はみだし情報は、本文で紹介しきれなかった補足的な説明や関連する耳寄りな情報を掲載しています。

読者投稿

読者の皆さんからいただいた投稿記事を紹介しています。

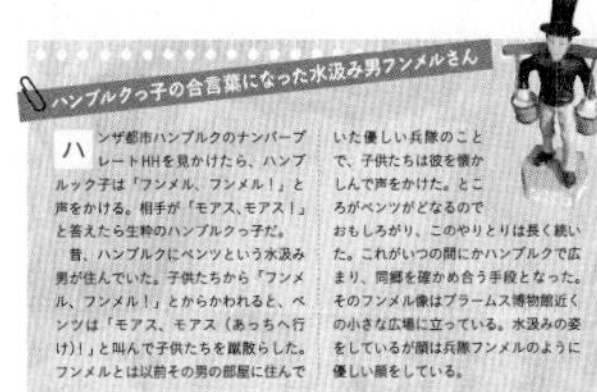

ハンブルクっ子の合言葉になった水汲み男フンメルさん

ハンザ都市ハンブルクのナンバープレートHHを見かけたら、ハンブルック子は「フンメル、フンメル！」と声をかける。相手が「モアス、モアス！」と答えたら生粋のハンブルクっ子だ。

昔、ハンブルクにベンツという水汲み男が住んでいた。子供たちから「フンメル、フンメル！」とからかわれると、ベンツは「モアス、モアス（あっちへ行け）！」と叫んで子供たちを蹴散らした。フンメルとは以前その男の部屋に住んでいた優しい兵隊のことで、子供たちは彼を懐かしんで声をかけた。ところがベンツがどなるのでおもしろがり、このやりとりは長く続いた。これがいつの間にかハンブルクで広まり、同郷を確かめ合う手段となった。そのフンメル像はブラームス博物館近くの小さな広場に立っている。水汲みの姿をしているが顔は兵隊フンメルのように優しい顔をしている。

その土地にゆかりの歴史上の人物や物語など、旅を深める読み物です。

地　図

——Ⓤ—— Uバーン（地下鉄）
——Ⓢ—— Sバーン（近郊電車）

- Ⓗ ホテル
- Ⓢ ショップ
- Ⓡ レストラン（含ビアホール）
- Ⓝ ナイトライフ&エンターテインメント
- ⓘ 観光案内所

ドイツ語表記の略

Straße = Str. ………通り
Bahnhof = Bhf. ………駅
中央駅＝Hbf. ………中央駅

- 住 住所
- 電話番号
- ホームページアドレス
- eメールアドレス
- 営 営業時間
- 休 休業日
- 料 宿泊料金
- 室 部屋数
- C クレジットカード
  - M マスターカード
  - V VISA
  - A アメリカン・エキスプレス
  - D ダイナースクラブ
  - J JCB
- Wi-Fi
- 交 行き方

■掲載情報のご利用に当たって

編集部では、できるだけ最新で正確な情報を掲載するよう努めていますが、現地の規則や手続きなどがしばしば変更されたり、またその解釈に見解の相違が生じることもあります。このような理由に基づく場合、または弊社に重大な過失がない場合は、本書を利用して生じた損失や不都合について、弊社は責任を負いかねますのでご了承ください。また、本書をお使いいただく際は、掲載されている情報やアドバイスがご自身の状況や立場に適しているか、ご自身の責任でご判断のうえでご利用ください。

■現地取材および調査時期

本書は、2019年10月から12月の現地取材および追跡調査データを基に編集されています。しかしながら時間の経過とともにデータの変更が生じることがあります。特にホテルやレストランなどの料金は、旅行時点では変更されていることも多くあります。本書のデータはひとつの目安としてお考えいただき、現地では観光案内所などでできるだけ新しい情報を入手してご旅行ください。

■発行後の情報の更新と訂正について

発行後に変更された掲載情報や訂正箇所は『地球の歩き方』ホームページ「更新・訂正情報」で可能なかぎり案内しています（ホテル、レストラン料金の変更などは除く）。また「サポート情報」もご旅行の前にお役立てください。

URL http://book.arukikata.co.jp/support

■URLについて

本書では、見どころ物件やホテル、レストランのウェブサイトを掲載しています。場合によってはドイツ語のみで英語や日本語のサイトがない場合もありますが、パソコンの翻訳機能などを使って英語や日本語に訳して読むことも可能なため、ドイツ語の場合も掲載しています。

■休業日・閉館日について

本書で「無休」としている場合でも、クリスマスや年末年始、イースター休暇中は休みになる場合がありますのでご注意ください。また上記期間や祝日では、休業・休館でなくても短縮営業・開館になる場合があります。

■投稿記事について

投稿記事は、多少主観的になっても原文にできるだけ忠実に掲載してありますが、データに関しては編集部で追跡調査を行っています。投稿記事のあとに（東京都　○○　'19）とあるのは、寄稿者と旅行年度を表しています。ホテルの料金など、追跡調査で新しいデータに変更している場合は、寄稿者データのあとに調査年度を入れ['20]としています。

※皆さんの投稿を募集しています（→P.351）

ジェネラルインフォメーション

基本情報

▶旅の言葉→ P.342

国　旗
上から黒、赤、黄金の三色旗

正式国名
ドイツ連邦共和国
Bundesrepublik Deutschland

国　歌
ドイツ人の歌　Deutschland-Lied

面　積
約35万7000㎢（日本の約94%）

人　口
約8302 万人

首　都
ベルリン Berlin。人口約375 万人

元　首
フランク＝ヴァルター・シュタインマイヤー大統領

政　体
連邦共和制。16の連邦州からなり、それぞれ州政府をもち、学校、警察、土地利用計画などの権限をもつ。EU加盟。

民族構成
ドイツ系がほとんど。ソルブ人、フリース人など少数民族も。総人口の 10% 弱は外国人。

宗　教
キリスト教（プロテスタントとカトリックがほぼ半数ずつ)、ほかにイスラム教、ユダヤ教など

言　語
ドイツ語

通貨と為替レート

▶現地通貨への両替→P.319

▶旅の予算とお金→P.318

通貨単位はユーロ（€、Euro、EUR とも略す)、補助通貨単位はセント（Cent)。それぞれのドイツ語読みは「オイロ」と「ツェント」となる。€1＝100 セント＝約121円（2020年2月現在)。紙幣の種類は 5、10、20、50、100、200 ユーロ。硬貨の種類は 1、2、5、10、20、50 セント、1、2 ユーロ。

1ユーロ

2ユーロ

5ユーロ

10ユーロ

20ユーロ

50ユーロ

100 ユーロ

200ユーロ

※ 500 ユーロ紙幣は廃止になりました。

1セント

2セント

5セント

10セント

20セント

50セント

電話のかけ方

▶インターネット→P.338
▶電話→P.338

日本からドイツへかける場合

国際電話会社の番号
001（KDDI）※1
0033（NTTコミュニケーションズ）※1
0061（ソフトバンク）※1
005345（au携帯）※2
009130（NTTドコモ携帯）※3
0046（ソフトバンク携帯）※4

＋ 国際電話識別番号 **010**

＋ ドイツの国番号 **49**

＋ 市外局番（頭の0は取る）**××**

＋ 相手先の電話番号 **123-456**

※ 1 マイライン・マイラインプラスの国際通話区分に登録している場合は不要（詳細は ❶www.myline.org）
※ 2 au は、005345 をダイヤルしなくてもかけられる
※ 3 NTT ドコモは事前に WORLD WING に登録が必要。009130 をダイヤルしなくてもかけられる
※ 4 ソフトバンクは 0046 をダイヤルしなくてもかけられる

※携帯電話の 3 キャリアは「0」を長押しして「+」を表示し、続けて国番号からダイヤルしてもかけられる

出入国

ビザ
観光目的の旅（90日以内の滞在）なら不要。

パスポート
ドイツを含むシェンゲン協定加盟国を出国する日から3ヵ月以上の残存有効期間が必要。

▶ドイツ入国、出国 → P.322

日本からのフライト時間

日本からドイツまでのフライトは、フランクフルト、デュッセルドルフ、またはミュンヘンまで直行便で約12時間。現在3社が直行便を運航。

▶北ドイツへのアクセス →P.320

気候

ドイツは冬の寒さが厳しい。南のミュンヘンでさえ、まだ札幌よりも北に位置する。したがって服装を考えるときは、北海道よりもやや寒いくらいのつもりで用意するといい。夏は、猛暑の年もあるが、雨が降るとかなり冷え込む日もあるので、カーディガン等の防寒着は必携。

ベルリンと東京の気温と降水量

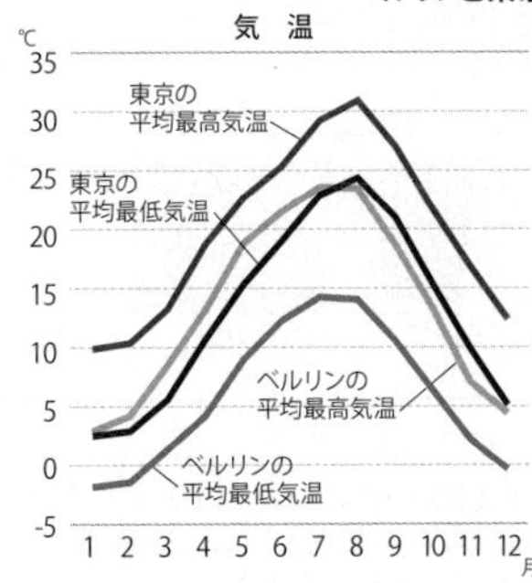

降水量
㎜
ベルリン
東京
200
150
100
50
0
1 2 3 4 5 6 7 8 9 10 11 12 月

時差とサマータイム

日本との時差は8時間で、日本時間から8時間引けばよい。つまり日本のAM7:00が、ドイツでは前日のPM11:00となる。これがサマータイム実施中は7時間の時差になる。

サマータイム実施期間は3月の最終日曜AM2:00（＝AM3:00）～10月の最終日曜AM3:00（＝AM2:00）。

ビジネスアワー

以下は一般的な営業時間の目安。店舗により30分～1時間前後の違いがある。

銀　行
銀行により異なるが、月～金曜の平日9:00～12:00と14:30～16:00、木曜は～17:30が一般的。土・日曜、祝日は休業。

デパートやショップ
月～土曜9:00～20:00（ただし土曜は店によっては閉店時間が早い場合もある）。日曜は閉店する店が多い。

レストラン
昼食11:30～14:00、夕食17:30～23:00頃。

ドイツから日本へかける場合

国際電話識別番号		日本の国番号		市外局番 or 携帯電話（頭の0は取る）		相手先の電話番号
00	＋	81	＋	××	＋	1234-5678

▶ドイツ国内通話
市内へかける場合は市外局番は不要。市外へかける場合は市外局番からダイヤルする

▶公衆電話のかけ方
①受話器を持ち上げる
②テレホンカードを、カードに示された矢印の方向に入れる
③相手先の電話番号を押す
④テレホンカードの残りが画面に表示される。通話が終わったら、受話器を置き、カードを取る

祝祭日（おもな祝祭日）

キリスト教にかかわる祝日が多く、年によって異なる移動祝祭日（※印）に注意。一部の州のみの祝日（★印）もある。

1/1		元日　Neujahr
1/6	★	三王来朝　Heilige Drei Könige
3/8	★	国際女性デー　Internationaler Frauentag
4/10（'20）4/2（'21）	※	聖金曜日　Karfreitag
4/12（'20）4/4（'21）	※	復活祭　Ostern
4/13（'20）4/5（'21）	※	復活祭翌日の月曜日　Ostermontag
5/1		メーデー　Maifeiertag
5/21（'20）5/13（'21）	※	キリスト昇天祭　Christi Himmelfahrt
5/31（'20）5/23（'21）	※	聖霊降臨祭　Pfingsten
6/1（'20）5/24（'21）	※	聖霊降臨祭翌日の月曜日　Pfingstmontag
6/11（'20）6/3（'21）	※★	聖体祭　Fronleichnam
8/15	★	マリア被昇天祭　Mariä Himmelfahrt
10/3		ドイツ統一記念日　Tag der Deutschen Einheit
10/31	★	宗教改革記念日　Reformationstag
11/1	★	諸聖人の日　Allerheiligen
12/25、12/26		クリスマス　Weihnachtstag

●祝祭日に準じる日
12/24と12/31は、多くの商店や博物館、美術館では、昼頃までの短縮営業あるいは休業となる。

電圧とプラグ

電圧は230Vで、周波数は50Hz。プラグはCタイプが一般的。日本国内用の電化製品は100～240Vに対応しているものもあるが、そのままでは使えないものが多く、変圧器が必要。

Cタイプ

差し込み口

ビデオ方式

ドイツのテレビ・ビデオ方式（PAL）は、日本（NTSC）と異なるので、一般的な日本国内用ビデオデッキでは再生できない。DVDソフトは地域コードRegion Codeが日本と同じ「2」と表示されていれば、DVD内蔵パソコンでは通常PAL出力対応なので再生できるが、一般的なDVDプレーヤーでは再生できない（PAL対応機種なら可）。

チップ

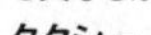

レストランやホテルなどの料金には、サービス料が含まれているので、必ずしもチップ（ドイツ語ではトリンクゲルトという）は必要ない。ただし、サービスをしてくれた人に対する感謝の意を表す心づけとして渡す習慣がある。額は、特別なことを頼んだ場合や満足度によっても異なるが、以下の相場を参考に。

タクシー
料金の10%程度。トランクに入れる荷物が多いときはやや多めに。

レストラン
店の格にもよるが、一般には5～10%ぐらいの額を、テーブルでの支払い時にきりのいい金額に切り上げて渡すか、おつりの小銭をテーブルに残す。

ホテル
ベルボーイやルームサービスを頼んだとき€1程度。

トイレ
係員が皿を前に置いて座っていたら€0.20～0.50程度。

飲料水

水道水は飲用できるが、硬水のものが多く、水が変わると体調を崩すこともあるので、敏感な人はミネラルウオーターを飲用したほうが安心。

ミネラルウオーターは、炭酸入り（ミット・コーレンゾイレ mit Kohlensäure）と、炭酸なし（オーネ・コーレンゾイレ ohne Kohlensäure または still）があり、レストランでは希望を伝えないと炭酸入りを持ってくることが多い。500mℓ入りはスーパーマーケットで買うと約€1、駅の売店などでは€1.50程度。

※本項目のデータはドイツ大使館、ドイツ観光局、外務省などの資料を基にしています。

郵　便

ドイツの郵便は民営化され Deutsche Post という。郵便業務に加えて、文具などを販売しているところも多い。駅やショッピングセンターの一角にカウンターを出しているところもある。一般的な営業時間は平日 8:00 ～ 18:00、土曜は～ 13:00、日曜、祝日は休み。ただし、小さな郵便局では昼休みを取ったり、大都市の中央駅の郵便局は夜遅くまで営業するなど、さまざま。

郵便料金

日本へのエアメールの場合、はがき €0.95、封書が 50g まで €1.70。2kg までの小型包装物 Päckchen、€16。小包 Paket は 5kg まで €46.99。

シンボルカラーの黄色にホルンのマークが目印

▶郵便
→ P.339

税　金

ドイツではほとんどの商品に付加価値税 Umsatzsteuer（USt. と略す）が 19%かかっている（書籍や食料品などは軽減）。旅行者は手続きをすればこの税金は戻ってくる（最大 14.5%）。ちなみに戻ってくるのは買い物で支払った税金。ホテル代や飲食代のぶんは還付されない。

▶免税手続きについて
→ P.335

安全とトラブル

フランクフルトやベルリンなどの空港や駅周辺では、スリの被害が出ている。グループツアーが利用するような大型ホテルでは、ロビーやレストランでの置き引きも起きている。

警察　☎110

消防　☎112

▶旅のトラブル対策
→ P.340

▶ドイツの日本大使館、総領事館→ P.341

年齢制限

ドイツでは 16 歳未満の飲酒と 18 歳未満の喫煙は禁止。

レンタカーは、レンタカー会社や車種によって年齢制限があり、クレジットカードの提示も必要。

▶レンタカーの旅
→ P.331

度量衡

日本の度量衡と同じで距離はメートル法。重さはグラム、キログラム、液体はリットル。なお、量り売り食品の場合は、500g をアイン・プフント ein Pfund、250g をアイン・ハルベス・プフント ein halbes Pfund ということもある。

その他

トイレ

トイレはトアレッテ Toilette またはヴェー・ツェー WC でも通じる。扉に「00」と表示しているところもある。**女性用は Damen または Frauen**、**男性用は Herren または Männer**、あるいは頭文字の D と H だけの表示の場合もある。デパートではレストランフロアだけにあることも。博物館などのトイレはきれいなので、立ち寄るように心がけておくといい。駅のトイレは有料（€0.50 ～ 1 程度硬貨が必要）。使用中の表示は**ベゼツト besetzt**、空きは**フライ frei**。

マナー

ドイツではあいさつが大切。店に入ったら店員やウエーターに「こんにちはハロー Hallo、または グーテン・ターク Guten Tag」、サービスを受けたら「ありがとう　ダンケ Danke」、出るときは「さようなら チュス Tschüss」と言おう。これだけで応対してくれる人の態度も変わってくる。教会や寺院などの宗教施設に入場する際は、短パンやノースリーブなど肌の露出の多い服装は避けること。エスカレーターでは右側に立ち、左側を空けるのが一般的。

Orientation

北ドイツのオリエンテーション

ドイツは16の州から成り立っている。本書は南と西を除いた、フランクフルトから北に位置する北部ドイツと東部ドイツに焦点を当てている。取り上げる州は、ヘッセン、テューリンゲン、ザクセン、ザクセン・アンハルト、ニーダーザクセン、ブランデンブルク、ベルリン、メクレンブルク＝フォアポンメルン、シュレスヴィヒ・ホルシュタイン、ハンブルク、ブレーメンの11州。ベルリンはブランデンブルク州の中に、ブレーメンはニーダーザクセン州の中に、それぞれ島のように独立している。ハンブルクはニーダーザクセン州とシュレスヴィヒ・ホルシュタイン州に挟まれている。本書は全体をテーマごとに6つの章に分けてある。

ベルリンとその周辺

首都ベルリンは単独で訪れるに値する大都市。クラシック音楽、ジャズ・ロック、古典・現代美術、絵画、建築、カヴァレット、クラブ、ショッピングなど、さまざまな分野で傑出している。またベルリンは20世紀ドイツの歴史を牽引してきた町なので、ここを訪れると特にヨーロッパ近代史を知ることができる。

ドレスデンとその周辺

ザクセン選帝侯国の首都として栄えたドレスデンを中心に、周辺には近郊に建てられた選帝侯の離宮や狩りの館、マイセン焼で名高い古都マイセン、そしてザクセン地方のスイスと呼ばれる名勝がある。どの場所にもドレスデンから日帰りで訪れることができる。エルベ川を遡るとチェコはすぐ近く。

ハンブルクとその周辺

北ドイツを代表するエリアで、リューネブルクやリューベック、ヴィスマールなどかつてのハンザ同盟都市が点在している。どの町にもすばらしいれんがの館が並び、珍しいハンザ商館も残っていて、レストランなどになっている。ツェレやシュターデ、シュヴェリーンなど、美しい北ドイツの町もある。

メルヘン街道

ヘッセン、ニーダーザクセン、ブレーメンの3つの州にまたがっている。ヘッセンとニーダーザクセンはドイツのなかでも木組みの家並みが美しく、ブレーメンはれんが造りの館が美しい。全体に小さな町が多く、のんびり観光できるのが特徴。グリム童話ゆかりの地なので、民話や伝説が好きな人には興味深い街道。

フランクフルトとゲーテ街道

フランクフルトからドレスデンまでヘッセン、テューリンゲン、ザクセンと、3つの州にまたがる街道。特にテューリンゲン州に町が集中しているので、行く先々で名物テューリンゲン風ソーセージを味わうことができる。ゲーテ、シラー、バッハ、ルターなど、ドイツの古典文化が集約された魅力ある街道だ。

海沿いのリゾート地

ニーダーザクセン州からシュレスヴィヒ・ホルシュタイン州へかけての沿岸には大規模な浅瀬が広がり、ヴァッテン海として世界遺産に登録されている。メクレンブルク＝フォアポンメルン州のバルト海沿岸は、ベルリンに近いことからドイツ皇帝のリゾート地として開けていた。砂浜に風避け椅子が並ぶ、独特なドイツの海のリゾート地を体験できる。

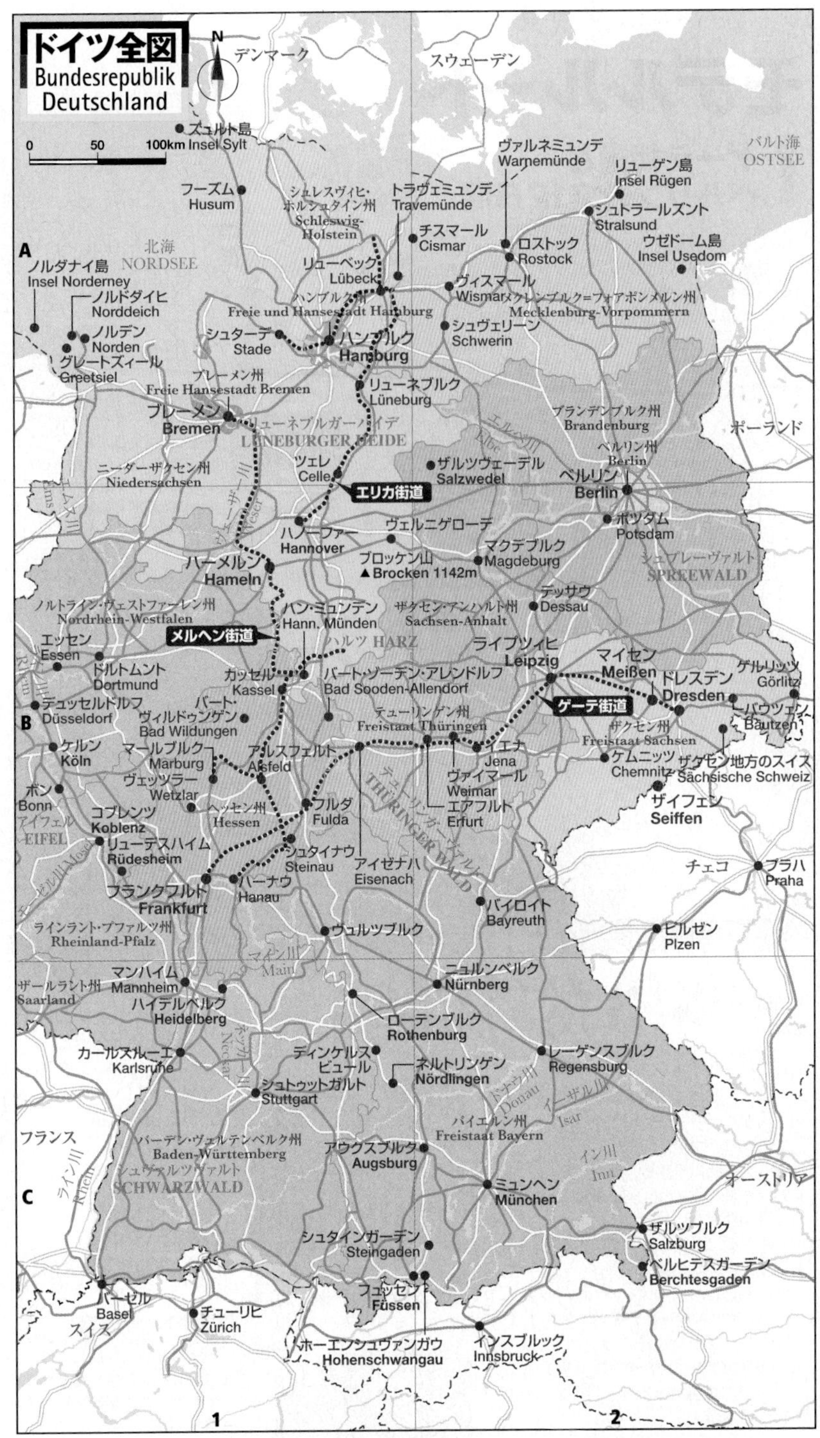
ドイツ全図
Bundesrepublik Deutschland
デンマーク
スウェーデン
バルト海
OSTSEE
北海
NORDSEE
ズュルト島 Insel Sylt
フーズム Husum
シュレスヴィヒ・ホルシュタイン州 Schleswig-Holstein
トラヴェミュンデ Travemünde
チスマール Cismar
ヴァルネミュンデ Warnemünde
リューゲン島 Insel Rügen
シュトラールズント Stralsund
ロストック Rostock
ウゼドーム島 Insel Usedom
ノルダナイ島 Insel Norderney
ノルドダイヒ Norddeich
ノルデン Norden
グレートズィール Greetsiel
リューベック Lübeck
ヴィスマール Wismar
メクレンブルク=フォアポンメルン州 Mecklenburg-Vorpommern
ハンブルク州 Freie und Hansestadt Hamburg
シュターデ Stade
ハンブルク Hamburg
シュヴェリーン Schwerin
ブレーメン州 Freie Hansestadt Bremen
リューネブルク Lüneburg
ブレーメン Bremen
リューネブルガーハイデ LÜNEBURGER HEIDE
ブランデンブルク州 Brandenburg
ポーランド
ベルリン州 Berlin
ニーダーザクセン州 Niedersachsen
ツェレ Celle
ザルツヴェーデル Salzwedel
ベルリン Berlin
エリカ街道
ポツダム Potsdam
ハノーファー Hannover
ヴェルニゲローデ
マクデブルク Magdeburg
ブロッケン山 ▲Brocken 1142m
シュプレーヴァルト SPREEWALD
ハーメルン Hameln
テッサウ Dessau
ノルトライン・ヴェストファーレン州 Nordrhein-Westfalen
ハン・ミュンデン Hann. Münden
ザクセン・アンハルト州 Sachsen-Anhalt
メルヘン街道
ハルツ HARZ
ライプツィヒ Leipzig
マイセン Meißen
ドレスデン Dresden
ゲルリッツ Görlitz
エッセン Essen
ドルトムント Dortmund
カッセル Kassel
バート・ゾーデン・アレンドルフ Bad Sooden-Allendorf
ゲーテ街道
バウツェン Bautzen
デュッセルドルフ Düsseldorf
バート・ヴィルドゥンゲン Bad Wildungen
テューリンゲン州 Freistaat Thüringen
ザクセン州 Freistaat Sachsen
ケルン Köln
マールブルク Marburg
アルスフェルト Alsfeld
イエナ Jena
ケムニッツ Chemnitz
ザクセン地方のスイス Sächsische Schweiz
ヴェッツラー Wetzlar
ヴァイマール Weimar
ボン Bonn
ヘッセン州 Hessen
フルダ Fulda
エアフルト Erfurt
ザイフェン Seiffen
コブレンツ Koblenz
アイフェル EIFEL
テューリンガーヴァルト THÜRINGER WALD
リューデスハイム Rüdesheim
シュタイナウ Steinau
アイゼナハ Eisenach
チェコ
プラハ Praha
フランクフルト Frankfurt
ハーナウ Hanau
バイロイト Bayreuth
ラインラント・プファルツ州 Rheinland-Pfalz
ヴュルツブルク
ピルゼン Plzen
マイン川 Main
マンハイム Mannheim
ザールラント州 Saarland
ニュルンベルク Nürnberg
ハイデルベルク Heidelberg
ローテンブルク Rothenburg
カールスルーエ Karlsruhe
ディンケルスビュール
ネルトリンゲン Nördlingen
レーゲンスブルク Regensburg
シュトゥットガルト Stuttgart
ドナウ川 Donau
イーザル川 Isar
バイエルン州 Freistaat Bayern
フランス
バーデン・ヴュルテンベルク州 Baden-Württemberg
ライン川 Rhein
シュヴァルツヴァルト SCHWARZWALD
アウクスブルク Augsburg
イン川 Inn
オーストリア
ミュンヘン München
ザルツブルク Salzburg
シュタインガーデン Steingaden
ベルヒテスガーデン Berchtesgaden
バーゼル Basel
フュッセン Füssen
チューリヒ Zürich
スイス
ホーエンシュヴァンガウ Hohenschwangau
インスブルック Innsbruck
エルベ川 Elbe
ヴェーザー川 Weser
エムス川 Ems
モーゼル川 Mosel
ネッカー川 Neckar
0 50 100km
N
A
B
C
1
2

北ドイツの旅 モデルルート

1 ゲーテ街道とベルリンの旅12日間

初めてのドイツ旅行にもおすすめ

1日目	午前：日本発 午後：フランクフルト着、フランクフルト観光	[フランクフルト泊]
2日目	午前：アイゼナハへ　アイゼナハ観光	[アイゼナハ泊]
3日目	午前：エアフルトへ　エアフルト観光	[エアフルト泊]
4日目	午前：ヴァイマールへ　ヴァイマール観光	[ヴァイマール泊]
5日目	午前：ライプツィヒへ　ライプツィヒ観光	[ライプツィヒ泊]
6日目	午前：ライプツィヒ観光　午後：ドレスデンへ	[ドレスデン泊]
7日目	ドレスデン観光	[ドレスデン泊]
8日目	ドレスデンから日帰りでマイセン観光 またはザクセン地方のスイスへ	[ドレスデン泊]
9日目	午前：ベルリンへ　午後：ベルリン観光	[ベルリン泊]
10日目	ベルリン観光	[ベルリン泊]
11日目	ベルリンからフランクフルト経由で日本へ	
12日目	日本着	

ルート解説●ドイツ文化の原点がある町々を訪れる。どの町にも2泊してじっくり見学したいところだが、比較的移動距離が短いので朝早く移動すれば1泊でもひととおり観光できる。

←マイセン磁器工場での絵付け

2 ベルリンとポツダム、ドレスデン7日間

2都市集中ルート

Model Route

ベルリン
ポツダム
マイセン
ドレスデン

1日目	日本発　ヨーロッパの都市経由でベルリンへ	[ベルリン泊]
2日目	ベルリン観光	[ベルリン泊]
3日目	ベルリンから日帰りでポツダム観光	[ベルリン泊]
4日目	午前：ドレスデンへ移動　午後：ドレスデン観光	[ドレスデン泊]
5日目	ドレスデン&マイセン観光	[ドレスデン泊]
6日目	ドレスデンからヨーロッパの都市経由で日本へ	
7日目	日本着	

ルート解説●1週間の限られた休暇で訪れるなら、滞在型にして首都ベルリンとドレスデンに的を絞ってじっくり観光する。移動回数が少ないので時間の無駄がない。

ドレスデンのフラウエン教会→

3 メルヘン街道とハンブルク10日間

メルヘンの古城に泊まるロマンティックな旅

1日目	日本発 午後：フランクフルト着、シュタイナウへ移動	[シュタイナウ泊]
2日目	午前：シュタイナウ観光 午後：アルスフェルトへ	[アルスフェルト泊]
3日目	カッセルへ移動、市内観光	[カッセル泊]
4日目	午前：ヴィルヘルムスヘーエ観光 午後：トレンデルブルクへ	[トレンデルブルク城泊]
5日目	午前：トレンデルブルクからハーメルンへ ハーメルン観光	[ハーメルン泊]
6日目	午前：ハーメルンからブレーメンへ ブレーメン観光	[ブレーメン泊]
7日目	午前：ブレーメン観光　午後：ハンブルクへ	[ハンブルク泊]
8日目	ハンブルク観光	[ハンブルク泊]
9日目	ハンブルクからヨーロッパの都市経由で日本へ	
10日目	日本着	

ルート解説●フランクフルトからすぐにシュタイナウへ移動し、ブレーメンまでメルヘン街道を北上するルート。古城ホテルは部屋数が少ないので早めの予約を。

←ハーメルンのネズミ捕り男野外劇

どのエリアも特徴があるので、興味と目的に合ったルートを考えてみよう。
近代ヨーロッパ史に興味があるならベルリンは欠かせない。ドイツ文学や音楽が好きならば
ゲーテ街道をコースに入れよう。ロマンティックな童話・伝説の世界に浸るなら
メルヘン街道へ。これまで日本では知られていなかった
海のリゾート地は新ルートで旅の穴場だ。

4 ハンブルクとその周辺8日間

さわやかな港町、ハンブルクを起点にした旅

1日目	日本発　ヨーロッパの都市経由でハンブルクへ	[ハンブルク泊]
2日目	午前：ツェレへ 午後：リューネブルクへ日帰り観光	[ハンブルク泊]
3日目	リューベックへ日帰り観光	[ハンブルク泊]
4日目	シュヴェリーンへ日帰り観光	[ハンブルク泊]
5日目	ハンブルク観光　夕方：ブレーメンへ移動	[ブレーメン泊]
6日目	ブレーメン観光	[ブレーメン泊]
7日目	ブレーメンからヨーロッパの都市経由で日本へ	
8日目	日本着	

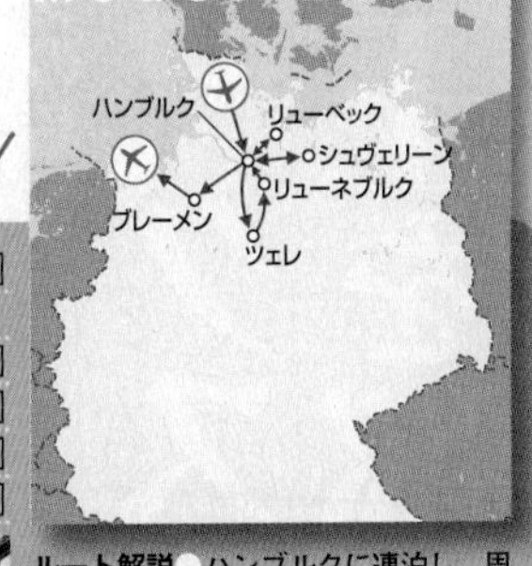

ルート解説●ハンブルクに連泊し、周辺の魅力的な町を日帰りで訪れる。トラヴェミュンデやヴィスマールなどハンザ街道の町へ日帰りも可能。真夏ならズュルト島へ1泊するのもおすすめ。

木組み家屋が美しいツェレの町並み➡

5 海のリゾート地10日間

ハンザ都市巡りと海のリゾート地を体験

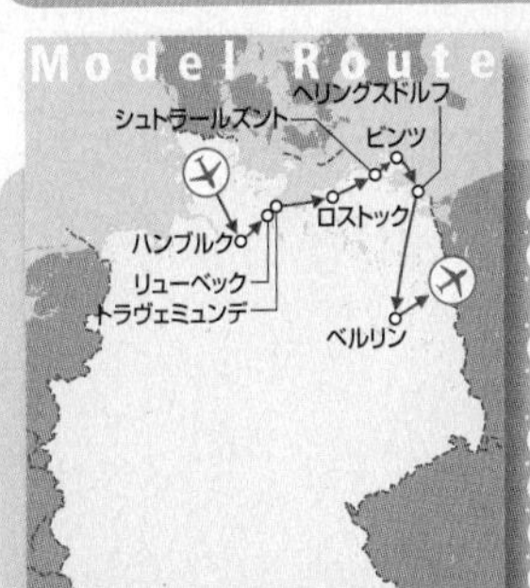

1日目	日本発　ヨーロッパの都市経由でハンブルクへ	[ハンブルク泊]
2日目	午前：ハンブルク観光 午後：リューベック経由でトラヴェミュンデへ	[トラヴェミュンデ泊]
3日目	午前：ロストックへ移動 午後：ヴァルネミュンデ観光	[ロストック泊]
4日目	ロストックから日帰りでSLモーリー号の旅	[ロストック泊]
5日目	午前：シュトラールズントへ移動 市内観光	[シュトラールズント泊]
6日目	午前：リューゲン島のビンツへ移動　島観光	[ビンツ泊]
7日目	午前：ウゼドーム島へ移動　島観光	[ヘリングスドルフ泊]
8日目	午前：ベルリンへ移動	[ベルリン泊]
9日目	ベルリンからヨーロッパの都市経由で日本へ	
10日目	日本着	

ルート解説●ぜひ体験したい海のリゾート地。ヨーロッパでも珍しい風避け椅子が並ぶビーチへ行ってみよう。もし天気が悪ければハンザ時代に築き上げられた立派な町を見学し、ハンザの文化に触れる。

バルト海有数の海のリゾート地ビンツ➡

6 北ドイツ周遊10日間

駆け足で巡る北ドイツ一周

1日目	日本発フランクフルト着、アイゼナハへ	[アイゼナハ泊]
2日目	アイゼナハ観光	[アイゼナハ泊]
3日目	午前：ブレーメンに移動　ブレーメン観光	[ブレーメン泊]
4日目	午前：ハンブルクへ移動　ハンブルク観光	[ハンブルク泊]
5日目	午前：ICEでベルリンへ移動　ベルリン観光	[ベルリン泊]
6日目	ベルリン観光	[ベルリン泊]
7日目	午前：ドレスデンへ移動　ドレスデン観光	[ドレスデン泊]
8日目	午前：ライプツィヒへ移動　ライプツィヒ観光	[ライプツィヒ泊]
9日目	ライプツィヒからフランクフルト経由で日本へ	
10日目	日本着	

ルート解説●メジャーな町に1泊ずつする欲ばり旅。移動は大変だがドイツの鉄道旅行は快適。次回は気に入った町にじっくり泊まるというスタディツアー的なルートだ。

⬅テレビ塔がそびえるベルリン・ミッテ地区

ザクセンの名物王

アウグスト強王を巡る旅

ルートヴィヒ2世やフリードリヒ大王と並んで話題性のある君主といえばザクセンの選帝侯フリードリヒ・アウグスト1世である。人前で蹄鉄を素手で押し曲げたという言い伝えがあるほど異常な怪力であったことから「アウグスト強王」の異名をもつ。ザクセンには彼なしでは語れないほど、あちらこちらに足跡を残している。

ドレスデンのレジデンツシュロスにあるアウグスト強王の肖像画

運も強ければ女性にも強かったアウグスト強王

フリードリヒ・アウグスト１世は選帝侯ヨハン・ゲオルク３世の次男として1670年に生まれる。父が1691年に亡くなると、兄のヨハン・ゲオルク４世が選帝侯を受け継いだ。ところが1694年に兄が急逝したため、いきなり選帝侯の位が転がり込む。ザクセン選帝侯になったことで1697年にはポーランド王にも選出された。

妻クリスティアーネとの間には1696年に嫡子フリードリヒ・アウグスト２世が誕生する。しかし同じ年に強王の妾ケーニヒスマルク伯爵夫人も男子を出産。強王には公式な妾が11人もいたが、それ以外に関係のあった女性は数知れず、バイロイト辺境伯妃ヴィルフェルミーネは、庶子は354人にのぼる、と明かしている。強王はほとんどの子供を認知せず、ケーニヒスマルク伯爵夫人の子モーリス・ドゥ・サックスもやっと15歳になって認知される。彼はフランス大元帥になり、強王の庶子の中で最も出世した。

上／現在レジデンツ・シュロス（→P.207）と呼ばれているザクセン選帝侯の城　左／レジデンツ・シュロスからコーゼルの館タッシェンベルクパレーに架けられた渡り廊下

左／現在のタッシェンベルクパレー（→P.217）　下／夫と離婚して強王の公妾となったアンナ。強王は神聖ローマ皇帝からアンナに女伯爵の位を得る。それ以来コーゼル女伯爵と呼ばれた

寵愛されたコーゼル女伯爵の運命

公妾の中で最も有名なのがアンナ・コンスタンティア・フォン・コーゼルである。アウグスト強王はコーゼルのために宮殿の隣にあった館を改築して彼女を住まわせた。今日ホテルになっているタッシェンベルクパレーで、宮殿と行き来できるように３階部分に渡り廊下がある。郊外のエルベ川上流にあったピルニッツの館もコーゼルに与えた。

英知に富んだコーゼルは王の政治に対して批判や意見をするようになり側近から疎まれる。強王はポーランド王も兼ねており、一時期王位を下りていたが1709年に再びポーランド王に返り咲いた。そのため側近からポーランド人の公妾を薦められ、強王はそれに応じた。新しい妾に対するコーゼルの激しい嫉妬に強王は悩まされる。そして彼女が自分との間に生まれた息子を後継ぎに認めさせようとしたため強王は1713年にコーゼルを手放した。これに対するコーゼルの抵抗が激しく、とうとう1715年、コーゼルはドレスデンから離れたシュトルペン城（→P.231）へ幽閉されてしまった。それから49年という長い歳月をここで過ごし、84歳で世を去る。簡素な墓碑がシュトルペン城の庭にある。

ツヴィンガー宮殿は住むための城ではなく、建物は温室、中庭は催し物会場だった

ドレスデンをバロックの優雅な都にした アウグスト強王

強王の関心は女性ばかりではなかった。建築にも高い関心があり、若いころからフランスやイタリアを訪れて建物や様式を見学していた。強王が手掛けた多くの建物の中で3大建築と言われる城が今日、ザクセン州で人気の観光スポットになっている。

ツヴィンガー宮殿 →P.208

バロック建築の巨匠ペッペルマンを起用し、ドレスデン城の向かい側に1711年から8年の歳月をかけてツヴィンガー宮殿を建設した。ガラス張り単層の細長い建物で囲まれた中庭では結婚式も行われている。ドイツ・バロック建築の典型と称えられ、ドレスデンの宮廷文化の頂点に立つ「ツヴィンガー」を強王はドイツ建築史に残した。

左／モーリッツブルク城の部屋は珍しい革製の壁で覆われている　下／水上の城は遠くからも美しさを放つ

モーリッツブルク城 →P.213

強王は1703年にモーリッツブルクをバロック様式の城に建て替える。狩りが好きな彼は自らが仕留めた鹿の角や、王侯貴族から贈られた珍しい角を城内に展示した。2頭の鹿が角を絡ませたまま死んでしまったという、絡み合った角もある。

ピルニッツ城 →P.212

エルベ河畔のピルニッツ城は選帝侯だった兄が妾のために建設した離宮だった。兄の死によってピルニッツ城を得た強王はこれをコーゼルに与えるが、その館は火災で焼失してしまった。1721年からペッペルマンによって城が建て替えられ、今日の城が完成した。随所に中国や日本的なモチーフがふんだんに使われており、強王の東洋趣味が伺える。

ピルニッツ城の山の城内部には日本風壁画が、水の城には外壁に中国風レリーフが施されている

強王の白磁器に対する強い執着

ヨーロッパで初めて生まれた白磁器

18世紀になるまでヨーロッパには白磁器が存在せず、日本や中国の白磁器がもてはやされていた。強王はザクセンで白磁器を作ることに執着し、錬金術師とされるヘトガーに製法を研究させていた。これに物理学者チルンハウスらを加え、とうとう1709年に白磁の製法が発見される。1710年からマイセンのアルブレヒト城が工場となり、生産が開始された。強王は自国の白磁器をライプツィヒ見本市に出してヨーロッパ諸国に売り込んでいる。当時、白磁は富と権力のシンボルでもあった。

上／ツヴィンガー宮殿にあるマイセン磁器アウグスト王の騎馬像　右／アルブレヒト城内には白磁器が完成したことを強王に報告するヘトガーたちの壁画がある

壊れやすいパンが飲み過ぎの目安に

強王は毎日マイセンへ使いを出して白磁の製造状況を調べていた。みんなマイセンでおいしいワインを飲んで来るため、王はマイセンのパン屋に薄いパンを焼かせて持ち帰らせた。壊して持ち帰れば酒の飲み過ぎ。フンメルと呼ばれるそのパンは、今日マイセンの名物になっている。

上／パン屋に焼かせたフンメルという薄いパン　下／鍵型のマイセン磁器ワイン入れ

兵隊王との取引に成功

アウグスト強王の時代、プロイセンではフリードリヒ・ヴィルヘルム1世が王位にあった。彼は優秀な兵隊を集めるのが趣味で兵隊王と呼ばれていた。1717年、強王は兵隊王と交渉し、兵隊王が母から受け継いだ大切な東洋の磁器151点と強王の優秀なザクセンの竜騎兵600人の交換に成功。見事に景徳鎮や有田の磁器を手に入れた。これらはドラゴナーヴァーゼンDragonervasen（竜騎兵壺）と呼ばれ、一部がツヴィンガー宮殿磁器収集室に展示されている。

上／ドラゴナーヴァーゼンの一部、景徳鎮の壺　下／2階の「新しい緑の丸天井」に展示されている“黄金のコーヒーセット”は金細工とは思えぬ精巧さ

強王の類稀なる芸術品コレクション

“ムガル帝国君主アウラングゼーブの誕生日のデリー”は大勢が祝いに訪れる様子を精密に再現した傑作中の傑作

強王ポーランドに死す

強王はドレスデン城に「緑の丸天井」とよばれる部屋を造り、そこへ王侯貴族を招いてめずらしい金銀細工や宝石を披露した。宮廷のお抱え金細工師デイングリンガーが手掛けたムガル帝国の宮廷は、細かな細工が施された見事な作品。強王は彼にコーヒー茶碗セットのテーブル飾りを造らせているが、銀のカップにエナメルを施して白磁器のように見せている。まだ白磁がなかった頃の作品だった。

ポーランド王でもあったアウグスト強王は1733年、ワルシャワで62年の生涯を閉じた。遺体はワルシャワに葬られ心臓はドレスデンの三位一体大聖堂（→P.210）に安置されている。

北ドイツ注目エリア２
音楽で巡る魅力的な

アイゼナハ ➜P.164

町の中心にあるゲオルゲン教会

バッハハウス

旅のスタートはJ.S.バッハの生まれ故郷から。洗礼を受けたゲオルゲン教会が残る。生家のすぐ近くにあった一族の家は、現在バッハハウスとして世界最大のバッハ資料を所有する博物館になっている。町を見下ろす中世の山城ヴァルトブルク城は、ワーグナー『タンホイザー』の舞台で、市内には世界第2のワーグナー・コレクションを持つロイター・ヴィラもある。世界遺産のヴァルトブルク城に登って、ワーグナーが『タンホイザー』へと昇華した中世の吟遊詩人たちの歌合戦伝説の世界へ。

Check!
- □ バッハハウス P.167
- □ ゲオルゲン教会 P.165
- □ ヴァルトブルク城 P.165
- □ ロイター・ヴィラ／ワーグナー博物館 P.169

ヴァイマール ➜P.176

リストはこの家でピアノを教えていた

音楽に造詣の深かったヴァイマール宮廷でJ.S.バッハはオルガニストを、フランツ・リストは宮廷楽長を務めた。ゲーテとシラーによってヨーロッパ文芸の中心地となり、シラーの住居で書かれた『ヴィルヘルム・テル（ウィリアム・テル）』をロッシーニがオペラ化したり、ゲーテの住居で書かれた『ファウスト』を基に、リストが『ファウスト交響曲』を作曲しヴァイマールで初演したり、彼らの創造精神が音楽家たちに大いにインスピレーションを与えた。

質素なシラーの住居の内部

Check!
- □ ゲーテの住居 P.178
- □ シラーの住居 P.179
- □ リストハウス P.180

北ドイツの町

ライプツィヒのトーマス教会の前にあるバッハの銅像

北ドイツには音楽とともに歴史を刻んできた町がいくつもある。それらの町では音楽家の足跡をたどったりするだけでなく、生の演奏に触れる機会もたくさんある。世界に名だたる楽団の演奏に耳を傾けたり、壮麗な歌劇場の舞台に酔いしれたり、少年たちの清らかな歌声に感動したり……。充実したドイツの旅を楽しむために、「音楽」をテーマに魅力的な町を巡ってみよう。

音楽を巡る旅のヒント

♪ どの町でどんな公演があるかをチェック。自分が観たい公演をリストアップし、それぞれのスケジュールを確認して、町の巡り方を考える。

♪ 公演は夕方以降が多い。基本の行動パターンは、移動は午前中。日中は観光スポット、見どころを訪れ、夜は音楽鑑賞。

♪ ホテルの事前手配は必須。できるだけ移動に時間がかからないところをおさえる。公演は夜が多いので、夜間で歩いても問題のない場所に。

♪ TPOを考え、ふさわしい服装を準備。オペラ鑑賞などは、おしゃれしたほうが楽しめる。

左／ベルリンフィルの本拠地　右／たくさんの古典楽器がならぶアイゼナハのバッハハウス

ステージを観客席が何重にも取り囲む、ハンブルクのエルプフィルハーモニーのホール
©Claudia Höehne

©Jens Gerber

ライプツィヒ → P.188

左／ゲヴァントハウス管弦楽団は世界最古の市民オーケストラ　右／トーマス教会の合唱団。彼らの歌声が聞けるのは金・土曜　下／メンデルスゾーンの家で指揮者体験ができる

ドイツを代表する音楽の町。J.S.バッハは市の音楽活動を統括するトーマス教会音楽監督を務め、少年合唱団を率いてトーマス教会で『マタイ受難曲』を初演した。ライプツィヒにあふれる音楽は、シューマンやここで生まれたワーグナーを音楽家の道へと方向づけた。世界最古の市民階級オーケストラのゲヴァントハウス管弦楽団ではメンデルスゾーンが指揮者として活躍。彼が設立したドイツ初の音楽院では、滝廉太郎がヨーロッパにおける日本人男性初の音楽留学生となった。ほかにもライプツィヒゆかりの音楽家はテレマン、クララ・シューマン、グリーグ、マーラーと枚挙にいとまがない。市街に数多くの音楽遺産があり、音楽史跡巡り（ライプツィヒ音楽軌道）が楽しい。

音楽軌道のルート上にはこのマークがつけられている

Check!

- □ ライプツィヒ音楽軌道 P.193
- □ ゲヴァントハウス・コンサートホール P.192
- □ メンデルスゾーンの家 P.194
- □ シューマンの家 P.194
- □ オペラ座 P.189
- □ ニコライ教会 P.192
- □ カフェ・バウム P.195
- □ トーマス教会 P.190
- □ バッハ博物館 P.191
- □ ライプツィヒ大学 P.194
- □ 滝廉太郎記念碑 P.195

ドレスデン ➔ P.204

世界最古の楽団のひとつに数えられるシュターツカペレ・ドレスデンや、人気のドレスデン・フィルハーモニー管弦楽団を擁する文化都市。宮廷劇場ではウェーバーやワーグナーが指揮者を務め、ワーグナー『タンホイザー』やリヒャルト・シュトラウスの主要作品が初演されている。その伝統を受け継ぐザクセン州立歌劇場（ゼンパーオーパー）でオペラ鑑賞、それが無理ならガイドツアーに参加。ここで『タンホイザー』が観られればヴァルトブルク城の思い出とともに感動もひとしお。ドレスデン・フィルハーモニー管弦楽団の鑑賞も可能。旧市街の教会も音楽がいっぱい。聖十字架教会ではドレスデン聖十字架合唱団という少年合唱団が毎週の礼拝で歌い、フラウエン教会（聖母教会）や三位一体大聖堂でも頻繁にコンサートが行われている。

© Klaus Gigga

ゼンパーオーパーの豪華な観客席。鑑賞に行くときはおしゃれをして出かけたい

ドレスデンのシンボル的な建物でもあるゼンパーオーパーの外観

オルガンコンサートが行われる三位一体大聖堂

Check!

- □ ザクセン州立歌劇場P.209
- □ フラウエン教会（聖母教会）P.209
- □ 三位一体大聖堂 P.210

ベルリン ➔ P.36

ベルトルト・ブレヒトとクルト・ヴァイルの『三文オペラ』は、「黄金の20年代」と呼ばれる1920年代のベルリンが生んだ。そのアヴァンギャルドな古きよき時代の香りを残すレビューやヴァリエテ。そして世界に冠たるベルリン・フィルハーモニー管弦楽団と、それを率いた伝説的指揮者カラヤン。東西分裂時代はそれぞれに音楽堂やオペラハウスがあったため、統一後は町を代表する楽団や舞台がほかの町の2倍ある（つまり2倍楽しめる）。目に見える形での音楽史跡は少ないが、その代わり世界一流の演奏やパフォーマンスを思う存分堪能できる。2日間かけてお好みの場所でコンサートやオペラやショーを鑑賞。やはり第一候補はベルリン・フィルハーモニー。チケットが取れなかったらせめてバックステージツアーへ。またドイツといえばテクノという人は、気分を変えて深夜のテクノクラブに繰り出してもいい。

© Stefan Hoederath

世界最高峰のオーケストラのひとつ、ベルリン・フィルハーモニー管弦楽団

Check!

- □ ベルリン・フィルハーモニー P.75
- □ コンツェルトハウス・ベルリン P.75
- □ ドイツ・オペラ・ベルリン P.75
- □ 国立歌劇場 P.75
- □ レビュー P.76
- □ ナイトライフ P.77

© Leo Seidel

左／華やかなパフォーミング・アートも楽しい　右上／洗練されたジャズハウスがあるのは大都会ならでは　右下／町なかで突然音楽に出合うこともある

ハンブルク ➔ P.106

オーケストラから少人数の楽団までさまざまな演奏が楽しめるエルプフィルハーモニー

テレマンやC.P.E.バッハ（J.S.バッハの息子）が市の音楽監督を務めた地であり、メンデルスゾーンとブラームスの生誕の地。そして今や現代音楽史の一部となったビートルズのデビューの地。斬新なエルプフィルハーモニーでのひと味違うクラシック鑑賞、またニューヨークやロンドンに次ぐという世界有数のミュージカルの町でもあり、『ライオンキング』などの人気作がロングラン公演中。にぎやかな港町には最新のエンタメが似合う。エルプフィルハーモニーでのコンサートか、華やかに演出されたミュージカルやショーを鑑賞して、中世から現代まで音楽で巡る旅は完結。ブラームス博物館や北ドイツの教会音楽の中心地のひとつである聖ミヒャエル教会など、音楽史跡も充実。最後はビートルズのモニュメントの横を通り、打ち上げは北ドイツ有数の歓楽街レーパーバーンで!?

上／ハンブルクのシンボルでもあるエルプフィルハーモニーのコンサートホール外観　下／オールナイトでにぎわうレーパーバーン

バロック様式の装飾が美しい聖ミヒャエル教会の内部

Check!

- □ エルプフィルハーモニー P.121
- □ ブラームス博物館 P.115
- □ 聖ミヒャエル教会 P.114
- □ ビートルズのモニュメントP.116

モデルルート

10日間で巡る音楽で楽しむ北ドイツ

「音楽の父」J.S.バッハの生まれ故郷・アイゼナハから旅はスタート。そこからヴァイマール、ライプツィヒ、ドレスデンで音楽家たちの足跡や名作の生まれた舞台を訪れる。その後、ベルリンに移動し世界一流のオーケストラやオペラ、古きよき「黄金の20年代」の香りを残すレビューを鑑賞。最後はハンブルクに移動して近未来的なエルプフィルハーモニーやミュージカルなど、音楽文化の最前線に触れる。

トーマス教会少年合唱団

北ドイツ音楽の旅　モデルプラン

DAY	予　定	宿泊地
1	フランクフルト午後着。鉄道でアイゼナハへ移動（所要約2時間）。	アイゼナハ
2	ゲオルゲン教会やバッハハウスの見学など、終日アイゼナハ観光。夏ならヴァルトブルク城でコンサートの鑑賞も。	アイゼナハ
3	鉄道でヴァイマールへ移動（所要約1時間15分）。駅近くのホテルに荷物を置いたらリストハウスへ。日中は市内観光。夜は国民劇場でコンサート。 ※滞在は日中のみにしてライプツィヒに2泊してもいい。	ヴァイマール
4	鉄道でライプツィヒへ移動(所要約1時間)。音楽的見どころ満載の町。ここも宿は駅近くにして、時間を有効に使いたい。トーマス教会、ゲヴァントハウス・コンサートホールははずせない。	ライプツィヒ
5	鉄道でドレスデンへ（所要約1時間）。州立歌劇場（ゼンパーオーパー）でのオペラ鑑賞は旅のハイライトのひとつ。日中は市内の観光スポットをのんびり見学。	ドレスデン
6	鉄道でベルリンへ（所要約2時間）。ベルリン・フィルハーモニーなどのクラシック音楽はもちろん、レトロなレビューやシブいジャズ、にぎやかなハウスミュージックまで、音楽ネタも盛りだくさん。	ベルリン
7	終日ベルリンで音楽三昧。	ベルリン
8	鉄道でハンブルクへ（所要約1時間40分）。ここもベルリン同様、さまざまなジャンルの音楽にあふれた町。未来都市の建物のようなエルプフィルハーモニーでコンサートを楽しみたい。	ハンブルク
9	ハンブルク発。日本への直行便はないが、ハンブルクは空路でドイツだけでなくヨーロッパの多くの都市とつながっているので、帰国便の選択は多い。	機内
10	日本着	

ブレーメンの市庁舎にはアーケードが設けられ、そこでハンザ商品が取引されていた

北ドイツ注目エリア3

訪ねてみたい 北ドイツの世界遺産

ドイツ国内にある46の世界遺産のうち、本書で紹介しているのは13ヵ所。北海の「ヴァッテン海国立公園」とリューゲン島の「ヤスムント国立公園」が自然遺産で、ほかは文化遺産。ハンザ同盟の歴史にかかわるもの、ドイツ諸侯が残した宮殿、進歩的な北ドイツの文化と芸術から生まれた建造物など、見学しておきたいものばかりだ。

ローラントはカール大帝に仕え、武勇に秀でた重臣

ブレーメンのマルクト広場 市庁舎とローラント像

Bremen ➔ P.255•256

マルクト広場の市庁舎は、ファサードにヴェーザー・ルネッサンス様式と呼ばれるヴェーザー川流域ではやった華麗な装飾が施され、内部のホールもすばらしい。市庁舎前のローラント像は市場や司法の権利を象徴し、自由都市ブレーメンの守護神になっている。

リューベックの旧市街

Lübeck ➔ P.284

北ドイツ特有のれんがの家並みが美しい町。かつての市門だったホルステン門はどっしりとした重々しいれんが造りの門。町なかにもれんが造りの教会やハンザ商人の館など、多くの歴史的な建物が並んでいる。民家の庭を通り抜けていくガング巡りも興味深い。

旧市街の入口にあるホルステン門は町のシンボル

北ドイツのおもな世界遺産

1	ハンザ同盟都市リューベック	1987	P.284
2	ポツダムとベルリンの宮殿群と公園群	1990	P.90・91・9
3	ヴァイマールとデッサウのバウハウスとその関連遺産群	1996	P.180・181・199
4	古典主義の都ヴァイマール	1998	P.176
5	ベルリンの博物館島	1999	P.70
6	アイゼナハのヴァルトブルク城	1999	P.165
7	デッサウ・ヴェルリッツの庭園王国	2000	P.199
8	シュトラールズントヴィスマールの歴史地区	2002	P.302
9	ブレーメンのマルクト広場の市庁舎とローラント像	2004	P.255・256
10	ベルリンのモダニズム集合住宅群	2008	
11	ヴァッテン海国立公園	2009	P.265
12	カッセルのヴィルヘルムスヘーエ公園	2013	P.244
13	ハンブルクの倉庫街とチリハウスを含む商館街	2015	P.119

ゲーテも絶賛したヴァルトブルク城

アイゼナハのヴァルトブルク城

Eisenach ➔ P.165

アイゼナハにそびえるヴァルトブルク城は、中世で吟遊詩人たちが壮絶な歌合戦を繰り広げた古城。この城に隠れてルターは聖書をドイツ語に翻訳した。聖エリーザベト伝説のエリーザベトはこの城に嫁いできたハンガリーの王女だった。さまざまな物語がある城だ。

庭が美しいゲーテのガーデンハウス

古典主義の都ヴァイマール

Weimar ➔ P.176

ゲーテが住んでいたことでヴァイマールに多くの文化人が集い、古典主義文化が開花した。ゲーテにゆかりのある建物はすべて世界遺産に登録されている。町のなかにあるゲーテの住居は必見だが、イルム公園のゲーテのガーデンハウスへもぜひ足を運んでみよう。

シュトラールズントの歴史地区

Stralsund ➔ P.302

ドイツの最北東に位置する港町。目の前にリューゲン島が横たわっている。中世にはハンザ都市として栄えていたので、町のなかには大きなれんが造りの館があちらこちらに見られる。港にはハンザ時代に倉庫として建てられた立派な建物が現在も並んでいる。

かつて港の倉庫だったれんがの館は今はレストラン

ヴァッテン海国立公園

Wattenmeer ➔ P.265

オランダからドイツのニーダーザクセン州、シュレスヴィヒ・ホルシュタイン州、そしてデンマークにかけて、広大な浅瀬が広がっている。アザラシや珍しい野鳥の生息地で、野生動物の観察がおもしろい。潮が引いたあと広大な干潟を歩いて自然観察することもできる。

裸足で干潟を歩くのは健康にいいらしい

特集 4

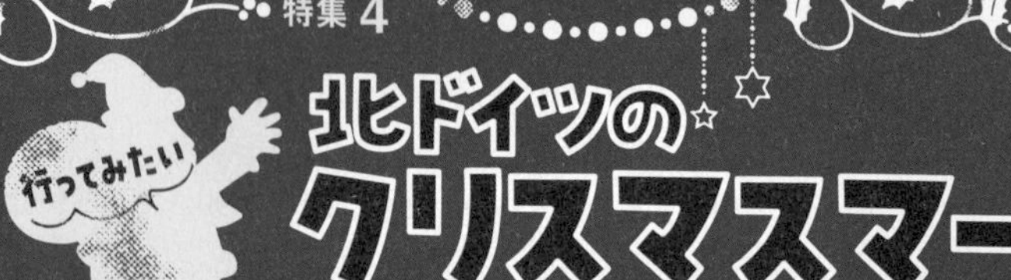

行ってみたい 北ドイツのクリスマスマーケット

ドイツでは12月24日がある週の日曜から遡って4週間前から、キリストの到来を待つアドヴェント期間が始まる。この時期、人々はクリスマスを迎える準備をする。町の中心広場にマーケットが立ち、クリスマスに必要な飾りや食品、帽子や手袋などを売る屋台が並ぶ。それぞれの町で個性的なクリスマスグッズが売られるので、一軒ずつ覗いて回るのが楽しい。

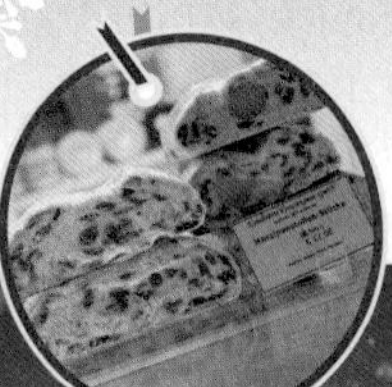

上／キリスト誕生シーンの厩を再現したクリスマス飾り「ヴァイナハツクリッペ」
中／ジンジャー人形やクルミを使ったオーナメント
下／ドレスデンが発祥のクリスマスのお菓子「シュトレン」

シュヴィップボーゲンとよばれるエルツ地方の木製ロウソク立て
©Käthe Wohlfahrat GmbH & Co., OHG

ゲーテ街道の玄関口フランクフルトはクリスマスマーケットでも有名。町のあちらこちらにマーケットが立つがレーマー広場は見逃せない

リューベック・マルクト広場のクリスマスマーケット。うしろには街のシンボルである市庁舎が見える

夢のような世界を
体験してみよう

ポツダムのオランダ地区ではシンタクラース（オランダの聖ニコラウス）とお供の黒いピートが通りに現れる

ザイフェンのヴェント・ウント・キューン社 Wendt&Kühnで作られるクリスマス用天使の人形

ポツダムのソニーセンターはこの時期ベルリンで最も美しい

北ドイツ おいしいものカタログ

内陸では高級な魚料理も、海が近い北ドイツでは手頃な値段で種類が豊富。北海やバルト海で取れたての新鮮な魚を味わうことができる。海沿いの町ではクラッペンと呼ばれる小エビが最高だ。パンはパリパリと香ばしく、ケーキは甘過ぎることもなくとってもおいしい。そしてもちろん、食事のときには本場のビールは欠かせない。

魚料理 Fisch

日本のような焼き魚はなくほとんどソテーされている。パンフィッシュと呼ばれる料理は肉厚の白身魚をひと口大に切ってソテーした北ドイツの名物。アールズッペというハンブルクのウナギスープは有名。6月から8月にかけてはマトイェスと呼ばれる塩漬けの若ニシンがおすすめ。

ドルシュ・ミット・ゲミューゼ
Dorsch mit Gemüse
↑タラのホワイトソース。タラを蒸したものにホウレン草とゆでたポテトが付く

おすすめ

ショレ・ミット・クラッベン
Scholle mit Krabben
↑カレイのフライにクラッベンの野菜炒めを載せた贅沢な一品

ゲコホテ・クラッベン
Gekochte Krabben
↑小エビのボイル。小エビだけを注文するとベイクドポテトのサワークリームがけが付いてくる

マトイェス・ハウスフラウエンアート
Matjes Hausfrauenart
←家庭料理風酢漬け若ニシン。玉ネギのスライスとリンゴのスライス、ポテトが付け合わせ

ハンブルク名物

アールズッペ
Aalsuppe
↑ウナギのスープ。アールズッペはハンブルクの名物料理。フルーツと一緒に煮込まれている

ゲミッシュテス・フィレー・ラックス・ショレ・ツァンダー
Gemischtes Filet, Lachs Scholle Zander
↑北ドイツでポピュラーなサケ、カレイ、スズキ（ツァンダー）をバターでソテーしたもの。付け合わせはゆでたポテト

ツァンダー・ミット・ローテ・ベーテ・ゾーセ
Zander mit Rote Bete Soße
↑スズキの一種ツァンダーをたっぷりの油で揚げるようにソテーしビーツソースをかけたもの

クラッベン・リューアイ
Krabben-Rührei
→クラッベンを卵であえたダイナミックな料理

シンケン・ウント・ヴルスト
Schinken & Wurst

←ハム・ソーセージの盛り合わせ。ドイツのソーセージはどこの町でも格別においしい。フランクフルトではリンゴ酒と一緒に！

定番

ルーラーデン
Rouladen

↑ベーコン、ピクルス、玉葱の牛肉巻きを赤ワインで煮込んだもの。店によっては豚挽肉を牛肉で巻いている

シュヴァイネブラーテン
Schweinebraten

→ローストポーク。豚肉料理は例外なくおいしい。ほとんどブラウンソースがかかっている

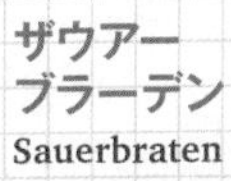

ザウアーブラーデン
Sauerbraten

→酢漬けにした牛肉をローストしてスライスしたもの

肉料理 Fleisch

インターナショナルな肉料理は北ドイツのどの町にもある。肉料理付け合わせのクロースKloßと呼ばれるジャガイモの団子がおいしい。ゲーテ街道ではアイゼナハからヴァイマールまで、行く先々でテューリンゲン風ソーセージを味わおう。ベルリン名物のアイスバインEisbeinも一度は食べてみたい。

テューリンゲン名物

アイスバイン
Eisbein

↑塩漬けにした豚の脚をゆでた料理でベルリンの名物

ベルリン名物

テューリンガー・ブラートヴルスト
Thüringer Bratwurst

→テューリンゲン地方の名物料理。数ある地ソーセージのなかでも逸品。付け合わせはクロース

北ドイツ名物

ラプスカウス
Labskaus

←北ドイツの名物で船乗りの食べ物だった。マッシュポテトとコンビーフを混ぜ、ビーツで色を付けてある。必ず目玉焼きがのっている

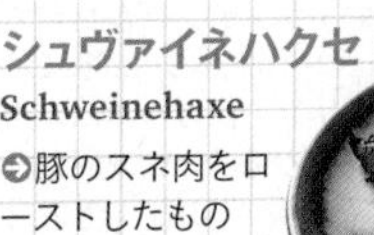

シュヴァイネハクセ
Schweinehaxe

→豚のスネ肉をローストしたもの

旬の味 Saisonküche

4月から6月まではアスパラガスの季節。付け合わせではなくアスパラがメイン。8月から10月頃まではキノコの季節。何種類かあるなかでプフィッファーリングという種類が人気ある。

プフィッファーリングズッペ
Pfifferlingsuppe

↓プフィッファーリングのクリームスープ

シュパーゲル・ミット・ホランダイゼゾーゼ
Spargel mit Hollandaisesoße

↓ホランダイゼゾーゼという黄色いソースで食べる

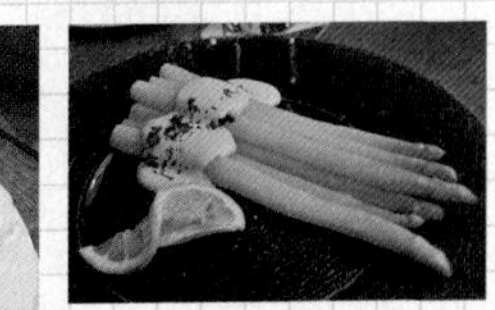

シュリッペ
Schrippe

➡「シュリッペ」はブレートヒェンのベルリン方言で、ベルリンでは楕円タイプのものを多く見かける。17 世紀にフランスを追われてやってきたユグノー派の人々が焼き始めたといわれている。

ブレーツェル
Brezel

➡ビールのおつまみやスナックとして好まれる香ばしいパン。ドイツではパン屋の看板に多く使われるほどポピュラー。太い部分は軟らかく、細い部分は硬めとさまざまな食感が楽しめる。ブレーツェルと同じラウゲンゲベックLaugengebäck 生地を棒状にして結んだラウゲンクノーテン Laugenknoten などバリエーションもある。

カイザーゼンメル
Kaisersemmel

定番

➡ホテルの朝食には必ずある食事パン。19 世紀半ばにウィーンで生まれてドイツ語圏へ広がった。ケシの実や白ゴマ、黒ゴマ、ヒマワリの種をトッピングすることが多い。横にスライスし、バターとジャムを塗ったり、ハムやチーズを載せて食べるとおいしい。

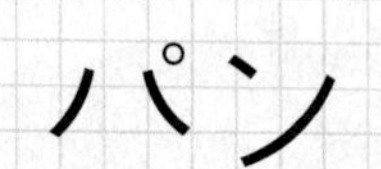

パン Brot

ドイツパンというと黒パンをイメージするが、むしろ黒パンは特殊で、通常はブレートヒェン Brötchen と呼ばれる白くて丸っこいパンが主流。朝食で出されるパンはどれもパリパリと香ばしく、中身は軟らかくて本当においしい。湿気の少ないドイツならではの感触で、一度味わったらやみつきになる。

ブレートヒェン
Brötchen

➡ちょうど手のひらに載るくらいのサイズの、丸くて小さな白パンの総称で朝食の定番。皮はパリッと硬いが、中は軟らかくて軽い口当たり。

レッゲルヒェン
Röggelchen

➡ライ麦入りの小型パン。さまざまな穀物や全粒粉、粗びき粉を配合しており、ライ麦の含油量が多いほど濃い色になる。

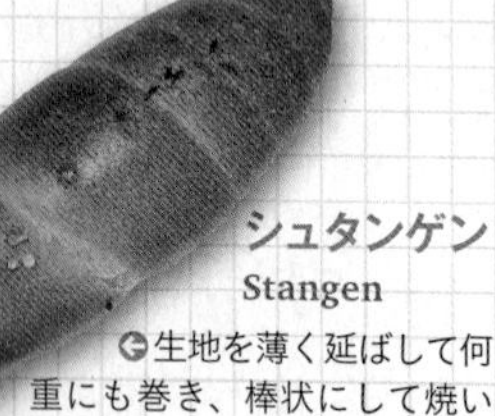

シュタンゲン
Stangen

➡生地を薄く延ばして何重にも巻き、棒状にして焼いたパン。岩塩とケシの実を付けて焼いたものがポピュラー。

おすすめ

ヘルンヒェン
Hörnchen

➡シュタンゲンを角型に曲げて焼いたもの。「ヘルンヒェン」とは小型の角を意味する。

ベルリーナー／プファンクーヘン
Berliner / Pfannkuchen

人気

➡ベルリン発祥のジャム入りの揚げドーナツ。ベルリンを除くドイツ各地ではベルリナー、ベルリンやブランデンブルク州ではプファンクーヘンと呼ばれる。ベルリンではカーニバルや大晦日に食べるといわれるが、どの町でも見かける 3 時のおやつの代表格。

スイーツ Süßigkeiten

ドイツのケーキは日本のケーキより
ひと回り大きい程度で甘さもほとんど変わらない。
店によってオリジナルを作っているため名前はさまざまだ。
定番はシュヴァルツヴァルト地方のチェリーケーキ、
日本でおなじみのバウムクーヘン、
クリスマス時期に出回るシュトレンなど。
北ドイツにはローテ・グルッチェという
名物のイチゴデザートがある。

シュパゲティ・アイス
Spaghetti Eis

➲スパゲティのように見えるアイスクリーム。レストランで食べられるところも多い。

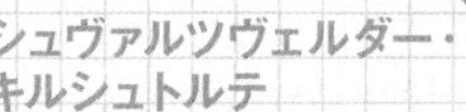

シュヴァルツヴェルダー・キルシュトルテ
Schwarzwälder Kirschtorte

➲チョコレートスポンジにサクランボ酒（リキュール）を染み込ませ、ホイップクリームとサクランボ果実をサンドした南西ドイツ地方の名物チェリーケーキ。ドイツのどこにでもある。

おすすめ

ヌストルテ
Nußtorte

➲クルミを砕いたものがスポンジに入っている。コーティングはチョコレートやモカクリームが多い。

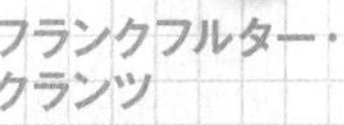

フランクフルター・クランツ
Frankfurter Kranz

➲フランクフルトのケーキで、クランツとは輪という意味。ホールで買う場合はリング状になっている。

ローテ・グルッチェ
Rote Grütze

➲北ドイツのデザート。イチゴ系の果物を甘く煮たものに生クリームかバニラソースがかかっている。

北ドイツ名物

ローテ・グルッチェ・トルテ
Rote Grütze Torte

➲家庭でよく作られるケーキで、甘く煮込んだイチゴをたっぷり載せてゼラチンで固めてある。

ライプツィガー・レーアヒェ
Leipziger Lerche

➲ライプツィヒの名物菓子。ヒバリの巣という意味で、見た目はイマイチだが複雑な味でたいへんおいしい。

ライプツィヒ名物

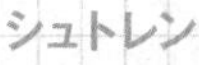

シュトレン
Stollen

➲レーズンなどドライフルーツ、ナッツが入った硬めのフルーツケーキでクリスマス時期に出回る。本場ドイツのシュトレンはどれもおいしい。

カロッテントルテ
Karottentorte

➲ニンジン入りのスポンジケーキ。ほかにカボチャなど野菜を使ったケーキはいろいろある。

バウムクーヘン
Baumkuchen

➲木菓子という意味で、切ると年輪が現れる。元祖バウムクーヘンという店があちらこちらにある。

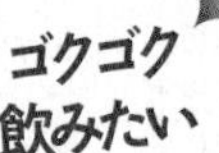

北ドイツのビール Bier

ドイツといえば「ビール王国」。
高品質のローカルビールがどの町でも飲める。
北には知る人ぞ知る有名なビール醸造所が
たくさんあるので、飲み比べてみるのも楽しいもの。
ビールがハンザ時代の輸出品だった
ブレーメンでは、今日もビール造りが盛んだ。

ハーケ・ベック・クロイゼン
Haake-Beck Kräusen

クロイゼンは自然の濁りがある北ドイツの名物ビール。ハーケ・ベックが1950年にマイルドな味に開発し、看板ビールとなる。

カッセル

ヒュット・ナトゥアトゥリューブ
Hütt Naturtrüb

自然酵母の香りが強いビール。カッセル郊外バウナタール村のクナールヒュッテ醸造所で造られている。

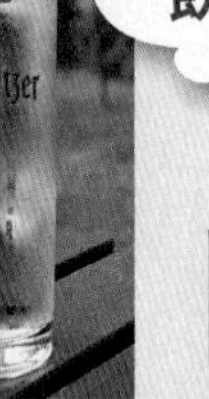

ウーア・クロスティッツァー
Ur-Krostitzer

創業1534年と古く、三十年戦争最中の1632年に、スウェーデン王グスタフ2世アドルフがライプツィヒへ向かう途中に立ち寄ったと伝えられる醸造所。

ローア・アム・マイン

カイラー
Keiler

イノシシのマークが付いたビールでマイン河畔の小さな町ローアで造られ、ハーナウやシュタイナウ周辺でよく飲まれている。

シュトラールズント

シュテルテベッカー
Störtebeker

1516年のドイツ純度法に基づいておいしい生ビールを醸造。名前は中世の有名な海賊でビールが大好きだったシュテルテベッカーにちなんでいる。

ウゼドーム

ウゼドーマー・ブラオハウス
Usedomer Brauhaus

ウゼドーム島の南端にあるリゾート地ヘリングスドルフで造られている地ビール。島でただひとつの醸造所でレストランが併設されている。

シュトラールズント

シュトラールズンダー
Stralsunder

創業は1827年。19世紀末になってドイツ皇帝がバルト海のリゾート地を訪れるようになると、皇帝御用達ビールとなった由緒ある醸造所。

フランクフルト

シェッファーホーファー・ヴァイツェン
Schöfferhofer Weizen

ビンドゥング醸造所で造られている。ヴァイツェンビーアとは白ビールのことだが、色は琥珀色でグラスはこの形で出てくる。

ゲルリッツ

ランズクロン
Landskron

ゲルリッツのビールで“ドイツ最東端のビール”を誇る。バウツェンあたりまで飲まれている。

ブレーメン

ベックス
Beck's

1873年創業。世界120ヵ国に輸出されている有名な北ドイツのビール。グリーンのボトルで知られ日本でも購入できる。

ラーデベルク

ラーデベルガー
Radeberger

1872年創業の醸造所で、1905年にザクセン王室の宮廷納入業者となる。1990年に大規模な工場改築と拡張を行い、ザクセンのみならず北ドイツ全般で飲まれている。

ベルリン

ベルリーナー・ヴァイセ
Berliner Weiße

大麦と小麦から造られるベルリン名物の飲み物で、酸味があるため今日では緑や赤のシロップを入れることが多い。口の広いグラスに入り、ストローが付いてくることもある。

バート・ケストリッツ

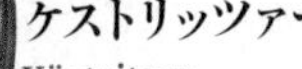

ケストリッツァー
Köstritzer

1543年に創業されたテューリンゲンの醸造所で、ゲーテが愛飲していたビールとして知られている。ピルス系もおいしいが伝統的な黒ビールが有名。

ブレーメン

ハーケ・ベック・ドゥンケル
Haake-Beck Dunkel

ハーケ・ベック社の黒ビール。ほどよい甘味があり、カラメル麦芽の香りがほのかに感じられる。ブレーメンで人気のビール。

ビールに合う合う！

ベルリン名物 カレーソーセージ

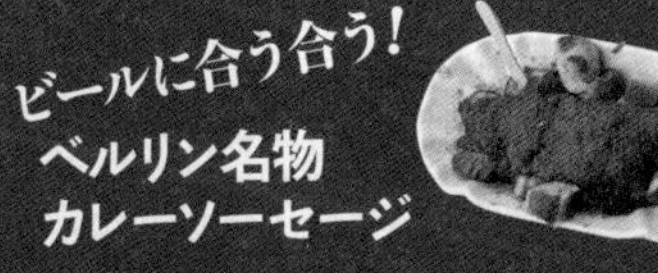

今やドイツのどこにでもあるカレーソーセージだが、発祥の地はベルリンだ。1949年、ヘルタ・ホイヴェアという女性が、戦後間もないベルリンで屋台の焼きソーセージにインド産の12種類のスパイス、つまりカレー粉をふりかけて客に出したのが始まりだった。ドイツではクリヴルストCurrywurstという。カレー粉を混ぜて作られたソーセージのことではなく、ソーセージにカレー粉とケチャップをかけただけのもの。ずいぶん安直なと思われがちだが、実はこれ、意外と奥が深いのだ。まず、ソーセージ自体がクリヴルスト用でなければならない。白っぽいソーセージで中が軟らかく、カットしたときにぷくっと切り口が盛り上がるもの。ベルリンの肉店ではクリヴルスト用の生ソーセージが売られている。ベルリンではもちろんのこと、北ドイツのどこかの町で、ぜひ一度味わってみよう。

スーパーで買う

手頃な食品みやげ

おいしいドイツ料理を日本でも

ドイツならどこのスーパーでも売っているスープの素。1848年創業のクノールはドイツ、1872年創業のマギーはスイスが発祥の地だ。日本でおなじみのこれらのスープ、ドイツで買うと日本のものよりコクがあって実においしい。これらがあるとドイツで食べた味の料理が簡単にできあがる。

インスタントスープの素

固形スープの素だが、まさにドイツの味。野菜系Gemüseゲミューゼと肉系Fleischフライシュがあり、どちらもおいしい

ルーラーデンのソース

ビーフロールのドイツ版ルーラーデンはドイツの名物料理。ソースがあれば本物のルーラーデンが作れそう

オニオングラタンスープの素

タマネギを根気よく長く炒めねばならないスープだが、これを使えば超簡単!

サーモンのクリームグラタン用ソース

白身魚ならどんな料理にも合うクリームソース。これを使えば簡単に本格料理に

ドレッシングの素

粉末なので酢を加えて混ぜる。好みで生クリームを少し加えると絶妙なおいしさに

グーラーシュ煮込みソース

ハンガリー発祥のスープが、ドイツではビーフシチューとして定番化。これはいわゆるビーフシチューの素。ビーフと一緒に煮込めばできあがり!

※ドレスデンREWE調べ。
値段は店や時期によって異なります。

ベルリンとその周辺

Berlin und Umgebung

ジャンダルメンマルクトに建つフランス教会

Berlin

ベルリン

⬆ベルリンのシンボルであるブランデンブルク門

Map P.13-A2～B2
人口　374万8000人
市外局番（030）

ベルリンの観光案内所
📞(030)25002333
ⓘwww.visitberlin.de

中央駅
>> Map 折込表-A3
住Europaplatz
開8:00～21:00
休無休

ブランデンブルク門
>> Map 折込表-B5
住Pariser Platz südliches Torhaus
開9:30～19:00（11～3月～18:00）　休無休

オイローパ・センター
>> Map P.45-C4
住Tauentzienstraße 9
開10:00～20:00
休日曜

フンボルト・フォーラム（ベルリン王宮）
>> Map 折込表-C5
住Schloßplatz
開10:00～20:00
休無休

「ベルリンを知ることは20世紀の世界史を知ることである」といわれるように、これほど20世紀に揺れ動いた町はない。世界中が見つめるなか、ベルリンは驚異的な繁栄と悲劇を両極に突き進んできた。

町の始まりは13世紀、とドイツのなかでも遅い。辺境の田舎町だったベルリンは19世紀になって急速に発展。ドイツ帝国の首都にまでなった。第1次世界大戦勃発、ヴァイマール共和国誕生、とめまぐるしく社会は変わり、首都ベルリンは揺れ動いた。そんななか、市民たちは政治に翻弄されることなく常に独自の文化を築き上げていった。“黄金の20年代”とうたわれた1920年代、ベルリンでは大衆文化が開花した。古い伝統にとらわれたヨーロッパ諸都市と異なり、新興都市ベルリンでは新しい文化が育ちやすかった。

第2次世界大戦後は東西に分裂し、町が壁で二分された異常な状態が続いたが1989年、世界を驚かせた“ベルリンの壁崩壊”が起こる。それから時を経てベルリンは新しい町に生まれ変わった。あらゆる可能性を秘めたベルリンに、世界中からアーティストたちが集まってきた。戦前の文化もしっかり町に根を下ろしている。

市内に保存された記念物には負の遺産も多いが、戦争の無意味さ、人間の愚かさを学びながらも、ベルリンの文化を同時に楽しみたい。

ベルリン・ガイダンス

ベルリンはドイツの首都で面積は東京23区の約1.5倍。人口は東京の3分の1程度。そんな広いベルリンは12の地区に行政区分されている。このうち観光客がおもに訪れるのは中心部とその周辺の8地区ほど。ひとつのエリアは想像以上に広いので、まずベルリンの町の全体像とエリアごとの特徴をつかんでおこう。

●ミッテ Mitte

行政区分では旧東ベルリンの歴史的地区と旧西ベルリンのティーアガルテンやその北西のヴェディングも含まれているが、観光用語として一般に使われるのは旧東ベルリンの歴史的地区のこと。ウンター・デン・リンデンからアレクサンダー広場まで、博物館島やニコライ地区、ハッケシェ・ヘーフェまでを含む。観光の中心で、有名な観光ポイントの多くがこの地区にある。

↑人気のハッケシェ・ヘーフェ

↑菩提樹の並木道ウンター・デン・リンデン

●ティーアガルテン Tiergarten

ブランデンブルク門から西へ広がる緑地公園。公園の真ん中を6月17日通りが貫いて、その途中にジーゲスゾイレがある。フィルハーモニーは公園の南端に面している。

↑市民の憩いの場ティーアガルテン

●クーダム Ku'damm

ヴィルヘルム皇帝記念教会があるブライトシャイト広場周辺と、そこから西へ延びるクーダム通り沿い。東のヴィッテンベルク広場まで延びるタウエンツィーン通りも含まれる。

←Uバーンの駅がありアクセスもよいクーダム通り

在ドイツ日本国大使館
Botschaft von Japan in Deutschland
>> Map P.45-C5
住 Hiroshimastr. 6
☎ (030)210940
ⓘ www.de.emb-japan.go.jp
Ⓔ japanese-info@bo.mofa.go.jp
開 9:00～12:15、14:00～16:30（水曜は9:00～17:00）
休 土・日曜、祝日

↑博物館島のボーデ博物館

↑町歩きの際、目印にもなるテレビ塔

↑ジーゲスゾイレの上に立つ黄金の天使

はみだし情報 アレクサンダー広場はスリや強盗事件が多発している。人が多い場所なので常に注意を払って行動したい。ドラックディーラーに声をかけられても相手にしないこと。

本書での観光地区分類
本書では行政区分とは別に、観光ポイントがある場所をわかりやすく示すため目安となるように分けている。また、「歩き方」や「おもな見どころ」については、ブランデンブルク門を中心に「東地区」「西地区」に分けて紹介している。「旧東ベルリン」「旧西ベルリン」というわけではないので注意。

●シャルロッテンブルク Charlottenburg

↑シャルロッテンブルク宮殿

ベルリン西地区で、6月17日通りがビスマルク通りBismarckstr.と名前を変えるあたり一帯のこと。シャルロッテンブルク宮殿はビスマルク通りの北側に、オリンピックスタジアムはシャルロッテンブルク宮殿の西にある。クーダム通りはシャルロッテンブルク地区の南側になる。

●ポツダム広場 Potsdamer Platz

東西統一後に再開発された広場で、ソニーセンターやショッピングアーケード、映画館、劇場などがあり、フィルハーモニーやゲメールデガレリーなど旧西ベルリン側にあった文化施設と一体になっている。町を東西に分けていた国境だったため、壁があった場所がわかる。

↑ポツダム広場を横切っていた壁

↑戦前までヨーロッパで最も交通量が多かったポツダム広場で車をさばいていた信号機

郊外のエリア
●ヴァンゼー Wannsee
>> Map P.38-B1
ベルリンの最南西に位置する高級住宅地。ヴァンゼーという湖に面し、グリーニッカー橋を渡ればポツダム。湖に面して広い敷地の館が並び、ここがベルリンとは思えぬ別世界。ヨットクラブやプライベートビーチ付きの別荘が多く、リーバーマン・ヴィラ（→P.60）はここにある。

↑ぜひ足を延ばしてみたいヴァンゼー

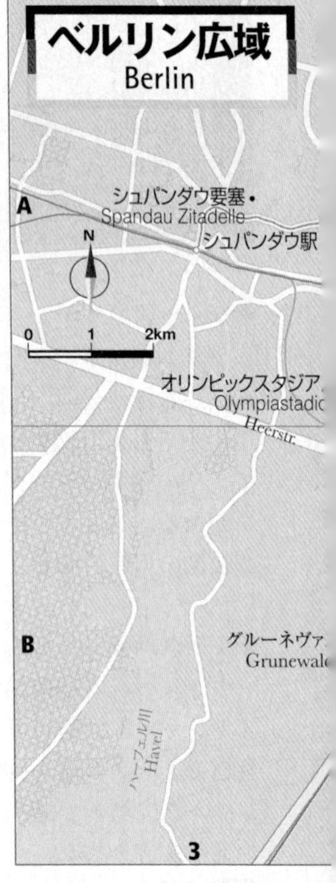

テンペルホーフ空港跡地は、U6 テンペルホーフ駅近くの入口から無料で入場できます。滑走路や航空機用の標識がそのまま残る跡地で、地元の方が犬の散歩やジョギングなどを楽しんでいました。古↗

●プレンツラウアーベルク Prenzlauer Berg

UバーンのSenefelderplatzからSバーンのPrenzlauer Allee、UとSバーンのSchönhauser Allee、UバーンのBernauer Straße一帯で、統一以降に開発されて急速に発展した地区。レストランやカフェが多く、ちょっとレトロな店もあって若者や学生に人気のエリアとなっている。

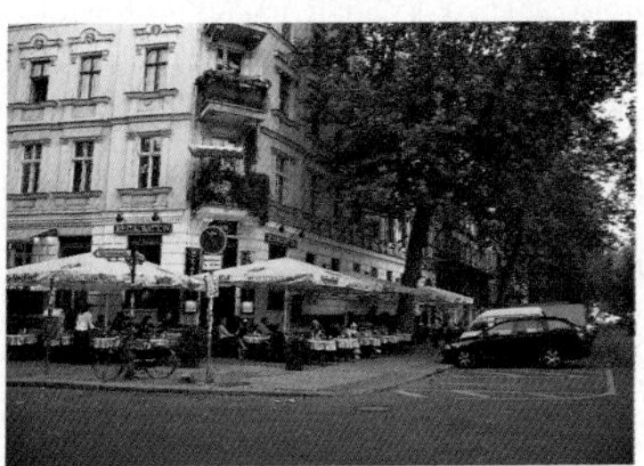

↑雰囲気のいいカフェが多い

●クロイツベルクとノイケルン Kreuzberg / Neukölln

もともとは外国人労働者が多く住むエリアだったが、今では世界中のクリエーターたちが集まり、クラブやショップも多い。新しい文化や動きが感じられるクールなエリア。

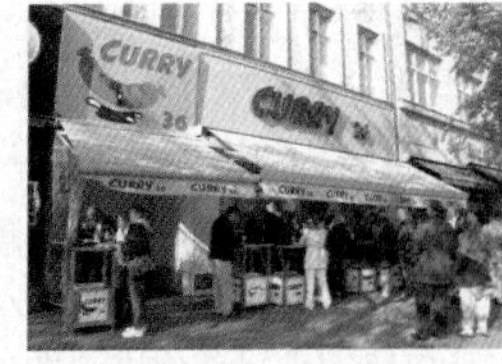

CURRY
↑エスニック系のレストランが多い

クロイツベルクの治安
クロイツベルクのエリア内で、ゲルリッツァー公園Görlitzer Park周辺と、コットブッサー・トーアKottbusser Tor周辺などは、ドラッグのディーラーが出没し、あまり治安がいいとは言えない地区。特に夜は近づかないようにしたい。

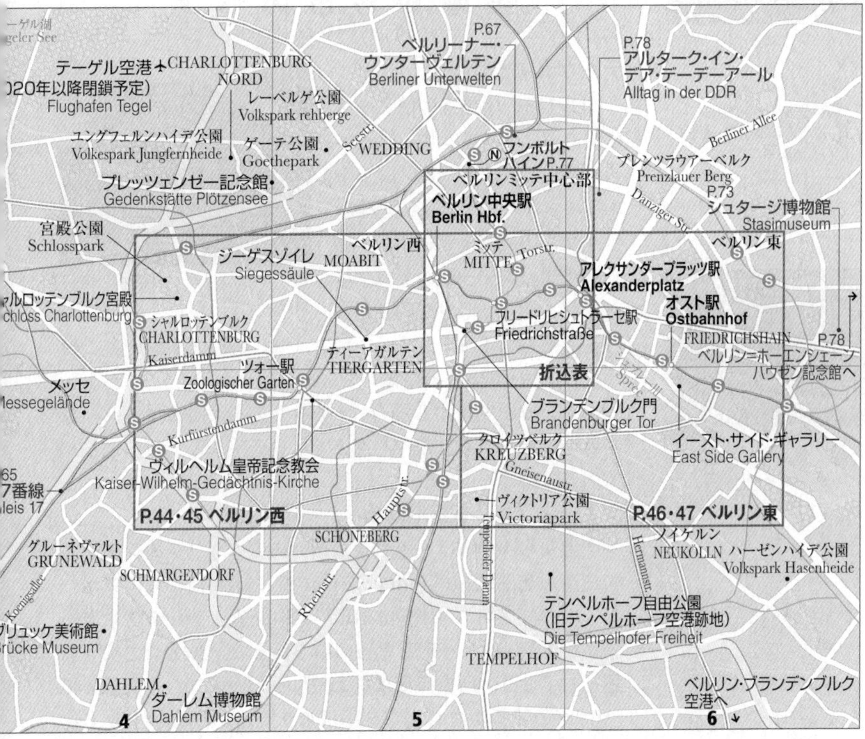
テーゲル空港
2020年以降閉鎖予定）
Flughafen Tegel
CHARLOTTENBURG NORD
P.67
ベルリーナー・ウンターヴェルテン
Berliner Unterwelten
P.78
アルタークʼ・イン・デア・デーデーアール
Alltag in der DDR
レーベルゲ公園
Volkspark rehberge
ユングフェルンハイデ公園
Volkespark Jungfernheide
ゲーテ公園
Goethepark
WEDDING
Seestr.
フンボルトハイン P.77
Berliner Allee
プレンツラウアーベルク
Prenzlauer Berg
プレッツェンゼー記念館
Gedenkstätte Plötzensee
ベルリンミッテ中心部
ベルリン中央駅
Berlin Hbf.
P.73
シュタージ博物館
Stasimuseum
Danziger Str.
宮殿公園
Schlosspark
ジーゲスゾイレ
Siegessäule
MOABIT
ベルリン西
ミッテ
MITTE
Torstr.
ベルリン東
アレクサンダープラッツ駅
Alexanderplatz
シャルロッテンブルク宮殿
Schloss Charlottenburg
シャルロッテンブルク
CHARLOTTENBURG
フリードリヒシュトラーセ駅
Friedrichstraße
オスト駅
Ostbahnhof
FRIEDRICHSHAIN
P.78
ベルリン=ホーエンシェーンハウゼン記念館へ
Kaiserdamm
ティーアガルテン
TIERGARTEN
ツォー駅
Zoologischer Garten
折込表
シュプレー川
Spree
メッセ
Messegelände
ブランデンブルク門
Brandenburger Tor
Kurfürstendamm
クロイツベルク
KREUZBERG
イースト・サイド・ギャラリー
East Side Gallery
ヴィルヘルム皇帝記念教会
Kaiser-Wilhelm-Gedächtnis-Kirche
Gneisenaustr.
65
7番線
Gleis 17
Hauptstr.
ヴィクトリア公園
Victoriapark
P.44・45 ベルリン西
P.46・47 ベルリン東
SCHÖNEBERG
Tempelhofer Damm
Hermannstr.
ノイケルン
NEUKÖLLN
ハーゼンハイデ公園
Volkspark Hasenheide
グルーネヴァルト
GRUNEWALD
SCHMARGENDORF
Rheinstr.
Koenigsallee
テンペルホーフ自由公園
（旧テンペルホーフ空港跡地）
Die Tempelhofer Freiheit
ブリュッケ美術館
Brücke Museum
TEMPELHOF
DAHLEM
ダーレム博物館
Dahlem Museum
ベルリン・ブランデンブルク空港へ
4
5
6

↘風で美しいターミナルビルと、ベルリン空輸で使われた米軍マーク付きのダグラスDC-4の屋外展示が印象的でした。（横浜市　ナオ '19）［'20］※2時間の見学ツアーもある。The Legend of Tempelhof 料€16.50

空港案内

空港内の観光案内所
テーゲル空港
>> Map P.39-A4
住Haupthalle（メインホール）
開7:00～22:00
住Terminal A, Gate 1
開8:00～19:00
休無休
シェーネフェルト空港
>> Map P.38-B2
住Termin
開7:00～
休無休

現在ベルリンには、テーゲル空港と、シェーネフェルト空港のふたつの空港がある。

テーゲル空港Flughafen Tegelは市の北西約7kmにあり、ルフトハンザ ドイツ航空、ブリティッシュ・エアウ

ヨーロッパ各国からの飛行機が乗り

2020年10月31日にベルリン・ブランデンブルク空港が開港し、空港から市内へのアクセス方法が大きく変わっています。詳しくは地球の歩き方ウエブサイトのガイドブックページより、『ベルリンと北ドイツ』の更新・訂正情報をご確認ください。
www.arukikata.co.jp/web/directory/item/100725/

東約
feld
中心

ルフトハンザ ドイツ航空のカウンター

シェーネフェルト空港は現在、拡張工事中で、完成すれば名前も新しくベルリン・ブランデンブルク空港となる（2020年秋以降開港）。新空港の開港後、テーゲル空港は閉鎖の予定。

空港から市内へ
From the airport to the city

ベルリンの空港
www.berlin-airport.de

テーゲル空港から

テーゲル空港から市内へはバスが便利

空港1階の中央玄関前にバス停があり、ベルリン中心部へバスが出ている。TXLジェットエクスプレスバスが最も便利で、ベルリン中央駅まで約30分。中心部西側のツォー駅までは、エクスプレスバスX9で約20分。料金はどちらもA・Bゾーン料金（→P.42）で€2.90。このほかに109・128番の路線バスもある。

タクシーを利用する場合、1階中央玄関正面のタクシー乗り場から乗車する。市中心部までは€25～35。

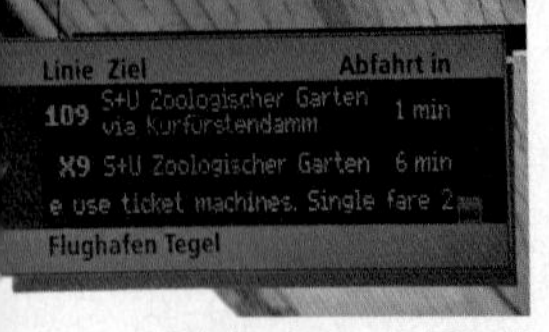

市内へのバスの時間は掲示板でチェック

シェーネフェルト空港から

空港から400mほど離れた場所にあるベルリン・シェーネフェルト空港駅Flughafen Berlin-Schönefeldからエアポート・エクスプレス（RB14、RE7）が中央駅、アレクサンダープラッツ駅、ツォー駅など市の中心部まで、30分ごと交互に運行しており、所要時間は約30分。Sバーンなら中央駅までS9は直通で所要約42分、S45は乗り換えで所要約50分。10

はみだし情報 バスの掲示板ではバスの路線番号を"Linie"、行き先を"Ziel"、「何分以内に出発する」を"Abfahrt in"と表記することを覚えておくと安心。

分おきに運行。料金はいずれもA・B・Cゾーン料金で€3.60。
タクシー乗り場は1階中央玄関を出た所にある。市中心部までは€35～45程度。これらのほかに路線バスもある。

駅から市内へ
From the station to the city

ベルリン中央駅

↑ベルリン中央駅

ICEなど長距離列車が発着するベルリン中央駅Berlin Hbf.は国内最大級の駅。地下2階ホームから地上3階ホームまでが吹き抜けになっている駅の建物内は、多くのショップやレストランが並んでおり、列車が行き交うショッピングモールといった印象を受ける。

Sバーン（近郊列車）とベルリン・ブランデンブルク空港からのエアポート・エクスプレスは地上ホームに、ICEなどの長距離列車は地上、地下ホームの両方に発着している。中央駅とブランデンブルガー・トーア駅を結ぶUバーン（地下鉄）5番も地下から連絡している。

そのほかのおもなベルリンの駅

ベルリンで2番目に大きい**シュパンダウ駅**Spandauには ICEなど、ベルリンを東西に走る路線の長距離列車が停車する。また、長距離列車には中央駅ではなく**オスト駅**Ostbahnhofが終点・始発となる列車も多い。ベルリン・ブランデンブルク空港からの快速、普通列車もシュパンダウ駅にはRE8が、オスト駅にはRE8、RB23が停車する。

また、S・Uバーンなどが発着する**アレクサンダープラッツ駅**Alexanderplatzや**フリードリヒシュトラーセ駅**Friedrichstraßeは周辺に観光の見どころやショッピング施設が集中している。駅の施設も充実しており、観光客に人気が高いので、周辺にはホテルも多い。

↑市の東部に位置するオスト駅。ICEも停まる大きな駅

↑アレクサンダープラッツ駅周辺。後ろにテレビ塔が見える

ベルリン中央駅
>> Map P.45-A6

↑駅全体が吹き抜けになっている

シュパンダウ駅
>> Map P.38-A3

オスト駅
>> Map P.47-C4

アレクサンダープラッツ駅
>> Map 折込表-D4

フリードリヒシュトラーセ駅
>> Map 折込表-B4

ツォー駅
>> Map P.44-C3
2006年に現在のベルリン中央駅が完成するまで、西ベルリン時代を含めてツォー駅Zoologischer Gartenがベルリン西部のターミナル駅として機能していた。

ベルリンの市内交通
City traffic

ベルリン市内の移動にはSバーン、Uバーン、トラム、バスなどが利用できる。交通網は充実していてわかりやすく、観光にも便利。これらの交通機関はすべて**BVG（ベルリン交通局）**に加盟しているため、共通のチケットが使用できる。観光案内所ℹやBVGの案内所で路線図を入手しておこう。

ベルリン交通局
ℹwww.bvg.de

BVG交通機関の乗車券

ベルリン市内のSバーン、Uバーン、トラム、バスの料金体系、乗車券はすべて共通。料金はゾーン制で、ベルリン市内はAとB、ベルリン市外はCのゾーンに分けられており、それぞれの区間をまたぐと料金が加算される。市内の見どころのほとんどがAゾーン内にあるが、ベルリン・ブランデンブルク空港やポツダムなど、Cゾーンまで足を延ばすには、A·B·Cすべての区間に有効なチケットを購入するのがお得。

乗車券には普通乗車券はもちろん、回数券、1日・7日間の乗り放題のチケットなど、さまざまな種類がある。また使い切りの近距離乗車券以外は、有効期限・時間内なら何度でも使用可能（普通乗車券は同じ経路の往復は不可）。その日の予定や旅のスケジュールに合わせて上手に使いたい（各ゾーンの範囲は折込地図裏を、料金は下記の表を参照）。

チケットは駅にあるタッチパネル画面の券売機で購入する。英語表示も選択できる。チケットを購入したら、乗車前にホーム入口やバス車内にある**刻印機にチケットを差し込んで刻印する**。刻印した日付と時刻から各チケットの有効期限がスタートする。

↑駅構内の券売機

✉ベルリンの「山手線」に乗車
S42を使ってベルリン中心部を一周しました。オストクロイツOstkreuzから乗車して約1時間でした。ベルリンの東西南北それぞれに異なった雰囲気があり、たいへん楽しめました。ちなみにベルリンのSバーンは東京の山手線のモデル。S41（内回り）、S42（外回り）がそれにあたります。（浦添市　Mimu　'15）['20]

ドアは手動で
SバーンやUバーン、バスなどは自動ドアでなく手動で開けるところがほとんど。ドアやドア近くの緑色のボタンを押して乗り降りしよう。ただし閉まるのは自動になっている。

↑市民の足Sバーン

BVGのチケットの種類と料金

おもな種類・名前	内容	有効ゾーン	料金
近距離券 Kurzstrecke	S・Uバーン3駅まで、バス・トラムは6停留所まで		€1.90
1回乗車券 Einzelfahrschein	2時間有効	A·B	€2.90
		B·C	€3.30
		A·B·C	€3.60
4回回数券 4-Fahrten-Karte Einzelfahrschein	各2時間有効	A·B	€9
		B·C	€12
		A·B·C	€13.20
1日乗車券 Tageskarte	1日有効（使用日の翌3:00まで）	A·B	€8.60
		B·C	€9
		A·B·C	€9.60
グループ用1日乗車券 Kleingruppen Tageskarte	1日有効。5人まで利用可能	A·B	€23.50
		B·C	€24.30
		A·B·C	€24.90
7日乗車券 7-Tage-Karte	7日間有効（7日目の24:00まで）	A·B	€34

はみだし情報 ネットを使ったタクシーの配車サービスUberは、北ドイツではベルリンとフランクフルト、ハンブルクなどで使用可能。ただしドイツでは、一般人のドライバーは認められていないためUberでもタク↗

Sバーン、Uバーン

Sバーンは近郊の町と市内を結び、Uバーンは市中心部を走っており、観光の足には欠かせない。運行の目安は4:30から翌0:30まで。週末は深夜も運行している。ただし週末は本数が減るので注意したい。ホームの案内は路線番号と終点駅のみ表示されているので、乗車する際は、目的地まで行く路線の番号と終点の駅名を覚えておくこと。

⬆Uバーンのホーム

バス

路線数が多く充実しているが、そのぶん複雑なので、路線図でしっかり確認を。黄色と緑の「Ⓗ」のマークが停留所。前方のドアから乗車し、運転手にチケットを提示する。バス停に券売機がない場合、運転手から直接購入することもできる。その際は刻印を忘れずに。目的の停留所が近づいたら、ボタンを押して中央または後方のドアから降車する。

中心部を観光するなら、**100番と200番のバス**を利用するといい。ベルリン市内の見どころをほとんどカバーしている。日中は5～10分おきに運行している。

⬆2階建てのバスもある

トラム

トラムの路線は旧東側に多く残っており、地元の利用者が多い。チケットは停留所の券売機、または運転手から直接購入する。停留所はバスと同じ「Ⓗ」のマーク。

⬆停留所はこのマークを目印に

旅行者向けのお得なカード

ベルリン・ウエルカムカード Berlin WelcomeCardと**ベルリン・シティツアーカード**Berlin CityTourCardはベルリンの交通と観光が割引になるお得なカード。どちらも市内の公共交通機関が乗り放題になるうえ、指定の美術館、博物館などの見どころや、各種観光ツアー、劇場、一部レストランなどが割引になる。カードによって割引対象が異なる。カードの値段や割引率に大差はないので、ウェブサイトやパンフレットなどで、自分の行きたい見どころが割引になっているかを確認しよう。どちらのカードもウェブや駅の窓口、券売機で購入可能。使用開始前に必ず刻印をすること。

ベルリン・ウエルカムカード

有効期間	有効ゾーン	料金
48時間	A・B	€23
	A・B・C	€28
72時間	A・B	€33
	A・B・C	€38
5日間	A・B	€38.46
	A・B・C	€49

ベルリン・シティツアーカード

有効期間	有効ゾーン	料金
48時間	A・B	€19.90
	A・B・C	€22.90
72時間	A・B	€29.90
	A・B・C	€33.90
5日間	A・B	€42.90
	A・B・C	€46.90

ベルリン・ウエルカムカード
ⓘ www.visitberlin.de/de/berlin-welcome-card

ベルリン・シティツアーカード
ⓘ www.citytourcard.com

⬆アンペルマンの信号機

↘シーが配車される。料金は通常のタクシーと同じだが、Uberアカウントがあればキャッシュレスで利用でき（手数料は1回€1.50）、知らない場所でもタクシーが来てくれる利便性は享受できる。

ベルリン西
Berlin
Jungfernheide
Mierendorffplatz
Kaiserin-Augusta-Allee
P.60
シャルロッテンブルク宮殿・
Schloss Charlottenburg
シュプレー川
Helmholtzstr.
Franklinstr.
シャルロッテンブルク
Charlottenburg
Richard-Wagner-Platz
Richard Wagner Str.
Otto-Suhr-Allee
Cauerstr.
Marchstr.
Sophie-Charlotten-Str.
Danckelmannstr.
Schloßstr.
Kaiser-Friedrich-Str.
ベルリン工科大学
Technische Universitat
P.75
ドイツ・オペラ・ベルリン
Deutsche Oper Berlin
P.74
シラー劇場
Schiller Theater
Bismarckstr.
Bismarckstraße
Deutsche Oper
Ernst-Reuter-Platz
Sophie-Charlotte-Platz
P.87 マヌファクトゥム
P.62
P.81 ブロート&ブッター
バウハウス資料館(仮)
Bauhaus-Archiv/
Museum für Gestaltung
P.86 バウハウスショップ
Hardenbergstr.
写真博物館
Museum für Fotografie
Wilmersdorfer Str.
Schlüterstr.
Grolmanstr.
Knesebeckstr.
P.93
アレット・クーダム・
ホテル&ホステル
P.77 エー・トレイン
Kantstr.
Carmerstr.
P.83
ダオ
ディッケ・
ヴィルティン
P.82
Wilmersdorfer Straße
Zoologischer Garten
ビュッヒャーボーゲン・アム・サヴィニプラッツ
P.88
Charlottenburg
P.81
オッテンタール
Savignyplatz
Leibnizstr.
Wielandstr.
P.89 シュタイフ・
ギャラリー
クーダム
Ku'damm
Kurfürstendamm
P.62
ザ・ストーリー・オブ・ベルリン
The Story of Berlin
Uhlandstraße
エノテカ・イル・カリーチェ
P.82
P.87
パペテリー・ハインリッヒ・
キューネマン
Fasanenstr.
P.80
カフェ・イム・
リテラトゥーアハウス
P.89
クーダム通り
Kurfürstendamm
Adenauerplatz
Lietzenburger Str.
P.55,61 ケーテ・コルヴィッツ美術館
Käthe-Kollwitz-Museum Berlin
Halensee
Joachim-Friedrich-Str.
Paulsborner Str.
Brandenburgische Str.
Uhlandstr.
Spichernstraße
Konstanzer Straße
Hohenzollernplatz
Hohenzollerndamm
Güntzelstraße
Fehrbelliner Platz
Bundesallee
Hohenzollerndamm
Berliner Straße
Blissestraße
A
B
C
D
E
1
2
3

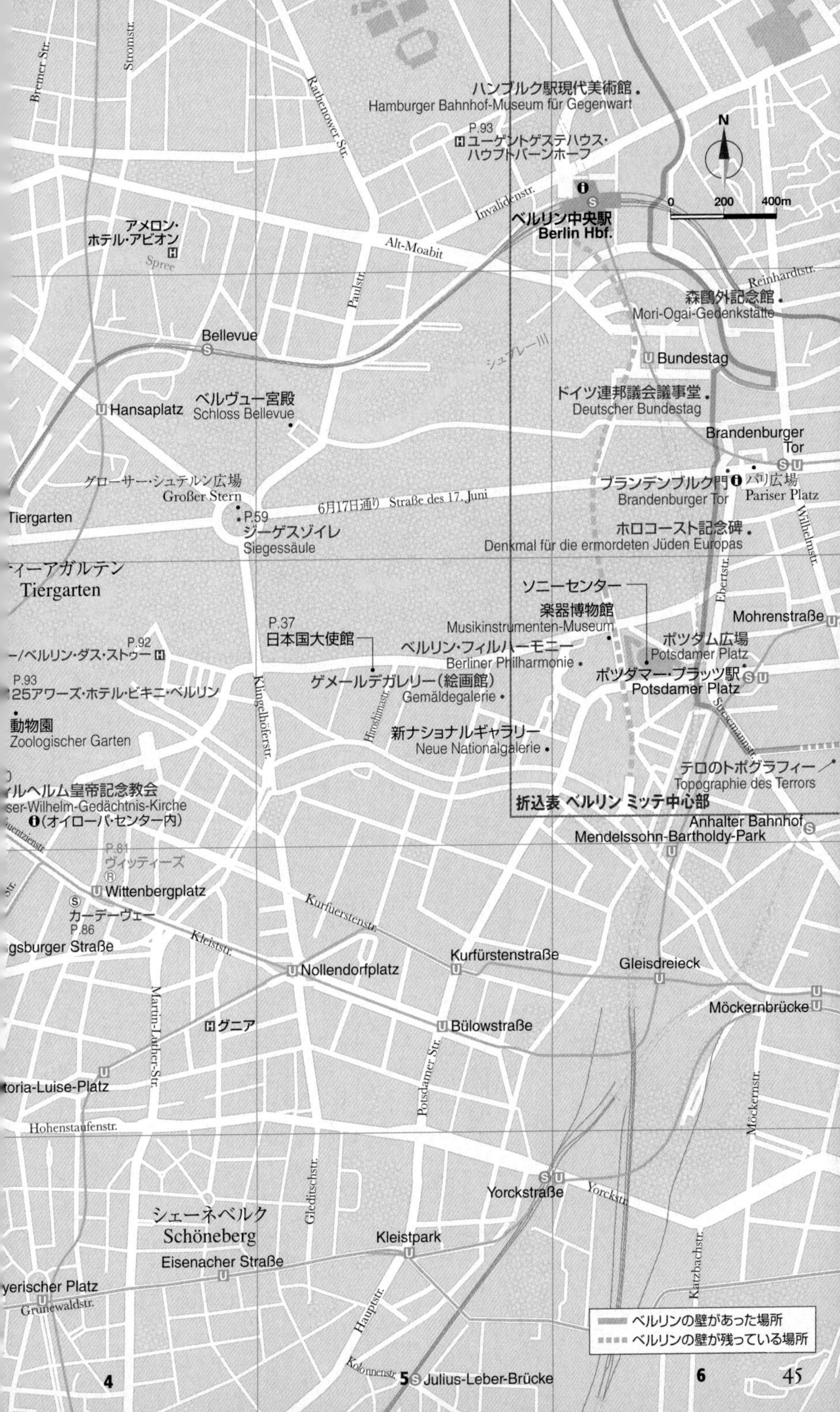

ハンブルク駅現代美術館
Hamburger Bahnhof-Museum für Gegenwart
P.93
ユーゲントゲステハウス・ハウプトバーンホーフ
ベルリン中央駅
Berlin Hbf.
アメロン・ホテル・アビオン
Spree
Alt-Moabit
Invalidenstr.
Bremer Str.
Stromstr.
Rathenower Str.
Paulstr.
森鴎外記念館
Mori-Ogai-Gedenkstätte
Reinhardtstr.
Bellevue
シュプレー川
Bundestag
Hansaplatz
ベルヴュー宮殿
Schloss Bellevue
ドイツ連邦議会議事堂
Deutscher Bundestag
Brandenburger Tor
グローサー・シュテルン広場
Großer Stern
ブランデンブルク門
Brandenburger Tor
パリ広場
Pariser Platz
Tiergarten
6月17日通り Straße des 17. Juni
P.59
ジーゲスゾイレ
Siegessäule
ホロコースト記念碑
Denkmal für die ermordeten Jüden Europas
Wilhelmstr.
ティーアガルテン
Tiergarten
ソニーセンター
楽器博物館
Musikinstrumenten-Museum
Ebertstr.
Mohrenstraße
P.37
日本国大使館
ベルリン・フィルハーモニー
Berliner Philharmonie
ポツダム広場
Potsdamer Platz
P.92
ベルリン・ダス・ストゥー
P.93
25アワーズ・ホテル・ビキニ・ベルリン
ゲメールデガレリー（絵画館）
Gemäldegalerie
ポツダマー・プラッツ駅
Potsdamer Platz
動物園
Zoologischer Garten
Klingelhöferstr.
Hiroshimastr.
新ナショナルギャラリー
Neue Nationalgalerie
Stresemannstr.
テロのトポグラフィー
Topographie des Terrors
ヴィルヘルム皇帝記念教会
Kaiser-Wilhelm-Gedächtnis-Kirche
（オイローパ・センター内）
折込表 ベルリン ミッテ中心部
Anhalter Bahnhof
Mendelssohn-Bartholdy-Park
P.81
ヴィッティーズ
Wittenbergplatz
カーデーヴェー
P.86
Kurfürstenstr.
Augsburger Straße
Kleiststr.
Nollendorfplatz
Kurfürstenstraße
Gleisdreieck
Möckernbrücke
グニア
Bülowstraße
Martin-Luther-Str.
Potsdamer Str.
Viktoria-Luise-Platz
Hohenstaufenstr.
Möckernstr.
Yorckstraße
Yorckstr.
Gleditschstr.
シェーネベルク
Schöneberg
Kleistpark
Eisenacher Straße
Bayerischer Platz
Grunewaldstr.
Hauptstr.
Katzbachstr.
ベルリンの壁があった場所
ベルリンの壁が残っている場所
Kolonnenstr.
Julius-Leber-Brücke
4
5
6
N
0 200 400m

Naturkundemuseum
Nordbahnhof
Rosenthaler Platz
Senefelderplatz
ハッケシェ・ヘーフェ
Hackesche Höfe
Amano
Invalidenstr.
Chausseestr.
Brunnenstr.
・ハンブルク駅現代美術館
Hamburger Bahnhof-Museum für Gegenwart
A
Torstr.
Linienstr.
Rosa-Luxemburg-Platz
Mulackstr.
コンク
Große Hamburger Str.
Gipsstr.
Luisenstr.
Oranienburger Tor
Auguststr.
Sophienstr.
Rosenthaler Str.
Oranienburger Str.
Weinmeisterstraße
Rosa-Luxemburg-Str.
Prenzlauer
ベルリン中央駅
Berlin Hbf.
フリードリヒシュタット・パラスト
シナゴーグ
Synagoge
Münzstr.
Oranienburger Str.
ペルガモン博物館
ミッテ
Mitte
Pergamonmuseum
森鴎外記念館
Mori-Ogai-Gedenkstätte
Reinhardtstr.
ボーデ博物館
Bode-Museum
Hackescher Markt
ビオ・カンパニー
Karl-Liebknecht-Str.
Alexanderstr.
フリードリヒシュトラーセ駅
Friedrichstraße
旧ナショナルギャラリー
Alte Nationalgalerie
聖マリーエン教会
St. Marienkirche
アレクサンダー広場
Alexanderplatz
ドイツ連邦議会議事堂
Deutscher Bundestag
ドイツ歴史博物館
Deutsches Historisches Museum
新博物館
Neues Museum
アレクサンダープラッツ駅
Alexanderplatz
Bundestag
フンボルト大学
Humboldt-Universität zu Berlin
DDR博物館
DDR Museum
テレビ塔
Fernsehturm
Grunerstr.
ビルケンシュトック
旧博物館
Altes Museum
大聖堂
Dom
Spandauer Str.
Littenstr.
B
ブランデンブルク門
Brandenburger Tor
Brandenburger Tor
Unter den Linden
ノイエ・ヴァッヘ
Neue Wache
国立歌劇場
Staatsoper
Werderscher Markt
Klosterstraße
空っぽの書棚
パリ広場
Pariser Platz
ベーベル広場
Bebelplatz
ニコライ教会
Nikolaikirche
ツア・レッテン・インスタ
コーミッシェ・オーパー
Komische Oper
Französische Str.
Französische Straße
Ebertstr.
Breite Str.
ジャンダルメンマルクト
Gendarmenmarkt
Jannowitzbr
ホロコースト記念碑
Denkmal für die ermordeten Juden Europas
Mauerstr.
Wilhelmstr.
Hausvogteiplatz
コンツェルトハウス・ベルリン
Konzerthaus Berlin
楽器博物館
Musikinstrumenten-Museum
Stadtmitte
Märkisches Museum
ポツダム広場
Potsdamer Platz
Mohrenstraße
Leipziger Str.
Spittelmarkt
Friedrichstr.
フリードリヒ通り
Charlottenstr.
ソニーセンター
ポツダマー・プラッツ駅
Potsdamer Platz
Heinrich-Heine-Straße
C
Heinrich-Heine-Str.
チェックポイント・チャーリー
Checkpoint Charlie
Stresemannstr.
壁博物館／ハウス・アム・チェックポイント・チャーリー
Mauermuseum/Haus am Checkpoint Charlie
テロのトポグラフィー
Topographie des Terrors
Kochstr.
Kochstraße
Dresdener Str.
折込表 ベルリン ミッテ中心部
アンハルター駅
Anhalter Bahnhof
Mendelssohn-Bartholdy-Park
Lindenstr.
Oranienstr.
P.64
ユダヤ博物館
Jüdisches Museum Berlin
P.77
プリンス・チャールズ
Moritzplatz
Gleisdreieck
D
Möckernbrücke
Ritterstr.
Prinzenstr.
P.77
ヴュルゲエンゲル
Hallesches Tor
Gitschiner Str.
Prinzenstraße
Kottbusser
クロイツベルク
Kreuzberg
Möckernstr.
P.80
ムスタファズ・ゲミューゼ・ケバブ
Mehringdamm
Zossener Str.
Yorckstr.
Mehringdamm
Gneisenaustraße
Gneisenaustr.
Grimmstr.
スーパー・
P.87
Urbanstr.
トランジット
E
Katzbachstr.
Südstern
ヴィクトリア公園
Victoriapark
1
2
3

ベルリン東
Berlin
プレンツラウアーベルク
Prenzlauer Berg
Greifswalder Str.
Landsberger Allee
Landsberger Allee
N
0
200
400m
Petersburger Str.
Storkower Straße
Friedenstr.
Schillingstraße
マルクス・アレー
Strausberger Platz
Lichtenberger Str.
Andreasstr.
Weberwiese
フォアヴェンデ・ラーデン
P.86
フリードリヒスハイン
Friedrichshain
Frankfurter Tor
Frankfurter Allee
Samariterstraße
Grünberger Str.
Str. der Pariser Kommune
P.83
フォルクスカマー
ベルクハイン P.77
シュプレー川
オスト駅
Ostbahnhof
P.77
アストラ・
クルトゥーアハウス
Wühlischstr.
Köpenicker Str.
P.49,73
イーストサイドギャラリー
East Side Gallery
Warschauer Straße
Warschauer Str.
Eisenbahnstr.
Mühlenstr.
プルス・
ベルリン
Lehmbruckstr.
インターショップ2000 P.57
Dannecker Str.
P.83
ボーン
ラーデンカフェ
ノ博物館
Stralauer Allee
Schlesisches Tor
バーガーマイスター
P.80
Spree
Oranienstr.
Görlitzer Bahnhof
Oppelner Str.
Schlesische Str.
ゲルリッツ公園
Görlizer Park
Puschkinallee
ノイケルン
Neukölln
P.49,73
シュレジア・ブッシュの境界監視塔
Am Treptower Park
Treptower Park
Schönleinstraße
P.88
ラガー・ラガー
Kottbusser Damm
ベルリンの壁があった場所
ベルリンの壁が残っている場所
4
5
6

テーマで巡るベルリン

ドイツ最大の都市、ベルリン。東京23区の約1.5倍という広大な面積をもつこの町で、複雑な交通機関にとまどってしまう人も多いだろう。そんなベルリンを効率よく巡るモデルコースを、テーマ別にご紹介。

©GNTB/Merten,Hans Peter

モデルルート1

ベルリンの壁と壁跡を訪れ、時代を知るコース

東西対立の象徴であったベルリンの壁。西ベルリンを囲むように建設されたこの壁の中へ、東側からの逃亡が相次いだ。壁はなぜ建てられたのか、人々はどんな気持ちを抱いていたのか。当時に思いをはせつつ、ベルリンの町を歩いてみよう。

Start

Ⓢ1・2・25 Nordbahnhofが出発地点。駅を出たら、ベルナウアー通りへ向かって歩く。ベルリンの壁記念センターまで所要3～4分。

ベルナウアー通りとベルリンの壁記念センター

月曜休

Bernauer Straße & Dokumentationszentrum Berliner Mauer

1961年8月13日に築かれた、東西を隔てる壁。東ベルリンと西ベルリンの境界線だったベルナウアー通りでは、東側に建っていた建物が封鎖された。そのため、窓から飛び降りて西側へ逃げる住民が続出。このときに築かれた壁の一部がそのまま残っており、壁の歴史について展示するセンターがある。

≫ Map 折込表-C2 / Data P.72

➡見晴らし台に上ると壁を見下ろせる（上）、壁の構築とともに取り壊された教会を再建した「和解の礼拝堂」（下）⬇かつての壁があった場所に、壁と同じ高さで建てられたポール

Nordbahnhofから⑤1・2・25でふたつ目のFriedrichstraßeへ 所要4分。Ⓤ6のAlt-Mariendorf行きに乗り換え、3つ目のKochstraße下車、所要4分

⬅復元された検問所には、ソ連軍兵士の写真と、その裏にアメリカ軍兵士の写真が掲げられている⬆脱出に使われたグライダー

壁博物館／ハウス・アム・チェックポイント・チャーリー

無休

Mauermuseum/
Haus am Checkpoint Charlie

壁があった東西分裂時代、自由を求めて東側から西側へ逃れようとして射殺された東ベルリン住民の悲劇や、脱出に成功した人々の体験談など、実際に使われた車や用具の展示などで知ることができる。

>> Map 折込表-C6 / Data P.72

Kochstraßeから Ⓤ6 のAlt-Mariendorf行きに乗り、5つ目のTempelhofまで所要8分。⑤41・42に乗り換え、Treptower Parkへ10分。駅前の通りAn den Treptowersを左へ。すぐPuschkinalleeに出るので右折して10分ほど歩く

シュレジアア・ブッシュの境界監視塔

月～金曜休

Grenzwachturm Schlesischer Busch

ベルリンのやや南にある、高さ10m、4.2m四方の3階建ての監視塔。壁があった当時、それを乗り越えて西側へ逃げる人を監視し続けてきた。現在壁は撤去され、監視塔だけが残っており、内部の見学が可能となっている。11～4月は全面クローズ。

⬅この塔で監視が行われ、逃げようとする者は射殺された

>> Map P.47-E5 / Data P.73

Treptower Parkから⑤8・9・41・42・85で次のOstkreuzへ所要2分。⑤5・7・9に乗り換え、ふたつ目のOstbahnhofへ5分。駅からStralauer Platzへ向かい、左へ折れるとミューレン通りへいたる。駅から徒歩3分程度

イーストサイドギャラリー

無休

East Side Gallery

世界各国の芸術家118人が、ベルリンの壁崩壊後に壁に描いた絵を観られるオープンギャラリー。ミューレン通りからヴァルシャウアー・シュトラーセ駅近くまでの川沿いに、約1.3km続いている。全部で105点ある壁画は、メッセージ性の強いものやユーモラスなものなどさまざまで、非常に見応えがある。

➡有名なホーネッカーとブレジネフの『兄弟のキス』(上)、通りに面する壁の反対側は落書きでいっぱい(下)

>> Map P.47-D5 / Data P.73

⬅壁に沿って歩いていき、隣のSバーンとUバーンの駅 Warschauer Straße から帰ろう

ベルリンの壁とは?
——その構築から崩壊まで

「ベルリン封鎖」後誕生するふたつのドイツ

1945年5月、ドイツは連合軍に降伏し、ヨーロッパでの第2次世界大戦が終結する。ドイツ全土はイギリス、フランス、アメリカ、ソ連の4ヵ国によって4つの占領地域に分割され、管理されることになった。ベルリンはソ連の占領地域にあったが、首都ということもあり、ここは4ヵ国が共同管理することになった。ソ連は最初に占領したベルリンの中心部から東側半分を、残りの西半分は南側をアメリカが、西側をイギリスが、北側をフランスが管理することになった。

連合軍としてともにドイツと戦った4ヵ国だが、共産主義のソ連、資本主義の米・英・仏の3ヵ国では、経済のシステムが異なる。占領下にあるドイツ全域をひとつの経済単位として扱うという宣言がなされたにもかかわらず、占領地域ごとに異なった政策が行われていた。

1948年、ヨーロッパ経済復興のための「マーシャルプラン」がアメリカにより発表される。この計画には当然ドイツも含まれており、援助の受け皿として統一された体制が必要とされた。スムーズに統合された米・英・仏の3ヵ国の西側占領地域に対し、反共主義のアメリカが主導したこの計画にソ連は反発。ベルリンでは自らの東側占領地での通行規制を強化し、4ヵ国による共同管理は事実上破綻した。

さらに同年6月には、アメリカが西側地域に新しい通貨となるドイツマルクを導入することを決定。さらに反発を強めたソ連は、完全に4ヵ国の管理委員会から脱会し、東側の占領地域を西側から隔離。同時に東側の占領地域でも独自の「東ドイツマルク」の発行を始めた。その結果エリアとしては東側にあったベルリンでは、両方の通貨が流通するようになった。しかし「マーシャルプラン」を後ろ盾にした西側の通貨の力が勝っていた。これに対しソ連は同等の通貨価値を保つために、3ヵ国の占領区域を封鎖してしまう。西ベルリンは、陸路での食料や燃料を含むすべての物資の搬入が遮断されてしまった。これが1948年6月から翌年5月まで続けられた「ベルリン封鎖」である。ソ連側は、この封鎖によって西ベルリン内で市民の暴動が起こり、その混乱のなか東側へ帰属するような動きが発生す

ベルナウアー通りに残る壁。芝生の部分は緩衝地帯だったところ

壁崩壊時、沸き立つベルリン市民（左）、「ベルリン封鎖」時の3ヵ国による空輸作戦（上）

ることを期待していた。ところが3ヵ国は大規模な空輸作戦を実施。生活に必要な物資をすべて飛行機で運び入れて西ベルリン市民は救われた。

約200万人の市民を人質に取ったような「ベルリン封鎖」は人道上も大きな非難を受け、政治的にも意味がなくなり、1949年5月に解除された。

この事件により、東西の対立は決定的になる。ほどなくして西側に資本主義国家・ドイツ連邦共和国（西ドイツ）が、東側に社会主義国家・ドイツ民主共和国（東ドイツ）が誕生し、分断されたふたつのドイツが生まれることになった。

突如壁で囲まれた陸の孤島

東西ドイツの誕生とともに、東ドイツは首都を東ベルリンと定め、西ドイツは首都をボンに移し、ベルリンにあった米・英・仏の3ヵ国の占領下にあった西ベルリン区域は、西ドイツの一部となった。東ドイツ内に出現した飛び地、まさに陸の孤島だ。ただ孤島とはいえ、この頃は東西ベルリンの往来は可能で、各所に検問はあったが、毎日東から西に通勤していた人も大勢いたし、東に住む人が西に住む親戚や友達を訪ねることもできた。

1950年代に入って時間がたつにつれ、マーシャルプランを背景に力強く回復する西ドイツと遅々として経済復興が進まない東ドイツの間の経済力の差は広がるばかり。ベルリンも同様で、西と東では生活水準の格差を否が応でも見せつけられるようになる。さらに言論統制やさまざまな規制で、人々の間に東ドイツの社会主義政府に対する不満が高まっていった。まだ簡単に東西を行き来できる時代、東から西へ亡命する人の数が年々増加していった。特に自由を求める若者、知識人、生活水準が低い農民などが次々に西へ逃げていく。社会の基盤を支える人、国の将来を背負う若者の流出は由々しき問題だ。東ドイツ政府は亡命者の流出をストップすべく秘密裏に計画を進めていた。そして1961年8月12日の深夜、それは突如として実行された。

東西ベルリンの境界線にまず鉄条網が立てられ、60以上の道路を遮断、東西を結ぶ電車も止められた。13日の午後1時までには、西ベルリンは東から完全に隔離された。その2日後から、鉄条網はコンクリートの壁に造り替えられていった。

壁は東西ドイツの国境地帯にも設けられた。西ベルリンが封鎖されただけでなく東ドイツは国境に壁を築いて、自国の人々を封じ込めたのだ。

西ベルリンを囲む壁の総延長は最終的に155kmにも及んだ。しかもそれは1枚の壁ではなく、数十mもの無人地帯を挟んで2枚の壁が築かれたのだ。

壁があったことを示すプレート

命がけの脱出劇と壁の崩壊

こんな格好で車に隠れ検問を突破した（左）、壁で射殺された人々の名前が書かれている（右）

1960年代、東ドイツ国内ではますます束縛が厳しくなる。そのなか、自由を求めて命がけで西側へ脱出する人があとを絶たなかった。ベルリンだけで1961年から、壁が崩壊する1989年までの28年間に、壁を越えて脱出に成功した人は5000人以上いたといわれる。改造した自動車の一部に隠れたり、気球に乗って空から国境を越えたりした人もいる（壁博物館には、このときの脱出の様子が模型で展示されている）。一方で3000人以上が逮捕され、射殺された人は192人に上った。70年代に入ると西側から東側への訪問が可能になる一方で、旧態依然とした東ドイツでは、秘密警察による監視が幅広く行われ市民の自由は束縛されたままだった。

1980年代の半ばを過ぎると世界情勢は刻々と変化していく。それまで東欧の国々を力で抑えつけていたソ連の影響力が薄れ、各国で民主化の動きが加速。なかでも東ドイツの南東にあるハンガリーは、1956年の動乱では多くの犠牲者を出したが、1980年代後半には東欧で最も民主化が進んでいた。西側への旅行は難しい東ドイツ国民も、東欧の国への訪問はしやすい。いち早く西側への渡航条件が緩和されたハンガリー経由で、西側へ亡命する人の数が増えていった。東ドイツ政府はハンガリー政府を非難するが、この流れは変えられず、国内で始まった反政府デモは一層激しくなっていった。

1989年11月9日、東ベルリンでは世論に押される形で、旅行自由化に向けて出国規制緩和の政令案が発表された。これは査証発給条件の緩和で、実際は査証を取得し検問を受けてからようやく出国できるものだった。しかし政府のスポークスマンはその内容を把握しないままその日の午後に記者会見を開いてしまい、途中外国人記者からの「旅行の自由化はいつから？」との質問に「ただちに国境を通過するすべてのポイントから出国できる」と答えてしまった。途端に記者たちが慌てて席を立ち、会見はそこで終了。このニュースは瞬く間に世界中に報道され、多くのベルリン市民が国境の検問所に殺到した。もちろん検問ができるわけもなければ、増え続ける群衆を押し戻すこともすでに不可能だった。人々は自由に国境を通過し始めた。そしてその日のうちにすべての検問所のゲートが開けられ、壁はその意味を失った。

興奮した人々が壁を破壊し始めたのは翌日の未明のこと。長年抑圧されていた人々のエネルギーはすさまじく、壁の崩壊から1ヵ月で社会主義一党独裁政権も崩壊してしまった。そして1990年10月3日、もっと長い時間がかかると思われていた東西ドイツの統一は、1年もたたずして実現された。

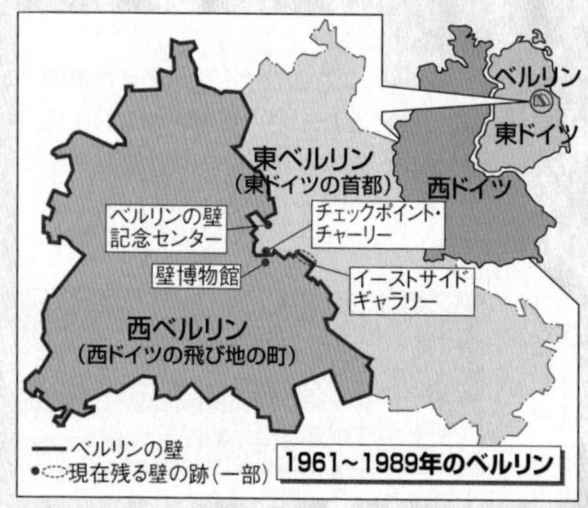

モデルルート2

ベルリン必見の美術館・博物館を効率よく楽しむ1日コース

多くの美術館や博物館があることで知られるベルリン。なかには世界的に有名な展示品も少なくない。この町を訪れたら、ぜひ時間を取ってミュージアム巡りをしてみよう。おもな美術館・博物館を、好みに合わせて1日で巡るコースをご紹介。

Start

スタート地点はポツダム広場。Ⓢ1・2・25、Ⓤ2 Potsdamer Platzからすぐ。ここから文化フォーラムにあるゲメールデガレリーへは徒歩10分。開館時間の10:00（土・日曜11:00～）に合わせて行こう。

ゲメールデガレリー（絵画館）

Gemäldegalerie

月曜休

≫ Map 折込表-A6 / Data P.63

フェルメールの絵がふたつもあることで知られる美術館。そのほか、ドイツはもちろん、イタリア、フランス、オランダなど、ヨーロッパの名画が勢揃い。フェルメールの絵は『紳士とワインを飲む女』と『真珠の首飾りの女』の2点。どの作品も広い部屋にゆったりと展示されている。名画鑑賞に疲れたら中央ロビーのソファでひと休み。

↑文化フォーラム内の美術館のひとつ、ゲメールデガレリー

↑フェルメール『紳士とワインを飲む女』

©Foto：Gemäldegalerie, Staatliche Museen zu Berlin

↓サンドロ・ボッティチェッリ『ヴィーナス』
©Foto：Gemäldegalerie, Staatliche Museen zu Berlin

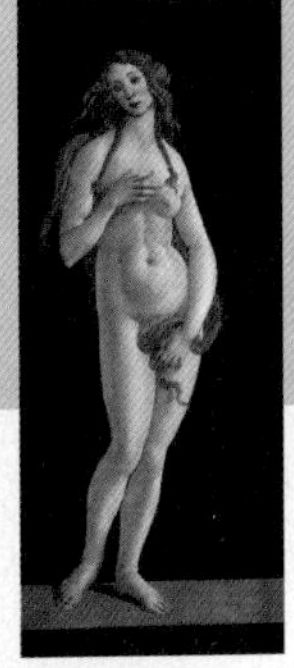

文化フォーラム（クルトゥアフォーラム）とは

東西分裂時代に、ポツダム広場の西側で当時西ベルリンだった場所に建設された文化的建物群のこと。建築家ハンス・シャロウンの発案によって、1959年からベルリン・フィルハーモニー、室内楽音楽堂、国立図書館、楽器博物館、新ナショナルギャラリー、美術工芸博物館、ゲメールデガレリーなどが相次いで建設され、新たなベルリン精神文化の中心地となった。

徒歩12分のPotsdamer PlatzからバスM41・M85番で分、中央駅下車。徒歩5分

ハンブルク駅現代美術館

月曜休

Hamburger Bahnhof - Museum für Gegenwart

かつてベルリンとハンブルクを結んでいた鉄道のターミナル駅の駅舎を改装した広大な美術館。ヨーゼフ・ボイスやアンディ・ウォーホルなど、現代アートの巨匠の作品が揃う。ベルリンで現代アートを鑑賞するならここ。カフェでひと休みするのもおすすめ。

≫ Map 折込表-A3 / Data P.61

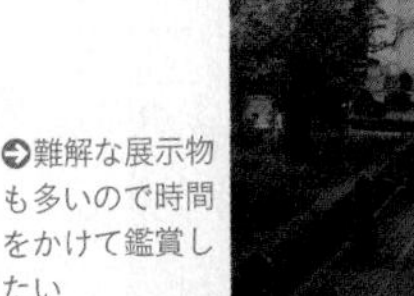
→難解な展示物も多いので時間をかけて鑑賞したい

ハンブルク駅
現代美術館から

中央駅からⓈ5･7･9でFriedrichstraße下 車、徒歩8分

©GNTB/Merten, Hans Peter

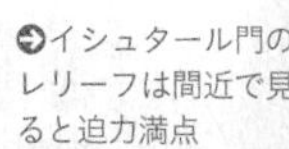
➲イシュタール門のレリーフは間近で見ると迫力満点

ペルガモン博物館

無休

Pergamonmuseum

ベルリンで最も有名な博物館。古代ギリシアやオリエント文明の遺跡がそのまま移築されているので、その壮大さに驚かされる。古代ギリシアのペルガモン（現トルコのベルガマ）にあった『ゼウスの祭壇』※、古代バビロニアの『イシュタール門』とそこへ続く『行列通り』など、見事な遺跡を鑑賞できる。

※改修工事のため『ゼウスの祭壇』があるホールは2023年頃まで閉鎖中

©GNTB/McDonald, Jim

➲高い壁に囲まれた『行列通り』➲紀元前575年にネブカドネザル2世が建設した『イシュタール門』

» Map 折込表-C4 / Data P.70

徒歩6分

近代絵画、印象派ファンは

博物館島（ムゼウムスインゼル）

シュプレー川の中州にあり、重要な博物館や美術館が集まる場所。ペルガモン博物館、新博物館、ボーデ博物館のほかに旧博物館と旧ナショナルギャラリー（→P.71）があり、5つでベルリン美術館を構成している。世界遺産に登録されている。

考古学や歴史が好きなら

徒歩6分

優雅なイタリア建築を眺めたい

徒歩4分

新博物館 Neues Museum

無休

2009年に再建された新博物館は古代エジプト美術の宝庫。ここに“ベルリンで最も美しい女性”とうたわれる『王妃ネフェルティティの胸像』がある。もうひとつの至宝、高さが70cmを超える『ベルリンのゴールドハットBerliner Goldhut』も見逃せない。

» Map 折込表-C4 / Data P.70

➲エジプトの至宝『王妃ネフェルティティの胸像』はぜひ観たい

ボーデ博物館 Bode-Museum

月曜休

ドーム型の屋根を載せたネオバロック様式の建物で、内部にはイタリア建築の巨匠ティエポロが手がけたこぢんまりした小部屋「ティエポロ・カビネット」がある。展示品ではビザンチン芸術と、古いコインのコレクションが充実している。

» Map 折込表-C4 / Data P.71

➲外観も印象的だが、内部も美しい

徒歩7分

⬆ギリシア神殿風の美しい建物

月曜休

旧ナショナルギャラリー

Alte Nationalgalerie

ドイツロマン派の作品やドイツ印象派の作品を中心に展示する。フランスの印象派絵画や彫像も観られる。日本人の間にファンが多いカスパー・ダーヴィット・フリードリヒの作品が充実している。

>> Map 折込表-C4 / Data P.71

月曜はどこへ行く？

ここで紹介している美術館、博物館のうち、ゲメールデガレリー（絵画館）、ハンブルク駅現代美術館、ボーデ博物館、旧ナショナルギャラリーは月曜休み。ミュージアム巡りは可能なら月曜を外したいところだが、ペルガモン博物館、新博物館、ノイエ・ヴァッヘなどは開いているので、これらをつなげて回るというのもあり。

徒歩8分

ちょっとお得な木曜

ペルガモン博物館、新博物館、ボーデ博物館、旧ナショナルギャラリーは、普段は18:00にクローズするが、木曜は20:00まで開いている。次のノイエ・ヴァッヘは別の日に行くことにすればゆっくり見学ができる。

⬆天窓からの光に照らされる『ピエタ』。クローズは18:00なので要注意

ノイエ・ヴァッヘ

Neue Wache

無休

19世紀前半にカール・フリードリヒ・シンケルが衛兵の詰め所として建設した。現在は「戦争と暴力支配の犠牲者に捧げる記念碑」になっている。建物の内部にはドイツの女流彫刻家ケーテ・コルヴィッツの作品『ピエタ』が置かれている。暗い建物の中、天窓からの光に照らされたその姿は感動的だ。

>> Map 折込表-C5 / Data P.69

徒歩10分

興味をもったら別の日に行ってみよう

ケーテ・コルヴィッツ美術館

Käthe-Kollwitz-Museum Berlin

20世紀前半のドイツを代表する芸術家のひとり、ケーテ・コルヴィッツの作品を展示。貧しい人々の暮らしや、母としての苦しみを表した版画や彫刻作品を観ることができる。ノイエ・ヴァッヘからはStaatsoperでZoologischer Garten行きバス100番に乗り、Zoologischer Garten / Jebenstr.下車、徒歩9分。

>> Map P.44-D3 / Data P.61

無休

『双子を抱く母』の像⬇

モデルルート3

機能美のドイツデザインを手に入れる

シンプルで無駄がなく、飽きのこない色や形が人気のドイツの工業デザイン。センスのいいショップをはしごして、長く使えるお気に入りを見つけよう。

バウハウスは2023年まで改装中

総合芸術の教育機関で、現在のデザインに大きな影響を与えたバウハウス。2019年に創立100周年を迎えた。ただ、残念なことにベルリンのバウハウス資料館は2020年2月現在改装中。別の場所に移転しているが、企画展のみ。ショップは小規模ながらオープンしている（→P.62・86）。

Start

Ⓤ1・2が通るErnst-Reuter-Platzからスタート。徒歩1分で最初のマヌファクトゥムへ。

注意！ 日曜はここに紹介している店のほとんどが休みとなるので、行くなら平日に

マヌファクトゥム
Manufactum

日曜休

文具やキッチン雑貨、ぬいぐるみといった玩具など、渋いドイツ雑貨が充実している。隣に軽食を取れる食材店があるので、ここでランチを取るのがおすすめ。

» Map P.44-C3 / Data P.87

➡長く愛用されている品が揃う（左）、創業1840年の老舗「クラー」の石鹸（右）

ミッテ地区へ移動。Ernst-Reuter-PlatzからⓊ2のPankow行きに乗り、24分のRosa-Luxe-mburg-Platzへ。下車後、徒歩3分

⬅文房具好きにはたまらないショップ

ルイバン
Luiban

日曜休

ファッションストアが軒を並べる一角にある文具店。1935年のデザインを復刻した「カヴェコ」の万年筆や活版印刷のカードなどが美しく展示されている。

» Map 折込表-D4 / Data P.87

徒歩7分

エール・エス・ファオ・ペー
R.S.V.P

日曜休

ベルリンの活版印刷工房が作るカードやアーティストのノートなど少量生産の紙ものや文房具が揃う。

» Map 折込表-D3 / Data P.88

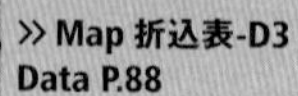

⬅手触りのいいシンプルなものが充実

クロイツベルク地区へ移動。WeinmeisterstraßeからⓊ8でSchönleinstraßeへ所要10分。下車後、徒歩7分

ズューパー・ストア
Süper Store

月曜日曜休

器やバッグ、お酒まで、洗練されたグッドデザインが揃うセレクトショップ。オリジナルデザインもある。同じ通りにレストランも多いので買い物のあとはここで夕食を。

» Map P.46-E3 / Data P.87

100年の歴史を誇るケルナーの玩具➡

モデルルート4

ノスタルジックな東ドイツ雑貨を探して

東ドイツ時代の生活用品は、日本の昭和初期を思わせるレトロで懐かしい魅力でいっぱい。博物館見学とショッピングを組み合わせて、レトロ雑貨を堪能する1日。

注意！
ここで紹介するショップや博物館のうち、木・金曜以外どこかは休みになるのであらかじめ把握しておこう

Start

Ⓢ5・7・75、Ⓤ2・5・8が通るAlexanderplatzから出発。徒歩8分。

DDR博物館 DDR Museum

無休

東ドイツの暮らしをテーマにした博物館。かつての台所や客間を再現しており、かわいいインテリアが目を引く。当時の料理を出すレストランがあるので、ここでランチを取るのもいい。ミュージアムショップもある。

>> Map 折込表-D4 / Data P.73

➡当時のアパートにあったキッチンの展示⬇赤くてかわいいテレビ（左）、味わってみたい東ドイツ料理（右）

Ⓤ2のEberswalderstraßeから徒歩6分

ファオエーベー・オランジェ

日曜休

VEBorange

東ドイツ製品を多く扱うアンティークショップ。店内はどこか懐かしくかわいいグッズでいっぱい。オープン時間が長めで行きやすい店のひとつ。

>> Map 折込表-D1 / Data P.86

⬅心をくすぐる雑貨がてんこ盛り。値段は少々高め

Eberswalderstraßeからトラム M10でBersarinplatzへ14分。下車後、徒歩3分

フォアヴェンデ・ラーデン

月曜・土曜・日曜休

Vorwende-Laden

小さなショップの中に、陶器や布小物、カードなど、東ドイツの雑貨が詰まっている。値段は比較的手頃。掘り出し物が見つかるかも!?

>> Map P.47-B6 / Data P.86

➡眺めているだけでも楽しい

Frankfurter Tor駅まで徒歩5分。トラムM10でWarschauer Straßeまで所要4分。下車後、徒歩13分

インターショップ2000

月曜・火曜休

Intershop 2000

ロケーションまで旧東ドイツの雰囲気たっぷりの専門店は、まるでミュージアムのよう。素朴でかわいい食器類に思わず手が出そう。

>> Map P.47-D6

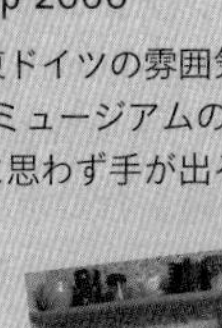

⬆住宅街の一角にある➡カラフルなプラスチック製品

Warschauer Straßeまで徒歩13分。そこからⓊ1でKottbusser Torまで6分。下車後、徒歩5分

モノ博物館

火曜・水曜休

Museum der Dinge

20世紀の生活用品を中心に2万点以上を所蔵するデザインミュージアム。クロイツベルク地区のメインストリートに面したビルの4階にあり、19:00までオープン。

>> Map P.47-D4 / Data P.71

➡思わず欲しくなるものがいっぱい（左）、昔に戻った気分になる!?（右）

ベルリン西地区

本書ではブランデンブルク門を中心に「西地区」「東地区」と分けているが「西地区」のすべてのエリアが旧西ベルリン、「東地区」のすべてのエリアが旧東ベルリンというわけではないので注意。

ベルリンの町をブランデンブルク門を境に東西に分けると、西側はかつて西ベルリンだった地区。戦後、西ベルリンはクーダム通りを中心に新しい町がつくられていった。しかし東西ドイツ統一後、新名所が東側に移ったためクーダム周辺はしだいにさびれていった。東地区ブームがひと段落した今、再び活気を取り戻している。再開発されたポツダム広場はショッピングセンターや劇場ができて人気スポットになり、クーダムは高級ショッピング街としてにぎわっている。ティーアガルテンは大都市の真ん中にある憩いの庭園として市民に親しまれ、ベルリンで唯一ホーエンツォレルン家の栄華を伝えるシャルロッテンブルク宮殿がその西に美しい姿を見せる。隣町ポツダムへも近いので、あわせて観光したい。

トラヴァントで市内観光を

市内観光には、こんな三輪自転車のタクシーも利用できる

クーダム・エックのベルリンの象徴であるクマの像

幅の広い歩道に点々とショーケースが並ぶクーダム通り

ベルリン西地区の歩き方
Walking

かつて西ベルリンの玄関口だった**ツォローギッシャー・ガルテン駅**（ツォー駅）から**ヴィルヘルム皇帝記念教会**がそびえる**ブライトシャイト広場** Breitscheidplatzまで徒歩5分ほど。広場から東へ行くとドイツ最大のデパート、**カー・デー・ヴェー KaDeWe**のあるヴィッテンベルク広場へ出る。

西地区の玄関、通称ツォーZoo駅

ブライトシャイト広場から西は幅53m、全長3.5kmの大通り、通称**クーダム Ku'damm**が延びている。クーダムは歩道の幅が広く、路上に点々とガラスのショーケースが並んでいる美しい通り。

クーダムより少し北を東西に走る**6月17日通り**はブランデンブルク門より続いている。中ほどに戦勝記念柱**ジーゲスゾイレ**がそびえ、足元には**ティーアガルテン**が広がっている。6月17日通りの北側、**ブランデンブルク門**近くには**ドイツ連邦議会議事堂**がある。ティーアガルテンの南東端には**ベルリン・フィルハーモニー**をはじめ博物館、美術館が建ち並び、続いてドイツ統一後に再開発された**ポツダム広場**がある。

プロイセン王家の宮殿だった**シャルロッテンブルク宮殿**は中心部より離れた町の北西にある。

ベルリンの町を歩いているとよく見かけるのが、道路の上を横断するカラフルなパイプ。アート作品？と思うけれど、これは地下鉄工事中に出てくる水を吸い上げているパイプなのだ。

おもな見どころ
The highlight

ドイツの近代史を伝える

ドイツ連邦議会議事堂 Deutscher Bundestag

通常はライヒスタークReichstag（帝国議会）と呼ばれている。1894年に完成した帝国議会議事堂は1933年の火災で中央部分が焼け落ち、青銅の円蓋屋根がないまま放置されていた。戦後西ドイツの首都はボンに移ったため展示会場となっていたが、ドイツ統一後に修復が始まり1999年にガラスの円蓋屋根を付けた連邦議会議事堂が完成した。ドーム屋根をらせん状に上っていく通路があり、事前申し込みで見学できる。

↑ドイツの国旗がはためく連邦議会議事堂

↑ガラスドームの中が見学できる

ドイツ連邦議会議事堂
>> Map 折込表-A4
住 Platz der Republik 1
☎ (030)22732152
ⓘ www.bundestag.de
開 8:00～24:00（入場～21:45)、上記サイトから事前予約可能
休 メンテナンスのため不定休（上記サイトで確認できる）
料 無料
交 U5 Bundestagから徒歩3分

議事堂入場の予約
観光客が少ない冬だったせいか、当日の3時間後の予約が取れました。予約可能な時間帯は表示されており、翌日や翌々日だと時間帯も選べました。なお予約にはパスポートなど身分証明が必要です。
（江東区　M・S　'18)［'20]

犠牲者を悼んで名前を変える

6月17日通り Straße des 17. Juni

大都会の真ん中にある200haもの大きな森、ティーアガルテンTiergartenはプロイセン王家の狩り場だった。シャルロッテンブルク宮殿が建てられたことで1700年に宮殿へ行くための馬車道が森を切り開いて建設され、シャルロッテンブルク通りと名づけられた。1953年、東ベルリンで反社会主義運動が起こり、まだ壁構築前だったので6月17日にこの通りでも東ベルリン市民によるデモ行進が行われた。ソ連軍戦車の出動で鎮圧され、多数の犠牲者が出た。それ以来、犠牲者を悼んでここは6月17日通りと呼ばれている。

6月17日通り
>> Map 折込表-A5

↑森の中を東西に走る6月17日通り

3つの戦争勝利記念柱

ジーゲスゾイレ Siegessäule

↑柱上で輝く勝利の女神

6月17日通りの中ほどに映画『ベルリン・天使の詩』でも知られる記念柱が立っている。1864年のデンマーク戦、1866年のオーストリア戦、1871年のフランス戦での勝利を記念して建設された。全体の高さは69m、285段の階段を上っていくと黄金の天使の足元へ出る。

ジーゲスゾイレ
>> Map P.45-B4
住 Str.des17. Juni / Großer Stern
☎ (030)3912961
開 4～10月9:30～18:30（土・日曜～19:00)、11～3月9:30～17:00(土・日曜～17:30)
休 12/24
料 €3、学生€2.50
交 バス100・106・187番 Großer Sternから徒歩3分

プロイセン王国時代をしのぶ唯一の城

シャルロッテンブルク宮殿 Schloss Charlottenburg

王妃の夏の別荘

初代プロイセン国王フリードリヒ1世が17世紀末、シャルロッテ王妃のために建てた夏の城。小さな館だったのがその後増築され、18世紀半ば、フリードリヒ大王の時代にほぼ今日の姿となる。敷地内にはパビリオンや新翼、先史博物館などがあるが必見は本館。シャルロッテ王妃やフリードリヒ1世が使っていた個室の数々が並び、角の磁器の間にはふたりが集めた中国や日本の磁器がところ狭しと飾られている。彼らの息子フリードリヒ・ヴィルヘルム1世は兵隊好きで、両親が集めた磁器151個をザクセンの竜騎兵600人と交換している（→P.19）。

シャルロッテンブルク宮殿
>> Map P.44-A1
住 Spandauer Damm 10-22
☎ (0331)9694200
ⓘ www.spsg.de
開 10:00～17:30（11～3月～16:30）
休 月曜
料 本館€12（オーディオガイドまたはガイドツアー付き）、学生€8
新翼€10（オーディオガイド付き）、学生€7
共通券€17、学生€13
写真撮影チケット€3
交 バス309・M45番Schloss Charlottenburgまたは109、M45番Luisenplatz/Schloss Charlottenburgから徒歩1分

西ベルリン時代のシンボルだった

ヴィルヘルム皇帝記念教会 Kaiser-Wilhelm-Gedächtnis-Kirche

痛々しい姿のまま

初代ドイツ皇帝ヴィルヘルム1世をしのんで1895年に建てられた教会だが、1943年に爆撃を受けて破壊された。焼け残った西側の塔は戦争の悲惨さを伝える記念碑となり、1961年にはその両側にガラスブロックの礼拝堂が建設された。塔の

ヴィルヘルム皇帝記念教会
>> Map P.45-C4
住 Breitscheidplatz
☎ (030)2185023
ⓘ www.gedaechtniskirche-berlin.de
開 9:00～19:00
休 無休
料 無料
交 Ⓢ3・5・7・9 Ⓤ2・9 Zoologischer Gartenから徒歩5分

Tips! ベルリンで得られる癒やしのひととき、リーバーマン・ヴィラ

ベルリンの富裕層が暮らすヴァンゼー地区に、ベルリン出身でドイツ印象派の巨匠マックス・リーバーマン（→P.161）の館Liebermann-Villaが残っている。当時から高級住宅地だったヴァンゼー湖畔に建つ家は、裏庭には美しい花壇が、湖側には果樹園とフランス庭園、広い芝生が広がり、湖畔にはプライベートなピア（桟橋）まである。2階はギャラリーで、おもにリーバーマンがこのヴィラで描いた絵を展示している。湖畔にはカフェもあり、散策のあとにひと休みできる。

華やかな別荘地の雰囲気を味わいたい

>> Map P.38-B1
住 Colomierstr. 3
☎ (030)80585900
ⓘ www.liebermann-villa.de
開 4～9月10：00～18：00
10～3月11：00～17：00
休 火曜　料 €8、学生€5
交 Ⓢ1・7Wannseeからバス114でLiebermann-Villa下車。帰路も同じバス停から乗車する

中はホーエンツォレルン家の人々が描かれたモザイク画が修復されて、小さな記念室となっている。

芸術系の人には絶対におすすめ

ハンブルク駅現代美術館

Hamburger Bahnhof - Museum für Gegenwart

↑駅舎を改築した建物

ベルリンからハンブルク方面へ向かう列車の駅舎だったことからこの名がついた。駅舎だけでも広いのに車庫も展示室になっているため、その広さは相当なもの。天井も高く贅沢過ぎる空間に現代アートがゆったり展示されている。常設展ではヨーゼフ・ボイス、アンゼルム・キーファーなどの難解な作品を展示。アンディ・ウォーホルの作品もある。また、体験型展示もあっておもしろい。

ハンブルク駅
現代美術館
≫ Map 折込表-A3
住 Invalidenstr. 50-51
☎ (030)266424242
ⓘ www.smb.museum
開 10:00～18:00（土・日曜11:00～、木曜～20:00）
休 月曜
料 €10、学生€5
交 中央駅から徒歩3分

大切に保存されている日本文化

森鷗外記念館

Mori-Ogai-Gedenkstätte

↑壁には鷗外の文字が

ドイツに留学していた鷗外は1887年にベルリンへ移り、1888年までベルリン大学のロベルト・コッホのもとで医学を学んでいた。鷗外が下宿していた館の2階には当時の様子が再現されている。鷗外がドイツ滞在中の4年間に読んだ約450冊と同じ本が書棚に並び、その数の多さに驚く。記念館は現在フンボルト大学日本研究学科の拠点となっている。

森鷗外記念館
≫ Map 折込表-B4
住 Luisenstr. 39
☎ (030)2826097
ⓘ iaaw.hu-berlin.de/de/region/ostasien/seminar/mori/mori
開 10:00～14:00
休 土・日曜
料 €5、学生€3
交 Ⓢ1・2・25・26 Ⓤ5 Brandenburger Torから徒歩8分

魂を揺さぶられる作品の数々

ケーテ・コルヴィッツ美術館

Käthe-Kollwitz-Museum Berlin

↑ケーテ・コルヴィッツ作『双子を抱く母』

ふたつの世界大戦の激動の時代を生きた版画家・彫刻家ケーテ・コルヴィッツ(1867～1945)。貧困に苦しむ周囲の人々や、戦争で傷ついた人々の悲しみや憤りを表現した作品はじっくり時間をかけて鑑賞したい。なかでも戦争で息子と孫を失った彼女の、「母」をテーマにした作品は強く心に残る。

ケーテ・コルヴィッツ
美術館
≫ Map P.44-D3
住 Spandauer Damm 10
☎ (030)8825210
ⓘ www.kaethe-kollwitz.berlin
開 11:00～18:00
休 無休
料 €7、学生€4
交 Ⓤ1 Uhlandstraßeから徒歩2分
※ケーテ・コルヴィッツ美術館は、P.60のシャルロッテンブルク宮殿の劇場棟に移動している。

はみだし情報 ケーテ・コルヴィッツが晩年を過ごした家がモーリッツブルクにあり、記念館として公開されている(→P.213)。

ザ・ストーリー・オブ・ベルリン
>> Map P.44-D3
住 Kurfürstendamm 207-208
(030)88720100
www.story-of-berlin.de
開10:00～20:00（最終入館18:00）
交U1 Uhlandstraßeから徒歩2分

バウハウス資料館
新資料館建設中のため、2024年1月現在閉館中。以下の場所で仮設資料館を開館。ただし小さなスペースのため常設展はなく、所蔵品の展示もほぼない。ショップはオープンしている(→P.86)
>> Map P.44-C3
住Knesebeckstr. 1-2
開10:00～18:00
休日曜
料無料
交 U2 Ernst-Reuter-Platzから徒歩2分

ポツダム広場
>> Map 折込表-B6

核シェルターはぜひ見学してみたい

ザ・ストーリー・オブ・ベルリン The Story of Berlin

クーダム通りにある複合ビルのクーダム・カレーKu'damm Karree内にある博物館。順路に従って進んでいくと、ベルリンの始まりから壁崩壊までの出来事が紹介されている。これとは別に1974年に建物の地下に造られた本物の核シェルターを見学できる（ガイド付きで約30分）。ずらりと並んだアルミ製の簡易ベッドは3592台。東西冷戦時代に建設されたものだが現在も体制が整えられており、3592人が14日間過ごせるように食料と酸素と水が蓄えられている。

↑焚書事件コーナー

近代デザインの足跡を知る

バウハウス資料館 Bauhaus-Archiv / Museum für Gestaltung

20世紀の近代建築に大きな影響を与えた総合芸術の教育機関バウハウス。ヴァイマールで創立され、1932年にベルリンへ移った。しかしナチスの台頭により翌年に閉鎖された(→P.200)。館内にはバウハウスで学び、後に名を残した生徒たちの作品が展示されている。デッサウ(→P.198)のバウハウス校舎とあわせて訪れるとよい。

→仮設資料館

未来都市のように生まれ変わった

ポツダム広場 Potsdamer Platz

↓地下鉄駅を出ると、そこは広場の真ん中

ポツダム広場は18世紀後半、市壁を取り壊した跡地にできた広場で、東西分裂時代は広場を横切ってベルリンの壁が構築され、分断を象徴する場所になっていた。壁崩壊後に大規模な再開発工事が行われ、職・住・遊の複合都市になっている。冷戦時代、東西ベルリン間で「いずれは統一する日が来る。そのときはポツダム広場を中心に」という水面下の話し合いが行われていた。音楽堂や国立図書館、博物館、

↑近代的なデザインのソニーセンター

美術館などを西ベルリン外れの辺鄙な場所に建てたのはそのためだった。再開発では最東南にあった国立図書館に調和させて劇場が建設されるなど、既存の建物群と一体となってポツダム広場周辺が開発された。

オフィスビルや住居ビルが多く、観光的におもしろいのはテント屋根で覆われた中庭をもつソニーセンターと、ビルの間をガラス屋根で覆ったショッピングモールのアルカーデン。広場の真ん中に立つレトロな信号機は、戦前までこの広場の交通整理をしていた信号機のコピー。マレーネ・ディートリヒ広場にあるポツダム広場劇場は、毎年2月に開かれるベルリン国際映画祭のメイン会場になっている。

↑まるでビルの中にいるような通り道のアルカーデン

ヨーロッパ有数の名画コレクション

ゲメールデガレリー（絵画館） Gemäldegalerie

文化フォーラムKulturforumの中にあるヨーロッパ有数の美術館。中世から18世紀までの絵画が中心でデューラー、クラーナハ、レンブラント、ルーベンス、ラファエロ、ティツィアーノ、カラヴァッジオ、そしてフェルメールの作品が大きな部屋やホールにゆったりと展示されている。

↑ゆったりとしたスペースで鑑賞できる

ゲメールデガレリー（絵画館）
>> Map 折込表-A6
住 Matthäikirchplatz
☎ (030)266424242
ⓘ www.smb.museum
開 10:00～18:00（木曜～20:00、土・日曜11:00～）
休 月曜
料 €10、学生€5
交 バスM48・M85番Kulturforumから徒歩3分

Tips! 東西統一の悲願を見届けた橋

17世紀、ベルリンの南西端、ポツダムとの境に架けられた**グリーニッカー橋Glienicker Brücke**（→Map P.38-B1）。当初木製だったがその後石橋となり、1907年にはモダンな鉄製の橋になった。しかし第2次世界大戦中に爆破されたため、ポツダム会談開催時に橋はなく、1949年、再建される前に東西ドイツが分割されたので、統一の願いを込めて「統一の橋」と名を変えた。橋の中央に国境検問所が造られたが、一般の人が通ることはなく、もっぱら逮捕されたスパイの交換に使われていたという。ベルリンの壁が崩壊したときには、西ベルリン、ポツダム双方の市民が橋を渡って抱き合った。橋は本当の意味で統一の橋となり、その名前ももとの「グリーニッカー橋」に戻された。

↓ポツダム側から眺めたグリーニッカー橋

はみだし情報 グリーニッカー橋へのアクセス　ベルリンのⓈ1・7 Wannsee Bhf.からバス316、ポツダム中央駅からバスN16、ポツダムのPlatz der Einheit/Bildungsforumからトラム93、いずれもGlienicker Brücke下車

2005年5月、ヨーロッパで虐殺されたユダヤ人にささげる記念碑が完成

ナチス政権下のユダヤ人の悲劇

ナチスによる迫害を受けてきたユダヤ人。ベルリンには彼らの苦難の歴史を知るモニュメントが点在している。負の遺産を見るのは気が重くなりがちだが、そこでは平和への祈りと希望を見いだすことができる。

ホロコースト記念碑

Denkmal für die ermordeten Juden Europas

ブランデンブルク門のすぐ近くにあるベルリンの一等地。1万9073㎡の敷地にたくさんの直方体の石が置かれている。その数は2711基。それぞれの石は縦横の長さは同じだが高さだけが異なる。長い年月をかけて議論を重ね、2003年から工事が始まり2005年5月に完成した。正式名は「虐殺されたヨーロッパのユダヤ人のための記念碑」。直方体の形や2711基という数に意味はない。あえてシンボル性をなくして制作された。地下に情報センターがあり、部屋ごとに強制収容所で亡くなった人の身元などが展示されている。

総工費€2760万という巨額の国費で建設されたホロコースト記念碑

>> **Map 折込表-B5**

住Cora-Berliner-Str. 1　☎(030) 26394336
ⓘwww.stiftung-denkmal.de/denkmaeler
開10:00～20:00（10～3月～19:00）（情報センター）
休月曜　料無料
交Ⓢ1・2・25・26Ⓤ55 Brandenburger Torから徒歩6分

ユダヤ博物館

Jüdisches Museum Berlin

ポーランド生まれのユダヤ系アメリカ人ダニエル・リベスキントが手がけた。ユダヤ人の苦悩が全体のコンセプトで、いたるところに意味をもたせた異色の建物。鉛色をした建物の外観には傷つけられたような斜めの亀裂が入り、付属の塔は変形四角形をしている。建物を図面上で見るとジグザグで、それは引き裂かれたダビデの星の形になっている。ユダヤの歴史、ユダヤ人の迫害、ユダヤ人の功績など数多くの展示が観られる。1階にある変形四角形の「ホロコースト塔」と49本のコンクリート柱が並ぶ「亡命の庭」は必見。

凝った展示が観られる館内（左)、49本のコンクリート柱が立つ「亡命の庭」(右)

>> **Map P.46-D2**

住Lindenstr. 9-14　☎(030) 25993300
ⓘwww.jmberlin.de
開10:00～20:00
休無休　料€8、学生€3
交Ⓤ1・6 Hallesches Torから徒歩9分

ユダヤ人街
Das jüdische Viertel

オラニエンブルガー通りから北へ延びるグローセ・ハンブルガー通りGroße Hamburger Str.は、かつてユダヤ人が多く住む地区だった。ここにはユダヤ人の学校や墓地があり、老人ホームまであった。この老人ホームはナチスの時代、強制収容所へ送られるユダヤ人の一時的な収容所となっていた。その建物は取り壊され、現在はユダヤ人の追悼記念群像が立っている。オラニエンブルガー通りのノイエ・シナゴーグは戦前まではユダヤ教会だった。大戦で破壊され、修復後は記念館になっている。

» Map 折込表-C3
交Ⓢ1・2・25・26　Oranienburger Straßeから徒歩1分

黄金の屋根のノイエ・シナゴーグ（右）、追悼記念群像（下）

17番線
Gleis 17

ベルリン西部のグルーネヴァルトは高級住宅地。戦前はユダヤ人の富豪たちが多く暮らしていた。グルーネヴァルトの駅から1941年10月18日、初めてユダヤ人がゲットーへ移送された。そしてこの日から定期的な収容所への移送が始まった。グルーネヴァルト駅の貨物列車用に使われていた17番線ホームが移送に使われたのだ。このホームには現在鉄のプレートが敷き詰められている。プレートの一つひとつに移送先と移送の日付が刻まれている。17番線ホームの下にあるコンクリートの土手には、人の形をした穴が開いている。ポーランド人芸術家による"虐殺されたユダヤ人の追悼碑"である。

» Map P.39-B4　交Ⓢ7 Grunewald駅構内

ホームに敷き詰められたプレート

テロのトポグラフィー
Topographie des Terrors

もともとこの場所には国家秘密警察（ゲシュタポ）と親衛隊（SS）、国家保安本部（SD）があった。この建物は空爆で破壊され、東西分断後は国境線となったため壁が築かれた。ナチス時代の恐怖政治を解説した展示館の近くには壁が残り、そのすぐ下にはナチズムに抵抗した人々が拷問を受けた地下牢を見ることができる。

敷地内には壁の一部が残されている（左）、展示施設は無料で開放されている（右）

» Map 折込表-B6
住Niederkirchnerstr. 8　☎(030)25450950
ⓘwww.topographie.de　開10:00～20:00
休1/1、12/24・31　料無料　交Ⓢ1・2・25・26Ⓤ2 Potsdamer Platzから徒歩6分

ザクセンハウゼン収容所記念館
Sachsenhausen Gedenkstätte

1936年に強制収容所として建設され1945年まで政治犯や戦争捕虜、ユダヤ人などが収容されて労働を強いられた。絶滅収容所ではなかったが過酷な労働や刑罰によって多くの囚人が命を落とした。現在はナチス時代の収容所を示す記念博物館として13の部屋に当時の様子が再現されている。

門には「働けば自由になれる」の文字が

収容所の様子を再現した展示

» Map P.38-A1域外　住Straße der Nationen 22, Oranienburg　☎(03301)2000　ⓘwww.sachsenhausen-sbg.de　開夏期（3/15～10/14）　毎日　8:30～18:00　冬期（10/15～3/14）　火～日曜8:30～16:30　休冬期の月曜　料無料　交Ⓢ1、RE5、RB12、オラニエンブルクOranienburg下車。駅前からバス804・821番でゲデンクシュテッテGedenkstättette下車。バスの便は少ない。駅から徒歩約30分

ベルリン東地区

第2次世界大戦末期にソ連軍が侵攻してきたベルリンは、終戦と同時にベルリンの中心部をいち早くソ連が占領したため、歴史的ベルリンのほとんどが東ベルリンになった。復興が遅れていたが壁崩壊後に急速に整備され、新たに開発された。今日ではベルリン観光スポットの多くが東地区にある。東地区の南は西ベルリンだったので、無秩序に発達していった都会の騒がしさがあり、今や若者の人気スポット。

↑東独時代の建物が残るミッテ地区

ベルリン東地区の歩き方

Walking

↑れんがの色から「赤の市庁舎」と呼ばれ、親しまれてきた旧東ベルリン市庁舎

↑博物館島にそびえる巨大な大聖堂

東地区は歴史的部分だけなら徒歩で回れるが、近年開けた観光スポットへはUバーンやSバーンを使う。歴史的観光の出発点は**ブランデンブルク門**。真っすぐ東に延びる大通り**ウンター・デン・リンデン**は両側に**フンボルト大学**や**国立歌劇場**、**ドイツ歴史博物館**、**ノイエ・ヴァッヘ**など歴史的な建物が並んでいる。シュプレー川に架かるシュロス橋を渡ると中州の**博物館島**で、北側に5つの博物館と**大聖堂**がある。中州を過ぎると右側に古い教会が見えてくる。森鷗外の『舞姫』に出てくる**聖マリーエン教会St.Marienkirche**で、中に古い壁画が残されている。その向かいに建つ赤れんがの立派な建物は旧東ベルリンの市庁舎で、その色から赤の市庁舎Rotes Rathausと呼ばれている。東ベルリン時代に建てられた**テレビ塔**へはエレベーターで上がることができる。赤の市庁舎の南にベルリン発祥の地である**ニコライ地区Nikolaiviertel**がある。このあたりは大戦の被害が比較的少なく、かろうじて古きベルリンの面影をしのぶことができる。

↑聖マリーエン教会とテレビ塔周辺は緑もありのどか

↑ニコライ地区にあるレストラン、ツム・ヌスバウム

博物館島北側の、ハッケシャー・マルクト駅からオラーニエンブルク門Oranienburger Torまでは、古い建物が修復されてモダンなレストランやショップが入っている。すぐ北側に延びる**アウグスト通りAuguststr.**は、ギャラリーが並ぶアートスポット。個性的なブティックも多く、ベルリンのおしゃれな人たちが集まる。

地下鉄U2を北上したあたりの**プレンツラウアーベ**

ルクPrenzlauer Bergは地元の人に人気で、ケーテ・コルヴィッツの銅像があるコルヴィッツ広場Kollwitzplatzがその中心。

東地区南の**クロイツベルク**や**ノイケルン**は東西ベルリン時代から西ベルリンの下町としてにぎわっていた。一部は戦火を免れたため、古い建物が多く残る。外国人移民、特にトルコ移民が多く暮らしており、安くて気軽なレストランや個性的なショップが並び、若者たちに人気のエリアになっている。

緑が美しいハッケシェ・ヘーフェ

おもな見どころ
The highlight

冷戦時代に東を見つめてきた

ブランデンブルク門 Brandenburger Tor

ベルリンにあった18の市門のひとつで現存する唯一の門。1791年、新古典主義建築の巨匠カール・ゴットハルト・ラングハウスによって現在の姿に建て替えられた。アクロポリスの前門を範とし、重厚で壮麗な姿はベルリン新古典主義建築の幕開けとなった。門上の彫像、4頭立て馬車クアドリガに乗った勝利の女神ヴィクトリアは、天才彫刻家といわれたヨハン・ゴットフリート・シャドウの作品。ナポレオン戦争でパリに持ち去られたが1814年に取り戻している。東西分裂時代、この門は東ベルリン側にあったため西ベルリンからは近づくことはできず、門の裏面しか眺めることができなかった。ベルリンの壁崩壊で真っ先に門前の壁が壊された。それ以来ドイツ統一のシンボルとなっている。

ドイツのシンボル、堂々たるブランデンブルク門（左）、ナポレオンがパリへ持ち帰った門上のクアドリガ（右）

多くの歴史的建物が並ぶ

ウンター・デン・リンデン Unter den Linden

フリードリヒ大王の騎馬像

ブランデンブルク門前のパリ広場からシュロス橋まで1.4km続く幅60mの大通り。選帝侯たちがティーアガルテンに行くための道はその当時からあったが、そこへ1647年に菩提樹が植えられウンター・デン・リンデン（菩

ブランデンブルク門
≫ Map 折込表-B5

ベルリーナー・ウンターヴェルテン
Berliner Unterwelten
≫ Map P.39-A5
第2次世界大戦中と東西冷戦時代に造られた地下道と防空壕を歩き、保存されている地下世界Unterweltenを見学するツアーがある。市内各所でテーマ別のツアーが行われているが、そのうち4つのツアーが市北部のゲズントブルンネン駅近くから出発する。チケット売り場はU8 ゲズントブルンネン駅地上出口の脇にあり、集合場所もその近く。英語ガイドあり。所要時間はツアーにより90〜120分。今もベルリン市内に残る地下壕に驚かされる。なお、写真や動画の撮影はすべて禁止。
住 Brunnenstr. 105
℡ (030)49910517
www.berliner-unterwelten.de
料 €12〜15、学生€10〜12
交 S1・2・25・26・41・42 U8 Gesundbrunnenから徒歩1分

ウンター・デン・リンデン
≫ Map 折込表-B5〜C5

はみだし情報 ドイツで発行されたユーロ硬貨の10セント、20セント、50セントの裏面がブランデンブルク門。

提樹の下）と呼ばれるようになった。途中で交差するフリードリヒ通りまでは両側にショップが並んでにぎやかだが、それより東は歴史的建物が並んでいる。フンボルト大学の前にフリードリヒ大王の騎馬像がある。

⬆フンボルト大学正面

ベルリンの名門大学

フンボルト大学 Humboldt-Universität zu Berlin

1810年にヴィルヘルム・フォン・フンボルトによって設立された。哲学者フィヒテやヘーゲルが学長を務め、教授陣ではショーペンハウアー、グリム兄弟、アインシュタイン、細菌学のコッホなどそうそうたる顔ぶれが揃っていた名門大学。正門の脇にフンボルト兄弟の座像がある。左の像が創設者ヴィルヘルム・フォン・フンボルト、右の像が弟で地理学者で探検家のアレクサンダー・フォン・フンボルト。

フンボルト大学
>> Map 折込表-C5
住 Unter den Linden 6
☎ (030)20930
ⓘ www.hu-berlin.de
交 バス100・200番Staatsoperから徒歩2分またはトラム12・M1 Univer-sitätsstraßeから徒歩4分

地面をのぞき込んでいる人がいる

ベーベル広場 Bebelplatz

フンボルト大学向かいのベーベル広場には中央に四角い穴が掘られている。ガラス板がはめ込まれて中が見えるが何も入っていない。

1933年5月10日、ナチスによりここでハイネやケストナーなどナチスが非ドイツ的とみなした作家の書物2万5000冊が焼かれた。この事件を忘れないため、深さ5mで7m四方の穴の中に空の本棚を作った。2万5000冊の本が収納できるスペースだ。

ベーベル広場
>> Map 折込表-C5

⬆ベーベル広場の穴をのぞいていく人たち

アンハルター駅跡

東地区の南、クロイツベルクにあり、もともとは1841年、デッサウやライプツィヒへ向かう鉄道駅として建設された。1880年、幅60m、構内の長さ170mに拡張され、ウィーンやローマなどにつながるヨーロッパ最大規模の駅となった。以来、1日50本以上の列車が発着していたが、1945年2月に連合軍の爆撃で破壊される。現在、記念碑として保存されているのは駅舎のほんの一部。オリジナルがどれほど巨大で美しかったかがしのばれる。ナチスの時代、この駅からチェコのテレジーンまでユダヤ人が何度も移送されていった。最後の移送は駅舎が爆破されたあとの3月だった。その記録を記す看板も立っている。現在は地下がSバーンのアンハルター駅Anhalter Bahnhofになっている。**>> Map P.46-C1**

⬆細かい装飾が実に美しいアンハルター駅

はみだし情報 博物館島のすべての博物館に入場できる（特別展は除く）チケット「ベライヒスカルテBereichskarte」がある。1日有効で€18。また、市内30ヵ所の博物館・美術館に入場可能な「ミュージアムパス↗

ほっとするような落ち着いた広場

ジャンダルメンマルクト Gendarmenmarkt

↑ギリシア神殿風のコンツェルトハウスやフランス教会がある

ベーベル広場の南にある、フリードリヒ大王によってフランス風の名前をつけられた広場。19世紀前半のドイツ最大の建築家カール・フリードリヒ・シンケルが建てたギリシア風の劇場は現在、音楽堂コンツェルトハウスとして知られている。その両側に円蓋屋根をもつ同じような建物がふたつあり、北側が**フランス教会**で南側が**ドイツ教会**。もともと形の異なる教会だったが、フリードリヒ大王によって改築された。ここはベルリンで最も美しい広場とされ、クリスマス市も立つ。

息子を抱く母の姿に感動

ノイエ・ヴァッヘ Neue Wache

フンボルト大学の東隣にある建物で衛兵の詰め所だった。19世紀、通りを挟んで向かい側にフリードリヒ・ヴィルヘルム3世の宮殿があり、衛兵の交代を眺めるのを趣味とした王のために詰め所が建てられた。東ベルリン時代はここで衛兵交代式が行われていた。この建物は、1993年から「戦争と暴力支配による犠牲者に捧げる記念碑」となった。がらんとした内部にはたったひとつだけ、ケーテ・コルヴィッツが1937年に制作した『ピエタ』が置かれている。死んだ息子を抱く母の姿は訪れた者の胸を打つ。

↑コルヴィッツ作『ピエタ』

中庭のレリーフはシュリューターの傑作

ドイツ歴史博物館 Deutsches Historisches Museum

↑歴史博物館（右）とI.M.ペイが手がけた新館（左）

18世紀に武器庫として建てられた立派な建物で、現在は歴史博物館。裏に2005年に建てられた特別展示会場の新館がある。常設展示は本館で、ドイツの歴史が詳しく紹介されている。本館中庭の壁に、天才彫刻家アンドレアス・シュリューター作のレリーフ『瀕死の戦士』のマスク22個がある。死んでいく戦士たちの苦しげな表情が生々しい。

ジャンダルメンマルクト
» Map 折込表-C5

✉ジャンダルメンマルクトのクリスマスマーケット
入場料が€1かかりますが、それでも18:30にはまっすぐ歩くことが難しいほど人でいっぱいに。座って食事ができる店は予約がないと入れませんでした。グリューワイン（ホットワイン）を飲みながら、ライトアップされたコンサートホールをバックにした舞台でのコンサートも楽しむことができました。
（横浜市　ナオ　'19）

ノイエ・ヴァッヘ
» Map 折込表-C5
住 Unter den Linden 4
☎ (030)25002333（サービスセンター）
URL www.visitberlin.de/de/ort/neue-wache
開 10:00〜18:00
休 無休
料 無料
交 バス100・200番Staatsoperから徒歩3分またはトラム12・M1 Am Kupfergrabenから徒歩6分

↑衛兵の詰め所だったノイエ・ヴァッヘ

ドイツ歴史博物館
» Map 折込表-C5
住 Unter den Linden 2
☎ (030)203040
URL www.dhm.de
開 10:00〜18:00
休 無休
料 €8、学生€4
交 バス100・200番Staatsoperから徒歩2分またはトラム12・M1 Am Kupfergrabenから徒歩5分

↘Museumpass」もあり、3日間有効で€29。各博物館のチケット窓口で（ミュージアムパスは観光案内所も）購入できる。

テレビ塔
>> Map 折込表-D4
住Panoramastr. 1A
(030)247575875
www.tv-turm.de
開9:00～24:00（11～2月10:00～）
休無休　料€22.50
交Ⓢ3・5・7・9またはバス100・200・TXL番Alexanderplatzから徒歩2分

博物館島
>> Map 折込表-C4
ここで紹介している博物館島内にある大聖堂、ペルガモン博物館、新博物館、ボーデ博物館、旧ナショナルギャラリーはすべて隣接しており徒歩で移動が可能。

大聖堂
>> Map 折込表-C5
住Am Lustgarten 1
(030)20269136
www.berlinerdom.de
開9:00～20:00(日曜、祝日12:00～、10～3月～19:00)
休無休　料€7、学生€5
交Ⓢ3・5・7・9 Hackescher Marktから徒歩10分またはバス100・200番 Lustgartenから徒歩2分

ペルガモン博物館
>> Map 折込表-C4
住Bodestr. 1-3
(030)266424242
www.smb.museum
開10:00～18:00（木曜～20:00）休12/24
料€19、学生€9.50
交トラム12・M1 Georgenstraße/Am Kupfergrabenから徒歩3分

新博物館
>> Map 折込表-C4
住Bodestr. 1-3
(030)266424242
www.smb.museum
開10:00～18:00（木曜～20:00）休12/24
料€12、学生€6
交トラム12・M1 Am Kupfergrabenから徒歩5分

東ベルリンの広告塔だった

テレビ塔

Fernsehturm

東ベルリン時代の1969年に建てられた高さ368mのテレビ塔で、エレベーターで上がることができる。203mの所に展望台があり、さらにその4m上に1時間で1回転するレストランがある。東ドイツの国力を誇示するために建てられたが、今ではレトロな雰囲気があり、それが受けている。

博物館島にあるベルリン最大の教会

大聖堂

Dom

新教徒の大聖堂で、フリードリヒ大王によってホーエンツォレルン家の墓所になった。内部には選帝侯時代からのホーエンツォレルン家の棺が安置されている。皇帝ヴィルヘルム2世が改築を命じ1905年に今日の姿となる。力強い建物でドームの高さは114mもあり階段で上ることができる。

ここだけは外せない　世界遺産

ペルガモン博物館

Pergamonmuseum

古代ギリシアや古代ローマ、ヘレニズム、イスラムの文化を体験できる壮大な博物館。地域別の展示室では古代の遺跡が圧倒的に迫ってくる。必見はバビロニアの古都バビロンの『イシュタール門』。紀元前6世紀頃の門でそこへ続く『行列通り』は180mもあるが、このうちの30mが再現されている。彩釉れんがの青の美しさとライオンの雄々しい姿に見とれてしまう。エーゲ海のミレトゥスにあった市場門や現ヨルダンのウマイヤ朝時代のムシャッタ宮殿入口なども見逃せない。※2023年10月より、改修工事のために全館休館中。再開は2027年の予定。

↑色鮮やかなライオン

歴史的美女は必見　世界遺産

新博物館

Neues Museum

戦災で破壊されたままになっていた新博物館が2003年からの修復工事を終え2009年に再オープン。約9000点に及ぶコレクションの展示がある。ハイライトは北翼のエジプト博物館とパピルスコレクション。ベルリンで最も美しい女性とうたわれる『王妃ネフェルティティの胸像』がある。

大聖堂の隣には、プロイセン王やドイツ皇帝の居城だったベルリン王宮が再建中。美術館を中心とする複合文化施設「フンボルト・フォーラムHumboldt Forum」がオープンした。

シュプレー川からの眺めが美しい　世界遺産

ボーデ博物館　Bode-Museum

↑円蓋屋根が美しいボーデ博物館

博物館島の最北にある円蓋を載せた建物。コインやメダル、彫刻、ビザンチン美術がメインで特にコイン収集では世界的に有名。建物は外部も美しいが円蓋の内部もすばらしい。

フリードリヒのファンにおすすめ　世界遺産

旧ナショナルギャラリー　Alte Nationalgalerie

19世紀ドイツ絵画のコレクション多数。特に、カスパー・ダーヴィット・フリードリヒの作品が充実。フランス印象派絵画のコレクションもある。

↑博物館島中央に位置する

ベルリンのアールヌーヴォー館

ハッケシェ・ヘーフェ　Hackesche Höfe

Sバーンのハッケシャー・マルクト駅北側に1907年に建てられた大きな集合住宅がある。敷地内に8つの中庭をもつ9200m²という、建設当時ヨーロッパ最大の集合住宅だった。1997年の修復作業でアールヌーヴォーの色彩がよみがえった。今もなお集合住宅なのだが、それぞれの中庭にレストランやしゃれたショップが入っている。入口がふたつあるので通り抜けできる。

↑ハッケシェ・ヘーフェに入ると第一の中庭がある

20世紀の日用品がずらり

モノ博物館　Museum der Dinge

知る人ぞ知る、大充実のデザイン博物館。クロイツベルクのメインストリート、オラニエン通りに面したビルの4階に隠れている。ドイツ語で「モノの博物館」というそっけない名前のとおり、名もない作り手が生みだした20世紀の日用品デザインを中心に2万点以上を所蔵。バウハウス学校の設立にも多大な影響を与えた「ドイツ工作連盟」の膨大なアーカイブがコレクションの核となっており、バウハウスデザインも充実している。

↑シンプルながら深みのあるデザイン

ボーデ博物館
» Map 折込表-C4
住 Am Kupfergraben
☎ (030)266424242
ⓘ www.smb.museum
開 10:00～18:00（木曜～20:00）
休 月曜
料 €10、学生€5
交 Ⓢ1・2・25・26 Oranienburger Straßeから徒歩6分またはトラム12・M1 Georgenstraße/Am Kupfergraben から徒歩3分

旧ナショナルギャラリー
» Map 折込表-C4
住 Bodestr. 1-3
☎ (030)266424242
ⓘ www.smb.museum
開 10:00～18:00（木曜～20:00）
休 月曜
料 €10、学生€5
交 Ⓢ3・5・7・9 Hackescher Marktから徒歩8分

ハッケシェ・ヘーフェ
» Map 折込表-D4
住 Rosenthaler Str. 40-41、Sophienstr. 6
ⓘ www.hackesche-hoefe.com

↑人気のショップ、アンペルマンもある

モノ博物館
» Map P.47-D4
住 Oranienstr. 25
☎ (030)92106311
ⓘ www.museumderdinge.de
開 12:00～19:00
休 火・水曜
料 €6、学生€4
交 Ⓤ1・8 Kottbusser Torから徒歩5分
※2023年12月現在、移転準備のため閉館中。

検問所があった場所は今ではフォトスポット（上）、壁博物館内部では壁構築から壁崩壊にいたるまでの詳しい歴史が解説されている（左）

壁博物館／ハウス・アム・チェックポイント・チャーリー

分断時代から西ベルリンのチャーリー検問所の前にあった博物館で、壁の構築から崩壊まで壁の歴史が詳しく解説されている。ベルリン分断時代に東から西へ逃げてきた人々の様子や体験談が紹介され、実際に使われた車も展示されている。

>> Map 折込表-C6
住Friedrichstr. 43-45
(030)2537250
www.mauermuseum.de
開9:00～22:00　休無休　料€14.50
交U6 Kochstraßeから徒歩1分

「分断の歴史」から見るベルリン

にぎやかなベルリンが壁で分断されていた時代も今は昔。
当時の厳しい現実を知るスポットを訪れてみよう。

ベルナウアー通り

東ベルリンと西ベルリンの境界線だったベルナウアー通り。壁の恐ろしさを実感するなら、ここがおすすめ。

ベルナウアー・シュトラーセ駅から階段を上がると、1列に並んだ鉄のポールが見えてくる。これはかつてここに築かれていた壁を表しており、ポールはかつての壁と同じ高さになっている。西と東を分断した壁はひとつではなく、緩衝地帯を挟んで東側にももうひとつあった。現在では緩衝地帯の一部を緑地にし、壁に関わる解説展示や緩衝地帯にあったため東側の手で破壊された贖罪教会を再建した「和解の礼拝堂」（→MAP 折込表-C2）が建てられている。西側へ逃げようとして犠牲になった人々の追悼モニュメントもここにある。

ベルナウアー通りを進むと、分断当時の壁が約200mにわたり残っているところがある。その向かい側、通り沿いにベルリンの壁記念センターDokumentationszentrum Berliner Mauerがあり、壁の歴史と当時の町の状況がわかりやすく展示されている。屋上からはふたつの壁と無人地帯、監視塔の様子をつぶさに見ることができる。

壁跡には壁と同じ高さのポールが建てられている（上）、ベルリンの壁記念センターから見たふたつの壁と無人地帯に建つ監視塔。当時の様子がよくわかる（右）

ベルリンの壁記念センター

>> Map 折込表-C2
住Bernauer Str. 111
(030)213085166
www.berliner-mauer-gedenkstaette.de
開10:00～18:00（屋外展示8:00～22:00）　休月曜（ビジターセンター）
料無料　交S1・2・25・26 Nordbahnhofから徒歩3分

シュレジアア・ブッシュの境界監視塔

木立に囲まれたのどかな公園に塔が建っている

ベルリンのやや南に保存されている監視塔。トレプタワーパーク駅を南西側に出てAn den Treptowersを左へ進み、Puschkinalleeで右折。川の手前、左側に木立に囲まれたシュレジア・ブッシュ公園が見えてくる。この公園内に小さな見張り塔が残されている。壁を乗り越えて西側へ逃げる人を監視し続けてきた塔だ。壁は撤去され、監視塔だけ保存された。3階建てで高さ10m、中に入ると意外と広く感じる。ここで監視し続け、逃げる者あらば射殺するという残忍さと、同時にその任務を負わされた監視官の辛さもまた伝わってくる。外部見学は随時可能。夏期の日曜に無料で内部を公開している。

>> Map P.47-E5
住Puschkinallee 55, Treptower Park
☎(030)53219658　開土・日曜13:00〜17:00
休月〜金曜、11〜4月　料無料
交Ⓢ8・9・41・42・85 Treptower Parkから徒歩16分

このほか、以下の博物館でも壁があった時代を垣間見ることができる。

■ シュタージ博物館
Stasimuseum

元東ドイツ国家保安省（略称：シュタージ）本部を博物館として公開。諜報活動に使用した隠しカメラや盗聴器などを展示。シュタージのトップだったエーリヒ・ミールケの執務室は必見。

>> Map P.39-A6　ⓘwww.stasimuseum.de

■ DDR博物館
DDR Museum

博物館島の対岸にある東ドイツの人々の暮らしにスポットを当てた博物館。当時の料理を出すレストランを併設している。

>> Map 折込表-D4　ⓘwww.ddr-museum.de

イーストサイドギャラリー

ベルリンの壁が崩壊した1989年11月の1ヵ月後、アーティストたちがミューレン通りの壁に絵を描き始めた。最終的に21ヵ国から118人のアーティストが壁画を手がけた。一時的な試みであり、撤去されることになっていた壁とともに消える運命にあった。ところがここの知名度が高まると、壁画の描かれた壁を保存する運動が高まり、イーストサイドギャラリーと命名されて残されることになった。壁画は2000年と2009年に修復されている。壁画はヴァルシャウアー・シュトラーセ駅近くまで、延々約1.3kmも続く。

すっかりおなじみになった壁画も多い

>> Map P.47-D5
交Ⓢ3・5・7・9 Ostbahnhofから徒歩3分

緩衝地帯はどうなっている?

「ベルリンの壁」とは、単に分厚い壁だけを意味するのではない。東側に設けられた幅の広い緩衝地帯も含まれていた。それは場所によっては50mにも達した。緩衝地帯にはセンサーの付いた鉄条網があり、地面には歩きにくいようにさまざまな障害物が置かれ、地雷が埋められていたりもする。センサーや地雷のない所では訓練された猛犬が放たれている所もあった。

壁が撤去され、緩衝地帯も整備されてほとんど国境がどこだったかわからなくなっている。そんななか、1.3kmにわたって保存されたイーストサイドギャラリーの壁は、裏側にシュプレー川が流れているので自然の地形でガードされていた。今日、壁の裏側は夏場に若者たちのリゾート地になっている。白い砂が運び込まれ、まるで浜辺のよう。人々は水着姿で寝そべり、ビーチバレーなどを楽しんでいる。立ち入れば射殺された緩衝地帯。昔が地獄なら今の光景は天国だ。

エンターテインメント

クラシック音楽からジャズ、ロック、若者向けのライブハウス、クラブ、そして家族で楽しめるレビューやヴァリエテなど、ベルリンはどんなジャンルも網羅している。

ヴァリエテとレビュー
ヴァリエテは曲芸や手品が中心のエンターテインメント。コンフェランスィエーと呼ばれる司会者によって進められる。ヴァリエテは食事をしながら舞台を楽しむのが一般的で、始まる前に食事を注文し、食べながら鑑賞する。レビューは踊りが中心で合間に歌や曲芸があり、言葉がわからなくても楽しめる。ベルリンには数多くの劇場があるので一度は鑑賞してみたい。

シラー劇場
≫ Map P.44-C3

クラシック音楽&オペラ
Classical music & Opera

世界に冠たるオーケストラや劇場があるベルリンでは、季節を問わず質の高い音楽を楽しむことができる。東西分裂時代はそれぞれに音楽堂やオペラハウスがあったため、統一後は町を代表するそれらの建物がふたつもある。国立歌劇場とコンツェルトハウスは東地区にあり、フィルハーモニーとドイツ・オペラは西地区にある。

クラシック音楽ファンにとって絶対的存在はベルリン・フィルハーモニー。日本の音楽ファンはベルリンフィルとウィーンフィルしか認めない、ともいわれるほどの人気ぶり。

↑休憩時間はブッフェへ

↓本場の音楽を楽しもう

©Monika Rittershaus

コンツェルトハウスは長い間ベルリン・シンフォニー・オーケストラとして親しまれてきた楽団で、2006年にコンツェルトハウス管弦楽団に改名した。こちらも世界的に有名。オペラでは国立歌劇場とドイツ・オペラが双璧をなしている。こんなにハイレベルなオーケストラや歌劇場がいくつもある都市は少ない。クラシック音楽ファンもそうでない人も、ベルリンへ来たらまずは音楽を！

Tips! ベルリンフィルを聴くには

確実にチケットを購入したいなら、事前に日本でチケット代理店に申し込むか、ウェブサイトから予約する。人気の指揮者やプログラムの場合は早めに手配しておいたほうがよいだろう。

現地で購入するならフィルハーモニー内のボックスオフィスへ。月～金曜15:00～18:00、土・日曜、祝日11:00～14:00オープン。また、当日券は同じくフィルハーモニー内の別の窓口「アーベントカッセAbend-kasse」で開演1時間半前から購入できる。こちらでは立席券シュテーエプラッツSteheplatzも発売される。

高級ホテルに宿泊する場合は、手数料とチップがかかるがコンシェルジュに頼むこともできる。

©Berliner Philharmoniker Monika Rittershaus

フィルハーモニーではバックステージツアーを行っている。建物のコンセプトや音響のことなどを英語とドイツ語で解説。ほぼ毎日13:30から約1時間。出演者出入口Künstlereingang集合。€5、学生€3。

ウンター・デン・リンデンを飾る

国立歌劇場

Staatsoper

Map 折込表-C5

ミッテ 住Unter den Linden 7
☎(030) 20354555（10:00〜19:00、土・日曜12:00〜）
ⓘwww.staatsoper-berlin.de CM V J A
交バス100・200・TXL Staatsoper停留所から徒歩1分

フリードリヒ大王がクノーベルスドルフを起用して建設したオペラ座で、1743年に完成した。ヨーロッパ各都市には19世紀後半に建設された華麗なオペラ座がある。それらと比べると小規模で装飾も控え目に感じるが、18世紀に建てられた歴史を誇る名オペラ座である。2010年から改修工事が行われ2017年の東西ドイツ再統一記念日に再オープンした。

©Gordon Welter

ハンス・シャロウンの設計が際立つ

ベルリン・フィルハーモニー

Berliner Philharmonie

Map 折込表-A6

ポツダム広場 住Herbert-von-Karajan-Str. 1
☎(030)25488999
ⓘwww.berliner-philharmoniker. de CM V A
交Ⓢ1・2・25、Ⓤ2 Potsdamer Platzから徒歩8分またはバス200でPhilharmonie下車すぐ

1963年、ハンス・シャロウンの設計で建てられた音楽ホール。カラヤンが長らく指揮者および芸術監督を務めたことで知られている。舞台を取り囲んで客席が幾重にも重なるように配置されたユニークな設計。大ホールは2440席、同じ形をした隣の室内楽ホールKammermusiksaalは1180席で、いずれも音響がよい。

©Bruns Berliner Philharmoniker

©Stephan Rabold

本格的オペラファンに人気

ドイツ・オペラ・ベルリン

Deutsche Oper Berlin

Map P.44-C2

シャルロッテンブルク 住Bismarckstr. 35
☎(030)34384343
ⓘwww.deutscheoperberlin.de
CM V J A
交Ⓤ2 Deutsche Operから徒歩1分

1912年に建てられたオペラハウスが戦災で焼け落ち、その跡地に1961年に再建された。新しい劇場はモダン建築で建てられ、分裂時代は西ドイツ随一の歌劇場だった。今日も質の高いオペラを上演している。

©Leo Seidel

©Leo Seidel

古代ギリシア風の建物が目を引く

コンツェルトハウス・ベルリン

Konzerthaus Berlin

Map 折込表-C5

ミッテ 住Gendarmenmarkt
☎(030)203092101
ⓘwww.konzerthaus.de
CM V A
交Ⓤ2 Hausvogteiplatzから徒歩1分

1821年にフリードリヒ・シンケルが手がけた新古典主義の建物。劇場Schauspielhausとして建てられたのでシャウシュピールハウスとも呼ばれている。1952年に結成されたベルリン・シンフォニー・オーケストラが、2006年からコンツェルトハウス管弦楽団と名を変えて専属楽団になっている。

はみだし情報 フィルハーモニーのロビーでは9月上旬〜6月中旬の火曜13:00から、無料の室内楽のミニコンサートを行っている。40〜50分の演奏で軽食（有料）も取れる。

クラブ ♪♪

Club

壁崩壊後の混乱に乗じて発展したアンダーグラウンド、非合法のクラブを経て、いまやベルリンはヨーロッパで最もナイトライフがおもしろい町となった。テクノ、エレクトロ、ハウス……音楽の種類も客層も多彩だが、この町のクラブシーンのパワーと魅力を肌で感じてみたいなら、まずは「ベルクハイン」に足を運んでみよう。発電所跡地の吹き抜けを生かした巨大な空間に響く爆音、淫靡なダークルーム。開場は深夜0:00以降だが、最も盛り上がるのは3:00以降、早朝にかけてというのはどこのクラブも同じだ。ただし、ドアマンの入店チェックは非常に厳しく、入場料を払えば入れてもらえるわけではないので注意。

大人向けならジャズクラブやライブハウス、飲みたい人ならカクテルバーも各地区に充実。昼間に町を歩き回るよりももっと、リアルなベルリンを体験できるかも。

↑ベルリンの夜を楽しもう！

情報チェックは
数多くのクラブやパーティ、新規オープンの店の場所や情報をチェックするなら、以下のウエブサイトが便利。
ⓘwww.theclubmap.com
ⓘexberliner.com （英語）

Tips! レビューを楽しもう！

レビューは踊りや曲芸が中心で言葉がわからなくても楽しめる。ベルリンにはいくつかのレビュー劇場があるが、イチオシはフリードリヒシュタット・パラス。踊りが好きな人は一度見たらやみつきになる。

どんな客層にも受ける
フリードリヒシュタット・パラス
Friedrichstadt-Palast

東ドイツ時代の1984年に国の威信をかけて建設された劇場で、大掛かりな舞台装置は当時ヨーロッパ最高の技術を誇り、それは現在にも通じる。クラシックバレエ歴が長い男女ダンサーたちの踊りは実にすばらしい。途中にサーカスのような曲芸もあれば水槽が現れてアーティスティックスイミングが始まったり、雨のダンスでびしょ濡れになった舞台があっという間に乾いたり、と驚くことばかり。老若男女の誰もが夢の時間を過ごしている。

チケットの最も安いものは€19.80だが、€54.90〜69.90が中心。VIP席は€114.90。

≫ Map 折込表-B4
住 Friedrichstr. 107　☎(030)23262326
ⓘwww.palast.berlin　営 演目によるが19:30〜（土曜マチネ15:30〜）　休 月曜＋不定休
C MVA　交 U6 Oranienburger Torから徒歩1分

←↑ダンサーがクラシックバレエで鍛えたすばらしい踊りを披露。何百人というスタッフが公演を支える

はみだし情報 ベルリンではエリアごとに個性豊かなクラブがある。市のサイトでもリストアップされているので、事前にチェックしてみて。ⓘwww.berlin.de/clubs-und-party/clubguide/

Night Life

ベルリンのナイトライフは
世界屈指の充実度。
クラブはワルシャワシュトラーセ駅、
シュプレー川周辺、ノイケルン地区などに
集中している。
新しい注目エリアならヴェディング。
落ち着いた雰囲気で楽しみたいなら
シャルロッテンブルク方面へ行こう。

「ドイツのベスト・ジャズクラブ」にも選ばれた N

エー・トレイン
A-Trane　Map P.44-C3

シャルロッテンブルク 住Bleibtreustr. 1 ☎(030)3132550
ⓘwww.a-trane.de 営20:00～翌2:00（金・土曜21:00～オープンエンド） 休無休 C不可
交Ⓢ5・7・75 Savignyplatzから徒歩3分

1992年にオープン。土曜24:00からはインプロビゼーションのみの「レイト・ナイト・ジャム・セッション」が行われ盛り上がる。

ベスト・ホテルバーにも選ばれた N

アマノ・バー
Amano Bar　Map 折込表-D3

ミッテ 住Auguststr. 43
☎(030)8094150（ホテルレセプション）
ⓘwww.bar.hotel-amano.com 営17:00～ 休無休
C不可 交Ⓤ8 Rosenthaler Platzから徒歩3分

デザインホテル内にあるが、気さくなムードと若いスタッフ、飲みやすくおいしいカクテルが人気。夏には屋上のテラスもバーとして開放される。

ベルリンらしい廃墟のライブハウス N

アストラ・クルトゥーアハウス
Astra Kulturhaus　Map P.47-C6

フリードリヒスハイン 住Revaler Str. 99
ⓘwww.astra-berlin.de 営プログラムによる
休不定休 C不可
交Ⓢ5・7・75Warschauer Str.から徒歩5分

鉄道整備工場跡地にイベントスペースが集まる「RAW」の一角にある。インディーロックなど多彩なバンドの顔ぶれはサイトでチェックを。

最も人気のあるバーのひとつ N

ヴュルゲエンゲル
Würgeengel　Map P.46-D3

クロイツベルク 住Dresdner Str. 122
☎(030)6155560 ⓘwww.wuergeengel.de
営19:00～ 休無休 C不可
交Ⓤ1・8 Kottbusser Torから徒歩3分

カクテルのほかタパスなどのつまみも楽しめる。隣接するイタリアンレストランも人気。喫煙ゾーンあり。週末は、入店すら難しいほど混雑する。

レディ・ガガも訪れた有名クラブ N

ベルクハイン
Berghain　Map P.47-C5

フリードリヒスハイン 住Am Wriezener Bahnhof
☎(030)29360210 ⓘwww.berghain.de
営プログラムによる 休無休 C不可
交Ⓢ5・7・75 Ostbahnhofから徒歩7分

発電所跡地の巨大なビルを拠点とするセレブ御用達クラブ。入店チェックは厳しい。オープンは深夜0:00頃だが、盛り上がるのは3:00～早朝。

人気のエレクトロクラブ N

プリンス・チャールズ
Prince Charles　Map P.46-D3

クロイツベルク 住Prinzenstr. 85f
ⓘprincecharlesberlin.com
営プログラムによる 休日～水曜 C不可
交Ⓤ8 Moritzplatzから徒歩1分

人気のクラブ＆バー。スイミングプールを改装したバーテーブルが印象的な内装。入口は通りから中庭を抜けた所にあり、わかりにくいので注意。

注目エリアのクラブ N

フンボルトハイン
Humboldthain　Map P.39-A5

ヴェディング 住Hochstr. 46
☎(030)46905365 ⓘwww.humboldthain.com
営プログラムによる 休無休 C不可
交Ⓢ1・2・25Humboldthainから徒歩1分

注目のエリア、ヴェディングにある人気のクラブ。音楽はエレクトロ～テクノ。野外スペースは広くて開放的。客層は20代～と若め。

はみだし情報 ベルクハインの入店チェックは厳しく、店に合わない、酒気帯び、騒ぎ過ぎなどはNGの確率が高い。ただ決まった基準があるわけではなく、ドアマンの気分によるところが大きいのでやっかいだ。

壁崩壊25周年の記念にオープンした博物館**「アルターク・イン・デア・デーデーアール（東ドイツの日常）」**は、消費やレジャーといった４つのテーマに沿って、キオスクや別荘などを再現した展示が興味深い。昔話に花を咲かせる東ドイツ出身の来場者も見かける。

アルターク・イン・デア・デーデーアール

Alltag in der DDR

>> Map P.39-A6

住Knaackstr.97　☎(030)46777790

ⓘ https://www.hdg.de/berlin/museum-in-der-kulturbrauerei/ausstellungen/dauerausstellung

営10：00～18：00（木曜～20：00）　休月曜

料無料　交U2 Eberswalder Strasseから徒歩4分

←当時の雑誌が並ぶキオスク。マーケットなども再現　→トラバントの屋根の上に広げるテントは大ヒット商品だった

東ドイツ

今はないDDRに触れる

ベルリンの壁崩壊、東西ドイツ再統一を経て「なくなってしまった国」DDR（東ドイツ）。しかしそれから30年が経ったいまでも「DDR」を実感できる場所はある。今はなきこの国にちょっと興味をもったら、彼らの日常生活をのぞいてみよう。

日常生活といえば、欠かせないのが食事。子供の頃に食べたお菓子や、家庭料理の味は忘れられるものではない。市内にも旧東ドイツ出身のコックが腕を振るう東ドイツ料理の店が何軒かある。オスト（東）駅すぐにある**フォルクスカマー**（→P.83）は、料理だけでなく、スイーツやドリンクの種類も豊富。東ドイツ風のグラタン「ヴュルツフライシュ」は前菜だがボリュームがあり、日本人にはうれしい。スイーツからドリンクまですべてDDRのものにこだわり、ソフトアイスや「カルターフント」、パーティカクテルとして人気だった「グリューネ・ヴィーゼ」などもある。店内に置かれたDDR雑貨も見どころのひとつ。

東ドイツの暗部に興味がある人は国家公安省（シュタージ）の刑務所跡地**ベルリン＝ホーエンシェーンハウゼン記念館**へ。当時は地図にも描かれず、存在を隠されていた政治犯刑務所。収容者が実体験を語るガイドツアーは、唯一無二だ。

←尋問用の部屋やさまざまな設備が当時のままに残されている　↑1951年から壁崩壊までに1万1000人が収容された

ベルリン＝ホーエンシェーンハウゼン記念館

Gedenkstätte Berlin-Hohenschönhausen

>> Map P.39-A6域外

住Genslerstr.66　☎(030)98608230

ⓘwww.stiftung-hsh.de　営ガイドツアーのみで英語ガイドは10：30～、12：30～、14：30～（11～2月は11：30～と14:30～）　休無休　料€6

交トラム16・M6 Genslerstr.から徒歩12分

アレクサンダー広場から東へ延びる大通り**カール・マルクス・アレー**（**>> Map P.47-B4～6**）など、町を散策するだけで当時の様子を思い浮かべられるような場所もある。街灯もよく見ると東と西で違うものが使われていて、光の色が違う。博物館だけでなく、そこここに見つかる東ドイツの名残を探してぶらぶらと町を歩いてみるのも、旅の醍醐味ではないだろうか。

バジェットトラベラーのためのベルリンガイド

ヨーロッパの大都市のなかで、格段に物価が安いといわれて久しいベルリン。だが、1990年代に比べると食事代や交通費、美術館の入場料などはひときわ高くなった。しかしまだ術はある。お金をかけずに楽しめるのがベルリンのいいところなのだ。

▷▷天気がよければ、レンタルバイク（自転車）を使って町を巡ってみよう。例えば**ベルリン・オン・バイク**では1日€10でレンタルできる。背の低い女性でも子供用を借りられるので安心だ。また、自転車ツアーも行っているので、慣れない人は最初にツアーに参加してドイツの交通ルールに慣れるのもいいだろう。時間の節約になるし、なによりベルリンの町を知るにはいちばんの乗り物だ。

ツアーのコアシーズンは3月18日～11月13日

▷▷博物館の入館料は€10を超えるところもあるが、無料の日を設定している博物館も多い。ベルリンにまつわる企画展が興味深い**市立博物館**では第1水曜が無料。18世紀のロココ建築のエフライム宮殿という建物自体も見どころだ。現代アートの**パレ・ポピュレール**は毎週月曜、映画博物館も毎週木曜16：00～20：00が無料となる。また18歳以下は大半のミュージアムが無料なので、子供連れにはうれしいところ。ほかにもさまざまな割引があるので、サイトで情報をチェックしたい。

▷▷食事は屋台が充実している。行列ができる店として有名な野菜ケバブ、**ムスタファズ・ゲミューゼ・ケバブ**（→P.80）や、名物のカレーソーセージ。また、一般客も利用可能な社食や学食に行くのもおもしろいだろう。安さ重視ならフンボルト大学の**メンザ・ノルト**。カードを買って支払うシステムだ。シュプレー川沿いに建つ**ユニバーサル・ミュージックの社員食堂**は見晴らしも最高。イーストサイド・ギャラリーからも近い。変わったところでは**北欧大使館内の食堂**。平日の13：00～16：00に一般開放され、北欧料理が味わえる。

ムスタファズ・ゲミューゼ・ケバブの長い行列。待ち時間は30分～

▷▷おなかがいっぱいになったら、**ベルリンフィルの無料ランチコンサート**へ。毎週火曜13：00からホワイエで開催される40分ほどの演奏会には、有望な若手や楽団員も登場する。人数は1500人で閉め切られるため、少し早めに向かいたい。途中退場もできるので子連れの客も多い。音楽家との距離も近く、無料でも贅沢な時間だ。

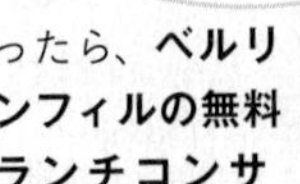

「メンザ・ノルト」はカード式なので複数回行くのがお得

▷▷宿泊は全体的に安め。リーズナブルなデザインホテルも多い。学校を改装して造ったホステル**プルス・ベルリン**は屋内プールやサウナ、プールバーなども併設。ホステルとは思えない充実した施設がホステル価格で使えてしまう。

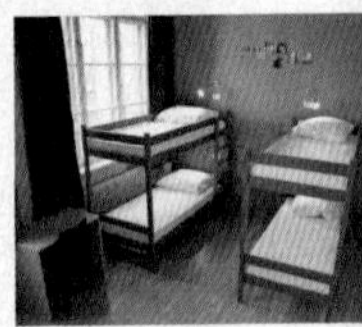
新設のホテルは清潔で水回りも使いやすい

さあ、お財布に優しいベルリンの旅をめいっぱい楽しもう！

参考URL

ベルリン・オン・バイク Berlin on Bike
https://berlinonbike.de/
市立博物館 Stadtmuseum Berlin
www.stadtmuseum.de/ephraim-palais
パレ・ポピュレール PalaisPopulaire
dbpp.db.com/index_en.html
フンボルト大学「メンザ・ノルト」Mensa HU Nord
www.stw.berlin/mensen.html
ユニバーサル・ミュージックの社員食堂 Universal Osthafen
www.eat-side.de
北欧大使館
www.nordischebotschaften.org/kantine
プルス・ベルリン
plushostels.com/en/berlin

Restaurant

世界各国の料理が楽しめるベルリン。
ひと皿の量が多いので
インビスと呼ばれるスタンドを
活用するのも◎。
日曜はベルリンっ子たちに交じって
ブランチを楽しんで。

自家焙煎のコーヒー豆は購入もできる

アインシュタイン・ウンター・デン・リンデン
Einstein Unter den Linden　Map 折込表 -B5

ミッテ 住Unter den Linden 42 ☎(030)2043632
www.einstein-udl.com 営8:00～23:00
休無休 CMV
交S1・2・25、U55 Brandenburger Torから徒歩4分

伝統的なウィーンカフェハウス風の落ち着いたカフェ。バニラソースかアイスクリームを添えた自家製のアツアツできたてアップルパイが有名。

中庭の中にあるデリ＆カフェ

バルコミズ・デリ
Barcomi's Deli　Map 折込表 -C3

ミッテ 住Sophienstr. 21 ☎(030)28598363
www.barcomis.de 営9:00～19:00（金・土曜～21:00、日曜、祝日10:00～）
休無休 CMVA 交U8 Weinmeisterstraßeから徒歩4分

コーヒー焙煎所＆カフェ、「バルコミズ」の支店。ベーグルやNYチーズケーキといった、アメリカンデリスタイルの軽食が取れる。

カフェ＆アート雑誌のショップ

ヴェストベルリン
westberlin　Map 折込表 -C6

ミッテ 住Friedrichstr. 215 ☎(030)25922745
www.westberlin-bar-shop.de
営月～金曜8:30～19:00（土・日曜10:00～21:00）
休無休 CMA 交U6 Kochstraßeから徒歩2分

ベルリンの焙煎所の豆にこだわっており、エスプレッソ、アエロプレス、サイフォンなど入れ方まで選べる。キッシュなどの軽食も充実。

入場料を払わなくても利用可能

カフェ・イム・ボーデムゼウム
Café im Bodemuseum　Map 折込表 -C4

ミッテ 住Am Kupfergraben, Eingang über die Monbijoubrücke ☎(030)20214330 営火・水・金～日曜10:00～18:00（木曜～20:00） 休月曜 CMV（€10～） 交S5・7・75 Hackescher Marktから徒歩8分

ボーデ博物館内にあるカフェ。19世紀末に建てられた豪華な建物の中にあるカフェは、博物館巡りの合間にひと息入れるのにぴったりの空間。

ハンバーガーブームの先駆け的存在

バーガーマイスター
Burgermeister　Map P.47-D5

クロイツベルク 住Oberbaumstr. 8
www.burger-meister.de 営11:00～翌3:00（土曜12:00～翌4:00、日曜12:00～） 休無休
C不可 交Z1 Schlesisches Torから徒歩1分

高架下の公衆トイレを改装した人気の店。食事時はもちろん、クラブが集まっている一画にあるため深夜になっても行列が絶えない。

緑に囲まれた都会のオアシス

カフェ・イム・リテラトゥーアハウス
Café im Literaturhaus　Map P.44-D3

シャルロッテンブルク 住Fasanenstr. 23
☎(030)8825414 www.cafe-im-literaturhaus.de
営9:00～24:00（ラストオーダー23:00） 休無休 C不可
交U1 Uhlandstraßeから徒歩2分

夏はテラス席で、冬は庭を見下ろすウインターガルテン（ガラス張りの温室）の中でゆったりお茶が楽しめる。豪華な朝食セットも人気。

長蛇の列ができる大人気ベジケバブ

ムスタファズ・ゲミューゼ・ケバブ
Mustafa's Gemüse Kebap　Map P.46-E2

クロイツベルク 住Mehringdamm 32
www.mustafas.de
営11:00～翌2:00（変動あり） 休無休 C不可
交U6・7 Mehringdammから徒歩1分

スパイシーなグリル野菜をどっさり挟んだ野菜ケバブやチキンケバブのスタンド。行列ができる人気店。夏場は2時間待ち覚悟で。

ベルリンではハンバーガーがブーム。スタンドはもちろん、レストランのスローフード系のハンバーガーも人気。各店のそれぞれオリジナリティあふれるバーガーを食べ比べてみては？

価格も味も大満足の人気店

コノプケス・インビス

Konnopke's Imbiss　Map 折込表 -D1

プレンツラウアーベルク 住Schönhauser Allee 44B
☎(030)4427765 ⓘwww.konnopke-imbiss.de
営10:00～20:00（土曜12：00～）
休日曜、祝日 C不可
交U2 Eberswalder Straßeから徒歩1分

創業1930年の名物ソーセージスタンド。ベルリン名物カリーヴルストの「東の横綱」と称され、クロイツベルク地区の「カレー36」（→P.82）と人気を二分する。甘めのケチャップがくせになるカリーヴルストは、皮なし（オーネダルム）か皮あり（ミットダルム）が選べる。

焼きたてのパンが香る

ブロート&ブッター

brot & butter　Map P.44-C3

シャルロッテンブルク 住Hardenbergstr. 4-5
☎(030)26300346 ⓘwww.brot-und-butter.de
営10:00～20:00
休日曜、祝日 CM V 交U2 Ernst-Reuter-Platzから徒歩1分

高級食材店の中にあるデリ。どっしりと粉の味がする黒パンを使ったサンドイッチや、ボリュームたっぷりの日替わりスープがランチに人気。

オーガニックの優しい味わい

ヴィッティーズ

Witty's　Map P.45-D4

クーダム 住Wittenbergplatz 5
ⓘwww.wittys-berlin.de
営11:00～24:00 休無休 C不可
交U1・2・3 Wittenbergplatzから徒歩1分

オールオーガニックが人気のカリーヴルスト。香ばしい香りの皮付きと、肉の甘味が感じられる皮なしが選べる。KaDeWaデパート向かい。

300種のワインはボトルで購入もできる

オッテンタール

Ottenthal　Map P.44-C3

シャルロッテンブルク 住Kantstr. 153 ☎(030)3133162
ⓘwww.ottenthal.com 営17:00～翌1:00（ラストオーダー22:30） 休無休 CM V A 交S5・7、U2・9 Zoologischer Gartenから徒歩6分

洗練された味わいのオーストリア料理。近郊の旬の素材を使った月替わりのメニューのほか、定番のウィーン風のカツレツなどの肉料理も美味。

自家製のプラタービールで乾杯！

プラター・ガルテン

Prater Garten　Map 折込表 -D1

プレンツラウアーベルク 住Kastanienallee 7-9 ☎(030)4485688 ⓘwww.pratergarten.de 営18:00～深夜（ラストオーダー22:00、日曜12:00～）、ビアガーデンは4～9月の12:00～（晴天時のみ） 休無休 CM V D（ビアガーデンは不可） 交U2 Eberswalder Straßeから徒歩3分

ベルリンで最も古いビアガーデンで、ドイツ料理も楽しめる。夏には観光客やベルリンっ子で連日おおいににぎわう。

ベルリン名物アイスバインならここ

ツア・レツテン・インスタンツ

Zur Letzten Instanz　Map 折込表 -D5

ミッテ 住Waisenstr. 14-16 ☎(030)2425528
ⓘwww.zurletzteninstanz.com 営12:00～翌1:00（食事は12:00～15:00、18:00～23:00） 休日・月曜 CM V（€50～）
交U2 Klosterstraßeから徒歩2分

ナポレオンも訪れたという、創業1621年の歴史的レストラン。店名の「最後の審判亭」は、かつて目の前にあった裁判所に由来。メニューにも「目撃者証言（アイスバイン）」など、裁判に関する名前がつけられている。

VaPiano（住Potsdamer Platz 5）はイタリアンの軽食チェーン。コーナー別の列に並び注文する。パスタは少々ゆで過ぎだったが、好みの味つけを注文可能。市内に10店舗近くあるようだ。（芦屋市　Tomoko　'15）['20]

ベルリンっ子に大人気

ベッツォウ・プリバート

Bötzow Privat　Map 折込表 -C3

ミッテ 住Linienstr. 113　☎(030)28095390　ⓘwww.boetzow-privat.de　営18:00～深夜（ラストオーダー22:30）休無休　CM V（€30～）　交Ⓢ1・2・25 Oranienburger Straßeから徒歩4分

1920年代のムード漂うドイツ料理のレストラン。オーガニックで、定番のシュニッツェルは、誰もが「絶品！」と口を揃えるこの店の名物。

創業1908年の名店

ヘネ

Henne　Map P.46-D3

クロイツベルク 住Leuschnerdamm 25　☎(030)6147730　ⓘwww.henne-berlin.de　営17:00～　休月曜　C不可　交Ⓤ8 Moritzplatzから徒歩7分

料理は鶏の丸焼きのみ！　ぱりぱりの皮とジューシーな肉に、ほどよく塩気が効いた丸焼き（€9.80）は、7種類の生ビールに合わせればぺろりと食べられる。コールスロー（€3.90）を添えて食べるのがおすすめ。店内には古い内装がそのまま残っており、ムードたっぷり。

中央駅構内の名物店

カレー 36

Curry 36　Map 折込表 -A4

中央駅そば 住Europaplatz 1　☎なし　ⓘcurry36.de　営8:00～24:00　休無休　CM V J A D　交ⓈⓊ中央駅構内

ベルリン中央駅の1階、連邦議会議事堂側の入口横にある、カレーソーセージの有名店の支店。深夜までの営業がうれしい。

創業70年以上の歴史あるレストラン

ディッケ・ヴィルティン

Dicke Wirtin　Map P.44-C3

シャルロッテンブルク 住Carmerstr. 9　☎(030)3124952　ⓘwww.dicke-wirtin.de　営11:00～深夜（ラストオーダー23:00）　休無休　CM V A J　交Ⓢ5・7 Savignyplatzから徒歩4分

昔ながらのベルリンの庶民的な居酒屋の雰囲気を残す貴重なレストラン。カリーヴルスト（€7.50）、ケーニヒスベルガー・クロプセ（仔牛肉の肉団子・€11.80）などのベルリン名物が食べられるのはもちろん、9種類の生ビール、自家製のフルーツブランデーもぜひ試したい。

家族経営のイタリアンレストラン

エノテカ・イル・カリーチェ

Enoteca Il Calice　Map P.44-D2

クーダム 住Walter-Benjamin-Platz 4　☎(030)3242308　ⓘwww.enoiteca-il-calice.de　営12:00～翌1:00（祝日17:00～）（ラストオーダー23:00）　休日曜　CM V A　交Ⓢ5・7 Savignyplatz から徒歩9分

値段は少し高めだが、常連客が多い本格派。300種以上のイタリアンワインはグラスで頼めるものが多い。ランチは、前菜＋パスタで€15。

名物ケバブサンドの老舗

ハジール

Hasir　Map P.46-D3

クロイツベルク 住Adalbertstr. 10　☎(030)6142373　ⓘwww.hasir.de　営24時間　休無休　CM V J　交Ⓤ1・8 Kottbusser Torから徒歩3分

ドイツ中で大人気のケバブサンドが24時間いつでも食べられる。壁には訪れた著名人の写真がところ狭しと並んでいる。テーブル席もある。

ハッケシャー・マルクト駅から徒歩10分ほどのグリーンティカフェ「mamecha」は、お茶の種類も多く、ご飯も日本の家庭の味だった。スタッフは日本人で雰囲気もいい。（さいたま市　hanutero5　'15）['20]

にぎやかなマーケット内にある

ボーン

bone　Map P.47-D4

クロイツベルク 住Eisenbahnstr. 42-43
www.boneberlin.com
営12:00〜16:00（土曜10:00〜15:00） 休日曜
C不可
交U1 Görlitzer Bahnhof駅から徒歩7分

ストリートフードの屋台が集まる屋内市場「マルクトハレ・ノイン」の中にある店。地元の食材を使った日替わりメニューは€7〜。市場内にはピザやクラフトビールなど多彩な店が揃う。気さくな雰囲気でひとりでも行きやすい。木曜は17：00〜22：00にイベントで盛り上がる。

旧東独の料理やスイーツを楽しむ

フォルクスカマー

Volkskammer　Map P.47-C5

フリードリヒスハイン 住Str. der Pariser Kommune 18B　(030)20687549
www.volkskammer.de
営11:00〜22:00 休無休 CＭＶ
交S5・7 Ostbahnhofから徒歩7分

鶏肉の角切りにチーズをのせて焼いた「ヴュルツフライシュ」などの前菜からベルリン名物「アイスバイン」までメニューは豊富だ。当時のお誕生日会の人気メニューだった「カルター・フント（粉末ココアとココナッツ油脂で作るお菓子）」などのスイーツでティータイムを楽しめる。

屋台風の内装がおしゃれなラーメン店

ココロ・ラーメン

Cocolo Ramen　Map 折込表 -C3

ミッテ 住Gipsstr. 3　www.kuchi.de
営18:00〜24:00（ラストオーダー22:30）
休日曜 C不可
交U8 Weinmeisterstraßeから徒歩5分

日本製の製麺機で仕込む麺とこだわりのスープ、餃子は、まさに日本の味！と人気。クロイツベルク地区に支店あり。2020年リニューアルオープン予定。

お手頃価格の和食店

へのへの

Henoheno　Map P.39-B5

シェーネベルク 住Wielandstr.37
(030)66307370
henoheno.de/jp
営12:00〜22:00 休日曜
CＭＶ 交SSavignyplatz駅から徒歩5分

ベルリンで牛丼が恋しくなったら行きたい店。手頃な価格で、うどんや蕎麦、カレーライスなども食べられる。

おしゃれなベトナム料理店

チェンチェ・ティーハウス

ChénChè Teehaus Berlin　Map 折込表 -D3

ミッテ 住Rosenthaler Str. 13　(030)28884282
www.chenche-berlin.de
営12:00〜24:00 休無休 CＭＶ
交U8 Weinmeisterstraßeから徒歩4分

ミッテ地区の繁華街の一画、通りから少し入った中庭にある、隠れ家的ベトナムレストラン＆ティーハウス。平日の日替わりランチが人気。

手頃な値段でタイ料理が楽しめる

ダオ

Dao　Map P.44-C2

シャルロッテンブルク 住Kantstr. 133
(030)37591414　www.dao-restaurant.de
営12:00〜23:00
休無休 CＭＶ
交S5・7 Savignyplatzから徒歩5分

タイ家庭料理のレストラン。パッタイ（タイ風焼きそば） €12.90など。辛いのが苦手な人は控えめにしてもらおう。

レストランは量が多いので、スーパーで買ってホテルで食べた。1個から買えるカイザーゼンメルは、その安さにもびっくり。有名なパン屋でなくても十分おいしいです。（芦屋市　Tomoko '15）['20]

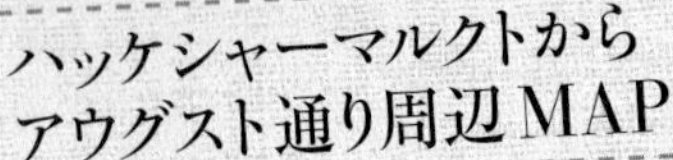

ハッケシャーマルクトから アウグスト通り周辺MAP

いくつもの中庭がつながり、それぞれの中庭に面してかわいいショップやカフェが並ぶ「ハッケシェ・ヘーフェ」は、いまやミッテの定番観光スポット。せっかくだから、ここから足を延ばしてギャラリーやおしゃれなショップが集まるアウグスト通りへ行ってみよう。

壁に描かれたキツネのイラストと赤いベンチが目印のパン屋さんはいつも人がいっぱいの人気店。

ハッケシェ・ヘーフェの入口にあるカフェはいつも大にぎわい。

ドイツの靴は履きやすさに定評が‥‥。

ハッケシェ・ヘーフェの隣にあるハウス・シュヴァルツェンベルクは90年代激動のベルリンの歴史を今に伝える貴重な空間。

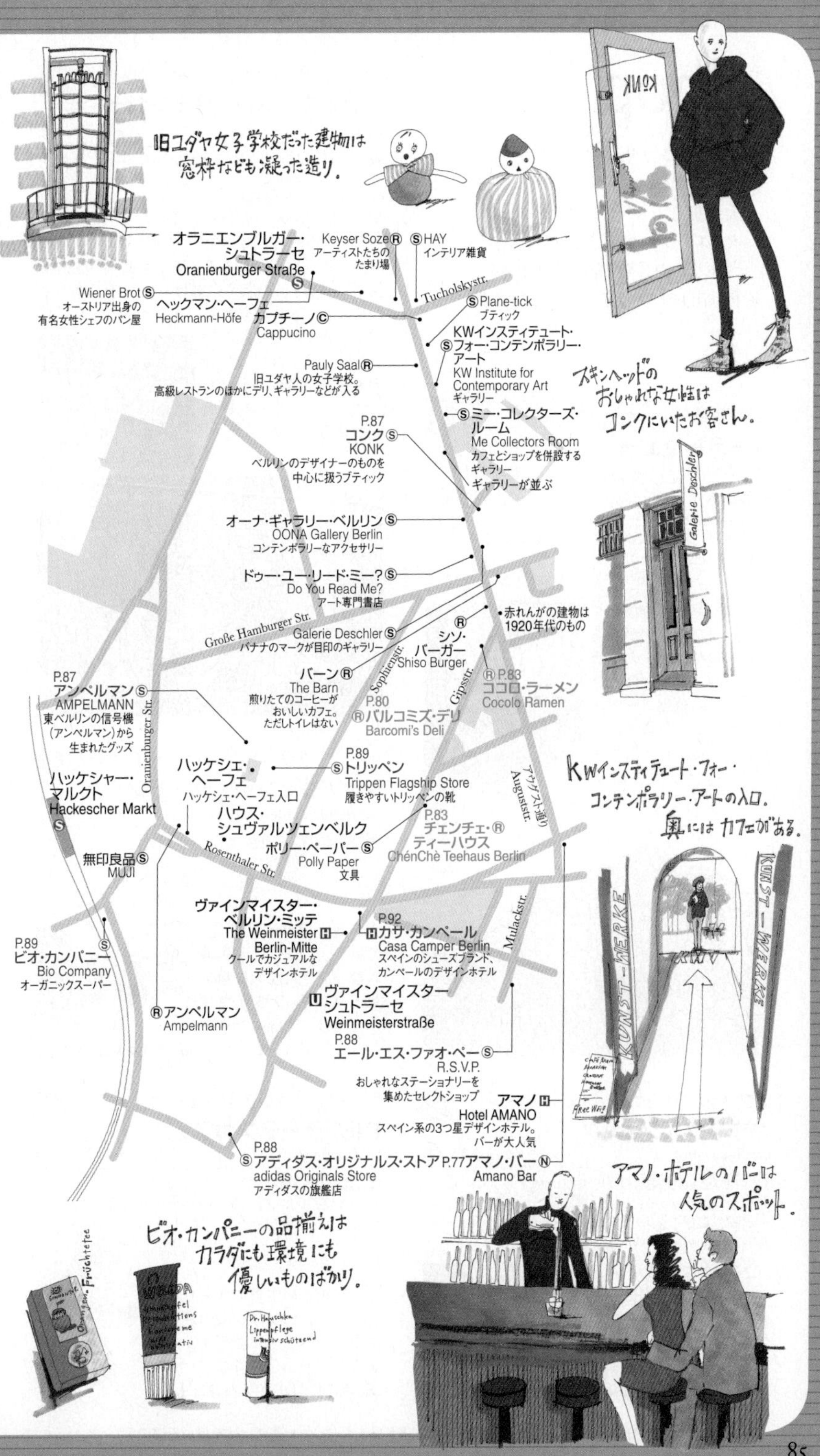
旧ユダヤ女子学校だった建物は
窓枠なども凝った造り。
オラニエンブルガー・シュトラーセ
Oranienburger Straße
Keyser Soze
アーティストたちのたまり場
HAY
インテリア雑貨
Tucholskystr.
Wiener Brot
オーストリア出身の有名女性シェフのパン屋
ヘックマン・ヘーフェ
Heckmann-Höfe
カプチーノ
Cappucino
Plane-tick
ブティック
KWインスティテュート・フォー・コンテンポラリー・アート
KW Institute for Contemporary Art
ギャラリー
Pauly Saal
旧ユダヤ人の女子学校。
高級レストランのほかにデリ、ギャラリーなどが入る
ミー・コレクターズ・ルーム
Me Collectors Room
カフェとショップを併設するギャラリー
ギャラリーが並ぶ
P.87
コンク
KONK
ベルリンのデザイナーのものを中心に扱うブティック
オーナ・ギャラリー・ベルリン
OONA Gallery Berlin
コンテンポラリーなアクセサリー
ドゥー・ユー・リード・ミー？
Do You Read Me?
アート専門書店
赤れんがの建物は1920年代のもの
Große Hamburger Str.
Galerie Deschler
バナナのマークが目印のギャラリー
シソ・バーガー
Shiso Burger
Sophienstr.
バーン
The Barn
煎りたてのコーヒーがおいしいカフェ。ただしトイレはない
P.83
ココロ・ラーメン
Cocolo Ramen
Gipsstr.
P.80
バルコミズ・デリ
Barcomi's Deli
P.87
アンペルマン
AMPELMANN
東ベルリンの信号機（アンペルマン）から生まれたグッズ
Oranienburger Str.
ハッケシャー・マルクト
Hackescher Markt
ハッケシェ・ヘーフェ
ハッケシェ・ヘーフェ入口
P.89
トリッペン
Trippen Flagship Store
履きやすいトリッペンの靴
アウグスト通り
Auguststr.
ハウス・シュヴァルツェンベルク
P.83
チェンチェ・ティーハウス
ChénChè Teehaus Berlin
ポリー・ペーパー
Polly Paper
文具
無印良品
MUJI
Rosenthaler Str.
ヴァインマイスター・ベルリン・ミッテ
The Weinmeister Berlin-Mitte
クールでカジュアルなデザインホテル
P.92
カサ・カンペール
Casa Camper Berlin
スペインのシューズブランド、カンペールのデザインホテル
Mulackstr.
P.89
ビオ・カンパニー
Bio Company
オーガニックスーパー
ヴァインマイスターシュトラーセ
Weinmeisterstraße
アンペルマン
Ampelmann
P.88
エール・エス・ファオ・ペー
R.S.V.P.
おしゃれなステーショナリーを集めたセレクトショップ
アマノ
Hotel AMANO
スペイン系の3つ星デザインホテル。バーが大人気
P.88
アディダス・オリジナルス・ストア
adidas Originals Store
アディダスの旗艦店
P.77
アマノ・バー
Amano Bar
KONK
スキンヘッドのおしゃれな女性はコンクにいたお客さん。
Galerie Deschler
KWインスティテュート・フォー・コンテンポラリー・アートの入口。
奥にはカフェがある。
KUNST-WERKE
アマノ・ホテルのバーは人気のスポット。
ビオ・カンパニーの品揃えは
カラダにも環境にも
優しいものばかり。
Früchtetee
Dr. Hauschka
Lippenpflege

Shop

高級ブランド店はクーダム通りに、
アレクサンダー広場、ポツダム広場には
大規模なショッピングセンターがある。
クリエーターが集まる町らしく
ベルリンやドイツ発のデザインを
扱う店も多いのでのぞいてみては。

創業100年以上の老舗デパート

S

カーデーヴェー

KaDeWe

Map P.45-D4

クーダム 住Tauentzienstr. 21-24 (030)21210
www.kadewe.de
営10:00～20:00（金曜～21:00、土曜9:30～）
休日曜 C M V J A D
交U1・2・3 Wittenbergplatzから徒歩1分

リモワやマイセンなど一流ドイツブランドが充実したベルリン随一の高級デパート。おみやげ選びにも人気の食品コーナーではソーセージやビールも楽しめる。レストランとバーの一部が24:00までオープン。

100m²の空間はまるごと東ドイツ！

S

ファオエーベー・オランジェ

VEBorange

Map 折込表 -D1

プレンツラウアーベルク 住Oderberger Str. 29
(030)97886886
www.veborange.de
営11:00～19:00 休日曜 C不可
交U2 Eberswalder Straßeから徒歩8分

純東ドイツ製を意味する言葉でもある「VEB（人民所有企業）」を店名に掲げる人気店。世界中からコレクターが訪れる。オーナーのマリオさんは「昔は行列に並んでも、手に入らなかったものもあり、手放しがたい」と語り、いろいろな話を聞かせてくれる。

オーナー夫人厳選の布ものがおすすめ

S

フォアヴェンデ・ラーデン

Vorwende-Laden

Map P.47-B6

フリードリヒスハイン 住Thaerstr. 16
(030)41726450 なし
営13:00～18:00 休土～月曜 C不可
交U5 Frankfurter Torから徒歩6分

店名は「壁崩壊前の店」の意。店内は足の踏み場もないほどに膨大な量の東ドイツ製の雑貨や食器、布などで埋め尽くされ、掘り出し物も多い。

閉館中のバウハウスの期間限定ショップ

S

バウハウスショップ

bauhaus-shop

Map P.44-C3

シャルロッテンブルク 住Knesebeckst.1-2 なし
www.bauhaus-shop.de 営10:00～18:00
休日曜、祝日 C M V J A D
交U2 Ernst-Reuter-Platzから徒歩2分

2023年まで閉館中のバウハウス資料館の仮設企画展示室に併設。バウハウスオリジナル家具や雑貨のほか、現代のデザイン、約1000種類が並ぶ。

質の高いブラシはおみやげにも人気

S

DIM ラーデンカフェ

DIM Ladencafé

Map P.47-D4

クロイツベルク 住Oranienstr. 26
(030)285030121 www.dim-berlin.de 営9:00～19:00（土曜 10:00～17:00）
休日曜 C M V 交U1・8 Kottbusser Torから徒歩5分

視覚障害者の工房で作られた品を扱う。ベルリン市の紋章やブランデンブルク門をかたどったブラシ（€18）などが人気。店内には小さなカフェも。

はみだし情報 クリスマスや年末年始、祝日などは休業する店がほとんど。また通常は休業日の日曜でも、ベルリンの場合は年に10回までは日曜営業が許されている。サイトなどで最新情報をチェックしよう。

定番のベルリンみやげの本店

アンペルマン

AMPELMANN　Map 折込表 -C4

ミッテ　住Hackesche Höfe, Hof 5 Rosenthaler Str. 40-41　☎(030)44726438　ⓘwww.ampelmann.de　営9:30〜19:00（日曜 13:00〜18:00）　休無休　CMVJA　交Ⓢ5・7 Hackescher Marktから徒歩5分、Ⓤ8 Weinmeisterstraßeから徒歩3分

旧東ドイツの信号マーク「アンペルマン」をデザインしたグッズはおみやげに大人気。ハッケシェ・ヘーフェ内にあるアンペルマンショップの本店には、新作から定番まで商品がぎっしり並んでいて見るだけでも楽しい。

ベルリン発ブランド満載のお店

コンク

KONK　Map 折込表 -C3

ミッテ　住Kleine Hamburger Str. 15　☎(030)28097839　ⓘwww.konk-berlin.de　営12:00〜19:00　休日曜　CMVADJ　交Ⓢ1・2・25 Oranienburger Straßeから徒歩6分

ほかではなかなか見つからない、ベルリンやドイツ発のブランドが充実しているセレクトショップ。スカーフやジュエリーなどの小物も。

ミッテ地区にオープンした文房具店

ルイバン

Luiban　Map 折込表 -D4

ミッテ　住Rosa-Luxemburg-Str. 28　☎(030)88941192　ⓘwww.luiban.com　営11:00〜20:00　休日曜　CMV　交Ⓤ2 Rosa-Luxemburg-Platzから徒歩2分

ベルリン発祥の革工房「papoutsi」で作られるペンケースや、小さな紙工房のノートなど、洗練されたステーショナリーグッズが充実した文房具店。美しいデザインのノートや封筒、カードなどが数多く見つかる。

大切なお気に入りがきっと見つかる

ズューパー・ストア

Süper Store　Map P.46-E3

クロイツベルク　住Dieffenbachstr. 12　☎(030)98327944　ⓘwww.sueper-store.de　営12:00〜18:30（土曜 11:00〜17:00）　休月・日曜　CMV　交Ⓤ8 Schönleinstraßeから徒歩8分

オーナー厳選の、タイムレスで美しく高品質なドイツデザイン雑貨が中心のセレクトショップ。人気のクロイツベルク地区にある。

シンプルかつ機能的な雑貨の宝庫

マヌファクトゥム

Manufactum　Map P.44-C3

シャルロッテンブルク　住Hardenbergstr. 4-5　☎(030)24033844　ⓘwww.manufactum.de　営10:00〜20:00　休日曜　CMV　交Ⓤ1・2 Ernst-Reuter-Platzから徒歩1分

通信販売から生まれた生活雑貨ショップ。キッチングッズ、文具など工房で職人が作るものなどシンプルで使いやすい商品はデザインも文句なし。

クーダム近くの老舗文房具店

パペテリー・ハインリッヒ・キューネマン

Papeterie Heinrich Künnemann　Map P.44-D3

シャルロッテンブルク　住Uhlandstr. 28　☎(030)8816363　ⓘwww.papeterie-berlin.de　営9:30〜20:00（土曜〜18:00）　休日曜　CMVJAD　交Ⓤ1 Uhlandstraßeから徒歩2分

特にモンブランの万年筆の品揃えは圧巻。引き出しを開けて見せてもらおう。ファーバーカステルの筆記具は高級ラインも充実している。

ノイケルン地区、Ⓤ8 シェーンラインシュトラーセ駅とヘルマンプラッツ駅の間（>> Map P.47-E4）にはビンテージ雑貨やベルリンのデザイナーの店、カフェなどが集まる。

文房具のセレクトショップ

エール・エス・ファオ・ペー

R.S.V.P. Map 折込表 -D3

ミッテ 住Mulackstr. 14&26 ☎(030)28094644
ⓘwww.rsvp-berlin.de 営11:00～19:00
休日曜 CM V J A D 交U8 Weinmeisterstraßeから徒歩3分

凸版印刷工房に特別に発注するカードなど、少量生産で手触りのよいものが揃う。老舗メーカーの万年筆もレトロなデザインのものが人気。道の向かいに、さらに充実の2店舗目も。

高架下にあるアート書店

ビュッヒャーボーゲン・アム・ザヴィニプラッツ

Bücherbogen am Savignyplatz Map P.44-C3

シャルロッテンブルク 住Stadtbahnbogen 593
☎(030)31869511 ⓘwww.buecherbogen.com
営10:00～20:00（土曜～19:00）
休日曜 CM V（€10～）
交S5・7 Savignyplatzから徒歩1分

美術、演劇、映画や写真のほか、ベルリンはもちろん、国内外の建築やデザイン関係の書籍3万冊以上が並んでいる。

お目当てがきっと見つかる

ドゥスマン

Dussmann Map 折込表 -B5

ミッテ 住Friedrichstr. 90 ☎(030)20251111
ⓘwww.kulturkaufhaus.de
営9:00～24:00(土曜～23:30) 休日曜 CM V J A
交S1・2・5・7・25、U6 Friedrichstraßeから徒歩2分

CDや楽譜、地図やガイドブックはもちろん、絵本や文房具までが5フロアの建物にぎっしりと詰まった「カルチャーデパート」。音楽の試聴や立ち読みならぬ座り読みも可能。館内奥にはカフェもある。

ずらっと並ぶビールは壮観！

ラガー・ラガー

Lager Lager Map P.47-E4

ノイケルン 住Pflügerstr. 68 ☎(030)23903919
ⓘwww.lagerlagerberlin.de
営14:00～22:00（水・金曜～深夜、土曜12:00～）
休日曜 CM V A
交U8 Schönleinstraßeから徒歩5分

ベルリンをはじめ、ドイツの醸造所を中心に180種類以上ものクラフトビールを揃える専門店。店内で常時8種類の生ビールを飲むこともできるのもうれしいところ。毎週のようにラインナップが変わるのでおすすめを聞いてみよう。

誰もが知るスポーツブランド

アディダス・オリジナルス・ストア

adidas Originals Store Map 折込表 -D4

ミッテ 住Münzstr. 13-15 ☎(0800)3773775
ⓘwww.adidas.de
営11:00～20:00 休日曜 CM V A
交S5・7、U2・5・8 Alexanderplatzから徒歩8分

ドイツ発祥の世界的スポーツブランド、アディダスのなかでも、よりファッション性を高めた「アディダス・オリジナルス」のフラッグシップストア。

日本にもファンが多い

ビルケンシュトック

Birkenstock Map 折込表 -D4

ミッテ 住Neue Schönhauser Str. 6-7
☎(030)28099694 ⓘwww.birkenstock.com
営10:30～20:00 休日曜、祝日 CM V J D
交U8 Weinmeisterstr.駅から徒歩2分

創業1774年、履きやすさに定評があるドイツ発のフットウエアの直営店。豊富な品揃えで、限定品もある。人気のサンダルは値段も手頃だ。

ベルリン発の人気シューズブランド

トリッペン

Trippen Flagship Store　Map 折込表 -C4

ミッテ　住 Hackesche Höfe, Hof 4-6, Rosenthaler Str. 40-41　☎ (030)28391337　ⓘ www.trippen.com　営 11:00〜19:30　休 日曜
C M V J A　交 S 5・7 Hackescher Marktから徒歩2分、U 8 Weinmeisterstraßeから徒歩3分

独特の革使いやソールのデザインで人気のシューズブランド本店。メンズ、レディスのラインアップともに充実している。

イートインコーナーもあるスーパー

ビオ・カンパニー

Bio Company　Map 折込表 -D4

ミッテ　住 Dircksenstr. 145-147
☎ (030)74773351　ⓘ www.biocompany.de
営 8:00〜21:00（ベーカリー7:30〜）　休 日曜
C M V　交 S 5・7 Hackescher Marktから徒歩1分

オーガニック食材を中心に扱うスーパーマーケット。オーガニックコスメやお茶、コーヒーなども充実。夜遅くまで営業しているので便利。

長年愛用できるグッドデザイン

ユーネマンズ・パントッフェル・エック

Jünemann's Pantoffel Eck　Map 折込表 -D3

ミッテ　住 Torstr. 39　☎ (030)4425337
ⓘ www.pantoffeleck.de
営 9:00〜18:00
休 土・日曜　C M V D
交 U 2 Rosa-Luxemburg-Platzから徒歩2分

創業1908年のスリッパ店。店の裏の工房でていねいな手作業で作られている。フェルト製のスリッパは€16〜。

併設されたカフェもチョコづくし

ラウシュ・ショコラーデンハウス

Rausch Schokoladenhaus　Map 折込表 -C6

ミッテ　住 Charlottenstr. 60　☎ (030)757880
ⓘ www.rausch.de
営 10:00〜20:00（日曜11:00〜）
休 無休　C M V
交 U 2・6 Stadtmitteから徒歩2分

創業1918年の歴史あるショコラティエ。さまざまなサイズ、形、フレーバーのチョコレートが揃う。カフェのチョコレートドリンクもおすすめ。

1年中クリスマスの店がベルリンにも

ケーテ・ヴォールファルト

Käthe Wohlfahrt　Map P.44-D3

クーダム　住 Kurfürstendamm 225/226
☎ 09861-4090
営 10:00〜20:00（日曜13:00〜18:00）
休 無休　C M V J A D
交 U 1 Uhlandstraßeから徒歩3分

ローテンブルクでおなじみのクリスマスショップ。上質で品のいいオーナメントやドイツの工芸品を扱う。

国内外で大人気のチョコレート

リッター・シュポルト・ブンテ・ショコヴェルト

RITTER SPORT Bunte SchokoWelt　Map 折込表 -C5

ミッテ　住 Französische Str. 24
☎ (030)20095080　ⓘ www.ritter-sport.de/berlin
営 10:00〜19:00（木〜土曜〜20:00、日曜〜18:00）
休 無休　C M V A
交 U 6 Französische Straße から徒歩2分

トッピングを自分で選び、オリジナルのチョコレートを作れるほか、併設のカフェではリッターシュポルト型のチョコレートケーキが食べられる。エコバッグなどのカラフルなグッズもおみやげに人気。

耳の小さなボタンが目印

シュタイフ・ギャラリー

Steiff Galerie　Map P.44-D3

クーダム　住 Kurfürstendamm 38-39
☎ (030)88625006　ⓘ www.steiff.com
営 10:00〜19:30（土曜〜19:00）　休 日曜　C M V J A　交 U 1 Uhlandstraßeから徒歩3分

ドイツのテディベアブランドといえば、シュタイフ。クーダムの店舗では、本物のクマほどの大きさのシュタイフベアが出迎えてくれる。

ベルリンとポツダム周辺に広がる

美しき城と庭園を巡る

ベルリンの西からポツダムにかけて、森と水に囲まれた風光明媚な自然が広がっている。この辺りには歴代プロイセン国王や皇太子が建てた離宮が戦火を免れて保存され、「ポツダムとベルリンの宮殿群と公園群」として世界遺産に登録されている。サンスーシ宮殿やツェツィーリエンホーフ以外の美しい離宮もぜひ訪れよう。

ベルリン ツェーレンドルフ地区

ベルリンの南西端、ヴァンゼーやハーフェル川に面した地区

グリーニッケ宮殿
Schloss Glienicke

1753年に建てられたイタリア風ヴィラが1825年、カール・フリードリヒ・シンケルによって今日の姿に。プロイセン王フリードリヒ・ヴィルヘルム3世の三男カール王子が住んでいた。城の南側にライオンの泉があり、メディチ家で良く使われている“玉を手にするライオン”を真似た2頭のライオン像がある。現在はレストランになっている。

住 Königstraße 36
i schloss-glienicke.de
交 S 1・7 Berlin Wannseeからバス316でGlienicker Lake下車徒歩3分

上／敷地内には無料で入れるので、庭園を散歩するだけでも楽しい
下／ライオンの泉は正門前を左へ少し歩いた国道からよく見える

ポツダム バーベルスブルク

ツェーレンドルフ地区からもほど近いポツダムの東にあるエリア

グリーニッケ橋からも美しい姿を望める

バーベルスベルク宮殿と庭園
Schloss Babelsberg

ドイツ皇帝ヴィルヘルム一世が皇太子時代の1834年にカール・フリードリヒ・シンケルを起用して建てた城で、シンケルの死後も弟子たちが受け継いで1880年代まで増築されていった。おとぎ話の城のように美しく、特にティーファー湖畔に佇む姿は見飽きることがない。(2020年2月現在、内部は修復中でクローズ)。

住 Park Babelsberg 10
i https://www.spsg.de/aktuelles/veranstaltung/schloss-babelsberg-ein-zwischenstand/tid/6490/
交 S 7 Babelsbergからバス616でSchloss Babelsberg下車徒歩7分

ポツダム ノイアーガルテン

ハイリガー湖を望む新庭園。ツェツィーリエンホーフ宮殿からも徒歩10分ほど。

大理石宮殿
Marmorpalais

新庭園ノイアーガルテンに18世紀末、ブランデンブルク門を手掛けたカール・ゴットハルト・ラングらによって建てられたプロイセン王フリードリヒ・ヴィルヘルム2世の夏の離宮。宮殿からハイリガー湖に降りる階段があり、王は舟遊びを楽しんでいた。

住Im Neuen Garten 10
住Königstraße 36
開5～10月 10:00～17:30（冬期短縮） 休5～10月の月曜、11～4月の月～金曜 料€6
spsg.de/schloesser-gaerten/angebot/marmorpalais
交トラム96 Rathaus下車、バス603に乗り換えHöhenstr.下車徒歩2分

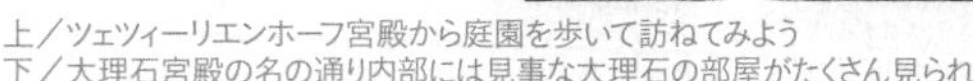

上／ツェツィーリエンホーフ宮殿から庭園を歩いて訪ねてみよう
下／大理石宮殿の名の通り内部には見事な大理石の部屋がたくさん見られる

城内にはカフェがあり食事もできる

プフィングストベルクのベルヴェデーレ
Belvedere auf dem Pfingstberg

ノイアーガルテンの西側に広がる丘の上に18世紀半ばにプロイセン王フリードリヒ・ヴィルヘルム4世が見晴台として建てた城。ここからはポツダムの町が一望できる。

住Pfingstberg pfingstberg.de 開4～10月 10：00～18：00 (11～3月 ～16:00) 休12～2月 料€6
交トラム96Puschkinallee下車徒歩11分

ロシア人入植地アレクサンドロフカ
Russische Kolonie Alexandrowka

ナポレオン戦争時代のロシア兵捕虜をプロイセン王フリードリヒ・ヴィルヘルム3世が保護し、住居や畑、家畜を与えて住まわせた。新たな入植者も加わり教会も建てられる。この地域が保存され、館はレストランや博物館になって世界遺産に登録されている。

右／1829年に建てられたロシア正教会
左／入植当時の様子を伝える博物館

住Alexandrowka 2 開4～10月10：00～18：00 休水曜、11～3月 料€3.50 alexandrowka.de
交トラム92・96Am Schragen下車徒歩2分

城巡りには共通チケットが便利

サンスーシ宮殿を含むポツダムの宮殿をめぐるのに便利な共通チケットがある。Ticket sanssouci+料€19。チケットセンターほかオンラインでの購入も可能。
tickets.spsg.de

Hotel

ベルリンの町は広いので、
自分の目的に合ったエリアで
ホテル選びをするのがポイント。
4〜5日滞在するなら、西地区と東地区の
両方に泊まってみるのも一案だ。
見本市の時期は混み合うので要注意。

動物園近くの豪華なブティックホテル

ゾー／ベルリン・ダス・ストゥー
SO/Berlin Das Stue　Map P.45-C4

ティーアガルテン　住Drakestr. 1　☎(030)3117220
ⓘwww.das-stue.com　料ⓈⓉ€279〜　朝食別€25　室78　CMAD　Wi-Fi無料　交Ⓢ5・7、Ⓤ2・9 Zoologischer Gartenからタクシーで8分

豪華でクールなデザインホテル。動物園の隣にあるため、ホテルの随所に動物のデザインが取り入れられている。一部の部屋からは園内の動物が見える。

ブランデンブルク門正面の豪華ホテル

アドロン・ケンピンスキー
Hotel Adlon Kempinski　Map 折込表-B5

ミッテ　住Unter den Linden 77　☎(030)22610
ⓘwww.kempinski.com/adlon　料ⓈⓉ€290〜　朝食別€40　室385　CMVAD　Wi-Fi無料　交Ⓢ1・2・25、Ⓤ55 Brandenburger Torから徒歩2分

世界中の著名人が滞在しており、ドイツ皇帝も滞在したことがある老舗ホテル。スタッフの親切かつフレンドリーなサービスに定評がある。

朝食は種類も質も大満足

リージェント
The Regent Berlin　Map 折込表-C5

ミッテ　住Charlottenstr. 49　☎(030)20338
ⓘwww.theregentberlin.de　料ⓈⓉ€226.10〜　朝食別€39　室195　CMVA　Wi-Fi無料
交Ⓤ6 Französische Straßeから徒歩3分

ジャンダルメンマルクト広場に面した静かな環境のホテル。外観はシンプルだが中はクラシックで、ロビーや客室には高級な雰囲気が漂っている。

ポツダム広場を上方から眺める

リッツカールトン
The Ritz-Carlton, Berlin　Map 折込表-A6

ポツダム広場　住Potsdamer Platz 3　☎(030)337777
ⓘwww.ritzcarlton.com　料ⓈⓉ€335〜　朝食別€20　室303　CMVJAD　Wi-Fi無料　交Ⓢ1・2・25、Ⓤ2 Potsdamer Platzから徒歩4分

ブランデンブルク門へは徒歩10分というアクセスのよい5つ星ホテル。真っ白な大理石と鉄柵の手すりがこのうえなく美しい。

東ドイツ時代はなんとKGBのオフィス！

ルックス 11 ベルリン・ミッテ
Lux 11 Berlin-Mitte　Map 折込表-D4

ミッテ　住Rosa-Luxemburg-Str. 9-13　☎(030)9362800　ⓘwww.lux-eleven.com　料ⓈⓉ€159〜　朝食別€18　室73　CMVA　Wi-Fi無料
交Ⓢ5・7・75、Ⓤ2・5・8 Alexanderplatzから徒歩5分

もともと東独時代にKGB（ソ連の秘密警察）の建物だったビルを、基本的な建物の構造はそのままにホテルに改装した。客室は広く天井も高くて快適だ。

1889年に銀行として建てられた館

ロッコ・フォルテ・ホテル・デ・ローマ
Rocco Forte Hotel de Rome　Map 折込表-C5

ミッテ　住Behrenstr. 37　☎(030)4606090
ⓘwww.roccofortehotels.com　料ⓈⓉ€288〜　朝食別€30　室145　CMVJAD　Wi-Fi無料
交Ⓤ6 Französische Straßeから徒歩5分

ベーベル広場に面した堂々たる建物。天井の高いロビーは高級感にあふれている。インテリアはモダンクラシック。朝食がことのほかおいしい。

スタイリッシュを全面に出したホテル

カサ・カンペール
Casa Camper Berlin　Map 折込表-D4

ミッテ　住Weinmeisterstr. 1　☎(030)20003410
ⓘwww.casacamper.com　料朝食付きⓈ€150〜Ⓣ€195〜　室54　CMVAD　Wi-Fi無料　交Ⓤ8 Weinmeisterstraße.から徒歩1分

かわいくて個性的、そんなスペインのシューズメーカー「カンペール」がオープンさせたデザインホテル。客室はシンプルでかつ機能的。

はみだし情報　ベルリンの見本市情報はⓘwww.messe-berlin.deでチェックできる。ホテル代が跳ね上がるのでできれば滞在時期をずらしたほうがいい。

ジャングルの中にいるよう

H

25アワーズ・ホテル・ビキニ・ベルリン

25hours Hotel Bikini Berlin　Map P.45-C4

ティーアガルテン　住Budapester Strasse 40　☎(030)1202210　ⓘwww.25hours-hotels.com　料ⓈⓉ€130.90〜 朝食別€20　室149　CMVA　Wi-Fi無料
交ⓈⓊZoologischer Gardenから徒歩6分

裏にはベルリン動物園が広がる。コンセプトは「オープン・ジャングル」で、「bikini island」と名づけられたロビーでゲストは思いおもいに過ごせる。

客室の設備が充実

H

アディナ・アパートメント・ホテル

Adina Apartment Hotel Berlin Hackescher Markt　Map 折込表-D4

ミッテ　住An der Spandauer Brücke 11
☎(030)2096980　ⓘwww.adinahotels.com
料ⓈⓉ€92.65〜　朝食別€12　室145
CMVJAD　Wi-Fi無料
交Ⓢ5・7 Hackescher Marktから徒歩2分

全部屋にフルキッチンまたはキチネットが付いている。乾燥機付きの洗濯機も完備しており、長期滞在にはぴったり。

コンパクトだが機能的

H

マニ

Hotel MANI　Map 折込表-C3

ミッテ　住Torstr. 136　☎(030)53028080
ⓘwww.amanogroup.de　料Ⓢ€70〜　朝食別€12.50　室63　CMVAD
Wi-Fi無料　交Ⓤ8 Rosenthaler Platzから徒歩1分

部屋は広くないが、色味を抑えた重厚でシックなインテリアで落ち着く。しっかり防音がされているため、夜間はとても静か。

屋上から新しいベルリンが眺められる

H

アマノ・グランド・セントラル

AMANO Grand Central　Map 折込表-A3

中央駅そば　住Heidestr.62　☎(030)4003000
ⓘwww.amanogroup.de/en/hotels/　料Ⓢ€60〜
朝食別€15　室250　CMVJAD
Wi-Fi無料　交中央駅北側徒歩1分

中央駅の路面電車の停留所の前にある便利なホテル。ダークな色合いのシックなインテリア。屋上のテラスバーからベルリンが一望できる。

居心地のいいバジェットホテル

H

モーテル・ワン・ベルリン・ハウプトバーンホーフ

Motel One Berlin Hauptbahnhof　Map 折込表-A3

中央駅そば　住Invalidenstr. 54　☎(030)36410050
ⓘwww-neu.motel-one.com/
料Ⓢ€69〜　朝食別€9.50　室505　CMVAD
Wi-Fi無料　交中央駅北側徒歩2分

ドイツ全土に展開するリーズナブルなホテルチェーン「モーテルワン」のベルリンで最大の施設。部屋は小ぶりだがベッドが大きく寝心地がよい。

アパートメントタイプのホテル

H

マンダラ・スイーツ

The Mandala Suites　Map 折込表-B6

ミッテ　住Friedrichstr. 185-190
☎(030)202920　ⓘthemandalasuites.de/de
料ⓈⓉ€144〜　朝食別€13.50〜　室80　CMVJAD　Wi-Fi無料　交Ⓤ2・6 Stadtmitteから徒歩1分

観光も買い物もショッピングも、すべて徒歩圏内で楽しめる立地。部屋にはフルキッチンや大き目のクローゼットがあり、ゆったりと過ごせる。

中庭や屋上もくつろげる空間

H

アレット・クーダム・ホテル&ホステル

aletto Kudamm Hotel & Hostel　Map P.44-C3

クーダム　住Hardenbergstr. 21　☎(030)233214100
ⓘwww.aletto.de　料Ⓢ€94.50〜　Ⓣ€51.98〜
ドミトリー€17.01〜　朝食別€8.50　室232
CMVA　Wi-Fi無料　交Ⓢ5・7、Ⓤ2・9 Zoologischer Garten駅から徒歩1分

ファミリールームやドミトリーもあるが、ホテルとしても清潔で使い勝手がいい。団体客が多く、朝食時は混雑することも。

中央駅近くのホステル

H

ユーゲントゲステハウス・ハウプトバーンホーフ

Jugendgästehaus Hauptbahnhof　Map P.45-A5

ティーアガルテン　住Lehrter Str. 68
☎(030)3983500　ⓘwww.jgh-hauptbahnhof.de
料Ⓢ€62〜　Ⓣ€80〜　ドミトリー€26〜　朝食別€13.80　CMV　Wi-Fi無料
交中央駅北側徒歩5分

中央駅のすぐそばにあり、便利。ホステルにしては駅に近いわりに、とても静かだ。ドミトリー以外の部屋は室内にバスルームがある。全館禁煙。団体客の利用が多いので、事前に予約しておくのが好ましい。

はみだし情報　ベルリンに宿泊する観光客は、1泊につき宿泊料金の5%を都市税City Taxとして徴収される。ホテルのランクや宿泊数により変動する可能性があるので予約時に確認のこと。

Potsdam
ポツダム

Map P.13-B2
人口　17万5000人
市外局番（0331）

ACCESS
ベルリン中央駅からポツダム中央駅までDB快速で約25分、S7で約40分、DB各駅停車でポツダム・パーク・サンスーシPotsdam Park Sanssouci駅まで約35分。

ポツダムの観光案内所
(0331)27558899
www.potsdamtourismus.de
中央駅
>> Map P.95-B2
住 Babelsberger Str. 16
開 月～土曜9:30～18:00
休 日曜
アルター・マルクト
>> Map P.95-B2
住 Humboldtstr. 1-2
開 月～土曜9:30～18:30
土・日曜、祝日9:30～15:00
休 無休

ポツダムの市内交通
ポツダム市内のみをまわるなら、Cゾーンのチケットを買えばよい。
ポツダム中央駅の南口にバスと市電のターミナルがある。チケットは停留所4つまで有効のKurzstreckeが€1.50、60分有効のEinzelfahrtが€2、1日乗車券Tageskarteは€4.20。ベルリン・ウエルカムカードとシティツアーカードのABCゾーン用（→P.43）およびベルリンの1日乗車券ABCゾーン用（→P.42）も、ポツダムまでのSバーンと市内交通に有効。

↑フリードリヒ大王が時を過ごしたサンスーシ宮殿

川と湖に囲まれたポツダムは古くから“ベルリンの庭”といわれ、大選帝侯フリードリヒ・ヴィルヘルムが離宮を建てて以来、歴代プロイセン王が次々と離宮を建ててここに滞在した。フリードリヒ大王は理想の城を求めてサンスーシ宮殿を建設、19世紀になっても築城は続き、それらの多くが世界遺産になっている。

ポツダムの歩き方
Walking

ポツダム中央駅Potsdam Hbf.で降りると駅前にトラムとバス乗り場がある。おすすめは最初に**サンスーシ宮殿**を見学し、正門を出て**ブランデンブルク門**へ。ブランデンブルク通りを抜けてフリードリヒ・エーベルト通りFriedrich-Ebert-Str.から**オランダ地区**を見学。時間があればナウエン門の先のアレクサンドロフカや町の東にあるバーベルスベルク地区、あるいは南のアインシュタイン塔へ行ってみよう。

中央駅からハーフェル川を渡ると戦前まで町の中心だった**アルター・マルクト**Alter Marktで、ここに城があったが大戦で失われ厩だけ残った（現在Firmmuseum映画博物館）。広場の**ニコライ教会**は19世紀前半、ドイツで最大の建築家カール・フリードリヒ・シンケルが手がけたもの。アルター・マルクトからトラム92、96に乗ってナウエン門Nauener Torで降りるとオランダ地区があり、ブランデンブルク通りを西へ行けばブランデンブルク門、そしてサンスーシ庭園がある。トラム92、93でそのまま北へ。Puschkinalleで降りると世界遺産に登録された新庭園地区の**アレクサンドロフカ** Alexandrowka（→P.91）がある。

プラッツ・デァ・ハインハイトPlatz der Einheitからは、バス603でポツダム会談が開かれた**ツェツィーリエンホーフ宮殿**Schloss Cecilienhofへ、トラム93でグリーニッカー橋へ行くことができる。

はみだし情報 サンスーシ公園へは中央駅からバス695番か夏期の週末のみ運行のX15番に乗るのが便利。ブランデンブルク門で下車し、サンスーシ公園正門から入るのもよいし、そのままシュロス・サンスーシ（サ↗

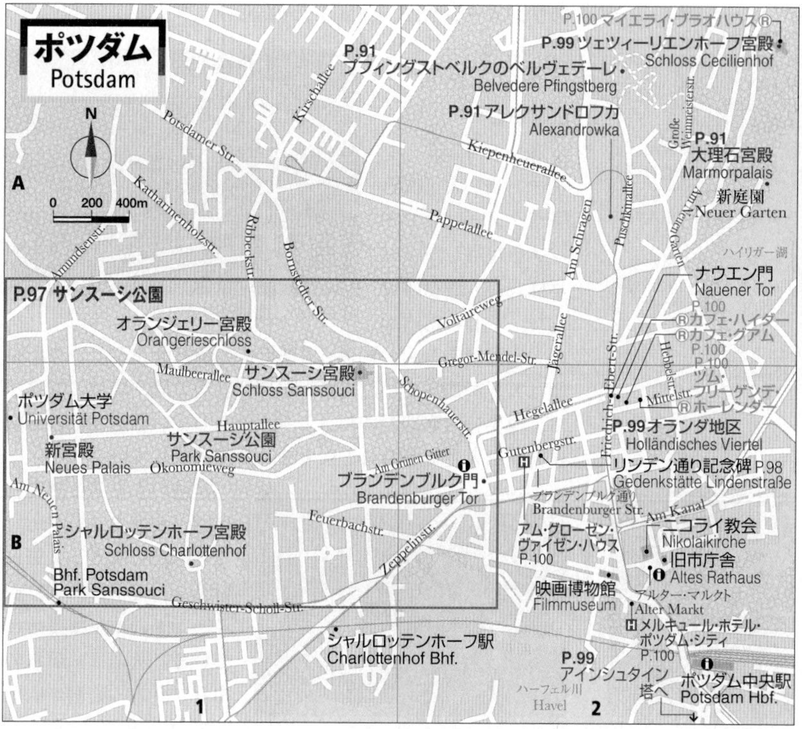

ポツダム Potsdam

N
0 200 400m
A
B
1
2

P.91 プフィングストベルクのベルヴェデーレ
Belvedere Pfingstberg
P.100 マイエライ・ブラオハウス®
P.99 ツェツィーリエンホーフ宮殿
Schloss Cecilienhof
P.91 アレクサンドロフカ
Alexandrowka
P.91 大理石宮殿
Marmorpalais
新庭園
Neuer Garten
ハイリガー湖
ナウエン門
Nauener Tor
P.100 ®カフェ・ハイダー
®カフェ・グアム
P.100
P.100 ツム・フリーゲンデ・®ホーレンダー
P.99 オランダ地区
Holländisches Viertel
リンデン通り記念碑 P.98
Gedenkstätte Lindenstraße
ブランデンブルク通り
Brandenburger Str.
アム・グローゼン・ヴァイゼン・ハウス
P.100
ニコライ教会
Nikolaikirche
旧市庁舎
Altes Rathaus
映画博物館
Filmmuseum
アルター・マルクト
Alter Markt
メルキュール・ホテル・ポツダム・シティ
P.100
P.99 アインシュタイン塔へ
ポツダム中央駅
Potsdam Hbf.
ハーフェル川
Havel
シャルロッテンホーフ駅
Charlottenhof Bhf.
P.97 サンスーシ公園
オランジェリー宮殿
Orangerieschloss
サンスーシ宮殿
Schloss Sanssouci
ポツダム大学
Universität Potsdam
新宮殿
Neues Palais
サンスーシ公園
Park Sanssouci
ブランデンブルク門
Brandenburger Tor
シャルロッテンホーフ宮殿
Schloss Charlottenhof
Bhf. Potsdam Park Sanssouci
Potsdamer Str.
Katharinenholzstr.
Kirschallee
Ribbeckstr.
Bornstedter Str.
Kiepenheuerallee
Pappelallee
Am Schragen
Puschkinallee
Große Weinmeisterstr.
Am Neuen Garten
Amundsenstr.
Voltaireweg
Gregor-Mendel-Str.
Jägerallee
Friedrich-Ebert-Str.
Hebbelstr.
Mittelstr.
Maulbeerallee
Schopenhauerstr.
Hegelallee
Hauptallee
Ökonomieweg
Am Grünen Gitter
Gutenbergstr.
Am Neuen Palais
Feuerbachstr.
Zeppelinstr.
Am Kanal
Geschwister-Scholl-Str.

おもな見どころ
The highlight

フリードリヒ大王のパラダイス
世界遺産

サンスーシ公園　Park Sanssouci

サンスーシ公園は289haという広大な公園で、世界遺産に登録されている。中心を走るハウプトアレーHauptalleeの両側にいくつもの館や庭園が点在し、すべてを見学するにはまる1日あっても足りない。建物が離れているうえにどの館も見応えがあり、見学に時間を要するので目的を定めて見学するとよい。中央駅から公園正門に近いLuisenplatz-Süd/Park Sanssouciへはトラム91、98、バス605、606、631が、サンスーシ宮殿、オランジェリー、新宮殿へはバス659が出ている。

サンスーシ宮殿の横には大王と愛犬たちの墓がある

入場チケット
チケット・サンスーシ・プラス
Ticket sanssouci +
ポツダム市内のすべての宮殿（ツェツィーリエンホーフ宮殿、サンスーシ公園内のすべての有料箇所も含む）を見学できる。各宮殿、公園内2ヵ所のビジターセンターまたはインターネットで購入可能。1日有効。
料€19、学生€14
インターネットで購入（手数料€2）の場合、入場時間を指定することができる。また、ベルリン・ウエルカムカードのABCゾーン所持者は26％割引される。
https://tickets.spsg.de

サンスーシ公園
>> Map P.95-B1
www.spsg.de
料無料

↘ンスーシ宮殿）や、695番ならノイエス・パレーNeues Palais（新宮殿）停留所まで行くこともできる。公園内は思った以上に広いので、サンスーシ宮殿以外も見学するなら計画的に行動したい。

●サンスーシ宮殿 Schloss Sanssouci

「サンスーシ」とはフランス語で“心配事がない”という意味。1747年、フリードリヒ大王は建築家クノーベルスドルフを起用してロココ様式の宮殿を建設した。中心に楕円形の大広間がありその両側に5部屋ずつ個室が並んでいる。東側は大王が使っていた書斎、居間、音楽の間、謁見の間などで、西半分は客間だった。こぢんまりしているが大王のお気に入りで人生後半のほとんどをここで過ごしている。

↑階段状に温室が造られている

宮殿のすぐ下に階段状の温室があり、6段からなる階段にはガラス扉が付けられて中にブドウやイチジクの木が植えられている。その下に噴水のあるフランス庭園が広がっている。

↑大理石のホール

↑壁や天井に施された美しい装飾

サンスーシ宮殿
>> Map P.97-A2
☎(0331)9694200
開 10:00～17:30（11～3月～16:30）
休 月曜
料 €14（時間指定制、オーディオガイドまたはガイドツアー付き）、学生€10、写真撮影料€3（庭園内共通）
交 ポツダム中央駅からバス695番またはX15（夏期の週末のみ運行）でSchloss Sanssouci下車。チケット売り場は階段温室とは反対側にある。

●絵画館 Bildergalerie

サンスーシ宮殿の隣にあるギャラリーで、フリードリヒ大王が自らのコレクションを展示するために1764年に建設した。プロイセンで初めて建てられた絵画館で、ルーベンスやファン・ダイクなどのフランドル絵画、カラヴァッジョなどのイタリア絵画が充実している。大王のコレクションは膨大で、ここに入らなかった絵はベルリンの絵画館にある。

↑大王のコレクションがある絵画館

絵画館
>> Map P.97-A2
開 10:00～17:30
休 月曜、11～4月
料 €6、学生€5

シャルロッテンホーフ宮殿
Schloss Charlottenhof
>> Map P.97-B1
1829年にプロイセン国王フリードリヒ・ヴィルヘルム4世が、名建築家シンケルを起用して建てた夏の離宮で、美しい庭園も必見。
住 Geschwister-Scholl-Straße 34a
開 5～10月 10:00～17:30（11～3月～16:30） 休 月曜
料 €10、学生€7
交 中央駅からトラム91、98、バス605、606でPotsdam, Charlottenhof Bhf/Geschw-Scholl-Str.下車、徒歩5分

●平和教会 Friedenskirche

ローマのサン・クレメンテ教会を模して1848年に建てられた。内部は静寂で回廊が美しい。ヘッヒンゲンのホーエンツォレルン城から移されたフリードリヒ大王の父、兵隊王の棺が安置されている。

←回廊が美しい平和教会

平和教会
>> Map P.97-B2

サンスーシ宮殿内は、オーディオガイド（日本語あり）を聞きながらの見学になります。じっくり聞くと約45分で、充実の内容。建築様式や美術品の解説はもちろん、さまざまなエピソードを交えて、↗

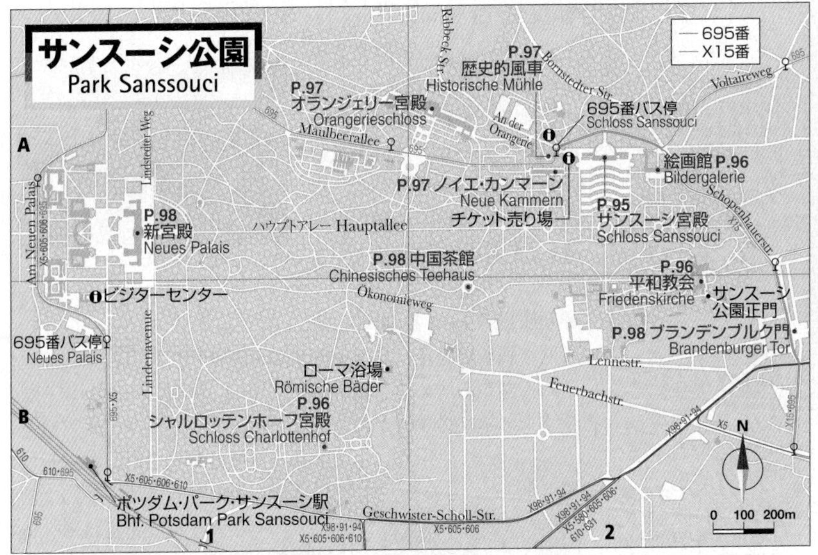

●ノイエ・カンマーンと歴史的風車

Neue Kammern / Historische Mühle

ノイエ・カンマーン（新迎賓館）はフリードリヒ大王の時代にオランジェリー（温室）として建てられたが､後にゲストハウスに改装された。装飾的なゲストルームのほかに広間が4つある。館の後ろにある風車は歴史的風車と呼ばれている。サンスーシ宮殿の脇にあった風車は何かとじゃまになっていた。大王は粉屋に撤去を命じたが粉屋は裁判所に訴えると抵抗し、結局大王が諦めたため今日まで残っている。風車の中は見学もできる。

↑逸話が残る歴史的風車

●オランジェリー宮殿 Orangerieschloss

ノイエ・カンマーンの西に位置する宮殿で、フリードリヒ・ヴィルヘルム4世の命により建てられた。この土地の地形を生かしたイタリア山荘風の造りになっている。Zum Turmと書かれた入口から屋上に上ると、緑の庭園を見下ろすことができる。

↑サンスーシ宮殿よりも大きい

ノイエ・カンマーン
>> Map P.97-A2
📞(0331)9694200
開 10:00〜17:30
休 月曜、11〜3月
料 €6、学生€5、写真撮影€3（公園内共通）

歴史的風車
>> Map P.97-A2
📞(0331)5506851
ⓘ www.historische-muehle-potsdam.de
開 10:00〜18:00（11・1〜3月の土・日曜〜16:00）
休 12月、11・1〜3月の月〜金曜
料 €4、学生€3

オランジェリー宮殿
>> Map P.97-A2
📞(0331)9694200
開 10:00〜17:30
休 月曜、4月の火〜金曜、11〜3月
料 €6、学生€5（ガイドツアー付き）

↘歴史的背景がよくわかるように工夫されているので、歴史に詳しくない私も、フリードリヒ大王が身近な存在に感じられて、ワクワクしました。（府中市　タンギー兄さん '18）['20]

中国茶館
>> Map P.97-B2
(0331)9694200
開10:00～17:30
休月曜、11～4月
料€4、学生€3、写真撮影料€3（公園内共通）

新宮殿
>> Map P.97-A1
(0331)9694200
開10:00～17:30（1～3月～16:00、11～3月～16:30）
休火曜
料€10、学生€7（ガイドツアーまたはオーディオガイド付き）、写真撮影料€3（公園内共通）

ブランデンブルク門
>> Map P.95-B2
住Luisenplatz
交中央駅からトラム91・98、バス605・606・610・631番ほかでLuisenplatz-Süd/Park Sanssouci下車

リンデン通り記念碑
>> Map P.95-B2
住Lindenstr. 54
(0331)2896112
www.gedenkstaette-lindenstrasse.de
開10:00～18:00
休月曜
料€2、ガイド付き€3、学生€1

ブランデンブルク通りは歩行者天国になっていて、レストランや雑貨屋など多数あり、にぎわっています。中央駅からブランデンブルク通りにいたる手前にPlatz der Einheit/Westがあり、バスとトラムの乗り換えの場所となっています。(岡山市 もものたね '14) ['20]

●中国茶館 Chinesisches Teehaus

クノーベルスドルフ亡き後にヨハン・ゴットフリート・ビーリングが手がけた中国趣味のガーデンハウスで、大王のお気に入りの東屋だった。内部には中国や日本の磁器、マイセン磁器などが飾られている。

中国風に建てられた東屋

●新宮殿 Neues Palais

七年戦争終結後、フリードリヒ大王は新たな宮殿を建設した。正面から眺める宮殿の幅は220m、屋根のバルコニーをギリシア神話の神々が取り囲んでいる。ヴェルサイユ宮殿を模して造られ、部屋数は200を超える。このような大規模な宮殿はその後建設されず、プロイセン最後の宮殿となった。内部では「大理石の間」、「洞窟の間」、「劇場」など、贅を尽くした華やかなホールが次々と現れる。

ギリシア神話の神々が屋根のバルコニーを飾る新宮殿

ベルリンのものより先に建てられた

ブランデンブルク門とブランデンブルク通り Brandenburger Tor / Brandenburger Str.

ブランデンブルク門は、ベルリンだけでなくポツダムにもある。実はこちらのほうが古い。フリードリヒ大王が七年戦争を勝ち抜いた記念に1771年に建てたもので、規模は小さいがベルリンの門より20年も先輩である。ここから歩行者専用の**ブランデンブルク通りBrandenburger Str.**が東へ延びている。東ドイツ時代はポツダムのブロードウエイと呼ばれるモダンな道だった。途中リンデン通りLindenstr.と交わる角に東ドイツ時代の監獄がある。“リンデンホテル”と呼ばれ、政治犯が投獄されていた。現在は**リンデン通り記念碑Gedenkstätte Lindenstraße**になって見学できる。

小ぶりだがたいへん美しい門

新宮殿の見学を最後にするなら、Potsdam Park Sanssouci駅まで歩いて（徒歩約10分）帰ることもできる。また、ビジターセンターではチケット売り場のほかカフェやトイレもある。

赤れんがに白い窓がかわいい

オランダ地区 Holländisches Viertel

ナウエン門の近くに赤れんがの家がずらりと並んでいる。18世紀、フリードリヒ・ヴィルヘルム1世が市街地拡大のためにオランダ人建築家ボーマンを起用して建設した住居地区で、息子のフリードリヒ大王が計画を引き継いで完成させた。ミッテル通りとこれに交差するベンカート通りが地区の中心で、134軒が保存されている。窓枠に白いペンキが塗られた赤れんがの家並みはまるでオランダのよう。その多くがレストランやショップ、芸術家の工房で、おしゃれな一地区になっている。

英国風木組みの館　世界遺産

ツェツィーリエンホーフ宮殿 Schloss Cecilienhof

皇帝ヴィルヘルム2世が跡継ぎのヴィルヘルム皇太子とその后ツェツィーリエのために建てた館で、1917年に完成した。

↑イギリス王室の別荘をモデルにしている

第2次世界大戦の戦後処理を決めるための会談が行われた場所として知られている。1945年7月17日から8月2日にかけてアメリカのトルーマン、イギリスのチャーチル、ソ連のスターリンが集まってポツダム協定が策定され、ポツダム宣言が表明された。その部屋は当時のまま保存され見学が可能。

←1990年、世界遺産に登録

相対性理論の検証より建物のユニークさが話題に

アインシュタイン塔 Einsteinturm

ドイツ表現主義建築家エーリヒ・メンデルゾーンが設計したアインシュタイン塔は、相対性理論を立証する目的で1922年に建設された。塔のドーム内に望遠鏡があり、地下は実験室だ。建物外観のうねるような塑像的おもしろさで塔は有名になった。現在は記念碑になって自然科学研究所の敷地内にある。塔の中には入れないが敷地内には誰でも入れるので塔を眺めることはできる。

↑現在も太陽の動きを観測

オランダ地区
>> Map P.95-B2
交 中央駅からトラム92・96でNauener Tor下車

↑赤い家が並ぶオランダ地区

ツェツィーリエンホーフ宮殿
>> Map P.95-A2
住 Im Neuen Garten 11
☎ (0331)9694200
ⓘ www.spsg.de
開 10:00～17:30（11～3月～16:30）
休 月曜
料 €10、学生€7、写真撮影料€3。皇太子夫妻の住居はガイドツアーのみ見学可能（10:00、12:00、14:00、16:00）€8、学生€6
交 中央駅からトラム91、92、93、94、96、98、99でPlatz der Einhert下車、バス603番Höhenstr.行きに乗り換えてSchloss Cecilienhof下車。帰りは進行方向へ約300mほど歩いたバス停Höhenstr.から603番Platz der Einheit/West行きで終点へ、Potsdam Hbf.行きのバスかトラムに乗り換える。

アインシュタイン塔
>> Map P.95-B2域外
住 Wissenschaftspark Albert Einstein Telegrafenberg
交 ポツダム中央駅から徒歩23分、月～金曜の7：00～9：00、15：00～18：00は中央駅からバスがある。691番で敷地入口のTelegrafenberg下車、徒歩8分。

4～10月に乗り降り自由の市内観光バス「ポツダム・シティー・ツアー」が運行。所要1時間45分。サンスーシ公園のほかツェツィーリエンホーフ宮殿も巡る。料 €17　ⓘ www.potsdam-city-tour.de

Restaurant & Hotel

ポツダムはベルリンから日帰りで訪れることができるため
宿泊することは少ないが、じっくり観光するならポツダムに泊まろう。
ブランデンブルク通りやフリードリヒ・エーベルト通りにレストランや
カフェが多いが、オランダ地区に雰囲気のいい店が集まっている。

さまよう帆船マークが目印 R

ツム・フリーゲンデ・ホーレンダー

Zum Fliegenden Holländer Map P.95-B2

オランダ地区 住Benkerstr. 5, Ecke Mittelstraße
☎(0331) 275030 ⓘzumfliegendenhollaender.de
営11:00～23:00（日曜、祝日～22:00） 休無休
CM V 交中央駅からトラム92・96番でNauener Tor下車、徒歩3分

店名はワーグナーの楽劇『さまよえるオランダ人』に由来。豚スネ肉などドイツ料理が中心。ポツダムのビールも飲める。

チーズケーキの専門店&カフェ R

カフェ・グアム

Café Guam Map P.95-B2

オランダ地区 住Mittelstr. 38
ⓘwww.cafe-guam.de 営13:00～18:00（土・日曜11:00～19:00） 休火曜 C不可 交中央駅からトラム92・96番でNauener Tor下車、徒歩1分

ケーキはチーズケーキのみでレパートリーは最大30種類！ 毎日そのうちの10種類を焼いている。ひとつ€3.80でボリュームたっぷり。

ポツダム随一の高級カフェ R

カフェ・ハイダー

Café Heider Map P.95-B2

オランダ地区 住Friedrich-Ebert-Str. 29
☎(0331)2705596 ⓘwww.cafeheider.de
営8:00～22:00（金曜～23:00、土曜9:00～23:00、日曜9:00～） 休無休 CM V A 交中央駅からトラム92・96番でNauener Tor下車、徒歩1分

1878年創業の老舗で王侯貴族にも愛された歴史あるカフェ。ケーキがおいしいが軽食やビールもある。

ツェツィーリエンホーフ宮殿の湖畔 R

マイエライ・ブラオハウス

Meierei Brauhaus Map P.95-A2

新庭園 住Im Neuen Garten 10 ☎(0331)7043211
ⓘwww.meierei-potsdam.de 営12:00～22:00（日曜～20:00） 休月曜 CM V（€10～） 交バス603番終点Höhenstr.から徒歩2分。または中央駅脇船着場から水上タクシーWassertaxi で Cecilienhof-Meierei下船

自家製ビールを飲ませるビアレストラン。瀟洒な外観で雰囲気がある。

ランドマークになっている高層ホテル H

メルキュール・ホテル・ポツダム・シティ

Mercure Hotel Potsdam City Map P.95-B2

旧市街 住Lange Brücke ☎(0331)2722
ⓘwww.mercure.com/de/hotel-1582-mercure-hotel-potsdam-city/index.shtml 料ⓈⓉ€88～ 朝食別€16 室210 CM V A D 無料 交中央駅からトラム91・92・93・96・98・99、バス695番でAlter Markt/Landtag下車、徒歩1分

近代的な造りの17階建てホテルで客室からの眺めがいい。トラム、バス停留所前にあり便利。

ポツダム中心部の静かなホテル H

アム・グローセン・ヴァイゼンハウス

Hotel am Großen Waisenhaus Map P.95-B2

旧市街 住Lindenstraße 28/29
☎(0331)6010780 ⓘwww.hotelwaisenhaus.de
料朝食付きⓈ€105～、Ⓣ€148～ 室34
CV M A 無料 交中央駅からトラム91、98、バス605、614でDortustr.下車、徒歩3分

ブランデンブルク門やサンスーシ庭園にも近い。1820年に通りに面して細長く建てられた古い館で、朝食が充実している。

サンスーシ宮殿からツェツィーリエンホーフ宮殿へ行く場合はPotsdam Hbf.行きのバス695番でPlatz der Einheit/Westまで行き、Höhenstr.行きのバス603番に乗り換える。

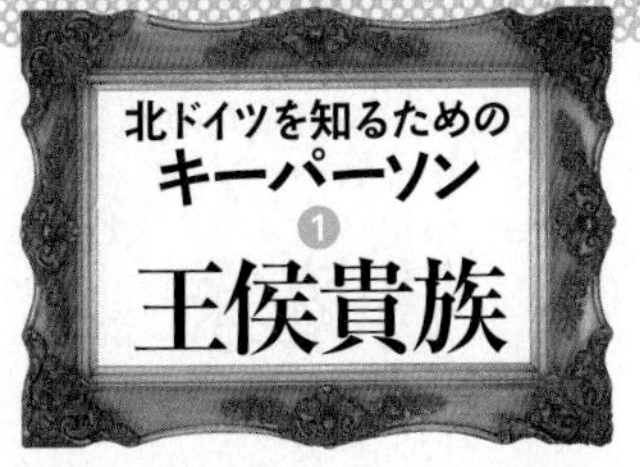

北ドイツは王侯貴族に支配されない
市民の町が多い。そんななかにあってザクセンと
プロイセンは国王の力が強大だった。
富と権力をもった王たち、現在のドイツの礎を築いた
政治家たちについて知ろう。

フリードリヒ・アウグスト1世（アウグスト強王）

Friedrich August I
(August der Starke)
1670～1733

ザクセン選帝侯に1694年に即位。ポーランド王も兼ねたのでポーランド王としてフリードリヒ・アウグスト2世と呼ばれることがある。芸術を愛し、建築と芸術品コレクションに精を出した。白磁器収集家として知られ、ヨーロッパで初めて白磁器の製造（マイセン焼）に成功した。女性好きであったことも有名で寵愛を受けた女性の数は知れず、庶出の子の数は300人以上ともいわれている。こうしたことや実際に怪力であったことから“強王”と呼ばれるようになった。

フリードリヒ2世（フリードリヒ大王）

Friedrich II
(Friedrich der Große)
1712～1786

1740年に即位した第3代プロイセン王。絵画や音楽を好み、フランスの哲学者ヴォルテールを宮廷に呼んで友好を深めた。ヨーロッパの一流音楽家を宮廷に集め、名フルート奏者から奏法を習って自ら演奏もした。クノーベルスドルフを起用してポツダムのサンスーシ宮殿を建てている。一方では軍事的才能を発揮して多くの戦争を勝ち抜く。農民の言葉にも耳を傾けたといわれ、人々から尊敬されて大王と呼ばれるようになった。

カール・アウグスト・ザクセン・ヴァイマール・アイゼナハ大公

1歳のときに父が亡くなって位を受け継いだ。理知的な母アンナ・アマーリアが摂政となり、息子の教育係としてまず詩人ヴィーラントを宮廷に迎えた。その後、カール・アウグストが18歳のときにゲーテが教育係となってヴァイマールにやってくる。カール・アウグスト公は1804年に長男をロシア皇帝アレクサンドル1世の妹マリア・パヴロヴナと結婚させた。ウィーン会議に出席したアレクサンドル1世のおかげで国は1815年に大公国へ昇格している。

Karl August
von Sachsen-
Weimar-Eisenach
1757～1828

オットー・フォン・ビスマルク

Otto von Bismarck
1815～1898

プロイセンの貴族出身で1871年ドイツ統一の立役者。統一後も宰相を務めて鉄血宰相と呼ばれた。特に外交に優れており19世紀後半のヨーロッパにフランスを孤立させる外交関係を築く。これはビスマルク体制と呼ばれた。1862年にヴィルヘルム1世より宰相に任命されて以来26年間、ともに政治の道を歩んできた。時にはヴィルヘルム1世と対立することもあったが、それでも最後まで信頼を得てドイツとプロイセンのために尽くした。引退後はハンブルク郊外で余生を送り、墓所は自宅の森の中にある。

ヴィルヘルム1世

1861年に第7代プロイセン王となる。王位に就いたときは63歳だったが、ビスマルクを宰相に任命して1864年の対デンマーク戦、1866年の対オーストリア戦、1871年の対フランス戦をいずれも勝ち抜いてドイツ統一への道を切り開いた。1871年にドイツを統一し、ヴィルヘルム1世は初代ドイツ皇帝となる。すでに70歳を超えていたが新しい統一国家の君主として人気が高まった。ビスマルクを片腕になんとかドイツ皇帝を務め、あと数日で91歳という1888年3月に世を去った。

Wilhelm I
1797～1888

北ドイツを知るための キーパーソン ❷ 建築家

ドイツの建築は諸外国の要素を受け入れながら
独自の建築文化を築き上げてきた。
近世からはベルリンを中心に名建築家たちが活躍する。
モダン建築では世界を牽引する存在となった。

ゲオルク・ヴェンツェスラウス・フォン・クノーベルスドルフ

Georg Wenzeslaus von Knobelsdorff
1699～1753

プロイセン貴族出身の建築家。フリードリヒ大王が王位を受け継ぐや否や多くの建築を委ねられる。クノーベルスドルフ自身優れた文人であり学芸を愛した。イタリアで古典古代建築に興味をもち、パリでヴェルサイユ宮殿に感動し、その成果はベルリンの華麗で豊潤なロココ建築となって現れる。彼の作品で現存するものは1743年のベルリン国立歌劇場、1746年のシャルロッテンブルク宮殿増築、1747年のポツダムのサンスーシ宮殿などがある。このうちサンスーシ宮殿は庭園も含めてロココ建築の傑作とたたえられている。

カール・フリードリヒ・シンケル

Karl Friedrich Schinkel
1781～1841

ドイツのみならずヨーロッパ建築史のなかでも19世紀前半最大の建築家といわれている。公共建築最初の建物が1818年のノイエ・ヴァッヘ。これに続くのが1821年のシャウシュピールハウス（現コンツェルトハウス）でジャンダルメンマルクトの広場中央に見事な新古典主義の劇場を建設した。1830年に完成した博物館島の旧博物館は正面に18本の円柱が並ぶ壮大な建物。

フリードリヒ・アウグスト・シュテューラー

Friedrich August Stüler
1800～1865

シンケルの弟子で、シンケル亡きあと19世紀半ばのベルリンに君臨した。初期のロマネスク様式をモチーフとした教会をベルリンやケルンに建てた。1864年にはサンスーシ公園内にオランジェリーを建設。1867年には南西ドイツ、ヘッヒンゲンの山上にあるプロイセン王家先祖のホーエンツォレルン城を現在の姿に改築した。1876年にはベルリンの博物館島にギリシア復興様式に基づく旧ナショナルギャラリーが完成している。

ハンス・シャロウン

Hans Scharoun
1893～1972

1947年にドイツ科学アカデミー建築所の所長に就き、戦後のベルリン復興事業を指揮した。彼の名を高めた1963年のベルリン・フィルハーモニーは最高傑作で、幾重にも重なった客席の複雑な構造が強烈な印象を与えている。集合住宅でも斬新な作品が多い。シャロウンは20世紀のふたつの戦争と戦後を生き抜いて常に主導的立場にあった。鋭い表現のなかに機能を備えた作品を多く残した天才建築家である。

ピーター・アイゼンマン

Peter Eisenman
1932～

1986年、旧西ベルリンのコッホ通りに住居ビルを建てたアメリカ人建築家。赤い太い線を交差させた大胆なデザインが話題を呼び、一躍ベルリンで有名になった。いわゆるポストモダン建築である。ドイツの建築も国際コンペの時代となり、ホロコースト記念碑では1998年に開かれた国際コンペに勝ち抜き、2005年に「虐殺されたヨーロッパのユダヤ人のための記念碑」を完成させた。

ハンブルクとその周辺

Hamburg und Umgebung

ハンブルクのランドマーク、エルプフィルハーモニー

I n t r o d u c t i o n

ハンブルクとその周辺

ハンブルクは北ドイツの旅の拠点。南はブレーメン、ツェレ、北はリューベック、フーズム、西はシュターデ、東はシュヴェリーン、ヴィスマール、あるいはロストックまでも日帰りで観光できる。リューネブルクからリューベックまでの古き塩の道、リューベックからシュトラールズントまでのハンザ街道、ドイツ随一の高級リゾート地といわれるズュルト島への玄関口になっている。

ドイツ最北西部であるニーダーザクセン州は東フリースラントOstfrieslandと、北海に面したシュレスヴィヒ・ホルシュタイン州は北フリースラントNordfrieslandと呼ばれている。このふたつの州に挟まれて独立州を守っているハンブルクは、フリースラント地方ではないものの、多分にその文化が入っている。フリースラント地方のあいさつ“モイン、モイン！”（こんにちは）はハンブルクでも耳にする。

ハンブルクはエルベ河畔に開けた大都会。それでもエルベ川を少し遡るかシュターデのほうに下っていくと、行く先々で土手に放たれた羊の群れに出合うことができる。ハンブルクにゆっくり滞在し、日帰りで周辺都市を訪れるのもよい。ハンブルクから次の町へは簡単に移動できる。

⇧ハンブルクでよく見かけるドクロのTシャツ

⇧港町ではキャプテン姿の人形も多い

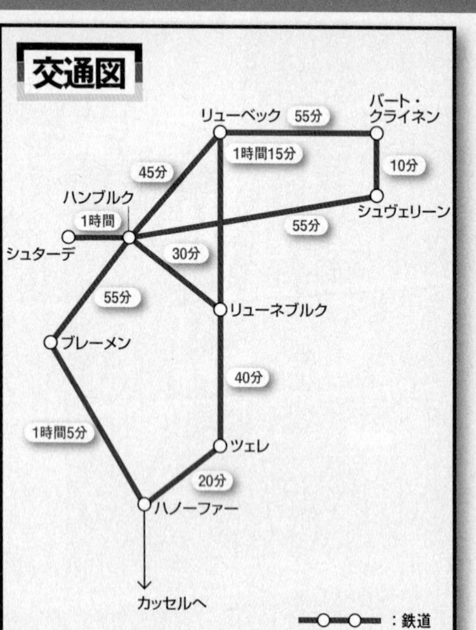

⇧1532年築のツェレのホッペナー・ハウス

⇧都心を少し離れるとエルベ河畔に羊の群れが

CLOSE UP! ハンザ同盟とハンザ都市をひも解く

今日でも"ハンザ都市Hansestadt"を掲げているのは、かつてハンザ都市として栄えていたハンブルク、ブレーメン、リューベックの3つの町。誰でも聞いたことのあるハンザだが、意味を聞かれると「あれ?」となかなか説明できない。北ドイツ旅行のひとつのキーワードとなるハンザ。簡単な知識があると旅のおもしろさは増してくる。ハンザとはいったいどんなもの?

ハンザの意味

ハンザとは都市と都市の間で協定を結んで取引をする商人の団体のことで、ドイツではハンゼHanseと呼ばれている。12世紀頃、ドイツで外国と取引する商人たちが特権を得るために商業同盟を結んだのが始まりだった。13世紀半ばにリューベック、ハンブルク、ヴィスマール、ロストックの都市が同盟を結んで最初のハンザ会議を開いている。

流動的だった加盟都市

ハンザ同盟に加盟した都市は最盛期には100とも200ともいわれている。常設統治機関がなかったので正確な数がわからない。常に加盟と脱退が繰り返されていたが、ヴィスマールの公文書には最高時に170都市が加盟していたと記録されている。ハンザ都市はドイツだけでも30都市近くあり、ケルンなど内陸部にもあったが、揺るぐことなく加盟していたのはリューベック、ハンブルク、ブレーメン、ヴィスマール、ロストック、シュトラールズントなど、北ドイツ諸都市だった。

↑ハンザ同盟に加盟していたリューネブルク

↑ハンザ商船が往来したハンブルク港発祥の地、ダイヒ通り

加盟都市が力を合わせて海賊討伐へ

加盟の目的は通商の安全と自由を確保することだったので、不定期ではあるが会議が開かれ、そのほとんどがリューベックで行われた。北海やバルト海での安全な航海は最も重要なことであり、船を襲う海賊対策はしばしば議題になった。ハンザ都市が結束して海賊対策に乗り出し、有名な海賊シュテルテベッカーを捕らえたことは後世に語り継がれている。

17世紀の会議を最後に自然消滅

大航海時代の到来により商業範囲が大西洋に移ったことで、バルト海沿岸諸都市の経済は衰え始めた。新大陸へ向かう大型船は国家の力なくしては製造できなった。スペインやポルトガル、オランダ、イギリスは国を挙げて大型船を造ったが、国家意識の薄いドイツでは不可能だった。1669年にリューベックでハンザ会議が開かれているが、それが最後となった。

Hamburg
ハンブルク

左にみえる尖塔は聖ミヒャエル教会

Map P.13-A1
人口　176万人
市外局番（040）

ACCESS

飛行機
（国際線） ロンドン、パリ、チューリヒから約1時間30分、アムステルダムから約1時間。**（国内線）** フランクフルトから約1時間10分、ミュンヘンから約1時間15分。

鉄道
ベルリンからICEで約1時間40分、フランクフルトから約3時間40分、ハノーファーから約1時間15分、ブレーメンからICで約55分。

在ハンブルク日本国総領事館
Japanisches Generalkonsulat Hamburg
>> Map P.111-B3
住 Rathausmarkt 5
☎ (040)3330170
www.hamburg.emb-japan.go.jp
hh-konsulat@bo.mofa.go.jp
開 9:30～12:00、14:00～16:30
休 土・日曜、祝日、一部日本の祝日

エルベ河畔に開けた港町ハンブルクは、ベルリンに次ぐドイツ第2の都市。高級住宅地の範囲がドイツで最も広く、外アルスター湖周辺やエルベ川沿いのエルプシャウゼーには広い庭の豪邸が延々と続く。出版社、新聞社の多いジャーナリズムの町は風景もひと味異なる。細身の男女がスーツ姿で行き交い、高級ブランド店やしゃれたパサージュがいくつも並んでいる。一方で進歩的な若者地区の、自由で開放的な空気はインテリっぽくて気持ちいい。大都会の真ん中に広がる大きな湖がこの町にさわやかな風をもたらしている。

空港案内
Airport

ハンブルク空港Hamburg Airportは、市街地の北約8.5kmに位置する、ヨーロッパでもアクセスのいい国際空港。約60の航空会社がおよそ120都市とハンブルクをつないでいる。ターミナル1とターミナル2のふたつのターミナルからなり、Level 0（地上階）は到着フロア、Level 1は出発フロア、Level 3にはレストランやラウンジがある。

ターミナル2は、おもにルフトハンザ ドイツ航空と同じアライアンス（スターアライアンス）の航空会社（ANAやオーストリア航空など）が発着、それ以外の航空会社がターミナル1発着になっている。

空港から市内へ
From the airport to the city

ターミナル1と2をつなぐエアポートプラザの地下にはSバーンの駅があり、ここから中央駅、アルトナ駅を経由してWedel駅まで、約10分間隔で発着している。中央駅までは25分。市内から空港へ向かう場合は、後方の車両はPoppenbüttel行きでOhlsdorf駅で切り離されるので、乗車の際に行き先を確認すること。

タクシーを利用する場合は、ターミナル1とターミナル2にタクシー乗り場がある。市中心部までは€20～25。

駅から市内へ

ハンブルクには中央駅 Hauptbahnhof（Hbf.）のほか、アルトナ駅Altona、ダムトーア駅Dammtor、郊外のハールブルク駅Harburgがあり、Sバーンで結ばれている。長距離列車などの終点は、中央駅にかぎらずアルトナ駅となることも多いので注意。

市内交通
City traffic

市内および近郊にはSバーン（近郊列車）、Uバーン（地下鉄）、バス、フェリーなどがあり、これらはハンブルク交通連盟HVVに加盟しており共通のチケットが使用できる。

Sバーン・Uバーン

平日の運行の目安は5:00から23:00まで。週末は深夜も運行している。チケットは駅の券売機で購入する。タッチパネル式で英語表示もある。料金はゾーン制で市内中心部（rings AB）は€3.40。市内のおもな見どころと空港は同一ゾーン内にある。券売機では「Einzelkarte Nahbereich（独）／Single ticket Local area（英）」を選択してお金を入れればよい。

シングルチケットのほかに、1日乗車券「Ganztageskarte

ハンブルクの観光案内所
(040)30051701
www.hamburg-travel.com

中央駅
>> Map P.111-B4
開 9:00～19:00（日曜、祝日10:00～18:00）
休 無休

港
>> Map P.110-C2
住 St.Pauli Landungsbrücken 4番橋と5番橋の間
開 9:00～18:00（木～土曜～19:00）
休 無休

空港
>> Map P.110-A2域外
開 6:30～23:00
休 無休

市内交通
HVV
www.hvv.com

1日乗車券の種類と料金

種類	市内(rings AB)
1日乗車券(2等)	€7.90
1日乗車券(1等)	€10
9時から1日乗車券(2等)	€6.60
9時から1日乗車券(1等)	€8.70

↑巨大な体育館のようなハンブルク中央駅

↑中央駅にはショップやレストランが多数ある

ハンブルクからベルリン行きのICEなど、混み合う路線に予約なしで乗車する場合は、始発のアルトナ駅から乗車するのも一案。早めに行って席を確保しよう。

↑わかりやすく観光にも便利なSバーンとUバーン

／All Day Ticket」、9:00以降（土・日曜は時間制限なし）に使える1日乗車券「9-Uhr-Tageskarte／9 am Day Ticket」があり、一度購入してしまえばいちいちチケットを購入する手間がなく便利。

ハンブルクでは、電車の乗車券は購入した時点で有効となる。刻印機などはない。

↑チケットは自動券売機で購入できる

↑路線図で目的地をしっかりチェックしよう

バス

駅や観光案内所で路線図を入手すれば、旅行者でも安心して利用できる。チケットはドライバーから直接購入できる。

乗降はどのドアからでも可能だが、21:00以降と日曜は前のドアから乗車し、ドライバーにチケットを提示しなければならない。

座席に座る場合は、進行方向右側に座り、バス停の名前を確認しておくと安心。

レンタルバイク（貸自転車）

ハンブルクではレンタルバイクのシステムが充実しており、市内各所にレンタルステーションがある。借りるにはインターネットかレンタルステーションで登録が必要。支払いはクレジットカードで。料金は初めの30分は無料、それ以降1分ごとに¢10、最大で1日€15。

また、ホテルで自転車の貸し出しをしているところも多いので、それを利用するのも簡単でおすすめ。

公共交通機関への持ち込みは基本的に可能だが、台数制限があったり、追加料金が発生する場合がある。

↑市内の見どころを巡るにも便利なレンタルバイク

Tips! 旅行者におすすめのハンブルクカード

ハンブルク市内の公共交通機関が乗り放題になり、さらに市内の博物館などの見どころ、観光バス、遊覧船、レストランやショップなどで割引が受けられる便利なカード。1日有効のTageskarteが€10.50、3日間有効の3-Tage-Karteが€27.50など5日間まで1日刻みだ。大人ひとり分のチケットで15歳未満の子供3人まで同時に使用可能。購入は観光案内所ⓘまたはウェブサイトで。

ⓘ www.hamburg-travel.com/search-book/hamburg-card

Uバーン、Sバーンと同様にバスでも乗車券に刻印は不要。ただ、ドライバーによっては時間帯にかかわらず乗車券の提示を求める人もいるので、前から乗車することをおすすめする。

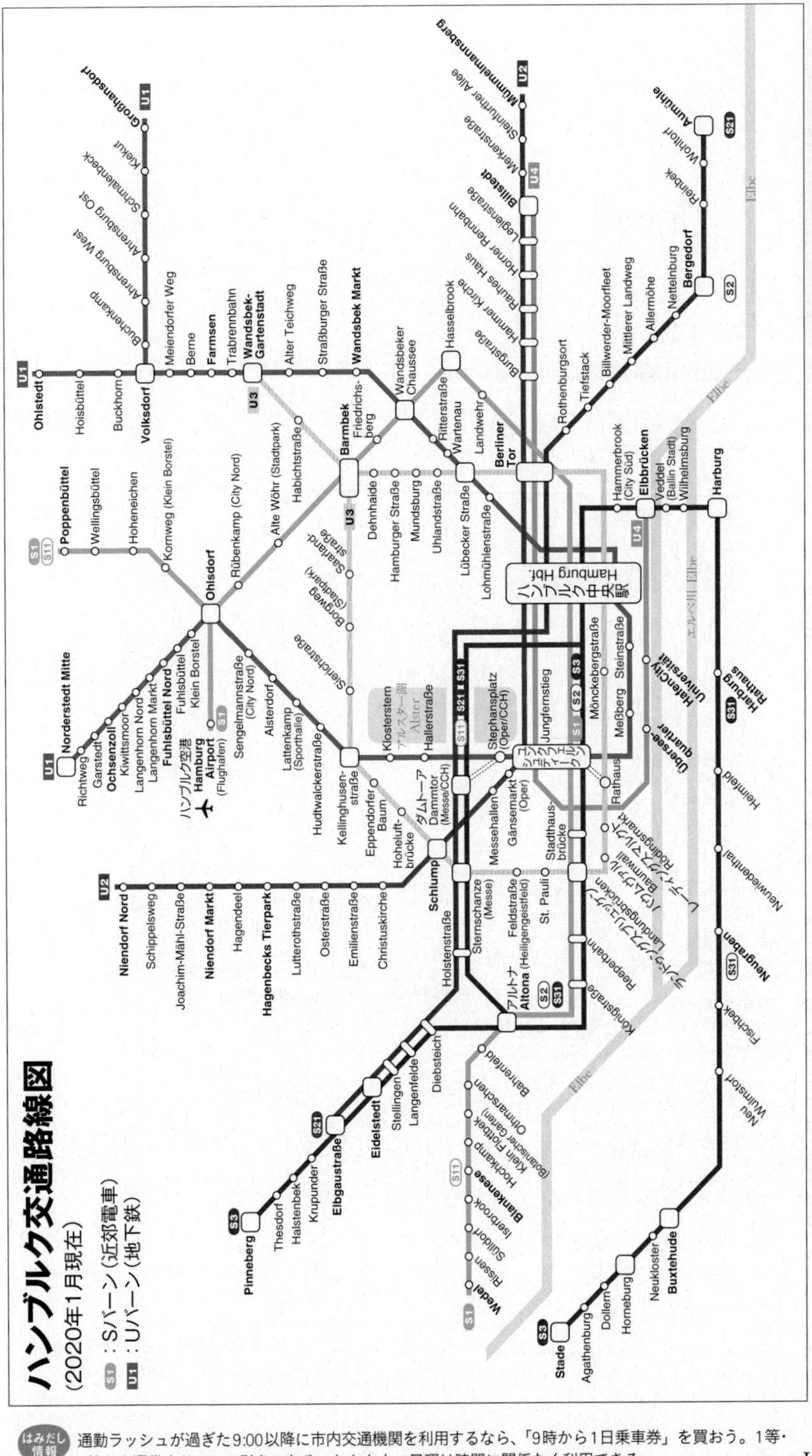

ハンブルク交通路線図

(2020年1月現在)

S1 ：Sバーン(近郊電車)
U1 ：Uバーン(地下鉄)

通勤ラッシュが過ぎた9:00以降に市内交通機関を利用するなら、「9時から1日乗車券」を買おう。1等・2等とも通常より€1.50引きになる。しかも土・日曜は時間に関係なく利用できる。

ハンブルク空港へ↗
Hamburg Airport
Emilienstraße
Fruchtallee
Christuskirche
A
Diebsteich
P.129 イラストMAP
Schlum
Memellandallee
Kieler Str.
Paulinenallee
Mennonitenstr.
Bellealliancestr.
Waterloostr.
Langenfelder Str.
Schulterblatt
Alsenstr.
メーベンピック
Altonaer Str.
Sternschanze
Sternschanze
Stresemannstr.
Lagerstr.
Holstenstraße
シュテルンシャンツェ
Sternschanze
Haubachstr.
Schanzenstr.
Wohlers Allee
Bernstorffstr.
Beim Grünen Jäger
Bahrenfelder Str.
Barnerstr.
Max-Brauer-Allee
Feldstraße
(Heiligengeistfeld)
B
Chemnitzstr.
Hohenesch
シャンツェンシュテルン
Schumacherstr.
Holstenstr.
ザンクトパウリ
St. Pauli
Bleicherstr.
Budapester Str.
アルトナ
Altona
P.125 クヌート
Paul-Roosen-Str.
Ottenser Hauptstr.
Schomburgstr.
Große Freiheit
P.125 ティデ
Bahrenfelder Str.
P.126 カフェ・リバテジョ
アルトナ
Altona
Jessenstr.
P.116
ビートルズのモニュメント
Reeperbahn
警察署
St. Paul
Lobuschstr.
P.123
アルトナ博物館
Altonaer Museum
Museumstr.
Max-Brauer-Allee
P.117
レーパーバーン
Reeperbahn
Reeperbahn
P.116
アルター・エルブ公
Alter-Elb
Rothestr.
Königstr.
Kirchenstr.
Herbertstr.
アルトナ市庁舎
Altona Rathaus
Königstraße
Hamburger Hochstr.
ランドゥングスブリュッ
Landungsbrü
←P.124
エルプシャウゼー/
ブランケネーゼ、
P.124
ウエルカムポイント、
P.133
ルイ・ツェー・ヤーコプへ
Palmaille
St. Pauli Hafenstr.
カフェ・シュミット・エルベ P.125
P.123
フィッシュマルクト(魚市場)
Fischmarkt
Landungsbr
Altona Fischmarkt
港湾フェリー
62
P.122
旧エルベトンネル
Alter elbtunnel
Dockland
62
61·62
61
C
エルベ川
Elbe
Steinwerder
シュタインヴェーダー
Steinwerder
61
1
2

ハンブルク
Hamburg
N
0
200
400m
外アルスター湖
Außenalster
内アルスター湖
Binnenalster
P.133 グランド・エリゼー
ラディソン・ブル
ダムトーア
Dammtor
カウフ・ディヒ・グリュックリッヒ
Kauf Dich Glücklich
Stephansplatz
Messehallen
Gänsemarkt
フィア・ヤーレスツァイテン
P.113 クンストハレ
Hamburger Kunsthalle
P.133 バルセロ
Hauptbahnhof Nord
ハンブルク中央駅
Hamburg Hbf.
Hauptbahnhof Süd
P.113 美術工芸博物館
Museum für Kunst und Gewerbe Hamburg
クレバー・カウフハウス
P.126 カフェ・グノザ
P.132 カウフハウス・ハンブルク
P.132 ラーガーハウス
P.132 ムッター・ランド シュタムハウス
ザンクトゲオルグ
St. George
P.133 ライヒスホーフ
P.127 ラデス
P.133 オイロペーイッシャー・ホーフ
P.131 ニベアハウス
P.126 アレックス・イム・アルスター・パビリオン
P.132 ザラ・ホーム
P.131 ハンゼ・フィアテル
P.131 アルスターハウス
ユンクフェルンシュティーク
Jungfernstieg
P.131 アルスターアルカデン
在ハンブルク総領事館
さくら寿司
P.127
ハンブルク歴史博物館
Museum für Hamburgische Geschichte
P.115 ブラームス博物館
Brahms-Museum Hamburg
P.131 ボーツハウス・ハーフェン
P.126 テマルス
ボーツハウス
コンピューゼ
新市街
Stadthausbrücke
P.126 エアステ・リーベ・バー
ザウター・ウント・ラックマン
P.113 市庁舎
Rathaus
Rathausmarkt
P.132 オイロパ・パサージュ
Mönckebergstraße
聖ヤコビ教会
St. Jacobikirche
Steinstraße
旧市街
P.132 マヌファクトゥム
P.127 カフェ・パリス
P.127 ダニエル・ヴィシャー
P.128 ゴート
Meßberg
ガレリア・カウフホーフ
P.132 レオンハーズ P.127
カンパニエ・コロニアーレ P.132
P.115 旧商工組合福祉住宅
Krameramtswohnungen
レーディングスマルクト
Rödingsmarkt
P.114 聖ミヒャエル教会
St. Michaeliskirche
P.126 ネッロ
P.128 グレーニンガー
P.127 フィレ・オブ・ソウル
フィレ・オブ・ソウル・カフェ
P.128 シェーネス・レーベン
ヴァッサーシュロス P.128
P.127 ダイヒグラーフ
P.119 ダイヒ通り
Deichstr.
倉庫街
Speicherstadt
P.124 ノイエンガンメ強制収容所記念館へ
バウムヴァル
Baumwall
P.133
P.122 キャップ・サン・ディエゴ号
Cap San Diego
P.121 エルプフィルハーモニー
Elbphilharmonie
P.128 シュテルテベッカー・エルプフィルハーモニー・ビア&ダイン
P.120 国際海洋博物館
Internationales Maritimes Museum
シュテルテベッカー像
Störtebeker Denkmal
ハーフェンシティ
HafenCity
ハイマート・キュッヘ&バー
P.128
P.119 倉庫街博物館
Speicherstadtmuseum
シュパイヒャーシュタット・カフェレステライ
P.120 ミニチュア・ワンダーランド
Miniatur Wunderland
ハンブルク・ダンジョン
Hamburg Dungeon
Hallerstraße
Mittelweg
Grindelhof
Bundesstr.
Grindelallee
Rothenbaumchaussee
Alsterufer
Edmund-Siemers-Allee
Karolinenstr.
St. Petersburger Str.
Gorch-Fock-Wall
Dammtorwall
Dammtorstr.
Kennedybrücke
Lombardsbrücke
An der Alster
Koppel
Lange Reihe
Kirchenallee
Valentinskamp
ABC-Str.
Große Bleichen
Ballindamm
Ferdinandstr.
Steintorwall
Rosenstr.
Glockengießerwall
Spitalerstr.
Mönckebergstr.
Steinstr.
Holstenwall
Kaiser-Wilhelm-Str.
Fuhlentwiete
Wexstr.
Neuer Wall
Stadthausbrücke
Alter Wall
Großer Burstah
Domstr.
Klosterwall
Englische Planke
Willy-Brandt-Str.
Brandstwiete
Rödingsmarkt
Deichstr.
Brooktorkai
Am Sandtorkai
Osakaallee
3
4
72

旧市街と北西部

ハンブルクは一度も王侯貴族に支配されたことがない市民の町。おもにハンザ商人たちによって町は発展していった。旧市街には商人たちが築き上げた公の建物や個人の商館があちらこちらに見られる。ヨーロッパ有数の博物館が多いのも町の豊かさが反映されている。

旧市街と北西部の歩き方
Walking

中央駅は旧市街に隣接しているので中心部まで歩いていくことができる。駅前の道**シュタイントーアヴァルSteintorwall**を渡ると歩道の広い**メンケベルク通りMönckebergstr.**がある。町で最もにぎやかな通りで、デパートやショップ、レストラン、ファストフードの店が並ぶ。緩やかな下り坂をしばらく進んでいくと市庁舎がそびえる広場**ラートハウスマルクトRathausmarkt**に出る。広場の向こうに運河があり、そこから先は高級ショッピング街。運河に沿った白亜のアーチ回廊を右側に歩いていくと**内アルスター湖**が、さらにその向こうに**外アルスター湖**が広がり、大都会の真ん中にこんな大きな湖があることに驚く。ハンブルクが誇る美術館**クンストハレ**と**美術工芸博物館**はそれぞれ中央駅の北西側と南東側にある。

市内をくまなく観光するにはUバーン（地下鉄）やSバーン（近郊電車）を利用する。歴史博物館やビスマルクの丘へはUバーンのザンクトパウリSt. Pauli下車。歓楽街**レーパーバーン**へもザンクトパウリあるいはSバーンのレーパーバーンReeperbahn下車。若者でにぎわう**シュテルンシャンツェ**へはSバーンのシュテルンシャンツェSternschanzeで降りる。

ハンブルク観光のモデルプラン

<1日目>

フィッシュマルクト
開催は日曜のみ（→P.123）。約1時間。
↓　徒歩12分

旧エルベトンネル
対岸まで渡らずとも、少しだけのぞいてみても。約30分。
↓　徒歩6分

ランドゥングスブリュッケン
リックマー・リックマース号とキャップ・サン・ディエゴ号を見学。リックマー・リックマース号では食事もできる。約3時間（昼食含む）。
↓　徒歩14分

ミニチュア・ワンダーランド
大人気の博物館なので予約がおすすめ。約1時間。
↓　Ⓤ3 Rödingsmarkt からRathaus下車。所要約10分。

旧市街
市庁舎など旧市街観光。その後夕食。約2時間30分。

<2日目>

内アルスター湖遊覧
天気のいい日にのんびり遊覧したい。旧市街で昼食後、シュテルンシャンツェへ。約2時間。
↓　ハンブルク中央駅からⓈ21またはⓈ31でSternschanze下車。所要約10分。

シュテルンシャンツェ
おしゃれなショップを巡り、歩き疲れたらカフェでひと休み。約3時間。

↑にぎやかなメンケベルク通り

↑ハンブルク最大の歓楽街レーパーバーン

おもな見どころ
The highlight

ハンザ都市の力と富の象徴

市庁舎
Rathaus

1897年に完成したネオルネッサンス様式の威風堂々たる建物は、市民から集まった多額の寄付により建設された。広場に面した正面の幅は111mもあり、647という部屋数はバッキンガム宮殿より6部屋も多い。ハンブルクは市でありながらドイツ16州のひとつでもあるため、内部には州の閣議室と市議会議場がある。ガイドツアーで見学できるコースがあり、宮殿のように豪華な部屋が次々と現れる。とりわけ「皇帝の間」や「大祝祭の間」など、大きな壁画や立派なシャンデリア、金を施した細かな装飾など、ハンザ都市ハンブルクの富を目のあたりにできる。

ハンブルク市の政治の中心

市庁舎
>> Map P.111-B3
住Rathausmarkt
開ガイドツアー
11:00～16:00（土曜10:00～17:00、日曜10:00～16:00）、毎時00時と30分にスタート（1，2月は1時間おき、11:00～14:00は30分おき）
英語ガイドもあり。11：15～、13：15～、15：15～。
休無休
料€5
交U3 Rathausから徒歩1分

どの部門でもゆったりと展示

クンストハレ
Hamburger Kunsthalle

自然光を取り入れた明るいホール

1869年に建てられた、ゴシック期から現代までの絵画約50万点を所蔵するドイツ語圏屈指の美術館。特に19世紀から20世紀にかけてのドイツ美術が充実している。ロマン派のカスパー・ダーヴィット・フリードリヒや印象派のマックス・リーバーマンのほかに、フランツ・マルク、エルンスト・ルードヴィヒ・キルヒナー、パウル・クレーらの作品を展示。マネの『ナナ』もここにある。美術館は1869年に建てられたれんがの館、1921年の丸屋根をもつ館、現代美術を展示した1996年の新館という3つの建物から成り立ち、3階まで吹き抜けにした新館はダイナミックで現代アートもおもしろい。

クンストハレ
>> Map P.111-B4
住Glockengießerwall
(040)428131200
www.hamburger-kunsthalle.de
開10:00～18:00（祝日、祝前日を除く木曜～21:00）
休月曜
料€14、学生€8（木曜17:30以降は大人€8、学生€5）
交中央駅から徒歩5分

日本のコレクションも充実

美術工芸博物館
Museum für Kunst und Gewerbe Hamburg

美術工芸家でもある職人の地位を高めるため1874年に開設された博物館。世界各地の美術工芸品を中世から現代にい

美術工芸博物館
>> Map P.111-B4
住Steintorplatz 1
(040)428134880
www.mkg-hamburg.de
開10:00～18:00（祝日、12月31日を除く木曜～21:00）
休月曜、5/1
料€12、学生€8
交中央駅から徒歩3分

聖ミヒャエル教会
≫ Map P.111-B3
住Englische Planke 1
ⓘwww.st-michaelis.de
開4～10月 9:00～19:00、11～3月 10:00～18:00
休無休
料塔は€5、学生€4
交Ⓢ1・2・3 Stadthausbrückeから徒歩9分

塔の上からの景色

ブラームス博物館近くに立つフンメルの像

たるまで幅広く展示。一番人気はアールヌーヴォーの部屋で、1900年パリ万博で造られた小部屋がそのまま展示されている。ウィーンのゼツェスィオーンも美しく、あまり目にすることもない北欧のアールヌーヴォー工芸品なども見られる。日本のものでは浮世絵、水墨画、刀の鍔、漆細工などのほかに裏千家財団から贈られた茶室も展示されている。

アールヌーヴォーの部屋

ハンブルク市民の心のよりどころ

聖ミヒャエル教会　St. Michaeliskirche

ハンブルクのシンボルとして"ミッヒェル"の名で市民に親しまれている。長い航海を終えて帰ってきた船乗りたちが最初に目にするのが132mもあるこの教会の塔で、皆ハンブルクへ無事に戻ってきたことを感謝する。バロック様式の教会堂は窓が多くて明るく、内部装飾がたいへん美しい。塔の上に上ることができる。

塔の上からは港まで見渡せる

ハンブルクっ子の合言葉になった水くみ男フンメルさん

ハンザ都市ハンブルクのナンバープレートHHを見かけたら、ハンブルクっ子は「フンメル、フンメル！」と声をかける。相手が「モアス、モアス！」と答えたら生粋のハンブルクっ子だ。

昔、ハンブルクにベンツという水くみ男が住んでいた。子供たちから「フンメル、フンメル！」とからかわれると、ベンツは「モアス、モアス（あっちへ行け）！」と叫んで子供たちを蹴散らした。フンメルとは以前その男の部屋に住んでいた優しい兵隊のことで、子供たちは彼を懐かしんで声をかけた。ところがベンツがどなるのでおもしろがり、このやりとりは長く続いた。これがいつの間にかハンブルクで広まり、同郷を確かめ合う手段となった。そのフンメル像はブラームス博物館近くの小さな広場に立っている。水くみの姿をしているが顔は兵隊フンメルのように優しい顔をしている。

商人の福祉施設だった

旧商工組合福祉住宅　Krameramtswohnungen

聖ミヒャエル教会の南側に数軒の古い建物が並ぶ路地があり、戦火を免れて保存されている。入口はクライエンカンプ通り10番。そこを入ると2階建てのれんがの家が両側に並んでいる。1676年に商人の未亡人たちのために建てられた住居で、無料で提供されていた。現在はレストランやショップになっているが、ひとつだけ19世紀当時の部屋が博物館になって公開されている。

戦災を免れて保存されている旧商工組合福祉住宅

復元されたペーター通りも観賞しよう

ブラームス博物館　Brahms-Museum Hamburg

ブラームス協会が1971年に設けた小さな記念室が2007年、展示内容を充実させて博物館となった。ブラームスの生家は戦災で失われたため、すぐ近くにあった1751年に建てられた商人の館を改装した。内部にはエレガントな資料室があり、1階と2階にブラームスの自筆楽譜や手紙のコピー、小物遺愛品、彼の時代のピアノなどが展示されている。博物館のあるペーター通りは戦前の姿に復元されており、古きよきハンブルクをしのばせてくれる。

ブラームス博物館2階展示室

ペーター通りにある入口

ハンブルクを極めるならここへ

ハンブルク歴史博物館　Museum für Hamburgische Geschichte

800年頃から現在までのハンブルクの歴史が多くのジオラマや模型を使って詳しく紹介され、港が発展していく様子などがよくわかる。ハンザ商人の館を再現した部屋もある。レーパーバーンの歴史、大型客船時代の到来や、1842年5月のハンブルク大火災の様子などもリアルに紹介されており興味深い。中世のハンザ商人の敵だったのは海賊たち。その首領シュテルテベッカー（→P.121）のものとされる頭蓋骨も展示されており、これを目当てに訪れる人もいる。

旧商工組合福祉住宅
>> Map P.111-B3
住 Krayenkamp 10-11
博物館
www.shmh.de/de/kramer-witwen-wohnung
開 10:00～17:00（土・日曜～18:00、11～3月は土・日曜のみ）
休 火曜
料 €2.50
交 Ⓢ1・2・3 Stadthausbrücke から徒歩9分

ブラームス博物館
>> Map P.111-B3
住 Peterstr. 39
(040)41913086
www.brahms-hamburg.de
開 10:00～17:00
休 月曜
料 €9、学生€7
交 U3 St. Pauliから徒歩7分
チケットは近隣のテレマン博物館なども入場可能

ハンブルク歴史博物館
>> Map P.111-B3
住 Holstenwall 24
(040)428132100
https://shmh.de/de/museum-fuer-hamburgische-geschichte
開 10:00～17:00（土・日曜～18:00）
休 火曜
料 €9.50、学生€7
交 U3 St. Pauliから徒歩5分

アルター・エルブ公園
>> Map P.110-B2
交Ⓢ1・2・3、Ⓤ3 Landungsbrückenから徒歩5分

宰相ビスマルク像とブドウ畑

アルター・エルブ公園 Alter-Elbpark

港を見下ろす丘の上に立つ巨大な像は宰相ビスマルク。ドイツに数あるビスマルク像のなかでも最大であり、15mに近い。台座も含めると約35mの高さとなる。鉄血宰相と呼ばれたビスマルクはプロイセンによるドイツ統一を実現させたが、第一線を退いてからはハンブルク郊外で静かに余生を送った。

↑ブドウ畑の見晴らし台から港がよく見える

↑丘に立つビスマルク像

ビスマルク像のすぐ下にドイツ最北のブドウ畑がある。シュトゥットガルトから送られた50本余りのブドウの木は市によって管理され、その年のワインのでき具合は市会議員たちが試飲して判定している。このブドウ畑のバルコニーから眺める港の風景はハンブルクでいちばん美しい。階段を下りると港の桟橋ランドゥングスブリュッケンに出る。

ビートルズがハンブルクで学んだ派手なパフォーマンス

ビートルズがハンブルクでデビューしたことは知られているが、彼らは悪名高きレーパーバーンで演奏していた。それもグローセ・フライハイト通り39番にあった「スター・クラブ」だった。今は別の店になっているが中庭に記念碑が立っている。1960年にハンブルクで仕事が入ったためメンバーは渡独。中断を含めて約2年間、レーパーバーンのおもに3軒の店で演奏していた。直立したままで歌う姿を港町ハンブルクの荒くれたちが好むわけがなく、彼らはしだいに派手なパフォーマンスを身につけていった。1日9時間から時には12時間という過酷な労働条件も、後の彼らの体力づくりに役立った。メンバーはハンブルク時代の体験がビートルズをつくった、と回顧している。レーパーバーンからグローセ・フライハイト通りに入る所にビートルズのアート的モニュメントがある。 >> Map P.110-B2

↑スター・クラブの中庭にあるビートルズ記念碑

↑グローセ・フライハイト通りの入口にあるビートルズのモニュメント

夜のお遊びは控えめに

レーパーバーン

Reeperbahn

人通りが多いので危険な感じはない

Uバーン3のザンクトパウリ駅からSバーン1・2・3のレーパーバーン駅の間を東西に延びているのが、レーパーバーンと呼ばれる幅の広い通り。夜の歓楽街として世界に知られている。レーパーバーンそのものは昼間や夜の早い時間などはにぎやかで危険は感じられない。だがストリップやセックスショーの劇場がある横道は暗くなってから注意が必要。特に有名な店が並ぶグローセ・フライハイト通りGroße Freiheitなど、昼間は明るい雰囲気だが夜ともなればガラリと変わる。「飾り窓」が並ぶヘルベルト通りHerbertstr.はレーパーバーンに面した警察署が目印で、その角を曲がった右側にある。しかし未成年者と女性は通りを歩くことができず、そのためバリケードのように道が閉鎖されて成人男性のみ通行可能。レーパーバーンの大通りも暗くなるとセックスショップの明かりがともり、あやしいムードを醸し出す。せいぜいそれを見るくらいにしよう。

お子様はレーパーバーン、大人はシャンツェ

シュテルンシャンツェ

Sternschanze

出版社や大企業に勤めるスーツ姿の男女が目立つ旧市街中心部と異なり、ここは流行の先端をリードする、あるいは流行にとらわれない人々が集まる場所。地元では「レーパーバーンに行くのは観光客と“お子様”だけ、大人が行くのはシャンツェ」と言われている。生粋のハンブルクっ子が好むのは旧市街ではなく、ここシュテルンシャンツェ。レーパーバーンでのお遊びもせいぜい高校生まで、ということらしい。シャンツェにはもともと移民や外国人労働者が住んでいた。家賃が安いので学生が住むようになり、芸術家やデザイナーたちも集まるようになった。今では個性的なショップやカフェが並ぶファッションの先端エリアである。

個性的なショップが多いシュテルンシャンツェ

レーパーバーン
>> Map P.110-B2
交Ⓢ1・2・3 Reeperbahnからすぐ

夜は男の世界

昼間のヘルベルト通り

シュテルンシャンツェ
>> Map P.110-B2
交Ⓢ11・21・31、Ⓤ3 Sternschanzeからすぐ

>> シュテルンシャンツェのイラストマップ→P.129

カフェも多い

港とその周辺

港町ハンブルク
ハンブルクはロッテルダムに次いでヨーロッパ第2の港町。世界各国から年間約1万3000もの船がやってくるが、シェンゲン協定加盟国が増えたことでフリーポートはその役目を終えた。不要になった港湾地区の土地は徐々に開発されて新しい地区「ハーフェンシティ」に生まれ変わっている。

港巡りの遊覧船
港巡りはランドゥングスブリュッケンから各社の船が出ている。コースはいろいろあるが、一般的なのはアルトナ地区より少々下流のコンテナ船の港まで行って戻ってくるコース。大型クレーンが立ち並ぶさまは壮観で、そのスピーディな作業ぶりも見事。料金は€14〜25。

倉庫街のれんが造りの建物。滑車が今でも使われている

大型船とコンテナ船の港は中心部より下流にあるが、旧市街に面した港ランドゥングスブリュッケンには観光遊覧船や博物館船が停泊し、港町ならではの雰囲気に包まれている。港とハーフェンシティには船や海に関する博物館が多いので海が好きな人には訪れるべきところが多い。アルトナから西へ延びるエルベ河畔にも行ってみたいスポットがある。

港とその周辺の歩き方
Walking

港の中心は**ランドゥングスブリュッケンLandungsbrücken**から東の**バウムヴァルBaumwall**まで。桟橋では遊覧船やヘルゴラント島などへの近距離船が発着している。遊覧船の呼び込みの声が響き、1日中観光客でにぎわう。桟橋の西側には川底トンネルがある。バウムヴァルまでの間にはいくつかの博物館船が停泊している。3本マストの**リックマー・リックマース号**とその東の**キャップ・サン・ディエゴ号**が人気で、これらを訪れると船に関して多くのことがわかる。

エルベの中州は**ハーフェンシティ**と呼ばれるニュータウン。下流側の先端にエルプフィルハーモニーがあり、上流側の東奥には住宅地。北側はかつてフリーポートだった倉庫街で、ハンブルクらしいれんが造りの家並みが見られる。

エルベ川を下流に向かって西へ行くと**アルトナ地区**になり、駅周辺は若者が集まるスポットになっている。アルトナから西へエルプシャウゼーと呼ばれる道がブランケネーゼまで延びており、高級住宅地が続く。Sバーン1の終点ヴェーデルはシュレスヴィヒ・ホルシュタイン州になるが、町の外れに世界でひとつしかない**ウエルカムポイント**がある。

ナチスの強制収容所ノイエンガンメは、エルベ川上流を東へ遡るとある。

ハーフェンシティに建つエルプフィルハーモニー

世界中から約1万3000の船が毎年やってくる港

おもな見どころ
The highlight

通りも裏の運河沿いも家並みが美しい

ダイヒ通り
Deichstr.

ハンブルク港発祥の地で、現在の運河ニコライフレットの突き当たりにハンブルク最初の港があった。ダイヒとは堤防の意味で13世紀頃ここに堤防が築かれ、ハンザ商船が往来していた。住居や倉庫が建っていたが1842年に起こった大火災でほとんどの家が焼失した。現在の家並みは1970年代に再建されたもので、17～18世紀に建てられたハンブルク商人の館や倉庫と同じ建物が並んでいる。古きハンブルクの面影を伝える美しい家並みである。

ダイヒ通りの家並み

ダイヒ通り
>> Map P.111-C3
交U3 Rödingsmarktから徒歩3分

世界遺産に登録された地域 世界遺産

倉庫街とチリハウス
Speicherstadt

ダイヒトーアハレンDeichtorhallenとバウムヴァルBaumwallの間に浮かぶエルベ川の中州は、19世紀末に誕生した世界最大の倉庫街だった。自由港の開設に合わせて新しく建設された倉庫は、れんが造りの7階建て。当時はハンブルクで最高の高さだった。エレベーターはなく、屋根から下がる滑車で荷を運んだ。船からも直接倉庫に荷を運び込めるように建物は運河に面していた。100年以上を経た今日、シェンゲン協定加盟国が増えて自由港の役割も少なくなり、空き家になった倉庫街にはIT企業など、新しい会社が入っている。2015年「倉庫街とチリハウスを含む商館街」が世界遺産に登録された。倉庫街の旧市街側は中世からの商業地区で今も古い商館が残る。1924年に建てられたチリハウスは三角形の土地を生かして船の形に仕上げ、建築界を驚かせた表現主義の傑作だ。

倉庫街を巡る船もある

倉庫街
>> Map P.111-C3～4
交U3 Baumwallから徒歩5分

近づいて見ると外壁に施された模様が美しいチリハウス

かつての倉庫を見学できる

倉庫街博物館
Speicherstadtmuseum

1888年に建てられたれんが造りの建物の上階にある。ここはかつてコーヒー豆や香辛料を貯蔵しておいた倉庫だった。博物館は間仕切りのないワンフロアになっており、倉庫街の歴史が写真を使って解説されている。実際に使っていた秤やコーヒー豆の袋、樽や木箱なども置かれて当時の雰囲気を伝えている。小さなカフェも併設されている。

倉庫だった時代そのままのコーナー

倉庫街博物館
>> Map P.111-C3
住Am Sandtorkai 36
(040)321191
www.speicherstadtmuseum.de
開月～金曜 10:00～17:00、土・日曜 ～18:00（11～2月の月～日曜 ～17:00）
休無休
料€4.50、学生€3
交U3 Baumwallから徒歩6分

はみだし情報 1日乗車券はHVVの港湾フェリーも利用できる。62番のランドゥングスブリュッケンからアルトナ、またはその先のドックランド、ノイミューレンまでの区間は、港を川から一望できるおすすめの区間だ。

何時間でも飽きずに見ていられる

ミニチュア・ワンダーランド Miniatur Wunderland

世界最大の鉄道模型館で鉄道ファンはもちろんのこと、そうでない大人も子供も十分楽しめる。館内はいくつかのセクションに分かれ、違った世界が展開するが、主役は何と言っても鉄道。脇役の人形たちもおもしろい。身長約2cmの人形が20万体以上置かれ、彼らの表情が実にリアルだ。よくよく見るといろいろな場所で問題が発生しており、ユーモラスな光景が展開している。ハンブルク・エリアは必見で、エルプフィルハーモニー（→P.121）の精密な断面を見ることができる。

⬆空港の模型は暗くなると本物と同じようにライトがともり始める

⬆展示それぞれにストーリーがあり、じっと動かずに眺めている人もいる

ミニチュア・ワンダーランド
>> Map P.111-C3
住Kehrwieder 2-4
📞(040)3006800
ⓘwww.miniatur-wunderland.de
開9:30～18:00（火曜～21:00、土曜8:00～21:00、日曜、祝日8:30～20:00）時期により異なるのでウェブサイトで確認を。
休無休
料€15、7～15歳€12
交U3 Baumwallから徒歩8分
週末や夏の長期休暇期間は混雑するので、予約が好ましい。
予約ⓘwww.miniatur-wunderland.de/besuch/tickets
待ち時間情報ⓘwww.miniatur-wunderland.de/besuch/wartezeiten/warten-hinweis

旧市街の一部も含めた新たな港地区

ハーフェンシティ HafenCity

100年以上も自由港として使われてきた土地がその役目を終え、またコンテナ船の港が下流に建設されたこともあり、エルベ川の中州は新たに開発されてハーフェンシティに生まれ変わった。157haという広大な土地は一度に開発せず、時代の変化に合わせて2030年頃までの完成を予定している。自由港の中にあった倉庫街もハーフェンシティに含まれており、歴史的建物と新しい建物が調和を見せている。ハンブルクは大阪と姉妹都市であるためハーフェンシティ建設に際して新たに大阪通りOsakaalleeが造られた。

⬆ハーフェンシティに建設された大阪通りOsakaallee

ハーフェンシティ
>> Map P.111-C3～4
交U4 Überseequartier下車

大きな館がまるごと博物館

国際海洋博物館 Internationales Maritimes Museum

海と船に関するあらゆるものが展示されている。膨大な展示物はすべて海と船が好きな個人のコレクション。9階建ての大きな博物館でフロアごとにテーマが分かれ、海に関しては昔の航路図、船に関わる通信機器、海の生き物たち、海や船を描いた絵画などがある。

船に関しては帆船、軍艦、潜水艦、豪華客船などの大きな模型がたくさんある。戦艦コーナーには戦艦大和の大きな模

国際海洋博物館
>> Map P.111-C4
住Kaispeicher B Koreastr. 1
📞(040)30092300
ⓘwww.imm-hamburg.de
開10:00～18:00
休無休
料€13、学生€9.50
交U4 Überseequartierから徒歩6分

ミニュチュア・ワンダーランドは年間来場者数が100万人を超える、ハンブルクで最も人気のあるアトラクション。じっくり見たら3時間はかかる。今後まだまだ拡張する予定というから驚き！

型も展示されている。ミニチュア船の数に驚き、78万個のレゴで作られたクイーン・エリザベス号に目を見張る。船好きなら1日かけても見足りないほど充実した博物館だ。

↑精密に作られた船の模型がずらりと並ぶ

↑れんが造りの国際海洋博物館

ハンブルクの新しいランドマーク

エルプフィルハーモニー・ハンブルク Elbphilharmonie Hamburg

エルベ川の港湾地帯を見渡す場所に誕生したハンブルクの新たなランドマーク。NDRエルプフィルハーモニー管弦楽団の本拠地であるコンサートホールを中心に、ホテルやコンドミニアムなどが入る26階建ての複合施設だ。まずそのデザインが強烈。7階までの下層部は周辺の倉庫群に合わせたれんが造りの無個性な赤茶色のビル。それを台座にして、まるで四角い王冠のような、複雑な輝きを放つ巨大なオブジェが鎮座している。ホールでは連日さまざまなコンサートが行われているが、エンターテインメントが目的でなくても、ここはぜひとも訪れたい場所。というのも、建物の8階プラザは、360度町を見渡せる展望台になっており、チケット売り場で整理券をもらえば誰でも訪れることができる。開発が進む足元のハーフェンシティや世界遺産の倉庫街、そして港町の様子まで、見る方向によりさまざまな風景が広がっている。

エルプフィルハーモニー・ハンブルク
>> Map P.111-C3
住 Platz der Deutschen Einheit 4
☎ (040)3576660
(040)35766666（チケット情報）
ⓘ www.elbphilharmonie.de
開 9:00〜24:00（チケット窓口は23:30まで）
休 無休
料 €2
交 U3 Baumwallから徒歩5分

↑エルベ川から見る建物

ハンブルクっ子たちの英雄クラウス・シュテルテベッカー

ドイツの子供なら誰でも知っている有名な海賊がいる。14世紀末、北海とバルト海を荒らしまわったシュテルテベッカーClaas Störtebekerだ。ハンザ商船を襲い、略奪品を貧しい人々に分け与えていた。ハンザ同盟諸国は結束して彼を捕らえようとするがなかなかつかまらない。とうとうハンブルク市が軍艦を出動させて北海のヘルゴラント島近くでシュテルテベッカーとその仲間たちを捕らえた。ハンブルクに収容されていた彼らは1402年、港のグラースブロック（現在のハーフェンシティ）で公開処刑となった。最初に処刑されるシュテルテベッカーは仲間たちを並ばせて死刑執行人に頼んだ。「俺が首を切られたあと、仲間たちの前を歩く。俺が倒れた所までの仲間の命を救ってくれ！」と。そして彼は本当に歩いた。こうして救われた仲間は5人とも11人ともいわれている。彼を記念した銅像が、処刑されたハーフェンシティに毅然とした態度で立っている。

キャップ・サン・ディエゴ号
>> Map P.111-C3
住Überseebrücke
(040)364209
www.capsandiego.de
開10:00～18:00
休無休
料€7、学生€4
交U3 Baumwallから徒歩5分

コンテナ船に敗れて姿を消す

キャップ・サン・ディエゴ号 Cap San Diego

1961年に貨物船として建造され、おもに南アメリカとの間を往復していた。しかし、コンテナ船の急速な発達によりわずか20年で役目を終えた。大型貨物船の最後を飾った船である。「南大西洋の白鳥」と呼ばれていたように白い船体が美しい。1988年からは博物館船となり、エンジン室、機械室、船員室、船底の貨物室などを見学することができる。

巨大な船体のキャップ・サン・ディエゴ号

リックマー・リックマース号
>> Map P.111-C3
住Landungsbrücken, Ponton 1a
(040)3195959
www.rickmer-rickmers.de
開10:00～18:00
休無休
料€5
交S1・2・3、U3 Landungsbrückenから徒歩4分

変わった船名は孫の名前

リックマー・リックマース号 Rickmer Rickmers

1896年に建造されて以来、20世紀半ばまで貨物船として世界の海を走り回っていた。1983年から博物館船となってハンブルク港に停泊している。長さ97mの優雅な帆船で当時のままを再現した船長室や船員室、キッチン、エンジン室、無線室などを見学できる。美しく改装されたレストランでは魚料理がおいしく、豪華なキャビンで食事をしている気分を味わえる。

優雅な姿で港に浮かぶリックマー・リックマース号

旧エルベトンネル
>> Map P.110-C2
住St. Pauli Landungsbrücken 1
開2020年2月現在修復中のため車両通行は禁止。自転車、歩行者は入場可能。
料無料
交S1・2・3、U3 Landungsbrückenから徒歩5分

100年前の川底トンネル

旧エルベトンネル Alter elbtunnel

明るく光り輝く川底トンネル

1911年に開通したエルベ川の川底トンネルで、対岸シュタインヴェーダーまでの距離は426.5m、水深24mの深さにある。車道の幅は当時の馬車に合わせて1.92mにしたため、これより大きな車は通行できない。入口はランドゥングスブリュッケンの西端にあり、階段かエレベーターで下りていく。土・日曜は車が通行禁止のため人が車道を歩くことができる。シュタインヴェーダーから眺めると、ランドゥングスブリュッケンと港のパノラマがすばらしい。

海と船に寄せるさまざまな思い

アルトナ博物館 Altonaer Museum

れんが造りの立派な建物で、内部では漁師や船乗りたちが使っていた道具など珍しい展示が見られる。シュレスヴィヒ・ホルシュタイン州の漁師と船乗りの文化、歴史が詳しく紹介されている。北ドイツの画家による美しい海の絵もある。船に関する展示が多く、圧巻は船首像コレクション。広いホールに並んださまざまな船首像は大航海時代を想像させる。

↑さまざまな船首の木彫り像がホールを飾る

↑船の模型も数多く展示

アルトナ博物館
>> Map P.110-B1
住 Museumstr. 23
☎ (040)4281350
ⓘ www.shmh.de/altonaer-museum
開 10:00〜17:00（土・日曜〜18:00）
休 火曜
料 €8.50、学生€6
交 DB S1・2・3・11・31 Altonnaから徒歩5分

日曜の朝は早起きして港へ

フィッシュマルクト Fischmarkt

1703年、ハンブルク市は教会の礼拝が始まる前に鮮魚を売る市を開く許可を出した。それ以来300年以上続いており、皆が教会に行けるように必ず9:30には終わる。ここで売られているのは魚だけではく、果物、野菜、花、観葉植物、衣類、雑貨、みやげ小物などなど。店じまいが近づくと、たたき売りが始まる。大きな籠いっぱいの果物が€10で「これもおまけ！」と次々に追加。見ているだけで楽しい。ずらりと並んだ屋台の端にかつての競りの会場だった建物「マルクトハレMarkt-halle」がある。現在はビアホールになっていて、バンド演奏に合わせて踊り出す人も。入場無料なので最後にこの熱気を見てから帰ろう。2階にはシーフードレストランもある。

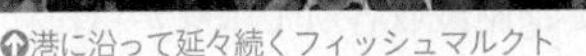
↑港に沿って延々続くフィッシュマルクト

↑競り売り場内ではバンド演奏がある

↑その場で食べられるものもたくさん

フィッシュマルクト
>> Map P.110-C2
住 Große Elbstr. 9
営 日曜 5:00〜9:30（11〜3月7:00〜）
交 S1・3 Reeperbahnから徒歩10分、S1・3 U3 Landungsbrückenから徒歩13分

観光に便利な111番バス

アルトナ〜ハーフェンシティを結ぶ111番バスは、フィッシュマルクト、レーパーバーン、ランドゥングスブリュッケン、エルプフィルハーモニーとハンブルク観光のハイライトを約30分かけて回る観光におすすめの路線だ。

エルプシャウゼー／ブランケネーゼ
>> Map P.110-C1域外
交Ⓢ1・11 Blankeneseからすぐ

↑細い坂道が情緒ある散歩コースのブランケネーゼ

ウエルカムポイント
>> Map P.110-C1域外
住Parnaßstr. 29
☎(04103)92000
ⓘ www.schulauer-faehrhaus.de
開レストラン
夏期11:30～22:00、冬期11:30～18:00（金～日曜～21:00、日曜、祝日のビュッフェは通年9:30～12:00）
操船室　11:00～日没
休レストランは無休
交Ⓢ1 Wedelから徒歩20分駅前のBahnhofstr.（途中Rollbergに名前が変わる）を進み、Elbstr.を右折するとエルベ河畔が見え、左側にレストランがある。

↑入港する船の情報はスピーカーで外にも流れてくる

ノイエンガンメ強制収容所記念館
>> Map P.111-C4域外
住Jean-Dolidier-Weg 75
☎(040)428131500
ⓘ www.kz-gedenkstaette-neuengamme.de
開9:30～16:00（4～9月の土・日曜、祝日12:00～19:00、10～3月の土・日曜、祝日12:00～17:00）敷地内は常時開放
休クリスマス、年末年始
料無料
交DBⓈ2・21 Bergedorfからバス227・327番でNeuengammer Gedenkstätte Ausstellung下車

ハンブルクの高級住宅地

エルプシャウゼー／ブランケネーゼ Elbchaussee / Blankenese

アルトナから西へエルベ川に沿って走る道はエルプシャウゼーElbchausseeと呼ばれ、その両側には立派な屋敷が並んでいる。市内まで車で20～40分程度の距離なので、エリートビジネスマンたちが住んでいる。大企業の社長や重役の邸宅も多く、エルプシャウゼーに住むことは彼らのステータスになっている。

↑週末には車でいっぱいのブランケネーゼ

エルプシャウゼーはブランケネーゼBlankeneseまで続く。ブランケネーゼはかつて貧しい漁村で、ここには漁師と水先案内人たちが住んでいた。今では高級住宅地で、ハンブルクに住む金持ちたちの週末の家が多い。エルベ川から眺めると、なだらかな丘の斜面に真っ白な館が建ち並んでいる。麓のエルベ川沿いにはレストランが並び、どの店も自慢の魚料理を競い合う。丘の小道を散歩していると、どこか南国のムードを感じる。

世界でたったひとつの歓迎サービス

ウエルカムポイント Willkomm Höft

ハンブルク港に入ってくる大型船に「ようこそ、ハンブルクへ！」とスピーカーであいさつを送っているのはヴェーデルのレストラン、**シューラウアー・フエーハウスSchulauer Fährhaus**。1952年以来、ガラス張りの小部屋に専属係員をおいて1000t以上の大型船に声をかけている。ときには国旗を掲げて国歌を流す。この様子を見物するために多くの人がレストランへやってくる。150の国旗と国歌を揃えており日本船のための日の丸と『君が代』もある。

忘れてはならぬ負の遺産

ノイエンガンメ強制収容所記念館 KZ-Gedenkstätte Neuengamme

ハンブルクからエルベ川を遡った市の南端キルヒヴェーダーあたりは牧草地が続き、岸辺には羊が放牧されている。そんな牧歌的な場所にかつてのナチス強制収容所跡が残り、記念館になっている。第2次世界大戦中、ユダヤ人と戦争相手国の捕虜が収容されて強制労働をさせられた。その数は総計10万人以上とみられる。ここは絶滅収容所ではなかったにもかかわらず収容者の多くが処刑された。

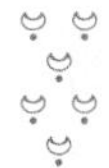

Restaurant

港町なので魚料理をぜひ楽しみたい。
聖ミヒャエル教会から
港に向かうあたりには
ポルトガルやスペイン系の
魚介レストランが多くある。
名物のラプスカウス（→P.29）も
お忘れなく。

静かなくつろぎの時間を

カフェ・ウンター・デン・リンデン

Cafe unter den Linden　Map P.129

シュテルンシャンツェ　住 Juliusstr. 16　☎(040)438140
www.cafe-unter-den-linden.net
営 9:30〜翌1:00　休 無休　C 不可
交 S11・21・31、U3 Sternschanzeから徒歩7分

シュルターブラット通りからすぐだが、その喧騒から離れゆっくりとした気分でひと息つけるカフェ。朝食メニューは昼過ぎまでオーダーできる。

ケーキの味は地元の人のお墨付き

ヘア・マックス

Herr Max　Map P.129

シュテルンシャンツェ　住 Schulterblatt 12
☎(040)69219951
www.herrmax.de
営 9:00〜19:00　休 無休　C 不可
交 S11・21・31、U3 Sternschanzeから徒歩8分

数々の有名ホテルのパティスリーで経験を積んだオーナーが営むカフェ。なかでも人気のカナディアンチーズケーキやチョコレートムースケーキは一度は味わいたい絶品。また、ローズマリー、アニス、バーベナなどの独特なハーブを使ったケーキやタルトもこの店ならでは。

長居したくなる居心地のいい店

クヌート

Knuth　Map P.110-B1

アルトナ　住 Große Rainstr. 21　☎(040)46008708
www.dasknuth.com　営 9:00〜不定（日曜10:00〜20:00）　休 無休　C 不可
交 DB S1・2・3・11・31 Altonaから徒歩5分

15:00まで注文できる朝食メニューや、種類豊富なハーブティーが人気のカフェ。軽食もお手頃価格で、1日中多くの客でにぎわう。

落ち着いた空間でコーヒータイム

ティデ

TIDE　Map P.110-B1

アルトナ　住 Rothestr. 53　☎(040)41111499
www.tide.dk
営 8:00〜18:00（土・日曜10:00〜）
休 無休　C 不可
交 DB S1・2・3・11・31 Altonaから徒歩7分

厳選された有機豆から入れるコーヒーが楽しめるカフェ。店内は、簡単な日本語を話すオーナーが集めた流木で飾られており、優しい雰囲気があふれている。手作りケーキやジャムなどの販売も行っている。

市内に6店舗あるカフェ

カフェ・シュミット・エルベ

Café Schmidt Elbe　Map P.110-C1

フィッシュマルクト　住 Große Elbstraße 212
☎(040)4130671013　www.schmidt-und-schmidtchen.de　営 8:00〜18:00
休 無休　C 不可　交 S1・3Königstrasseから徒歩10分

港から100mの所にある開放的なカフェ。ドイツの定番ケーキやフランス風タルト、キッシュ、パンなど。シュテルンシャンツェにも支店がある。

はみだし情報　トルコ、アラブ、アジア系の料理が食べたくなったら、中央駅の北側、外アルスター湖の東側のザンクトゲオルグ地区へ。

入口の飾り椅子が印象的

カフェ・リバテジョ

Cafe Ribatejo Map P.110-B1

アルトナ 住Bahrenfelder Str. 56
(040)41287911 www.ribatejo.de
営8:30〜24:00（金曜〜翌1:00、土曜10:00〜翌1:00、日曜11:00〜23:00） 休無休 C M V A
交DB S1・2・3・11・31 Altonaから徒歩7分

スペイン、ポルトガル料理レストラン。カウンターに並ぶタパスやポルトガル名物バカリャウ（干し鱈）の料理がおすすめ。

イタリア・カラブリア出身のシェフの味

ネッロ

Nello Map P.111-C3

新市街 住Ditmar-Koel-Str. 26 (040)32846959
www.nello-hamburg.de
営12:00〜23:00 休無休 C M V
交S1・2・3、U3 Landungsbrückenから徒歩2分

港に近い本格イタリアン。平日のランチはピザやパスタが€7（ソフトドリンク付き€9）。ディナーのメイン料理は肉、魚ともに€15程度。

おいしいカフェの朝ご飯

カフェ・ヨハナ

Café Johanna Map P.111-C3

新市街 住Venusberg 26 (040)38645278 www.cafejohanna.de 営8:00〜18:00（土曜10:00〜、ブランチは12:00〜15:00）
休日曜 C不可 交S1・2・3、U3 Landungsbrückenから徒歩4分

オーガニック素材と手作りにこだわるヘルシー志向の店。栗と蕎麦の実を豆乳で煮込んだフルーツたっぷりのポリッジは人気の朝食メニュー。

湖を一望するテラス席がおすすめ

アレックス・イム・アルスター・パビリオン

ALEX im Alsterpavillon Map P.111-B3

新市街 住Jungfernstieg 54 (040)3501870
https://www.dein-alex.de
営8:00〜翌1:00（金・土曜〜翌2:00、日曜、祝日9:00〜） 休無休 C M V A D
交S1・2・3、U1・2・4 Jungfernstiegから徒歩2分

内アルスター湖に面する眺めのいいカフェレストラン。月〜土曜は朝食ビュッフェ、日曜はブランチビュッフェがある。

アートな町のおしゃれカフェ

エアステ・リーベ・バー

Erste Liebe Bar Map P.111-B3

新市街 住Michaelisbrücke 3 (040)36901808
www.ersteliebebar.de
営8:00〜18:00（土曜9:30〜18:00） 休日曜、祝日 C不可 交S1・2・3 Stadthausbrückeから徒歩1分、またはU3 Rödingsmarktから徒歩4分

白を基調にしたインテリアがモダンなカフェ。アート作品の展示も行う。ランチの日替わりパスタはサラダ付きでお得。

地元の人にも大人気の伝統料理

テマルス

Thämer's Map P.111-B3

新市街 住Großneumarkt 10 (040)345077
www.thaemers.de 営12:00〜15:00、17:00〜22:00（土曜12:00〜22:00） 休日曜
C不可 交S1・2・3 Stadthausbrückeから徒歩5分

フラムクーヘンのような軽食からシュニッツェルなどの食事メニューまで幅広く揃うドイツ伝統料理レストラン。にぎやかな広場に面している。

海をイメージしたかわいいレストラン

ボーツハウス・コンビューゼ

Bootshaus-kombuese Map P.111-B3

新市街 住Steinwegpassage 5
(040)49209063 www.bootshaus-kombuese.de
営11:30〜16:00（ランチタイムは12:00〜15:00）
休土・日曜、祝日 C M V
交S1・2・3・21・31 Stadthausbrückeから徒歩5分

メニューは日替わりで約7種、質と量を考慮するととてもリーズナブル。15時以降は手作りケーキとコーヒーでひと休み。

ドイツケーキの有名店

カフェ・グノザ

Cafe Gnosa Map P.111-B4

ザンクトゲオルグ 住Lange Reihe 93
(040)243034
営10:00〜23:00（金・土曜〜24:00）
休無休 C不可 交中央駅から徒歩11分

シックなたたずまいのカフェレストラン。店頭には種類豊富なケーキやキッシュなどの総菜が並ぶ。ゲイカフェとしても知られている。

ハンブルクはコーヒーの集積地なので、焙煎所を併設したカフェも多い。おいしいコーヒーに出合うチャンス大！

気軽なトルコ料理レストラン

ラデス

Lades　Map P.111-B4

ザンクトゲオルグ　住Steindamm 70　☎(040)28055973
ⓘwww.lades-restaurant.de　営8:00～翌1:00（金・土曜～翌3:00）　休無休　ＣＭＶＡ　交中央駅または Ⓢ1・2・11・21、Ⓤ2・3・4 Berliner Torから徒歩10分

リーズナブル、かつボリューム満点。なかでも鶏半分を豪快に焼いたグリルチキンは、サラダとフライドポテトかご飯が付いて€6.90と大満足。

食事にも休憩にも最適

レオンハーズ

Leonhard's　Map P.111-B4

旧市街　住Mönckebergstr. 3　☎(040)33307350
ⓘwww.dinea.de/hamburg-moenckebergstrasse
営10:00～20:00　休日曜　ＣＭＶＪＡＤ
交中央駅から徒歩3分

中央駅直結のガレリア・カウフホーフ（→P.132）4階のセルフサービスレストラン。ゆったりした店内は、ショッピングの合間の休憩に便利。

フランスの定番メニューを揃える

カフェ・パリス

Café Paris　Map P.111-B3

旧市街　住Rathausstraße 4　☎(040)32527777
ⓘwww.cafeparis.net
営9:00～23:30（土・日曜、祝日9:30～）　休無休
ＣＡ　交ラートハウスマルクト（ラートハウス）から徒歩1分

旧市街の観光途中のひと休みにぴったりのレストラン＆カフェ。アールヌーヴォースタイルの内装がたいへん美しく、特に天井のタイル装飾は必見。おすすめはタルタルステーキとフレンチフライ。ランチ時は混むので予約があると安心。ランチ€20前後、ディナー€30～40前後。

1924年創業のシーフードレストラン

ダニエル・ヴィシャー

Daniel Wischer　Map P.111-B3

旧市街　住Große Johannisstr. 3　☎(040)36091988
ⓘwww.danielwischer.de　営11:00～22：00（L.O.21:00）　休日曜　ＣＭＶ　交ラートハウスマルクト（ラートハウス）から徒歩1分

市庁舎と通りを挟んで向かい側。開放的な店内は明るく、気軽に伝統的なシーフードが楽しめる。場所は移転したが相変わらずの人気店。

大きなオープンキッチンが特徴

フィレ・オブ・ソウル

fillet of soul　Map P.111-C4

旧市街　住Deichtorstr. 2　☎(040)70705800
ⓘwww.fillet-of-soul.de
営11:00～18:00
休月曜　ＣＭＶＡ（€50～）
交中央駅から徒歩9分、Z1 Steinstraßeから徒歩4分

ダイヒトアハレンに接続するおしゃれなフュージョンレストラン。中央駅や倉庫街からも近く、ランチは予約が確実。

ランチタイムは常に満席の人気店

さくら寿司

Sakura-Sushi　Map P.111-B4

旧市街　住Rosenstr. 8　☎(040)30309670
ⓘwww.sakurasushi-hamburg.de
営11:30～19:00（土曜～18:00）　休日曜　Ｃ不可
交Ⓤ3 Mönkebergstraßeから徒歩3分

人気の理由は、日本米を使用した酢飯のおいしさとその安さ。握り、巻き物など種類も豊富に揃っている。トレイに取ってレジで精算する。

優雅な空間で伝統のドイツ料理を

ダイヒグラーフ

Deichgraf　Map P.111-C3

旧市街　住Deichstrasse23　☎(040)364208
ⓘwww.deichgraf-hamburg.de
営12:00～15:00、17:30～22:00（土曜17:00～）
休日・月曜　ＣＭＶ
交Ⓤ3 Baumwallから徒歩3分

地元産食材を使った伝統的北ドイツ料理をエレガントにアレンジ。外装、内装ともクラシックで中世の面影を伝えている。

倉庫街の運河を眺めながら

R

シェーネス・レーベン

Schönes Leben Map P.111-C4

倉庫街 住Alter Wandrahm 15
☎(040)180482680
ⓘwww.schoenes-leben.com
営11:00〜23:30（土・日曜10:00〜） 休無休
CM V A 交U1 Meßbergから徒歩6分

ハンブルク料理のほか、さまざまな料理が揃う。魚・肉料理に加え、ベジタリアンやヴィーガン向け料理もある。

運河に浮かぶ水の城

R

ヴァッサーシュロス

Wasserschloss Map P.111-C4

倉庫街 住Dienerreihe 4 ☎(040)558982640
ⓘwww.wasserschloss.de
営10:00〜22:00（ショップは〜19:00）
休無休 CM V
交U1 Meßbergから徒歩6分

倉庫街の運河の間に浮かぶように建つカフェレストラン。運河に面した眺めのいいテラス席に座りたい。併設のショップでは、250種類以上のオリジナルブレンドのお茶やリキュール漬けの氷砂糖などを販売している。

ビアホールでできたてのビールを

R

グレーニンガー

Gröninger Privatbrauerei Map P.111-C4

旧市街 住Willy-Brandt-Str. 47 ☎(040)570105100
ⓘwww.groeninger-hamburg.de
営11:00〜（土曜17:00〜、日曜15:00〜22:00）
休無休 CM V A
交U1 Meßbergから徒歩4分

庶民的なビアホールで、巨大な醸造用タンクがある。つまみはセルフサービス。グリル料理はテーブルでオーダーできる。

ドイツ料理専門のビストロ

R

ゴート

Goot Map P.111-B4

旧市街 住Depenau 10 ☎(040)67306171
ⓘgoot-hamburg.de 営11:30〜15:00 休土・日曜、祝日 C不可 交U1 Meßbergから徒歩2分

ドイツ風肉料理の専門ビストロ。カウンターでオーダーするスタイルなので、指さしで注文可能。肉は豚、牛、ターキーなどから選ぶ。サイドディッシュも豊富。

©Andreas Ewen

焙煎作業の見学もできる

R

シュパイヒャーシュタット・カフェレステライ

Speicherstadt Kaffeerösterei Map P.111-C3

倉庫街 住Kehrwieder 5 ☎(040)533998510
ⓘwww.speicherstadt-kaffee.de
営10:00〜19:00 休無休 CM V（ショップのみ）
交U3 Baumwallから徒歩8分

歴史のあるコーヒー焙煎ハウスの、セルフサービス形式のカフェ。30種類以上のコーヒーを販売している併設のショップを見るのも楽しい。

ハーフェンシティで一番にぎやかなエリアにある

R

ハイマート・キュッヘ&バー

HEIMAT KÜCHE + BAR Map P.111-C4

ハーフェンシティ 住Überseeallee 5 ☎(040)257777840
ⓘwww.heimatkuecheundbar.de
営12:00〜17:30、18:00〜24:00 休無休 CM V
交U4 Überseequartierから徒歩2分

ハーフェンシティらしいスタイリッシュな店。おしゃれに盛りつけられたモダンなドイツ料理がメニューの中心。週末の夜はライブも行われている。

エルプフィルハーモニーでビールを楽しむ

R

シュテルテベッカー・エルプフィルハーモニー・ビアー&ダイン

Störtebecker Elbphilharmoneie 'Beer&Dine' Map P.111-C3

ハーフェンシティ 住Platz der Deutschen Einheit 3.
☎(040)60533810 ⓘwww.stoertebeker-eph.com
営12:00〜15:00、17:00〜21:00（バーは11:30〜24:00） 休無休 CM V A D
交U3 Baumwallから徒歩5分

老舗ブルワリー直営レストラン。15種類以上の生ビールと北ドイツ料理が楽しめる。ショップ、カフェもあり。

ハンブルク シュテルンシャンツェMAP

おしゃれな雑貨店や個性的なブティック、ちょっと前衛的なバーなどがひしめくシュテルンシャンツェはハンブルクの若者が集まる人気のエリア。旧市街とはひと味違うハンブルクに触れてみたい。

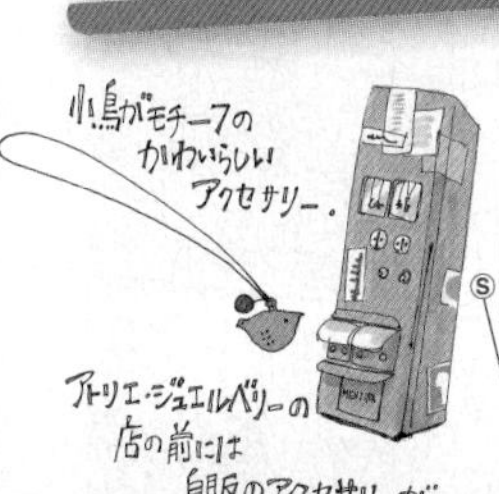

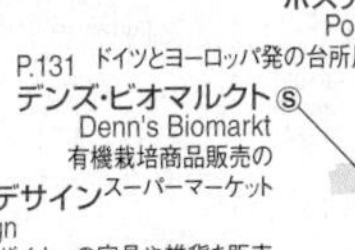

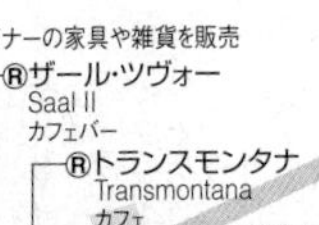

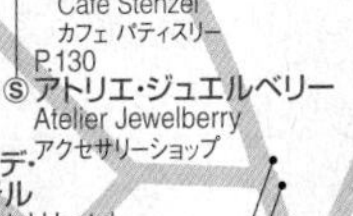

P.130 Ⓢポステル Postel ドイツとヨーロッパ発の台所用品

P.130 Ⓢマイサバー mysupper 食品、雑貨

P.131 デンズ・ビオマルクトⓈ Denn's Biomarkt 有機栽培商品販売のスーパーマーケット

P.130 Ⓢロカールデザイン Lokaldesign ドイツ若手デザイナーの家具や雑貨を販売

Ⓢエディテット EDITED レディース&メンズブティック

Ⓡザール・ツヴォー Saal II カフェバー

Ⓡトランスモンタナ Transmontana カフェ

Ⓡクンピル Kumpir ベイクドポテトスタンド

アブチントⓇ Absinth バー

ハンブルク シュテルンシャンツェ Hamburg-Sternschanze Ⓢ

Ⓢスペルメルカート spermercato イタリア食品販売店

Ⓢカウフ・ディヒ・グリュックリッヒ・アウトレット Kauf Dich Glücklich Outlet ベルリンが本拠地のブティックのアウトレット

シュミットフェンⓇ Schmidtchen カフェ

Ⓢヴィー・エス・オイヒ・ゲフェルト wie es euch gafällt ブティック

Ⓡゴルトフィッシュグラス Goldfischglas バー

ジルⓇ Jill

ドライタウザンドアイン・キノ 3001 Kino インディペンデント映画館

P.131 カウフ・ディヒ・グリュックリッヒⓈ Kauf Dich Glücklich ベルリンが本拠地のブティック

Ⓡフリッツ・バウホ Fritz Bauch レストランバー

Ⓡラ・ファミリエ la famille クレープ、クロックサンドカフェ

Ⓢラ・ヴィ・エ・ベラ La vie est belle ブティック

Ⓡカフェ・シュテンツェル Café Stenzel カフェ パティスリー

Ⓢミムルス・ナトゥーアコスメティック Mimulus Naturkosmetik 有機コスメティックショップ

P.130 Ⓢアトリエ・ジュエルベリー Atelier Jewelberry アクセサリーショップ

P.133 Ⓗスーパーブーデ・ホテル・ホステル Super Bude Hotel,Hostel

Ⓢパウル&ピスケ Paul & Piske ブティック

Ⓡカフェコントゥーア・シャンツェンシュトラーセ kaffeekontor Schanzenstr. カフェ

Ⓡベルリーナー・ベトゥリューガー Berliner Betrüger

Ⓢヴァイン&ボウルズ Wein & Boules ワイン販売

P.125 カフェバー Ⓡカフェ・ウンター・デン・リンデン Cafe Unter den Linden カフェレストラン

P.130 Ⓢコーエン・ウント・ドベニッグ Cohen + Dobernigg 書店

Ⓢブル Bleu アクセサリーショップ

P.125 ヘア・マックスⓇ Herr Max カフェ、パティスリー

Ⓡハタリ・プフェルツァー・シュトゥーベ Hatari Pfälzer Stube ドイツレストラン

マムⓇ Mam ギリシャレストラン

フェルトシュトラーセ(ハイリゲンガイストフェルト)Ⓤ Feldstraße (Heiligengeistfeld)

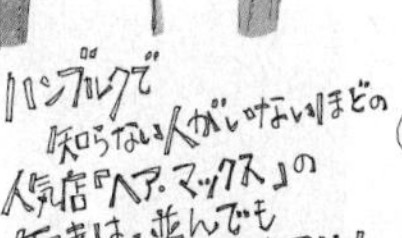

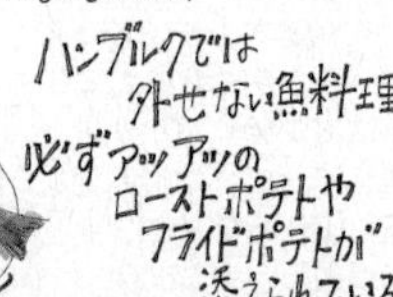

Shop

高級ブランド店は、内アルスター湖から南西に延びるノイアーヴァルに集中している。中央駅と市庁舎を結ぶシュピターラー通りにはデパートなど大型店が多い。ノイアーヴァルからゲンゼマルクトにかけてはショッピングアーケードが多くある。

実用的でかわいらしいキッチングッズ

ポステル

Postel　Map P.129

シュテルンシャンツェ 住Weidenallee 29
(040)49222164 www.postel-haushaltswaren.de 営11:00～19:00（土曜～16:00）
休日・月曜 C不可
交S11・21・31、U3 Sternschanzeから徒歩7分

ヨーロッパ各地から集められた調理用器具や食器を販売。ロベルトヘアダー社（ドイツ）のナイフや、ナイフリース社（オーストリア）のパステルカラーほうろう鍋が人気。カラフルなクロスやエプロンもおすすめ。

デザイナーの個性が光るインテリア

ロカールデザイン

Lokaldesign　Map P.129

シュテルンシャンツェ 住Schulterblatt 85
(040)65916483 lokaldesign.de
営11:00～19:00 休日・月曜 CM V
交S11・21・31、U3 Sternschanzeから徒歩7分

ドイツ国内の若手デザイナーの作品を集めたインテリアショップ。洗練されたデザインに実用性も兼ね備えたアイデア商品が満載。

赤いツバメの看板が目印

アトリエ・ジュエルベリー

Atelier Jewelberry　Map P.129

シュテルンシャンツェ 住Juliusstr. 33
(040)40186386 www.jewelberry.de
営12:00～19:00（土曜12:00～18:00）
休火・日曜 CM V
交S11・21・31、U3 Sternschanzeから徒歩6分

動植物、昆虫、小鳥などのモチーフと、繊細なチェーンやリボンの組み合わせが特徴のアクセサリーレーベル。商品は100%国内で手作りされたもの。ナチュラルテイストのおしゃれなディスプレイにも注目。

料理好きにはたまらない

マイサパー

mysupper　Map P.129

シュテルンシャンツェ 住Weidenallee 23
(040)43274343 www.mysupper.de
営11:00～19:00（土曜～16:00）
休火・日曜 CM V A 交S11・21・31、U3 Sternschanzeから徒歩6分

ヨーロッパ全土から厳選したグルメ食材やキッチン用品を扱う。細長い廊下のような店内の壁いっぱいに並ぶ商品から、お目当てを探してみよう。

マーケット散策の合間に読書休憩

コーエン・ウント・ドベニッグ

Cohen + Dobernigg　Map P.129

シュテルンシャンツェ 住Sternstr. 4
(040)40185110 www.codobuch.de
営10:00～20:00（土曜～18:00） 休日曜
CM V 交U3 Feldstraßeから徒歩3分

土曜に開かれるフリーマーケットの会場内に位置する書店。座ってゆっくり本を選ぶことができる。セール品の絵本や写真集はお買い得。

おすすめ朝市① U3 Hoheluftbrücke駅から、Eppendorfer Baum駅の間の高架下に火・金曜の8:30～14:00約1kmにわたりマーケットが開かれる。活気はフィッシュマルクトに引けを取らない。

人気の女性向けセレクトショップ

カウフ・ディヒ・グリュックリッヒ
Kauf Dich Glücklich Map P.129

シュテルンシャンツェ 住Susannenstr. 4 ☎(040)49222221 🛈www.kaufdichgluecklich-shop.de 営11:00〜20:00 休日曜 CM V 交S11・21・31、U3 Sternschanzeから徒歩5分

リーズナブルなブランドを扱うセレクトショップ。近くに男性ものも扱う別店舗と、ラートハウス近くにフラッグシップ・ストアがある。

アート系書籍の宝庫

ザウター・ウント・ラックマン
Sautter + Lackmann Map P.111-B3

新市街 住Admiralitätstr. 71-72 ☎(040)373196 🛈www.sautter-lackmann.de 営10:00〜19:00（土曜11:00〜18:00） 休日曜 CM V 交S1・2・3 StadthausbrückeまたはU3 Rödingsmarktから徒歩3分

壁一面の本は美術、映画、建築、デザインと幅広い芸術分野をカバー。芸術系専門書店としてはヨーロッパ有数の品揃え。

オーガニック食材が揃うスーパー

デンズ・ビオマルクト
Denn's Biomarkt Map P.129

シュテルンシャンツェ 住Schanzenstr. 119 ☎(040)23518808 🛈www.denns-biomarkt.de 営8:00〜21:00 休日曜 CM V A 交S11・21・31、U3 Sternschanzeから徒歩4分

近郊から運ばれる野菜や乳製品、生鮮商品はもちろん、缶詰や乾燥食品、紅茶やスパイスなどの種類が豊富。カフェも併設している。

ハンブルクの老舗デパート

アルスターハウス
Alsterhaus Map P.111-B3

新市街 住Jungfernstieg 16-20 ☎(040)359010 🛈www.alsterhaus.de 営10:00〜20:00 休日曜 CM V J A D 交S1・2・3、U1・2・4 Jungfernstiegから徒歩1分

100年以上の歴史を誇るハンブルクきっての高級デパート。おみやげに喜ばれそうなキッチン用品や高級食材がずらりと並ぶ。セルフレストランあり。

おなじみニベアのロードショップ

ニベアハウス
NIVEA HAUS Map P.111-B3

新市街 住Jungfernstieg 51 ☎(040)82224740 🛈www.nivea.de/haus 営10:00〜20:00 休日曜 CM V 交S1・2・3、Z1・2・4 Jungfernstiegから徒歩4分、U2 Gänsemarktから徒歩2分

ドイツ発祥のニベア。定番のハンドクリームはもちろん、ボディクリーム、シャンプー、化粧品など、美容に関する商品全般を取り扱う。

ショッピングにも休憩にも

アルスターアルカデン
Alsterarkaden Map P.111-B3

新市街 住Alsterarkaden 1 営店舗により異なる 休ショップは日曜、レストランは店舗により異なる 交S1・2・3、U1・2・4 Jungfer-nstiegから徒歩1分、U3 Rathausから徒歩4分

真っ白な回廊が特徴のショッピングモール。長いアーケードにカフェやレストラン、ブティックが並ぶ。運河を望むカフェのテラス席が人気。

港町ハンブルクがモチーフのおみやげを

ボーツハウス・ハーフェン
Bootshaus hafen Map P.111-B3

新市街 住Thielbek3. ☎(040)228165320 🛈www.ahoi-marie.com 営木・金曜11:00〜19:00、土曜12:00〜18:00 休日〜水曜 CM V 交S1・3 Stadthausbrückeから徒歩3分

錨、水兵、港、街の風景など、ハンブルクをモチーフにしたイラストが描かれた食器や洋服、文房具などが並ぶ。商品はほぼすべて白地に水色。

おしゃれなショッピングアーケード

ハンゼ・フィアテル
Hanse-Viertel Map P.111-B3

新市街 住Poststr. 33 ☎(040)3480930 🛈www.hanseviertel.de 営店舗により異なる 休日曜（レストラン、カフェは無休） CM V A 交S1・2・3、U1・2・4 Jungfernstiegから徒歩4分

多くのモードショップ、書店、文具店、レストランやバーが集まるアーケード。ルネッサンス・ハンブルク・ホテルに直結している。

おすすめ朝市② Altonna駅から徒歩3分のオッテンゼン有機農市Öko Wochenmarkt Ottensenは近郊で収穫された農産物が並ぶ。オーガニックのため少々高いが、品質は確か。土曜9:30〜15:00。

人気ブランドのホームウエア

ザラ・ホーム
Zara Home　Map P.111-B3

新市街 住Große Bleichen 5 ☎(040)35015494
ⓘwww.zarahome.com 営10:00～20:00
休日曜 ⒸM V J A D
交Ⓢ1・2・3、Ⓤ1・2・4 Jungfernstiegから徒歩3分

Zaraが手がける、インテリアブランド。なかでもクッションカバーやベッドリネン、テーブルクロスなどのテキスタイル製品は圧巻の品揃え。

おみやげ探しにぴったり

ガレリア・カウフホーフ
Galeria Kaufhof　Map P.111-B4

旧市街 住Mönckebergstr. 3 ☎(040)333070
ⓘwww.galeria-kaufhof.de/filialen/hamburg-moenckebergstrasse 営10:00～20:00
休日曜 ⒸM V J A D 交中央駅から徒歩3分

カジュアルブランドが多く入るドイツのデパートチェーン。地下の食品売り場にはおみやげに最適なドイツ菓子などの品揃えが豊富。

雑貨好きにはたまらない

ラーガーハウス
Lagerhaus　Map P.111-B4

ザンクトゲオルグ 住Lange Reihe 27
☎(040)241416 ⓘwww.lagerhaushamburg.de
営10:00～20:00（土曜～19:00）
休日曜 ⒸM V
交中央駅から徒歩7分

ラーガーハウス（倉庫）の名前どおり広い店内には、インテリア雑貨や家具、文房具、キッチン用品、かばんや洋服などがめじろ押し。

若者や家族連れでにぎわう

オイロパ・パサージュ
Europa passage　Map P.111-B4

旧市街 住Ballindamm 40 ☎(040)30092640
ⓘwww.europa-passage.de 営10:00～20:00（店舗により異なる） 休日曜 Ⓒ店舗により異なる 交Ⓢ1・2・3、Ⓤ1・2・4 Jungfernstiegから徒歩1分

120以上の店舗からなる大型ショッピングモール。スーパーマーケットや大型フードコート「スカイフード」もある。

ドイツメーカーを扱うデリ&ショップ

ムッターランド・シュタムハウス
Mutterland Stammhaus　Map P.111-B4

ザンクトゲオルグ ☎(040)47113500
ⓘmutterland.de 営月～土曜8:00～21:00、（日曜はカフェのみ営業、9:00～19:00） 休無休
ⒸM V 交中央駅から徒歩1分

ハンブルクらしいパッケージに入ったオリジナルの菓子類や、ロゴ入りのグッズなど、おみやげにぴったりなものが並ぶ。併設のビストロもおすすめ。

歴史あるチリハウス内の良質店

マヌファクトゥム
Manufactum　Map P.111-B4

旧市街 住Fischertwiete 2 ☎(040)30087743
ⓘwww.manufactum.de 営10:00～19:00
休日曜 ⒸM V 交中央駅から徒歩9分、Ⓤ3 Mönckebergstraßeから徒歩4分、Ⓤ1 Meßbergから徒歩5分

世界中の台所用品、食材、日用雑貨、コスメなどの良質品を厳選販売。贈り物にしたい特別な一品が見つかるはず。

オンリー・ハンブルクの雑貨店

カウフハウス・ハンブルク
Kaufhaus Hamburg　Map P.111-B4

ザンクトゲオルグ 住Lange Reihe 70
☎(040)22815669 ⓘwww.kaufhaus-hamburg.de
営11:00～19:00（土曜10:00～）
休日曜 ⒸM V A D
交中央駅から徒歩9分

デザイナーや工房、工場や出版社まで、ハンブルクオリジナルにこだわった商品を販売。インテリアからクッキーまでおもしろいラインアップ。

紅茶とコーヒーの専門店

カンパニエ・コロニアーレ
Compagnie Coloniale　Map P.111-B4

旧市街 住Mönckebergstraße 7
☎(040)32526515 ⓘwww.comcol.de
営10：00～20：00 休日曜 ⒸM V A（€10～）
交中央駅から徒歩3分

紅茶とコーヒー、関連輸入品の専門店。量り売り、パック売りどちらも可能。スパイスや菓子もあり、頼めばていねいにラッピングしてくれる。

ハンブルクはおしゃれな人が多い町としてドイツでも有名。スタイルのいい美女がスカート姿で闊歩するのもこの町ならでは。

Hotel

中央駅北側には高級〜中級ホテルが並んでいる。5つ星クラスのホテルはアルスター湖畔に多くある。
大きな町なのでホテルは多数あるが、見本市にぶつかると宿泊費が急騰するので注意したい。

優雅な時間が流れるホテル

ルイ・ツェー・ヤーコプ

Louis C. Jacob　Map P.110-C1 域外

市西部 住Elbchaussee 401-403　☎(040)822550　ⓘwww.hotel-jacob.de　料Ⓢ€157〜　Ⓣ€194〜　朝食別€35　室84　CMVA　無料　交アルトナ市庁舎前からバス36番でSieberlingstraße下車

市内観光には不便だが地元の人には憧れの高級ホテル。エルベ川に面したテラスレストランは、巨匠マックス・リーバーマンが描いた絵でも有名。

ハンザ商館の面影を残す

ライヒスホーフ

Reichshof Hamburg　Map P.111-B4

ザンクトゲオルグ 住Kirchenallee 34-36　☎(040)3702590　ⓘwww.reichshof-hotel-hamburg.de　料ⓈⓉ€204〜　朝食別€23　室278　CMVJAD　無料　交中央駅からすぐ

歴史的なハンブルク商館を改築したホテル。ロビーやレストランの中2階にあるバルコニーは重厚な雰囲気。中央駅前でアクセスも非常によい。

プールやスパで贅沢に過ごしたい

グランド・エリゼー

Grand Elysee　Map P.111-A3

ダムトーア 住Rothenbaumchaussee 10　☎(040)414120　ⓘwww.grand-elysee.com　料Ⓢ€200〜　Ⓣ€230〜　朝食別€30　室511　CMVJAD　無料　交DB Ⓢ11・21・31 Dammtorから徒歩4分

スタンダードの部屋でも広めでゆったりとしている。周辺には豪華な邸宅が建ち並ぶ。スパなどの施設も充実している。

おしゃれなデザインホテル

バルセロ

Barceló Hamburg　Map P.111-B4

旧市街 住Ferdinandstr. 15　☎(040)2263620　ⓘwww.barcelo.com　料ⓈⓉ€155〜　朝食別€22　室193　CMVA　無料　交中央駅から徒歩5分

モダンなスペイン系の新しいデザインホテル。メンケベルク通りなどのショッピング街や中央駅にも近くて便利。内アルスター湖へもすぐ。

便利な中央駅前のホテル

オイロペーイッシャー・ホーフ

Europäischer Hof　Map P.111-B4

ザンクトゲオルグ 住Kirchenallee 45　☎(040)248248　ⓘwww.europaeischer-hof.de　料Ⓢ€130〜　Ⓣ€170〜　室275　CMVAD　無料　交中央駅からすぐ

1925年創業の古いホテルで、大戦で破壊されたがその後1948年に再建。中央駅前という立地に加え、改装されて室内も機能的でモダンになった。

シュテルンシャンツェの格安ホテル

スーパーブーデ・ホテル・ホステル

Super Bude Hotel, Hostel　Map P.129

シュテルンシャンツェ 住Juliusstr. 1-7　☎(040)807915820　ⓘwww.superbude.de　料ⓈⓉ€100〜　朝食別€10.90　室89　CMVA　無料　交Ⓢ11・21・31、Ⓤ3 Sternschanzeから徒歩8分

カジュアルな雰囲気の宿で部屋の広さにより値段はさまざま。自転車の無料貸し出し（要予約）もある。

年齢制限のないユース

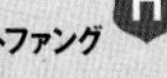

ユーゲントヘアベルゲ・アウフ・デム・シュティントファング

Jugendherberge Auf dem Stintfang　Map P.111-C3

ザンクトパウリ 住Alfred-Wegener-Weg 5　☎(040)5701590　ⓘwww.jugendherberge.de　料8人部屋€28.50〜　2人部屋€79〜　室ベッド数356　CMV　公共エリアのみ利用可　交Ⓢ1・2・3、Ⓤ3 Landungsbrückenから徒歩2分

ランドゥングスブリュッケンの真上にありたいへん眺めがよい。会員カードが必要。

Schwerin

シュヴェリーン

Map P.13-A2
人口　9万2100人
市外局番（0385）

ACCESS

鉄道
ハンブルクからICで約55分。ベルリンからICEとREで約1時間35分。

シュヴェリーンの観光案内所

>> Map P.135-A2

住 Am Markt 14
☎ (0385)5925212
ⓘ www.schwerin.com
開 9:00～18:00（土・日曜、祝日10:00～16:00）冬期短縮あり
休 冬期の日曜

シュヴェリーン・チケット

市内の公共交通機関が乗り放題になるほか、美術館やクルーズ船などが割引になるチケット。1日券€5.70、2日券€8.40。購入は観光案内所で。

おすすめホテル

インターシティホテル

InterCityHotel
駅近の立地。公共交通機関が無料になるチケットをもらえる。朝食込み。

>> Map P.135-A1

住 Grunthalplatz 5-7
☎ (0385)59500
ⓘ https://www.intercityhotel.com/en/hotels/all-hotels/germany/schwerin/intercityhotel-schwerin/rooms
料 Ⓢ €69.90～　Ⓣ €62.50～
朝食別€15
室 180
Ⓒ M V J A D
無料

数あるドイツ全土の城の中でもとりわけ美しいシュヴェリーン城

メクレンブルク=フォアポンメルン州の州都であるが喧騒はなく、湖水地帯の静かな町。かつて7つの湖で囲まれており"7つの湖の町"と呼ばれていた。現在は人造湖も含めて11の湖や池があるので町全体にすがすがしさが感じられる。ハンブルクのおよそ94km東に位置し、電車では急行で1時間ほど。美しい城があることで知られており、ハンブルクからぜひ日帰りで訪れてみたい。

駅を出てすぐの静かなプファッフェン池

シュヴェリーンの歩き方

Walking

シュヴェリーン中央駅の正面から真っすぐプファッフェン池Pfaffenteichへ向かい、アレクサンドリーネン通りAlexandrinen-str.へ出る。美しい池に沿って右側へ歩いていくとすぐに旧市街で、中心通りのメクレンブルク通りMecklenburg-str.が真っすぐ長く延びている。途中から左に入るシ

マルクト広場東側にある市庁舎

ュミーデ通りを行くと、**大聖堂Dom**や**市庁舎Rathaus**のある**マルクト広場Marktplatz**に出る。広場の南側に風情のある古い路地がいくつかあり、"狭い道"という意味のエンゲ・シュトラーセが1. Enge Str.、2. Enge Str.と2本続いている。

マルクト広場北側の大聖堂とノイエスハウス

旧市街の南東には陸に近い小島に建てられた**シュヴェリーン城**がある。城への橋を渡る手前には**州立博物館**と**州立劇場**のエレガントな姿が見られる。王侯貴族に支配されなかったハンザ都市に城はないが、シュヴェリーンはメクレンブルク大公が統治していたため、大公家の優雅な城があるのだ。

城の近くにある州立劇場

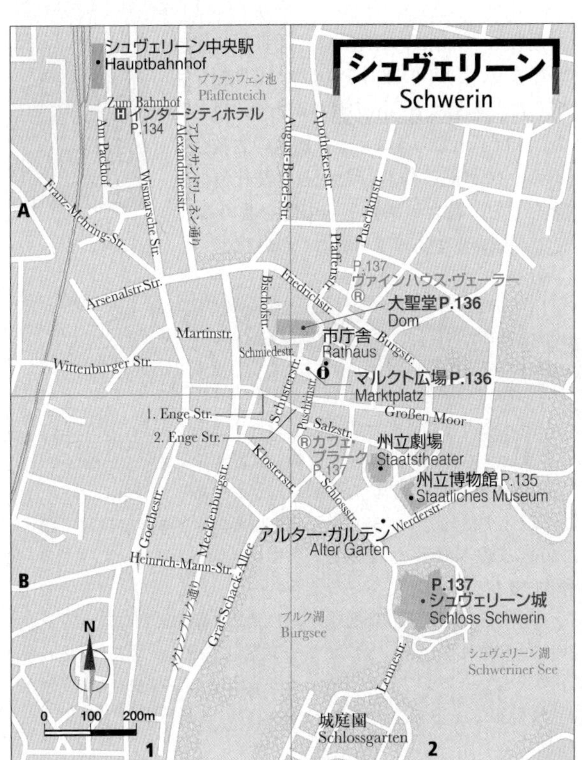

大聖堂内部

2. エンゲ・シュトラーセの町並み

州立博物館
>> Map P.135-B2
住 Alter Garten 3
(0385)59580
www.museum-schwerin.de
開 11:00～18:00（11～3月～17:00）
休 月曜（木曜18:00～は行事時のみ開館）
料 €5.50、学生€4

17～18世紀の品を展示

町で見かけたたいへん古いパン屋の看板

おもな見どころ
The highlight

マルクト広場
>> Map P.135-A2

赤れんがのドームが目立つ

マルクト広場 Marktplatz

広場の東側に市庁舎が、北側には赤れんがの大聖堂がそびえ、大聖堂の前には白い列柱のエレガントなノイエスハウスが建っている。市民から「柱の家」と呼ばれているノイエスハウスは18世紀に常設市場として建設されたもので、現在はカフェになっている。その前に立つライオン像は12世紀に町を支配していたザクセン公ハインリヒ獅子王を表している。

ライオン像はかつての支配者ハインリヒ獅子王にちなんでいる

大聖堂
>> Map P.135-A2
住Am Dom 4
(0385)565014
www.dom-schwerin.de
開11:00～15:00（日曜、祝日12:00～）

正面入口から見た大聖堂

内陣のリブが交差する天井が美しい

大聖堂 Dom

新教ルター派の大聖堂で、12世紀に建設が始まり、74年の歳月をかけて13世紀に完成した。本堂は105mの長さがあり、塔の高さは117.5mもあるゴシック様式の大教会である。14世紀に作られた大きな洗礼盤は貴重なもの。教会の塔に上って町を眺めると、ここが湖の町であることがよくわかる。

大聖堂内部の古い洗礼盤

シュヴェリーン城、過去の歴史建築に戻った時代の城

ドイツ建築界では19世紀初頭からゴシックを手本にして新しい（ネオ）様式を打ち立てようとする動きが始まっていた。それが具体的になってくるのは1830年頃からで、貴族の城館改築に取り入れられて実現した。周辺の環境も含めてまとまった景観をつくりだすことが求められ、建物と庭園がひとつの絵ように構成される。

ゲオルク・アドルフ・デンムラーのシュヴェリーン城はその代表建築である。この城はゴシックというよりフランスのルネッサンス風城館に見えるが、様式的にはネオゴシックである。デンムラーのあとを引き継いだのはネオロマネスク建築家といわれたフリードリヒ・アウグスト・シュティーラー。こうして過去の栄華を懐かしむ歴史主義建築家によってシュヴェリーン城は完成し、現在は“北ドイツのノイシュヴァンシュタイン城”とうたわれている。

北ドイツ屈指の美しい城

シュヴェリーン城

Schloss Schwerin

メクレンブルク大公のサロン

10世紀にスラブ人が建築した城塞は12世紀にザクセン公ハインリヒ獅子王によって征服され、14世紀になってメクレンブルク大公のものとなった。中世からの古い城は1845年から1857年にかけて大改築される。最初に手がけたのはカール・フリードリヒ・シンケルの一番弟子ゲオルク・アドルフ・デンムラーだった。彼はフランスへ視察に出かけ、ルネッサンス様式のシャンボール城を見本にした。デンムラーのあとを引き継いだのはベルリンの名建築家フリードリヒ・アウグスト・シュティーラー。こうしてシュヴェリーン城はドイツ歴史主義建築の巨匠たちによって今日の姿となっている。

城はシュヴェリーン湖とブルク湖の間の小島にある。城の周りを一周できる道が設けられ、どの角度から眺めても美しい。外壁のテラコッタ装飾が城を際立たせている。城内には大公家コレクションが展示され、装麗な礼拝堂や黄金に輝く大公玉座の間などがある。城の南側には長方形の花の庭園が広がっており、庭園越しに眺める城もまた美しい。

シュヴェリーン城
>> Map P.135-B2
住 Lennéstr. 1
☎ (0385)5252920
ⓘ www.museum-schwerin.com
開 10:00 ～ 18:00（10/15～4/14 ～17:00）
休 月曜
料 €8.50、学生€6.50

中庭から眺めるシュヴェリーン城

絢爛豪華なメクレンブルク大公玉座の間

手入れされた庭園を歩くのも楽しい

Restaurant

ケーキは地元の人に大評判 R

カフェ・プラーク

Café Prag Map P.135-B2

住 Schloßstr. 17 ☎ (0385)565909
ⓘ www.restaurant-cafe-prag.de
営 8:00～19:00（土曜10:00～、日曜～18:00） 休 無休 C 不可
交 中央駅から徒歩9分

1755年に宮廷御用達の洋菓子店として創業。カフェ・シュヴェリーンという名前だったが1970年代に店の壁に描かれたプラハの絵にちなんで改名した。

1819年創業のワイン業者がレストランを R

ヴァインハウス・ヴェーラー

Weinhaus Wöhler Map P.135-A2

住 Puschkinstr. 26 ☎ (0385)555830 ⓘ www.weinhaus-woehler.de
営 11:30～14:30、17:00～22:00（日曜1～4月11:30～15:00、5月～12月11:30～22:00）
休 月曜 C M V 交 中央駅から徒歩12分

1895年以来続いている老舗。木組みの外観が美しい。ホテルも併設している。

Stade

シュターデ

Map P.13-A1
人口　4万5800人
市外局番（04141）

ACCESS
鉄道
ハンブルクからME（私鉄Metronom）で約50分、Sバーンで約1時間。

シュターデの観光案内所
» Map P.138-A2
住 Hansestr. 16
☎ (04141)409170
ⓘ www.stade-tourismus.de
開 10:00〜18:00（土・日曜、祝日〜15:00）冬期短縮あり
休 11〜3月の日曜

ハンブルクから西へ約50km、エルベ川を下った左岸にある小さな町。ニーダーザクセン州の町であるがハンブルク大都市圏に属し、ハンブルク市内からSバーンで行くことができる。13世紀初めに皇帝より都市権を与えられ、その後ハンザ同盟に加わってハンザ都市として発展する。17世紀半ばに起こった大火災は町の3分の2を焼き尽くした。今日の美しい家並みは大火災の後にできあがったものだ。

↑美しい館に囲まれたハンザハーフェン

シュターデの歩き方 Walking

旧市街は南北に楕円を描いた形をしており、駅は南端にある。駅から濠に架かるハンゼ橋Hansebrückeを渡ると旧市街が始まる。歩行者専用のホルツ通りHolzstr.はかつて馬市だったプフェルデマルクト広場Pferdemarktへ続く。鞍作り通りという意味のザッテルマッヒャー通りSattelmacherstr.を右折すると**ヘカー通りHökerstr.**に出る。このあたりは雰囲気のある路地が多く、鍛冶屋通りという意味のグローセ・シュミーデ通りGroße Schmiedstr.もあり、馬に関する広場や通りが多い。

ヘカー通りは町の中心通りで、両側にショップが並んでいる。このアルテスラント地方特有の建築様式で建てられた装飾的な家も見られる。北へ向かって進んでいくと右側に黒っぽい木製のクレーンが現れる。クレーンの前の運河はハンザ時代の港**ハンゼハーフェンHansehafen**で“古い港”アルターハーフェンAlterhafenとも呼ばれている。

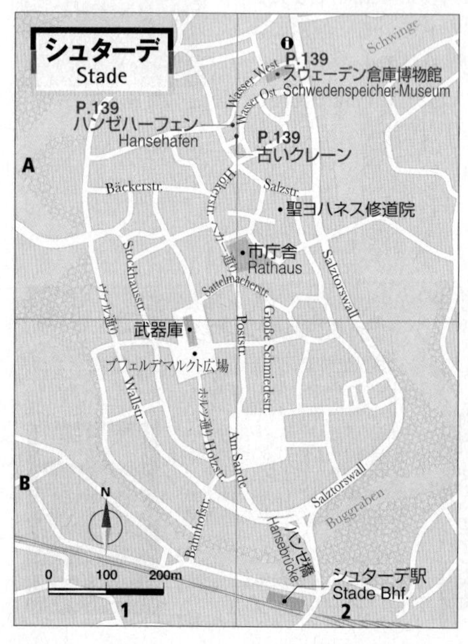

運河の北側の道ヴァッサー・ヴェストWasser Westを運河に沿って歩いていくと**スウェーデン倉庫博物館**がある。観光案内所❶はこの先の左側にある。

シュターデはかわいらしい町並みを散策することに魅力がある。ハンザハーフェンの周囲にはレストランやカフェが並んでおり、テラス席に座れば最高に気持ちがいい。町歩きに疲れたらぜひ、港でひと休みしよう。

↑れんがと木骨を組み合わせたこの地方独特の古い民家

おもな見どころ
The highlight

港の風景を引き立てる

古いクレーン Alter Kran

クレーンはハンザ商船への積み荷に使われていた、リューネブルクの木製クレーンをまねたもので、オリジナルは1661年に造られ200kgの積み荷を毎日上げ下げしていた。現在のクレーンは1977年に再建された。内部には町の歴史を紹介した小規模な展示があり、無料で見学できる。

古いクレーン
>> Map P.138-A2

↑近づいてみると意外と大きい木製クレーン

息をのむほどの美しさ

ハンゼハーフェン Hansehafen

港を挟んでクレーンの向かい側に銅像が立っている。ここはかつて魚市場フィッシュマルクトFischmarktだったので、魚を買う女性の像Frau mit den Fischenが立てられた。等身大の銅像はシュターデのシンボルになっている。このあたりから眺めるハンゼハーフェンは絵のように美しい。

↑本物の人間が立っているかのような銅像

ハンゼハーフェン
>> Map P.138-A1

赤れんがの大きな建物

スウェーデン倉庫博物館 Schwedenspeicher-Museum

↑かつての倉庫が博物館になっている

シュターデは30年戦争末期の1648年にスウェーデン軍の手に落ちた。以来1712年までスウェーデンに支配されていた。支配下にあった1694年にスウェーデン軍の倉庫が建てられ、現在は郷土博物館になっている。1階は町の歴史が、2階はハンザ時代の様子が詳しく紹介されている。

スウェーデン倉庫博物館
>> Map P.138-A2
住 Wasser West 39
☎ (04141)797730
❶ www.museen-stade.de
開 10:00～17:00（土・日曜～18:00）
休 月曜
料 €8

Celle

ツェレ

Map P.13-A1
人口　6万8700人
市外局番（05141）

ACCESS
鉄道
ハンブルクからICで約1時間10分、リューネブルクから約40分、ハノーファーから約20分。

⬆各地で見られる木組みの家並みだが、ツェレには格別な美しさがある

ツェレの観光案内所
» Map P.141-A2
住Markt 14-16
☎(05141)909080
ⓘwww.celle.travel
開月～金曜10:00～18:00（土曜～14:00）
休日曜、祝日

“北ドイツの真珠”とうたわれるように、美しい町が多い北ドイツのなかでも個性的な魅力を放つ町ツェレ。完全に保存された旧市街にはどの路地にも木組みの家が並び、驚くのはそのカラフルさ。赤、緑、青の原色が使われ、まるで積み木の家のよう。ツェレはブラウンシュヴァイク＝リューネブルク公爵家の本拠地だったため立派な城がある。城の大工たちはこぞって自分の家を色鮮やかにした。色彩の規制が緩かったこともあり、このようにカラフルな町並みができあがった。

ツェレの歩き方 Walking

駅から旧市街まではバスの便もあるが、徒歩で15分ほど。バーンホーフ通りBahnhofstr.を真っすぐ歩いていくと**テアター広場Theaterplatz**に着く。左側の城庭園に沿ってヴェストツェラートーア通りWestcellertorstr.を進むと旧市街の**グローサー・プランGroßer Plan**に出る。三角形の広場で旧市街の南西端に位置し、木組みの家並みはここから始まっている。

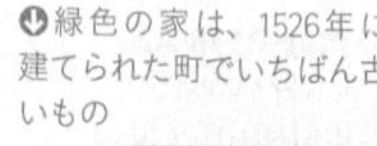

⬇緑色の家は、1526年に建てられた町でいちばん古いもの

旧市街の西端に城があり城へ向かって真っすぐな道が5本、東西に延びている。何かあればすぐ城へ駆けつけられるように造られた。それらを南北に横切る道があり、どこを歩いても木組みの家がぎっしり並んでいる。古いものでは16世紀、

はみだし情報　駅から旧市街へのバスは本数が少ない。徒歩でも15分ほどだが、タクシーを利用する場合、旧市街の入口まで€6ほど。

多くは17世紀と18世紀に建てられている。アム・ハイリゲン・クロイツ26番Am Heiligen Kreuz 26の緑色の家は1526年に建てられた最も古い家。家並みが美しいのは**ポスト通り**Poststr.、**ツェルナー通り**Zöllnerstr.、**ノイエ通り**Neue Str.、**シュー通り**Schuhstr.、**マウエルン通り**Mauernstr.あたり。何度行き来しても飽きることがない。市庁舎の周りでは水曜と土曜の午前中に花や野菜、果物の朝市が立つ。

おもな見どころ
The highlight

礼拝堂の装飾が美しい

ツェレ城
Schloss Celle

17世紀後半のゲオルク・ヴィルヘルム公爵の時代に現在のルネッサンス様式の城館になった。城内は青と白を基調とした装飾的な礼拝堂、バロック劇場、宮中台所、公爵たちの居

ゾフィー・ドロテアが育ったツェレ城

ボーマン博物館
Bomann-Museum Celle
中世から近世までのニーダーザクセン州の家具や農耕器具、民族衣装など民俗文化とツェレの歴史が紹介されている。
>> Map P.141-A1
住 Schlossplatz 7
(05141)124550
www.bomann-museum.de
開 10:00〜17:00
休 月曜
料 €8（土曜13:00〜無料）コンビネーションチケット（ボーマン博物館、ツェレ美術館、城内のレジデンツ博物館共通のチケット）があり€12とお得。

花の屋台が多い市庁舎前の朝市

ツェレ城
>> Map P.141-A1
住 Schloßplatz 1
(05141)9090850
www.celle-tourismus.de/schloss-celle.html
開 ガイドツアーに参加して見学（約1時間）
火〜金曜、日曜11:00、13:00、15:00、土曜11:00〜15:00まで毎時（11〜3月の火〜金曜11:00、15:00、土・日曜11:00、13:00、15:00）
休 月曜
料 €9（ガイドツアー込み）

はみだし情報 ツェレ城の内部を見学したいが時間がないというときは、せめて庭園から外観だけでも眺めてみよう。

城の塔の様式が違う理由
ルネッサンス時代の原型に戻そうと改修されたが、工事が途中で終わってしまった。向かって右がルネッサンス、左がバロック様式になっている。

室などが公開されている。ゲオルク・ヴィルヘルム公爵の娘ゾフィー・ドロテアはハノーファー選帝侯のもとに嫁いでその息子はイギリス王ジョージ2世になり、娘はプロイセン王家に嫁いでフリードリヒ大王の母となった。イギリスとプロイセンという2大王国の祖となったのはツェレ城のお姫様だったのである。

市庁舎
>> Map P.141-A2
住Markt 14

スグラフィット壁画が石造りのよう

市庁舎 Rathaus

↑スグラフィット壁画の市庁舎

一見、石造りのように見えるが実は石のように描かれた壁である。14世紀に建てられた歴史的な建物で、何度も増改築されてはそのたびに外壁が塗り替えられた。現在は1697年に改築された際と同じ模様になっている。地下部分は最も古い14世紀のもので、ラーツケラー（市庁舎地下レストラン）になっている。

ポスト通り
>> Map P.141-B2

16世紀から18世紀の館が3軒並ぶ

ポスト通り Poststr.

↑1532年に建てられたポスト通りのホッペナーハウス

ポスト通りにライオンの噴水があり、その前に1532年に建てられた町でいちばん美しいとされる館がある。城に仕えていたシモン・ホッペナーの家なので**「ホッペナーハウス」**と呼ばれている。左隣には17世紀に建てられた館が、その隣に18世紀に建てられた館があり、異なる3世紀の建物が並んでいるのは珍しい。

カーラントガッセ5番
>> Map P.141-A1
住Kalandgasse 5

梁の文字には意味がある

カーラントガッセ5番 Kalandgasse 5

↑館の梁に書かれた金文字

どこの町でも木組み家屋の梁に文字が刻まれているのを目にするが、ツェレでは特に多い。多くはラテン語もしくは古いドイツ文字なので解読困難だが、こんなことが書いてある、と知っているとおもしろさが増す。

市教会裏側のカーラントガッセ5番は細長い家で、その長い梁に長々と文字が書かれている。「学校へ通いなさい。自分の知らないことを学ぶであろう。年齢以上に利口なふりをしてはならない。大人たちも先人たちから知識を受け継いできたのだ」。教訓めいた言葉だが、それもそのはず、この建物はラテン語学校だったのだ。

路上で見つけたらなでてみよう

シュテッヒバーン Stechbahn

シュテッヒバーン（馬上槍試合場）と呼ばれる道の歩道に蹄鉄が埋められている。昔ここで騎馬試合が行われていた。ツェレのオットー公爵は勇敢王とあだ名があるほど槍の名手だったが、あるとき騎馬試合で落馬して命を落とした。そのことを悼んで公爵の蹄鉄をその場に埋めた。いつの間にかこれをなでるとよいことがあるとうわさされ、皆がなでるようになった。そのためピカピカに光っている。

シュテッヒバーン
>> Map P.141-A1

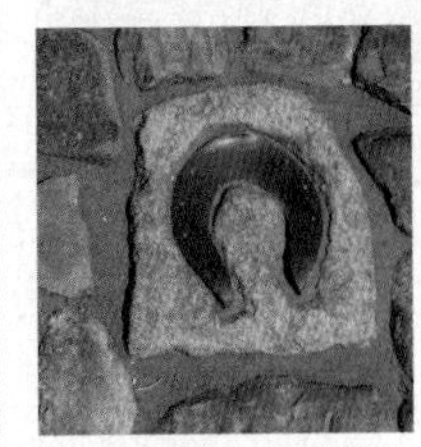

↑なでるとよいことがあるといわれている蹄鉄

Restaurant & Hotel

市庁舎の地下にあるレストラン R

ラーツケラー

Ratskeller Map P.141-A2

旧市街 住Markt 14 ☎(05141)29099
ⓘwww.rkcelle.de 営11:30～15:00、17:30～21:15 休日曜、祝日不定休
CMVJA
交市庁舎地下

1378年創業でニーダーザクセン州のラーツケラーとしては最も古い。雰囲気の異なる部屋がいくつかあり、どれも古めかしい。予算は€15～25。

駅にいちばん近いホテル H

ノイン・ドライ・フィアテル

Hotel Neun 3/4 Map P.141-B1 域外

駅周辺 住Bahnhofstr. 46 ☎(0176)64449801
ⓘwww.hotel934.de 料Ⓢ€40～ Ⓣ€60～ 朝食別€7.50
室21 CMV 📶無料
交駅から徒歩2分

駅前にある唯一のホテル。駅を出てバーンホーフ通りへ入ったすぐ左側にある。外観は極めて質素だが客室は意外に快適。

豚肉料理が自慢の店 R

シュヴァイネ・シュルツェ

Schweine Schulze Map P.141-A2

旧市街 住Neue Str. 36 ☎(05141)22944
営11:30～15:00、18:00～22:30（L.O.21:30）
休日曜
C不可
交市庁舎から徒歩1分

歴代の首相や大統領など、そうそうたるVIPが訪れた町を代表するレストラン。とはいえ一品の値段は€10～20と極めて庶民的。

古い貴族の館を改築した高級ホテル H

フュルステンホーフ

Fürstenhof Map P.141-B1

新市街 住Hannoversche Str. 55-56
☎(05141)2010 ⓘhttps://www.althoffcollection.com/de 料Ⓢ€68.25～ Ⓣ€87.75～ 室72 CMVAD
📶無料 交駅から徒歩14分

外観は北ドイツの田舎風だが一歩中に入ると高級感が伝わってくる。ロビーに置かれた家具やインテリアもゴージャス。

旧市街から駅までバスを利用する場合はツェレ城の前、シュロスプラッツSchloßplatzにバス停がある。

Lüneburg
リューネブルク

Map P.13-A1
人口　7万2500人
市外局番（04131）

ACCESS
鉄道
ハノーファーからICEで約1時間。ハンブルクからICで約30分。リューベックからREで約1時間5分。

地下から湧き出る岩塩水のおかげで潤ったリューネブルクは、最盛期にはハンブルクよりも栄えていた。ここからバルト海沿岸のリューベックまで塩が運ばれ、バルト海沿岸諸国や北欧、ロシアへ輸出されていった。"白い金"と呼ばれた塩で得た巨万の富は教会や民家に注ぎ込まれ、町は発展した。今日のリューネブルクは北ドイツ特有のれんが造りの家並みで埋め尽くされた美しい町である。

↑旧市街の南、古いれんが造りの館が並ぶハイリゲンガイスト通り

リューネブルクの歩き方
Walking

駅から旧市街までは徒歩で5分ほど。駅を出て右側の緩い坂を下るとリューナートーア通りLünertorstr.に出るので左折。運河を渡るとすぐにイルメナウ川があり木製の**古いクレーン**が見える。河畔にはレストランやカフェが並び、リューネブルクの最も美しいスポットになっている。通りをそのまま進んでいくとバルドヴィッカー通りBardowicker Str.へ突き当たる。右側には船乗りたちの守護神を祀る**聖ニコライ教会St. Nicolaikirche**がそびえる。左へ折れて進むとマルクト広場 Marktplatzに出る。**市庁舎**は広場西側の長い大きな建物で正面左端に観光案内所ⓘがある。

市庁舎の正面左脇のヴァーゲ通りWaagestr.からアウフ・デム・メーレ通りAuf dem Meereへ。このあたりから南へかけては貧しい製塩労働者たちの居住地だったので小さな古い家が並び、今ではロマンティックなそれらの家が週末の別荘や芸術家のアトリエになっている。通りの先には15世紀半ばに建てられた**聖ミヒャエリス教会St. Michaeliskirche**があり、若きバッハが1700年から1702年にかけて教会付属学校でオルガンを学んでいた。

道を戻って市庁舎の裏から南のザンクト・ランベルティ広場St. Lambertiplatzへ。この先に大規模な製塩所があり1980年まで製塩が行われていた。そのためこの

リューネブルクの観光案内所
» Map P.145-A1
住Rathaus, Am Markt
☎(04131)2076620
ⓘwww.lueneburg.info
開9:30～18:00（5～10・12月の土・日曜は～16:00、日曜10:00～、1～4・11月の土曜～14:00）
休1～4・11月の日曜

↓イルメナウ河畔のレストランは川の上にも席を設けている

一帯で地盤沈下が起こり、民家の壁にヒビが入っている。製塩所の一部は**ドイツ塩博物館**になって公開されている。東へ延びるハイリゲンガイスト通りHeiligengeiststr.は**アム・ザンデAm Sande**へ続く。

おもな見どころ
The highlight

かつての港に今もたたずむ

古いクレーン Alter Kran

リューネブルクの塩はここから船に積まれてイルメナウ川を北上し、シュテックニッツ運河を通ってリューベックまで運ばれていった。空になった船には北欧で獲れたニシンが大量に積まれて戻ってきた。通りを挟んだクレーンの向かい側にニシンの倉庫だった建物がある。塩やニシンの上げ下ろしに使われたのがこのクレーン。最初のクレーンは1332年に造られたが、今日あるのは1797年のもの。中に樫の木で造られた直径5m、幅40cmの車輪がふたつあり、その中に人が入って足で踏んでクレーンを操作していた。そのため「トレート（足踏み）クレーン」とも呼ばれている。

川沿いに残る古いクレーン

若きバッハがオルガンを学んだ聖ミヒャエリス教会

町歩きを楽しもう

どの道にも立派なれんが造りの館が並んでいる。同じように見える建物でも、よく見るとねじれれんがを装飾に使っているなど、どこか異なっている。いろいろな道を散策しながられんがの家並みをじっくり観賞したい。

旧市街の古い館は中庭がとても風情がある

古いクレーン
>> Map P.145-A2

対岸の家並みと古いクレーンは絶好のフォトモチーフ

↑ファサードはマルクト広場に面している

市庁舎
>> Map P.145-A1
住 Am Markt 1
☎ (0800)2205050
ⓘ 詳細は観光案内所のウェブサイトへ
開 見学はガイドツアーのみ 火～土曜10:00、12:00、15:00、日曜11:00、14:00 1～3月は火～日曜11:00、14:00
15分前に集合。チケット売り場と集合場所はアム・オクセンマルクトAm Ochsenmarkt（市庁舎正面に向かって右側の通り）のL入口Eingang L/Rathaus
休 月曜
料 €5、学生€4

ドイツ塩博物館
>> Map P.145-B1
住 Sülfmeisterstr. 1
☎ (04131)7206513
ⓘ www.salzmuseum.de
開 10:00～17:00
休 無休
料 €7

数ある市庁舎のなかでも特におもしろい

市庁舎 Rathaus

最初は1240年頃に建てられた簡素な館だった。塩の収益により次々と建て増しされたため、ゴシック、ルネッサンス、バロックといった異なる時代の様式が入り交じる巨大な建物となった。

内部のゲヴァントハウスと呼ばれる展示室が1240年頃の最初の建物だが、前へ後ろへと建て増しされていったため窓のない部屋になってしまった。市の宝物だった**リューネブルクの銀器Lüneburger Ratssilber**は財政難の折プロイセンに売り渡したためここにあるのは複製。オリジナルはベルリンの美術工芸博物館にある。

裁判の間は14世紀のもので、床に点々と丸穴が開いているのは、裁判官たちが床下の熱せられた空気で足元を温めていたからだ。

興味深いのは**市長選挙の間**。狭い階段の途中に部屋があり、秘密保持のため二重扉になっている。暗くて鍵穴が見えないため扉には鍵穴に通じる溝が彫られている。部屋に置かれたテーブルの縁が少し高くなっているのは、お金を数える際にコインが転がり落ちないようにするためだった。この小さな部屋で市長が選出された。数日かけて選ばれることがあり、新しい市長誕生の知らせを市民は待ちわびた。市長が決まると炉で火を燃やしたので、煙突から上る白い煙を見て人々は決定を喜んだという。

そのほかに鹿の角でできたシャンデリアがある**侯爵の間**、装飾的な**市議の広間**など美しい部屋がある。

実際に使っていた大型機械もある

ドイツ塩博物館 Deutsches Salzmuseum

956年以来1980年まで、1000年以上も塩を採取し続けていた場所が一部博物館になっている。地下から湧き出る岩塩水をくみとって乾燥させ、製塩する過程が模型やジオラマで解説されている。坑夫が貴重な塩を持ち出さないように厳重な監視が行われていた。できあがった塩が袋詰めされてヨーロッパ各地へ取り引きされていく様子がパネル展示でわかるようになっている。

←船の底に積み込まれた塩

行商人たちが荷を下ろした交易の広場

アム・ザンデ　Am Sande

長方形の広場を取り囲んで、塩商人たちの築き上げた豪奢な館が軒を並べている。西端にある黒っぽいれんがの館は1548年にビール醸造所として建てられたもの。リューネブルクは水質がよかったためビール造りが盛んで、17世紀には80以上の醸造所があった。広場東端にそびえる**聖ヨハネス教会St. Johanniskirche**は1174年創建という町で最も古い教会で、110mの塔をもつ今日の姿になったのは1470年のこと。教会の南側には1907年に建てられた55mの**給水塔Wasserturm**があり、現在は見晴らし塔になっている。

➡東端にある聖ヨハネス教会

⬆珍しい黒れんがの建物はかつてビール醸造所だった

アム・ザンデ
>> Map P.145-B1～A2

給水塔
>> Map P.145-B2
住Bei der Ratsmühle 19
☎(04131)7895919
ⓘwasserturm.net
開10:00～18:00
休無休
料€5、学生€4

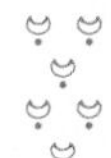

Restaurant & Hotel

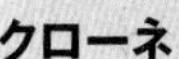

1485年からビールを醸造していた　R

クローネ
Krone　Map P.145-B1

旧市街　住Heiligengeiststr. 39-41
☎(04131)2445050　ⓘwww.krone-lueneburg.de
営8:00～24:00（日曜、祝日10:00～）　休無休　C M V
交駅から徒歩12分

老舗のビアレストランで突き出し看板は王冠。かつてのビール醸造所がレストランの隣にあり見学することができる。予算は€ 12～20。

川に張り出したテラスレストランが人気　H

ベルクシュトレーム
Hotel Bergström　Map P.145-A2

旧市街　住Bei der Lüner Mühle　☎(04131)3080
ⓘwww.dormero.de/bergstroem-hotel-lueneburg/
料Ⓢ €82.50～　Ⓣ €157～
室131　C M V J A D　無料
交駅から徒歩7分

水車、倉庫、給水塔など古いれんがの建物群が改築されてホテルとレストラン、ワインバーに生まれ変わった。客室は広くてモダン。

自家製ビールが飲めるレストラン　R

メルツァー
Mälzer　Map P.145-B1

旧市街　住Heiligengeiststr. 43
☎(04131)47777　ⓘwww.maelzerbrauhaus.de
営11:00～24:00（土曜9:00～）
休無休　C不可　交駅から徒歩12分

1540年から18世紀までビール醸造所だった建物で1997年より醸造を再開。店内はホップの香りが漂っている。予算は€ 13～23。

ニシンの倉庫として建てられた　H

アルテス・カウフハウス
Altes Kaufhaus　Map P.145-A2

旧市街　住Kaufhausstr. 5　☎(04131)30880
ⓘwww.dormero.de/hotel-altes-kaufhaus/
料Ⓢ €75～　Ⓣ €142～　室83　C M V J A D
無料　交駅から徒歩7分

1742年建設の倉庫はファサードだけが当時のまま保存されている。イルメナウ川に沿った部屋からは、美しい河畔の風景が眺められる。

古き塩の道

リューネブルクからリューベックまで真っすぐ北へ延びる全長約80kmの古き塩の道**アルテ・ザルツシュトラーセAlte Salzstraße**。観光街道となったのは戦後だが、この街道こそ中世から存在していた本物の歴史街道である。中世の時代、塩は“白い黄金”と呼ばれるほど貴重なものだった。ハンザの時代、リューネブルクで採取された塩はニシン漁が盛んなバルト海の奥まで運ばれていった。ニシンの塩漬けを作るのに大量の塩が必要とされていて、その塩を運ぶ役割を担ったのがリューベックの商人だったのだ。

リューネブルク Lüneburg ➔ P.144

岩塩泉から採取されたリューネブルクの塩は良質なため、バルト海沿岸諸都市で飛ぶように売れた。塩は最初、馬車に積まれて陸路でリューベックまで運ばれた。1398年にシュテックニッツ運河が完成すると、イルメナウ河畔の港からクレーンで船に積み込まれイルメナウ川からエルベ川へ、そしてシュテックニッツ運河を通ってトラヴェ河畔のリューベックへと運ばれるようになった。

メルン Mölln

塩の道の中継地として栄えていたのがメルンだった。通商路が陸路から水路に変わっても塩はメルンを通って運ばれていった。今日では小さな町で、むしろティル・オイレンシュピーゲルゆかりの町として知られている。ティルは16世紀に出された民衆本の主人公だが実在の人物ともいわれ、1350年にメルンで死んだと民衆本に書かれている。メルンにはティルの銅像や墓碑がある。

リューベック Lübeck ➔ P.284

トラヴェ川まで運ばれた塩は、河畔の塩の倉庫に保管された。リューネブルクと同盟都市だったリューベックはリューネブルクの塩を買い占めた。リューベックのハンザ商人は塩を売りさばいて繁盛していった。

➔リューベックの塩の倉庫
⬇リューネブルクのドイツ塩博物館(→P.146)

フランクフルトとゲーテ街道

Frankfurt und Goethe-Straße

フランクフルトのレーマー広場中央に建つ正義の泉

Introduction

フランクフルトとゲーテ街道

フランクフルトは日本からのゲートウエイ。鉄道の便も非常によく、どこへ行くにも便利な町。フランクフルトはゲーテ街道の出発地点でもある。ゲーテ街道はフランクフルトから東のドレスデンまで、ゲーテゆかりの町を結んでいる。

ゲーテの生家があるフランクフルト、ヴァイマールからフランクフルトへ帰郷する途中にいつも泊まっていたフルダ、『若きヴェルテルの悩み』の舞台となったヴェッツラー、ヴァイマール公国の宰相となって頻繁に訪れたアイゼナハ、エアフルト、本拠地ヴァイマール、植物研究で通い続けたイエナ、大学時代を過ごしたライプツィヒ、そしてゲーテがエルベ河畔の美しさをたたえたドレスデン。特にヴァイマールにはゲーテが住んでいたことで多くの文化人が集まった。

ゲーテ街道は鉄道の便がよく、移動が楽だ。ひとつの町に1泊して毎日移動していくのもよい。

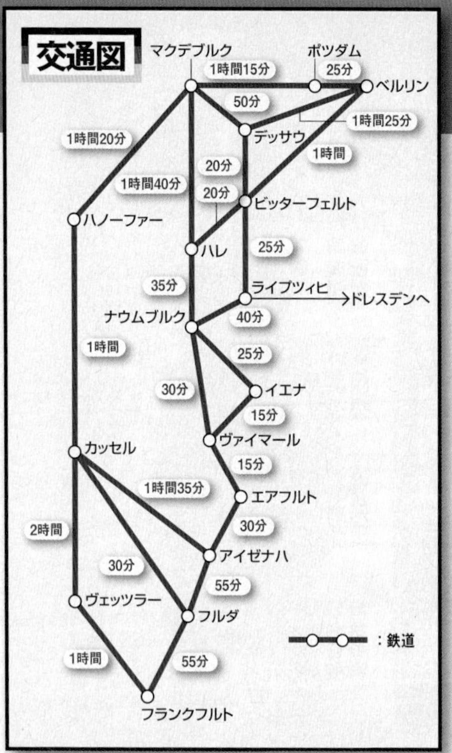

↑フランクフルトのゲーテ像

↑エアフルトのクレーマー橋上の住居

↑アイゼナハのマルクト広場

真のドイツの魅力を知るならゲーテ街道がおすすめ

ゲーテに興味がなくても楽しめる

「ゲーテ街道」と聞くと、ゲーテに興味ない人には関係のない街道だ、と思われるかもしれない。確かに文豪ゲーテにゆかりのある町ばかりを訪れる街道だ。しかしゲーテというのは実におもしろい人物で、難しい小説ばかりを書いていたわけではない。あらゆることに興味をもち、徹底的に研究していた。政治家としても優れていた。おまけに恋愛経験もたいへん豊富。この街道を旅すれば、終わる頃にはきっとゲーテが好きになるだろう。

ゲーテ街道にはゲーテ以外の大物がたくさん登場する。まずはJ.S.バッハ。生まれ故郷のアイゼナハと人生の後半を過ごしたライプツィヒで、バッハの多くの偉業を知ることができる。

ルターの足跡も多い。若きルターが宗教家になる決意をしたエアフルト、聖書をドイツ語に翻訳したアイゼナハ、そのほかの町でも、いたるところでルターの名を聞く。

ヴァイマールは静かな町だったが、ゲーテが来てから急ににぎやかになった。ヴァイマールには宮廷楽長として招かれたフランツ・リストも住んでいる。シラーはゲーテと並ぶドイツ文学者でイエナに住んでいたがゲーテのいるヴァイマールに移った。

ライプツィヒにはさまざまな人物の足跡がある。リヒャルト・ワーグナー生誕の地であり、メンデルスゾーンは音楽学校を設立した。シューマンはこの町で音楽に目覚め、北欧のグリークは15歳で音楽院に学んだ。日本の滝廉太郎も同じ音楽院で学んでいる。名門ライプツィヒ大学で学んだのはゲーテのほかにニーチェや数学者ライプニッツ、劇作家レッシングなど。日本の森鷗外も在籍した。

↑フルダの城庭とオランジュリー

数々の逸話が残るヴァルトブルク城

アイゼナハにいたってはバッハ、ルター、ゲーテの足跡のほかに、中世の古城ヴァルトブルク城の存在が輝いている。吟遊詩人が集い、バイエルンのルートヴィヒ2世が憧れ、ルターが聖書をドイツ語に翻訳したヴァルトブルク城。奇跡を起こしたエリーザベト伝説も知られており、これほど多彩な要素をもつ城は数少ないであろう。

ゲーテ街道こそ、ドイツ文化の中枢となる人物の足跡が多く、真のドイツを知るうえで欠くことのできない旅のルートである。

↑バッハゆかりのトーマス教会（ライプツィヒ）

↑ヴァルトブルク城のルター聖書翻訳の部屋

Frankfurt
フランクフルト

Map P.13-B1
人口　75万7800人
市外局番（069）

ACCESS
飛行機
(国際線) ロンドンから1時間40分、パリから1時間15分。
(国内線) ベルリンから1時間10分、ハンブルクから1時間10分、ドレスデンから1時間5分。
鉄道
(国際線) パリからICEで約3時間50分。
(国内線) ベルリンからICEで約4時間15分、ハンブルクから約3時間35分、ミュンヘンから約3時間10分。

フランクフルトの観光案内所
☎(069)21238800
ⓘwww.frankfurt-tourismus.de
中央駅
» Map P.154-B2
開8:00～21:00(土・日曜、祝日9:00～18:00) 休無休
レーマー広場
» Map P.155-B4
開9:30～17:30(土・日曜、祝日～16:00) 休無休

RMV交通連合
フランクフルトをはじめハーナウ、マールブルク、マインツ、コブレンツなど広範囲の町を含んでいる。これらの町の交通機関に乗車できるチケットもあるので、周辺の町を旅行するならウェブサイトで確認を。
ⓘwww.rmv.de
www.vgf-ffm.de
(フランクフルト市内)

↑Hはバス停のマーク

↑旧市街の中心レーマー広場

日本からの直行便が到着するフランクフルトはまさにドイツの玄関口。乗り継ぎ便も多く、ドイツ各地へのフライトも可能だが、発達した鉄道網を利用してドイツ各地へ列車で移動することもできる。ドイツ新幹線ICEや特急IC発着の中心となっている。

世界の金融都市として知られており、ドイツの都市では珍しく高層建築が目立つ。一方、オリジナルどおりに再建されたレーマー広場周辺やゲーテの生家、マイン川向こうのザクセンハウゼン地区などを訪れると、第2次世界大戦で破壊される前のフランクフルトを想像することができる。

空港から市内へ
From the airport to the city

フランクフルト・マイン空港Flughafen Frankfurt am Mainは、市の南西約9kmにある。ターミナルは1と2のふたつに分かれており、全日空やルフトハンザ ドイツ航空などスターアライアンス加盟の航空会社はターミナル1、日本航空やエールフランス、KLMオランダ航空などはターミナル2に発着している。ふたつのターミナルは高架電車「スカイライン」で結ばれている。

市内へはターミナル1の地下にある空港ローカル線駅Flughafen RegionalbahnhofからSバーン（都市近郊電車）の8または9でフランクフルト中央駅まで4駅13分、€5。タクシーを利用するなら、市内まで20～30分、€38前後。

市内交通
City traffic

Sバーン、Uバーン、トラム、バスがあり、これらは共通のチケットで乗車可能。異なる交通機関の乗り継ぎもできる。**1回乗車券Einzelfahrkarte**はフランクフルト市内乗車の場合€2.75、2km以内の**短区間券Kurzstrecke**の場合は€1.50。**1日乗車券Tageskarte**はフランクフルト市内なら€5.35（空港～

はみだし情報　空港から直接ICEやICなど長距離列車に乗る場合は、ターミナル1から連絡通路を進んだ空港長距離列車駅Fernbahnhofへ。なお、鉄道パスを使い始める場合はDB駅窓口で手続きしてから乗車する。

市内を含んだチケットは€9.75)。チケットは自動券売機で（バスのみドライバーから購入可)。

タクシーは流しはないので、タクシー乗り場かホテルから乗車する。レストランなどでは呼んでもらうこともできる。

⬆飲食店から花屋まで数多くの店が並ぶ中央駅構内

⬆タクシーはタクシー乗り場で待つ

在フランクフルト日本国総領事館
Generalkonsulat von Japan in Frankfult
>> Map P.154-B1
住 MesseTurm, 34. OG Friedrich-Ebert-Anlage 49
☎ (069)2385730
ⓘ www.frankfurt.de.emb-japan.go.jp
✉ konsular@fu.mofa.go.jp（領事部）
開 9:00～12:30、14:30～16:30
休 土・日曜、祝日

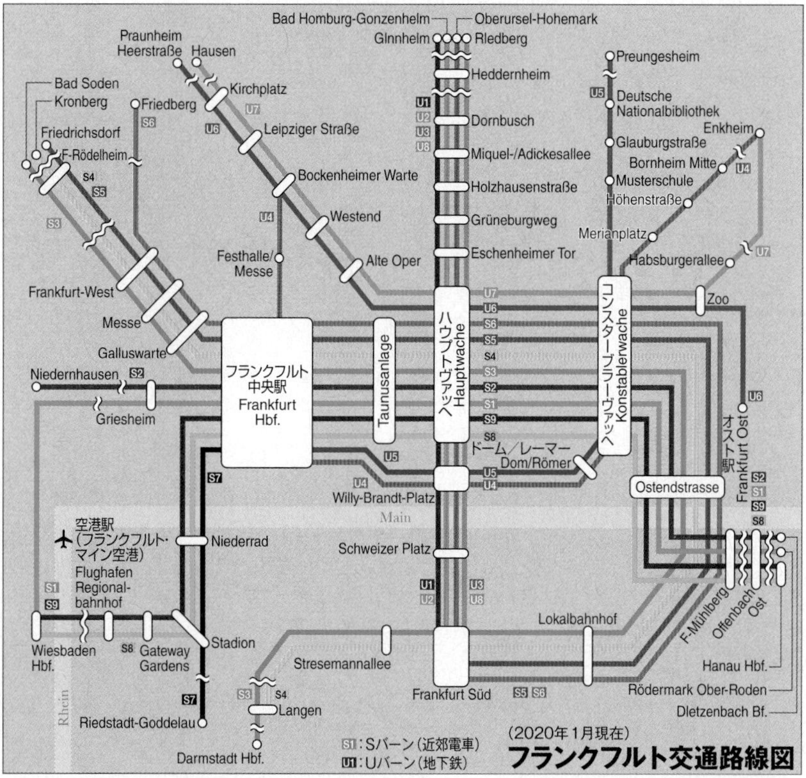

フランクフルトの歩き方
Walking

中央駅前の広場からは3本の大通り、左側から**タウヌス通りTaunusstr.**、**カイザー通りKaiserstr.**、**ミュンヒェナー通りMünchener Str.**が町の中心部へ向かって延びている。タウヌス通りはゲーテの銅像が立つゲーテ広場へ、カイザー通りはユーロタワーの脇へ、ミュンヒェナー通りはフランクフルト歌劇場へと続いている。**ゲーテハウス**へは駅からカイザー通りを歩いて20分ほど。中央駅から地下鉄またはSバーンでふたつめの**ハウプトヴァッへHauptwache**で降りれば市の中心部に出る。そこから東へ延びる**ツァイルZeil**は歩行者専用

フランクフルト交通路線図（2020年1月現在）

S1：Sバーン（近郊電車）
U1：Uバーン（地下鉄）

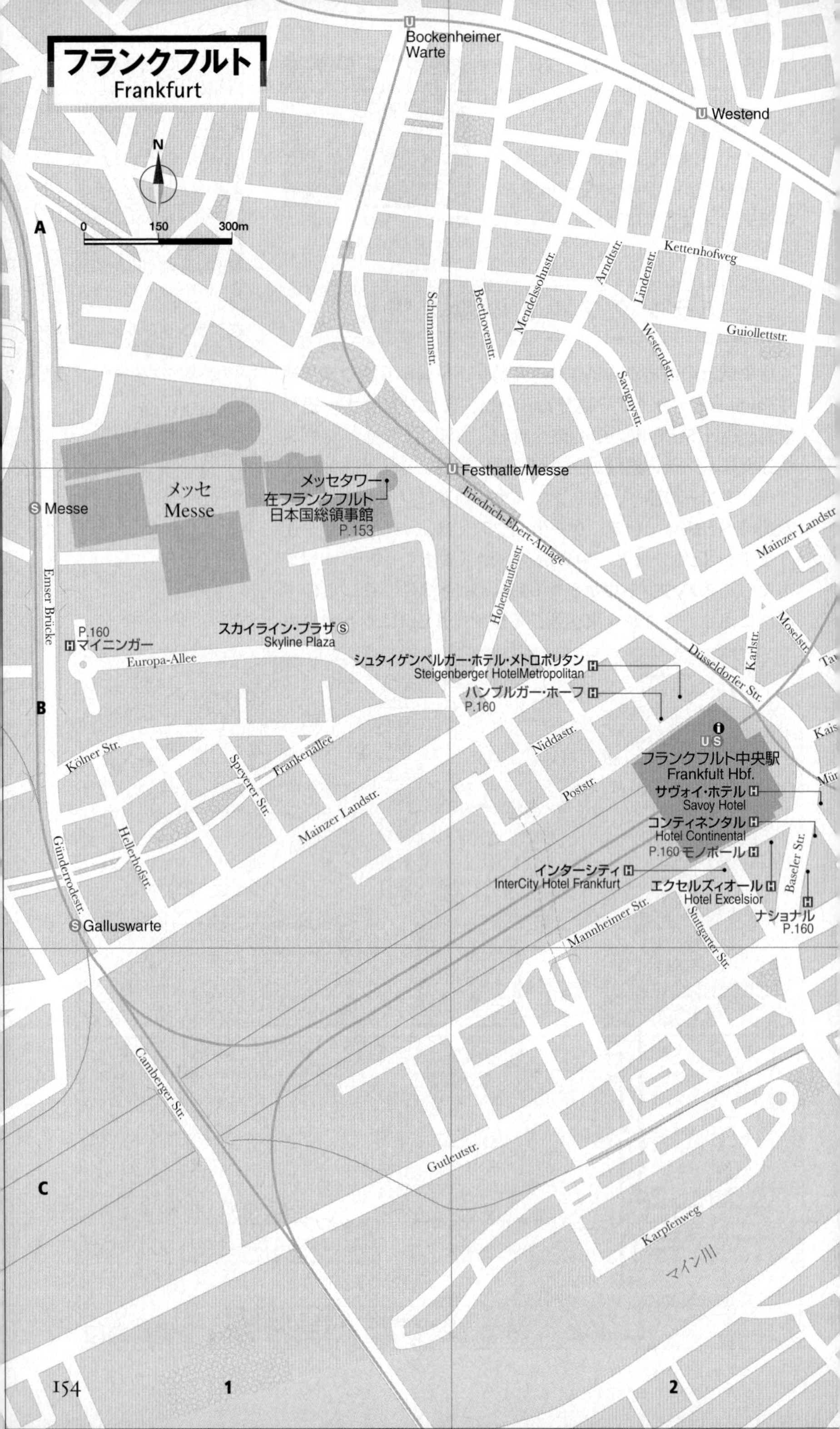
フランクフルト
Frankfurt
N
0
150
300m
A
B
C
1
2
Bockenheimer Warte
Westend
Kettenhofweg
Guiollettstr.
Lindenstr.
Arndtstr.
Mendelssohnstr.
Beethovenstr.
Schumannstr.
Westendstr.
Savignystr.
Festhalle/Messe
Friedrich-Ebert-Anlage
Mainzer Landstr.
Hohenstaufenstr.
Moselstr.
Karlstr.
Düsseldorfer Str.
Messe
メッセ
Messe
メッセタワー
在フランクフルト
日本国総領事館
P.153
Emser Brücke
P.160
マイニンガー
スカイライン・プラザ
Skyline Plaza
Europa-Allee
シュタイゲンベルガー・ホテル・メトロポリタン
Steigenberger HotelMetropolitan
ハンブルガー・ホーフ
P.160
Niddastr.
フランクフルト中央駅
Frankfult Hbf.
サヴォイ・ホテル
Savoy Hotel
コンティネンタル
Hotel Continental
P.160 モノポール
インターシティ
InterCity Hotel Frankfurt
エクセルズィオール
Hotel Excelsior
ナショナル
P.160
Baseler Str.
Poststr.
Kölner Str.
Frankenallee
Speyerer Str.
Mainzer Landstr.
Hellerhofstr.
Günderrodestr.
Galluswarte
Mannheimer Str.
Stuttgarter Str.
Camberger Str.
Gutleutstr.
Karpfenweg
マイン川

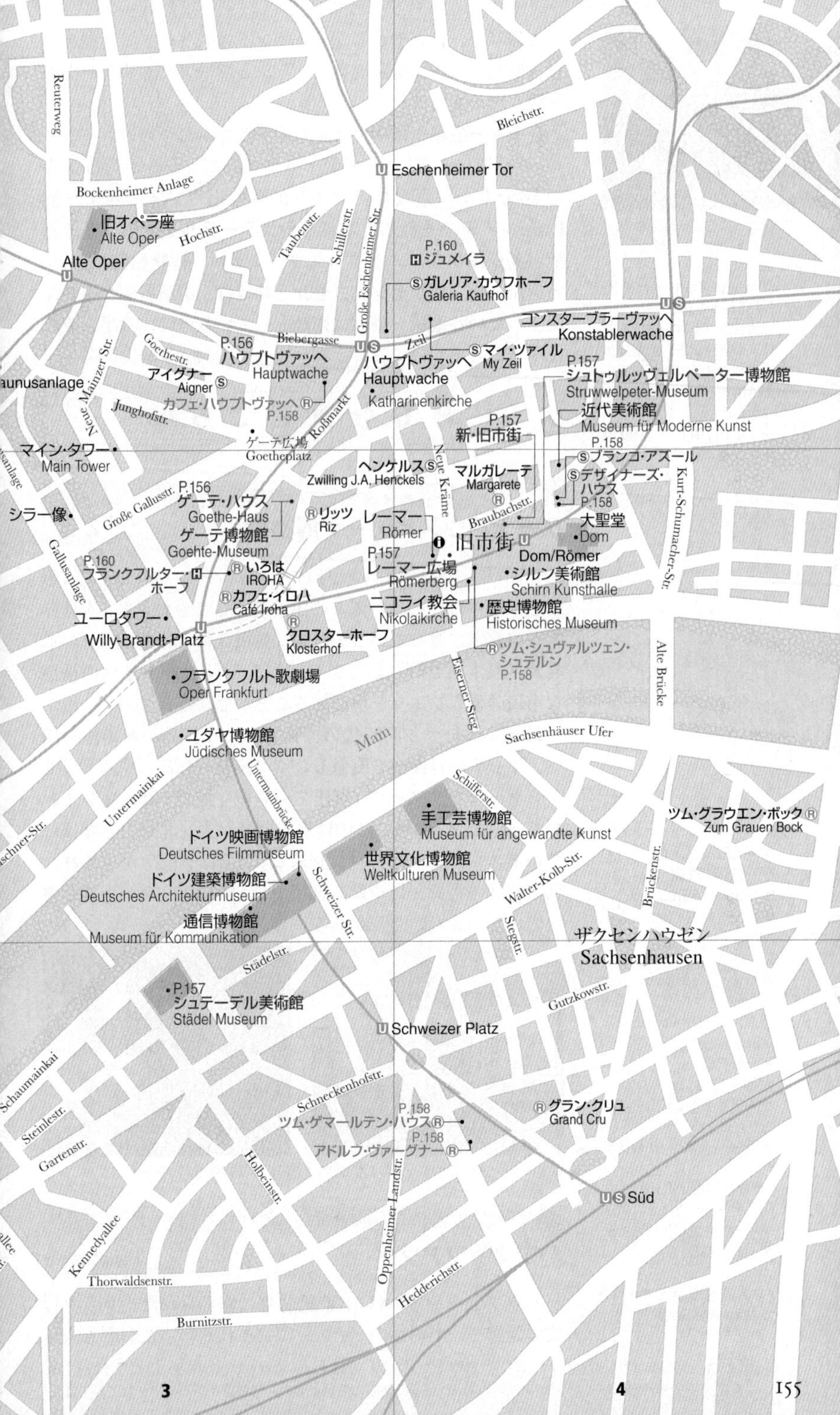

Reuterweg
Bleichstr.
Eschenheimer Tor
Bockenheimer Anlage
旧オペラ座
Alte Oper
Hochstr.
Alte Oper
Taubenstr.
Schillerstr.
Große Eschenheimer Str.
P.160
ジュメイラ
ガレリア・カウフホーフ
Galeria Kaufhof
コンスターブラーヴァッヘ
Konstablerwache
Neue Mainzer Str.
Goethestr.
Biebergasse
Zeil
P.156
ハウプトヴァッヘ
Hauptwache
ハウプトヴァッヘ
Hauptwache
マイ・ツァイル
My Zeil
aunusanlage
アイグナー
Aigner
カフェ・ハウプトヴァッヘ
P.158
Katharinenkirche
P.157
シュトゥルッヴェルペーター博物館
Struwwelpeter-Museum
Junghofstr.
Roßmarkt
P.157
新・旧市街
近代美術館
Museum für Moderne Kunst
マイン・タワー
Main Tower
ゲーテ広場
Goetheplatz
P.158
ブランコ・アズール
ヘンケルス
Zwilling J.A. Henckels
Neue Kräme
マルガレーテ
Margarete
デザイナーズ・ハウス
P.158
Kurt-Schumacher-Str.
Große Gallusstr.
P.156
ゲーテ・ハウス
Goethe-Haus
ゲーテ博物館
Goehte-Museum
リッツ
Riz
レーマー
Römer
Braubachstr.
大聖堂
Dom
シラー像
旧市街
Dom/Römer
Gallusanlage
P.160
フランクフルター・ホーフ
いろは
IROHA
P.157
レーマー広場
Römerberg
シルン美術館
Schirn Kunsthalle
カフェ・イロハ
Café Iroha
ニコライ教会
Nikolaikirche
歴史博物館
Historisches Museum
ユーロタワー
Willy-Brandt-Platz
クロスターホーフ
Klosterhof
ツム・シュヴァルツェン・シュテルン
P.158
Eiserner Steg
Alte Brücke
フランクフルト歌劇場
Oper Frankfurt
Main
Sachsenhäuser Ufer
ユダヤ博物館
Jüdisches Museum
Untermainkai
Untermainbrücke
Schifferstr.
手工芸博物館
Museum für angewandte Kunst
ツム・グラウエン・ボック
Zum Grauen Bock
ドイツ映画博物館
Deutsches Filmmuseum
世界文化博物館
Weltkulturen Museum
ドイツ建築博物館
Deutsches Architekturmuseum
Schweizer Str.
Walter-Kolb-Str.
Brückenstr.
通信博物館
Museum für Kommunikation
Stegstr.
ザクセンハウゼン
Sachsenhausen
Städelstr.
P.157
シュテーデル美術館
Städel Museum
Gutzkowstr.
Schweizer Platz
Schaumainkai
Schneckenhofstr.
P.158
ツム・ゲマールテン・ハウス
グラン・クリュ
Grand Cru
Steinlestr.
P.158
アドルフ・ヴァーグナー
Gartenstr.
Holbeinstr.
Süd
Kennedyallee
Oppenheimer Landstr.
Heddcrichstr.
Thorwaldsenstr.
Burnitzstr.
3
4

↑ユーロタワー周辺は緑が多く人々の憩いの場

フランクフルト・カード
Frankfurt Card
市内交通（空港～市内も有効）が乗り放題、加えてゲーテハウスやシュテーデル美術館などの入場料が割引になる、ツーリスト用のカード。1日用€11、2日用€16。購入は空港ターミナル内のインフォメーションカウンターまたは観光案内所で。

の大通りで、にぎやかなショッピングストリート。大型デパートや複合ビル、若者向けファッションやアクセサリー小物を扱う店が並んでいる。

レーマー広場へは中央駅から地下鉄でふたつめのドーム／レーマーDom/Römer下車。ハウプトヴァッへからは徒歩で10分もかからない。マイン河畔へ出てアイゼルナー橋Eiserner Stegを渡ると右側は**シュテーデル美術館**など博物館、美術館が並ぶムゼウムスウーファー（博物館河岸）。マイン川の南は**ザクセンハウゼン**と呼ばれ、居酒屋がたくさん集まっている地域。昼間は閑散としているので、食事を兼ねて夕方から出かけてみよう。

おもな見どころ
The highlight

ドイツを代表する文豪ゲーテの生家

ゲーテハウスとゲーテ博物館 Goethe-Haus / Goethe-Museum

1749年に生まれたゲーテはヴァイマールへ移る1775年まで、学生時代を除いてこの館で過ごしていた。第2次世界大戦の被害に遭っているが戦後に修復され、疎開していた家具調度品も戻された。ここを訪れると18世紀ドイツの裕福な市民の暮らしぶりを垣間見ることができる。

最初にゲーテと同時代の芸術家による作品が並ぶ博物館へ。ゲーテの肖像画や胸像もいくつか見られる。中庭へ出てからゲーテハウスへ。4階建ての立派な館で1階にはかまどのある台所が、2階には中国風の壁紙から「北京」と呼ばれているエレガントなサロンがある。3階はゲーテが生まれた部屋や父の書斎、母や妹の部屋で、4階にゲーテが小説を書いていた「詩人の間」がある。

↑ゲーテハウス2階のエレガントなサロン

↑日本語案内もあり理解も深まる

ゲーテハウスとゲーテ博物館
≫Map P.155-B3
住 Großer Hirschgraben 23-25
☎(069)138800
ⓘ www.goethehaus-frankfurt.de
開 10:00～18:00（日曜、祝日～17:30）
休 一部祝日
料 €7、学生€3
オーディオガイド（日本語あり）€3
交 U Hauptwacheから徒歩4分
2軒続きの館で向かって左側がゲーテハウス、右側がゲーテ博物館（入口）でチケットは共通。

町の警護官たちの詰め所だった

ハウプトヴァッへ Hauptwache

ハウプトヴァッへは18世紀前半に建てられたバロック様式の建物で、1904年にカフェに生まれ変わった。今も人気

ハウプトヴァッへ
≫Map P.155-A3

はみだし情報 19世紀半ばに出版されて以来、世界中にファンがいる絵本『もじゃもじゃペーター』はフランクフルトの精神科医ハインリヒ・ホフマンがわが子のために書いたもの。博物館があるので訪ねてみては。↗

のカフェで、建物前の広場では頻繁にイベントが開かれている。広場からツァイルと呼ばれる広い歩行者専用通りが延びてデパートのガレリア・カウフホーフなどのショッピングビルが並んでおり、このあたりが最も にぎやかな所。ツァイルからレーマー広場へは徒歩5分ほど。

今はカフェとなっているハウプトヴァッヘ

周辺の修復でさらに美しさが加わった

レーマー広場 Römerberg

石造りや木組み、さまざまな様式の建築が並ぶ

旧市庁舎Römerのある広場は第2次世界大戦で破壊されたが1980年代にオリジナル通りに復元され、目を見張る美しい広場になった。広場西側を覆う破風の建物は旧市庁舎で、大聖堂で戴冠式を終えた神聖ローマ皇帝たちの祝宴がここで開かれた。皇帝の間には歴代皇帝52人の肖像画がある。広場中央には正義の泉があり裁きの剣と天秤を持つ女神像が立っている。広場東側は立派な木組館が建ち並び、1階がレストランやカフェで観光客の姿が絶えない。その裏側、大聖堂Domとの間は長らく再建工事中だったが2018年に工事を終えて「新・旧市街」として再生し、レーマー広場と共に古き良き時代のフランクフルトを偲ぶ新名所になっている。

博物館が並ぶマイン河畔でも光を放つ

シュテーデル美術館 Städel Museum

フェルメールの『地理学者』があることで知られる美術館。イタリア絵画ではボッティチェリ、ドイツ絵画ではホルバイン、デューラー、キルヒナー、フランドル絵画ではレンブラント、ルーベンス、スペイン絵画ではベラスケス、フランス絵画ではモネ、ドガ、マネ、ルノワール、ルソー、マティスなど世界の名画を鑑賞することができる。著名な画家の特別展も頻繁に開催されている。

絵画のほか彫刻も名作揃い

Café Hauptwache
(→P.158)

ツァイル西端にあるモニュメント

レーマー広場
>> Map P.155-B4
交 U4・5 Römer下車

3つの切妻屋根をもつ旧市庁舎レーマー

新・旧市街
Neue Altstadt
>> Map P.155-B4

歴代皇帝の戴冠式が行われた大聖堂

シュテーデル美術館
>> Map P.155-C3
住 Schaumainkai 63
☎ (069)6050980
ⓘ www.staedelmuseum.de
開 10:00～19:00（木・金曜～21:00）
休 月曜
料 €16、学生€14
交 トラム Otto-Hahn-Platzから徒歩4分、または U Schweizer Platzから徒歩9分

↘シュトゥルッヴェルペーター博物館Struwwelpeter-Museum ⓘ www.struwwelpeter-museum.de
>> Map P.155-B4

Restaurant & Shop

マイン川南側のザクセンハウゼン地区は居酒屋が多く、
夕方から夜更けまで地元人や観光客でにぎわう。
また、レーマー広場周辺の路地には品のいい雑貨屋が点在しているので、
ウインドーショッピングを楽しみたい。

ドイツ人ツアー客も多い有名な居酒屋 R

アドルフ・ヴァーグナー

Adolf Wagner Map P.155-C4

ザクセンハウゼン 住Schweizer Str. 71
☎(069)612565 www.apfelwein-wagner.com
営11:00〜24:00 休無休 CM V A
交USchweizer Platzから徒歩3分

ザクセンハウゼンのシュヴァイツァー通りにある家族経営の居酒屋。奥に雰囲気のよい小さな中庭がある。観光客が多いが地元の常連客も多い。

豊富なメニューが自慢の老舗カフェ R

カフェ・ハウプトヴァッヘ

Café Hauptwache Map P.155-A3

市中心部 住An der Hauptwache 15
☎(069)21998627 www.cafe-hauptwache.de
営10:00〜22:00（土曜〜23:00、日曜〜20:00） 休無休
CM V A 交SUHauptwacheから徒歩1分

1904年にオープンの老舗。メニューが豊富なのでランチやディナーはもちろん、町歩きの途中の休憩にも使いたい。

観光客に負けず地元の客も多い R

ツム・ゲマールテン・ハウス

Zum Gemalten Haus Map P.155-C4

ザクセンハウゼン 住Schweizer Str. 67
☎(069)614559 www.zumgemaltenhaus.de
営10:00〜24:00 休月曜 CM V A
交USchweizer Platzから徒歩2分

「描かれた家」という意味の居酒屋で、その名のとおり入ってすぐの中庭に美しい壁画が描かれている。ディースターヴェーク通りにも入口がある。

デザイナーが作る雑貨が充実 S

デザイナーズ・ハウス

Designer's House Map P.155-B4

市中心部 住Domstr. 2 ☎(069)20095
www.designershouse.de
営9:30〜18:30（土曜10:00〜16:00）
休日曜 CM V A 交UDom/Römerから徒歩2分

ストックホルムに本店をもつハイセンスな雑貨店。アメリカやスイスなどで活動するデザイナーのインテリア雑貨やアクセサリーが充実。

黒い星の突き出し看板が目印 R

ツム・シュヴァルツェン・シュテルン

Zum Schwarzen Stern Map P.155-B4

市中心部 住Römerberg 6 ☎(069)291979
www.schwarzerstern.de
営11:30〜24:00 休無休 CM V J A D
交UDom/Römerから徒歩2分

黒い星という意味のレストランで17世紀に今日の姿となった。大戦で破壊されたが再建された。2020年秋まで改修のため休業中。

ポルトガルを愛する店主の雑貨店 

ブランコ・アズール

Branco Azul Map P.155-B4

市中心部 住Domstr. 4 ☎(069)79533708
brancoazul.com
営11:00〜19:00 休日曜 CM V
交UDom/Römerから徒歩2分

食器やティータオルなどの雑貨やユニセックスのルームウエアが並ぶ雑貨店。商品はすべてポルトガルメイド。おみやげ探しにもぴったり。

はみだし情報 ザクセンハウゼンは旧市街の外側で果樹栽培が盛んだったため古くからリンゴ酒が造られていた。リンゴ酒アプフェルヴァインは方言でエッペルヴォイと呼ばれ、フランクフルトの名物ワインになっている。

北ドイツを知るための
キーパーソン
③
文学者

ゲーテ、シラーというドイツの２大文学者、
そして近現代のトーマス・マンとギュンター・グラスが
北ドイツゆかりの作家。
森鷗外はライプツィヒとベルリンに
足跡を残している。

ヨハン・ヴォルフガング・フォン・ゲーテ

Johann Wolfgang von Goethe
1749～1832

『若きヴェルテルの悩み』、『ファウスト』などで知られるドイツを代表する文学者。フランクフルトの豊かな家庭に生まれ、父に法律家をすすめられるが興味をもてず『ゲッツ・フォン・ベルリヒンゲン』でデビューした。ヴァイマール公カール・アウグストの招きでヴァイマールへ行き、そのまま閣僚となってこの地にとどまる。公務の合間に数多くの小説を書き、植物や鉱石の研究もして自然科学者にもなった。政治家としても優れた実績を残した多彩な作家。

トーマス・マン

Thomas Mann
1875～1955

リューベックの豊かな商人の家に生まれたが、100年続いたマン家の会社は父の死によって廃業にいたる。文学少年だった彼は早くから小説を書き、1901年に一族の没落を描いた自伝的小説『ブッデンブローク家の人々』で有名になった。『トニオ・クレーゲル』、『魔の山』、『ヴェニスに死す』など多くの作品がある。ナチスに反発してスイスに亡命。一時期アメリカへも移住するが晩年はスイスで暮らした。

ギュンター・グラス

Günter Grass
1927～2015

ダンツィヒ（現ポーランド領）生まれのドイツ人。デュッセルドルフで石工として働きながら美術学校に通い、詩や小説を書いていた。1959年に『ブリキの太鼓』で有名になる。風刺あふれる作品が評価されて1999年にノーベル文学賞を受賞した。リューベックにあるギュンター・グラス・ハウスでは彫刻家、画家、作家としてのグラスを知ることができる。

Friedrich Schiller
1759～1805

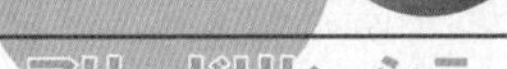

フリードリヒ・シラー

南西ドイツのマールバッハに生まれる。軍人養成学校時代に書いた『群盗』が評判になり、その後戯曲や詩を書き続ける。代表作は歴史に基づく戯曲が多くジャンヌ・ダルクの『オルレアンの乙女』、30年戦争の『ヴァレンシュタイン』、スイス独立運動の『ヴィルヘルム・テル』、スペインの王子『ドン・カルロス』などがあり、いずれもオペラや曲の題材になっている。イエナ大学で歴史を教えていたがゲーテと出会ってヴァイマールへ移る。ライプツィヒで書いた『歓喜に寄せて』は有名。

森鷗外

Ogai Mori
1862～1922

小説『舞姫』、『阿部一族』、『高瀬舟』などの作者。東京大学医学部卒業後に陸軍軍医としてドイツに4年間留学する。最初の1年をライプツィヒで、次の半年間をドレスデンで過ごし、ミュンヘンに1年間滞在した後、最後の1年半はベルリンで細菌学のコッホに師事している。ベルリンでドイツ人女性との出会いがあり、その体験をもとに『舞姫』を書いた。ライプツィヒのアウアーバッハス・ケラーにも通っていたことから、奥に鷗外を描いた壁画がある。

Hotel

フランクフルトは入国、出国の際に利用することが多い町。
1泊なら中央駅周辺にたくさんホテルがあるので、アクセスしやすく便利。
また、欧州有数のメッセ会場の近くにも多くのホテルがある。

一度は泊まってみたい憧れのホテル

フランクフルター・ホーフ

Frankfurter Hof　Map P.155-B3

市中心部 住Am Kaiserplatz　☎(069)21502
ⓘwww.frankfurter-hof.steigenberger.de
料ⓈⓉ €305～　朝食別€38
室303　CMVJAD　Wi-Fi無料
交ⓊWilly-Brandt-Platzから徒歩1分

トーマス・マンの常宿で、今も多くの各界著名人が宿泊する。アーチ状のバルコニーが際立つ外観が、荘厳かつ華麗なドイツの名ホテル。

目立たない入口は意外と客受けがよい

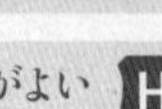

ジュメイラ

Jumeirah Frankfurt　Map P.155-A4

市中心部 住Thurn-und-Taxis-Platz 2
☎(069)2972370　ⓘwww.jumeirah.com/frankfurt
料ⓈⓉ €349～
室218　CMVJAD　Wi-Fi無料
交ⓈⓊHauptwacheから徒歩3分

市街中心部にあり、高層な建物も内部も斬新なデザイン。ハイテク技術を駆使した客室はビジネスパーソンに評判がよい。

お得感がある宿泊なら

ハンブルガー・ホーフ

Hotel Hamburger Hof　Map P.154-B2

中央駅周辺 住Poststr. 10-12　☎(069)27139690
ⓘhamburgerhof.com
料Ⓢ €99～　Ⓣ €122～　室62
CMVJA　Wi-Fi無料　交中央駅から徒歩2分

中央駅を出た左側にある。インテリアはデザイン系で明るくてモダン。サービスの質がよく"3つ星ホテルで5つ星のもてなし"を心がけている。

中央駅の南口を出てすぐ左側へ

モノポール

Hotel Monopol　Map P.154-B2

中央駅周辺 住Mannheimer Str. 11-13
☎(069)227370　ⓘhotelmonopol-frankfurt.com
料Ⓢ €61～　Ⓣ €81～　室95　CMVJAD
Wi-Fi無料　交中央駅から徒歩1分

約100年前の建物で、ファサードは戦災で焼け残った当時のもの。ロビーもクラシックな雰囲気。ミニバーの無料サービスがうれしい。

駅に近いことで昔から人気があった

ナショナル

Centro Hotel National　Map P.154-B2

中央駅周辺 住Baseler Str. 50　☎(069)2426480
ⓘwww.centro-hotels.de
料Ⓢ €56～　Ⓣ €75～　室81　CMVA
Wi-Fi無料　交中央駅から徒歩2分

中央駅南口すぐ。戦前からのホテルで建物は古いが1990年にリニューアルオープンした。客室はクラシックなタイプとモダンなタイプがある。

メッセ周辺ならここ

マイニンガー

Meininger Hotel Messe　Map P.154-B1

メッセ周辺 住Europaallee 64　☎(069)40159052
ⓘwww.meininger-hotels.com
料Ⓢ €59～　Ⓣ €61～　朝食別€9.90
室164　CMV　Wi-Fi無料
交Ⓢ Frankfurt Galluswarteから徒歩11分

メッセ会場から徒歩5分、カラフルな窓が目印。7分ほど歩くと大型ショッピングモール「Skyline Plaza」があり、食事や買い物に便利。4人・6人部屋もあり、メッセ客だけでなく若い旅行者も多い。24時間オープンのバーを併設。ゲスト用のキッチンあり。中央駅から徒歩なら15分。

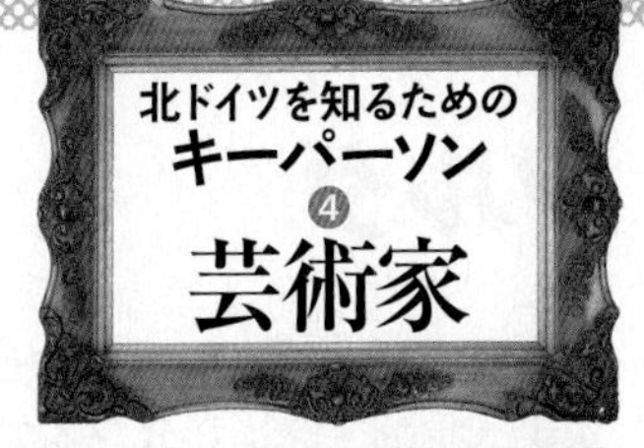

ドイツロマン主義の画家フリードリヒの人気が高く、表現主義ではノルデなどドイツ表現主義が注目されている。コルヴィッツの彫刻は彼女の生きざまを見るようで感動的だ。

カスパー・ダーヴィット・フリードリヒ

Caspar David Friedrich
1774〜1840

リューゲン島に近いグライフスヴァルトで生まれ、ドレスデン美術アカデミーで学ぶ。『リューゲン島の白亜の断崖』で見られるように、風景画はそれを眺めている人物の後ろ姿とともに描かれることが多い。幼い頃に妹を亡くし、その後に弟、そして姉や母を亡くしたことの影響が荒涼とした風景画に見られるといわれている。1824年の『氷の海』（左の写真）は傑作。彼の作品はドレスデンのノイエ・マイスター絵画館とベルリンの旧ナショナルギャラリーに多い。ハンブルクのクンストハレには『氷の海』がある。

マックス・リーバーマン

Max Liebermann
1847〜1935

ベルリンに生まれ、パリやオランダで絵画を学ぶ。田舎の暮らしや風景を描いていたが、伝統に縛られた旧来の芸術を批判して1899年にベルリン分離派を結成、創立者の一人となる。これにはエミール・ノルデやケーテ・コルヴィッツも加わった。作風としてはドイツ印象派とされ、ハンブルクのエルベ河畔『ヤコプ・レストランのテラス』はフランス印象派的な作品で人気がある。彼の作品はベルリンの旧ナショナルギャラリーやハンブルクのクンストハレに多く見られる。

アンドレアス・シュリューター

Andreas Schlüter
1664〜1714

プロイセン王国時代のダンツィヒ（現ポーランド領）生まれ。17世紀後半のベルリン宮廷建築総監ヨハン・アーノルト・ネリングのあとを継いで武器庫（現歴史博物館）を手がける。彫刻家であり、建築家でもあった彼は武器庫を多くの彫像で飾る。とくに中庭の『瀕死の兵士』は大傑作とたたえられている。武器庫で一躍有名になった後に王宮改築を任せられ、胸像柱や彫像を配置したバロック様式の王宮に改築した。しかし王宮給水塔の改築工事に失敗して免職され一線から退く。

エミール・ノルデ

Emil Nolde
1867〜1956

ズュルト島に近いブルカル（現デンマーク領）に生まれる。「ノルデ」は出身地の名前であり、自分の芸術は北海とバルト海に挟まれた故郷の土地に根差している、と述べている。ベルリン分離派やブリュッケなどのグループに一時所属するが、すぐに脱退。1927年にゼービュールに自ら設計した家（現ノルデ博物館）を建て、造園も自分で行った。ナチス時代は退廃芸術の烙印を押され多くの作品が没収される。赤や緑の原色を使った大胆な構図を好み、北ドイツの風景や自宅の草花を描いた油絵や水彩画がたくさんある。

ケーテ・コルヴィッツ

Käthe Schmidt Kollwitz
1867〜1945

東プロイセンのケーニヒスベルク（現ロシア領）で生まれ、ベルリンやミュンヘンで絵を学ぶ。医師と結婚してベルリンに移り、貧しい人たちを描きながら版画や彫刻も手がける。第1次世界大戦で末息子が戦死したことが彼女の作品に影響を与えた。ナチスが政権を掌握すると退廃芸術排斥が始まり、作品没収はなかったが活動を禁止される。1943年にベルリン空襲で家を失うと、彼女のファンだったザクセン王家のエルンスト・ハインリヒ王子が彼女をモーリッツブルクに招いた。提供された屋敷で終戦を目前に亡くなる（→P.213）。

F u l d a

フルダ

Map P.13-B1
人口　6万8500人
市外局番（0661）

ACCESS
鉄道
フランクフルトからICEで約55分、ライプツィヒから約2時間10分、カッセルから約30分。

フルダの観光案内所
住Bonifatiusplatz 1
☎(0661)1021814
ⓘ www.tourismus-fulda.de
開8:30～18:00（土・日曜、祝日9:30～16:00）
休無休

城
住Schloßstr. 1
☎(0661)1021814
開10:00～17:00
ガイドツアーは、10:30と14:00。金曜は14:00のみ。（11～3月の火～金曜も14:00のみ）
休月曜
料€3.50
（ガイドツアー€6）

大聖堂
住Domplatz 1
☎(0661)87207
ⓘwww.bistum-fulda.de
開10:00～18：00（土曜～15:00、日曜、祝日13:00～）

↓ゲーテの定宿だったゴールデナー・カルプフェン

８世紀半ばに宣教師ボニファティウスが修道院を建設したことが町の起源となる。以来、宗教の町として発展した。18世紀の大司教はドイツの名建築家ヨハン・ディーツェンホーファーを起用して大聖堂や司教の館を建設し、フルダは美しいバロックの町となった。ゲーテがヴァイマールからフランクフルトへ帰郷するおりに必ずここに宿泊した。

↑堂々たる大聖堂

フルダの歩き方
Walking

駅を背にバーンホーフ通りを進んでいくと、3ブロック先に大学広場Universitätsplatzがあり、そこから先が旧市街。石畳の細い道が迷路のように広がっているが、狭いエリアなのですべて歩いて回れる。町のいちばんの見どころである**城Stadtschloss**や緑豊かな**宮殿庭園Schlossgarten**、**大聖堂Dom**は旧市街の北側に集まっている。城の南角に面したボニファティウス広場に観光案内所ⓘがある。城は歴代大司教の館で、絢爛豪華な部屋の見学が可能。城の裏側には美しいバロック庭園が広がっている。城の西にあるのがフルダのシンボルである**大聖堂Dom**。その巨大で威風堂々たる姿は大司教の権力を物語っている。聖堂内部の大きさにも圧倒される。城も大聖堂もヨハン・ディーツェンホーファーが手がけたもの。何代にも及ぶ建築家の家系に生まれたバロックの巨匠だ。

↑宮殿庭園の噴水

城から南へ延びるフリードリヒ通り沿いにはレストランやショップが多く、旧市庁舎広場から先のマルクト通りMarktstraße、ミッテル通りMittelstraße、カール通りKarlstraßeは歩行者専用道。カール通りを道なりに南へ歩いていくと泉のある小さな広場へ出る。そこに建つホテル、**ゴールデナー・カルプフェンGoldener Karpfen**はゲーテの定宿だった。ヴァイマールに住んでいたゲーテは故郷のフランクフルトへ帰る途中、フルダで1泊した。その際、いつもここに泊まっていた。宿は4代目が受け継ぎ、今も健在。

はみだし情報 ラインガウではフルダ大司教からのブドウつみ取り許可伝令の到着が遅れた。そのため収穫が遅れたがその遅づみブドウから糖度の高いシュペートレーゼが誕生したのだ。

Wetzlar
ヴェッツラー

ラインの支流ラーン川のほとりに開けた町で、古くから皮なめし業や毛織物業で栄えていた。17世紀末に神聖ローマ帝国の最高法院ができたことから町は文化的活気を帯びてくる。ゲーテは父親の意向で法律家になるため1772年にヴェッツラーの最高法院で学んだ。ヴェッツラーは小型高性能カメラとして名高いライカの本拠地があることでも有名。

ヴェッツラーの歩き方
Walking

観光の中心は旧市街。大聖堂がそびえるドーム広場の周りにはレストランが並び、観光案内所もここにある。大聖堂向かいの家にゲーテが下宿しており、記念額が掛かっている。ドーム広場の南端から続く広場**フィッシュマルクト Fischmarkt**は木組みの家並みが美しく、左端のオレンジの建物は1756年から1806年まで帝国最高法院だった。フィッシュマルクト広場からクレーマー通りKrämerstraßeに下る細い階段があり、下りた角が**ライカのフォトポイントLeica Photo Point Eisenmarkt**。壁に1914年に世界初の小型カメラでこの場所から数m先のアイゼン広場を撮った写真が飾られている。さらに先へ進むと、旧市街の南端のシラー広場Schillerplatzに**イェルザレムハウスJerusalemhaus**がある。ゲーテの友人カール・イェルザレムは人妻に失恋しピストル自殺を図った。この事件を題材にゲーテは『若きヴェルテルの悩み』を書きあげた。館は公開され、イェルザレムが住んでいた当時の様子が再現されている。

↑かわいい家が並ぶフィッシュマルクト

『若きヴェルテルの悩み』の、ロッテのモデルとなったシャルロッテ・ブッフが暮らしていた家**ロッテハウスLottehaus**は旧市街の北東部にある。かつてドイツ騎士団の館だった大きな建物で、現在はシャルロッテが家族と暮らしていた部分が記念館になって当時の面影を伝えている。(住所：Lottestraße 8-10、開館時間：火～日曜の10:00～17:00、月曜休館、入館料：€3)

↑イェルザレムハウス

Map P.13-B1
人口　5万3000人
市外局番（06441）

ACCESS
鉄道
フランクフルトからREで約1時間。旧市街は駅から2kmほどのラーン川左岸（南側）にある。徒歩で30分ほど。バスでは駅から11番で3つ目のライツプラッツLeitzplatzで降りる。

観光案内所
住 Domplatz 8
☎ (06441)997755
www.wetzlar.de/tourismus
開 5～9月
9:00～18:00（土曜10:00～14:00、日曜11:00～15:00）
冬期短縮

ライカ・ギャラリー
Leica Galerie
ヴェッツラーはカメラメーカー「ライカ」の本拠地。郊外にはライツ・パークという写真に関するテーマパークが新設され、その一部は新旧のカメラが展示されたギャラリーになっている。工場の見学も可能。
住 Leica Camera AG
Am Leitz-Park 5
☎ (06441)20800
開 10:00～20：00（土・日曜～18：00）料 無料
交 鉄道駅からバス11番で約20分、Am Leitz-Park 下車

↑新旧モデルのカメラが並ぶ

イェルザレムハウス
Jerusalemhaus
住 Schillerplatz 5
開 14:00～17:00
休 月曜
料 €3

はみだし情報 ライツ・パークには、ライカ・ストアがあり、おみやげにピッタリの雑貨も売られている。このほかにカフェやホテルVIENNA HOUSE ERNST LEITZ HOTELもあり、ライカの世界に浸ることができる。

Eisenach

アイゼナハ

Map P.13-B1
人口　4万2300人
市外局番（03691）

ACCESS

鉄道
フランクフルトからICEで約1時間45分、ライプツィヒから約1時間15分。

アイゼナハの観光案内所
>> Map P.165-A1
住Markt 24
☎(03691)79230
ⓘwww.eisenach.info
開10:00～18:00（土・日曜、祝日～17:00）
休無休

↑案内所はマルクト広場の北側にある

テューリンゲン・カード
ThüringenCard
アイゼナハをはじめ、エアフルト、ヴァイマール、イエナなど、テューリンゲン州の町を回るなら、テューリンゲン・カードがあると便利。美術館や城など約200ヵ所の入場料が無料になるほか、有効期間中はエアフルトの市内交通も乗り放題になる。24時間チケット€19.90のほか、購入した年であれば好きな日を選んで使える3日用€39.90、6日用€59.90があり、3日用、6日用では州内すべての近距離交通機関が1日分乗り放題。ウェブサイトで購入できる。
ⓘwww.shop-thueringen.de

↑アイゼナハの丘にそびえるヴァルトブルク城

バッハが生まれた町として知られるアイゼナハは、ゲーテがたいへん気に入っていた町でもある。公務でしばしば訪れたゲーテは恋人のシュタイン夫人にその美しさを手紙で伝えている。町の高台にそびえるヴァルトブルク城では吟遊詩人たちが集って歌合戦を繰り広げた。それを題材にワーグナーは『タンホイザー』を書き上げている。そしてルターはこの城に身を隠し、新約聖書をドイツ語に翻訳した。ヴァルトブルク城は方伯妃で後に聖人となったエリーザベト伝説でも知られ、1999年にユネスコの世界文化遺産に登録された。アイゼナハはバッハ、ルター、方伯妃エリーザベト、吟遊詩人たちが足跡を残した見どころの多い町である。

アイゼナハの歩き方
Walking

旧市街は中央駅の近くから広がっている。かつての市門だったニコライ門から入ると三角形の**カール広場 Karlsplatz**に出る。広場中央に立っているのは**マルティン・ルターの銅像**。広場からマルクト広場へ続く**カール**

↑マルクト広場のゲオルゲン教会

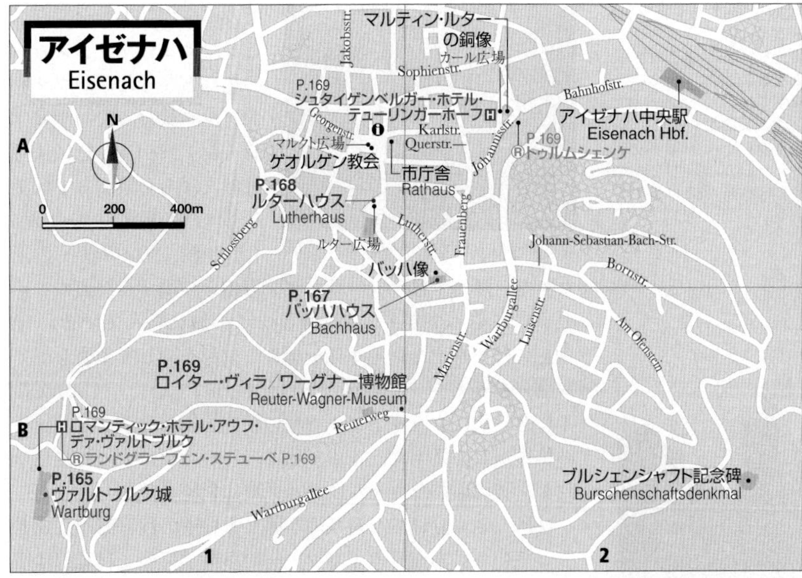

通りKarlstr.は歩行者専用道路でショップやカフェが並ぶにぎやかな通り。マルクト広場に出ると東側角に**市庁舎**Rathausが、北側に市宮殿Stadtschlossだった館があり、そこに観光案内所ⓘがある。南側の**ゲオルゲン教会**Georgenkircheは13世紀にテューリンゲン方伯ルートヴィヒ4世がハンガリー王女エリーザベトと結婚式を挙げ、16世紀の宗教改革時代にはルターが説教をし、17世紀にはバッハが洗礼を受けた由緒ある教会。そこから少し南へ行くと角に**ルターハウス**Lutherhausがある。**バッハハウス**Bachhausはルターハウス前のルター通りLutherstr.を行くと、突き当たりに見えてくる。

世界遺産の**ヴァルトブルク城**Wartburgは市内南西部の高台にそびえている。南東部の高台には学生組合の功績をたたえたブルシェンシャフト記念碑がある。

おもな見どころ
The highlight

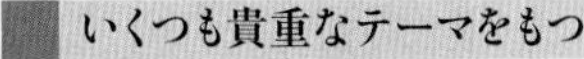

いくつも貴重なテーマをもつ　世界遺産

ヴァルトブルク城　Wartburg

"消滅した文化的伝統"、"文明のまれな証拠となるもの"という世界遺産基準に最もふさわしい城である。これほど歴史と文化に数々の足跡を残した城も珍しい。

城は11世紀後半、後にテューリンゲン方伯となる一族によって建設された。12世紀、ヘッセンからライン地方にま

↑ゲオルゲン教会

ヴァルトブルク城
>> Map P.165-B1
住 Auf der Wartburg 1
☎ (03691)2500
ⓘ www.wartburg.de
開 ガイドツアー8:30～17:00(11～3月9:00～15:30)、英語は13:30～
閉門20:00(11～3月17:00)
休 無休
料 ガイドツアー付き€12、学生€8
写真撮影料€2
交 中央駅からバス3番でヴァルトブルク城へ。終点の駐車場から徒歩20分。またはミニバスで城の近くまで行き、そこから急な上り坂を徒歩5分。3番バスは9:00～17:00の間、1時間に1往復。タクシーの場合も駐車場までしか行かないが、城のすぐ北西側にあるホテル利用者はタクシーでホテルの中庭まで入れる。

✉ タクシーでも城の急坂は通行禁止ですが、別の道を使ってタクシーで城の隣のホテルまで行き、ホテルのレストランを予約して城を見学、ホテルに戻ってくればラクですよ～。(横浜市　沖田めぐみ　'19)['20]

本館見学はガイドツアーに参加
歌合戦の間など観光の中心となる本館はツアーでしか見学できない。ツアーは約45分。英語ガイドは13:30からのみだが、日本語の資料がある。本館見学を終えると代官館の見学は個々に行う。

本館1階エリーザベトの間のモザイク画

で及ぶ広大な土地を所有していたテューリンゲン方伯の拠点となったのがヴァルトブルク城だった。全盛を誇った12〜13世紀には吟遊詩人たちが集まって壮絶な歌合戦を繰り広げた。1211年、ハンガリーの王女エリーザベトはテューリンゲン方伯と結婚するためにアイゼナハにやってきて、夫の死までこの城に住んでいる。16世紀にはマルティン・ルターがここに身を隠して聖書をドイツ語に翻訳した。その後、城は忘れられていくが18世紀後半にゲーテがヴァルトブルク城の歴史的価値を重んじ、建物の修復保存を訴えた。工事が始まったのはゲーテの死後だったが、彼のお陰でヴァルトブルク城は荒廃を免れた。

城は大きく分けて石造りの本館と木骨壁の代官館から成り立っている。本館はガイドツアーのみ見学可能。代官館は博物館になっており、ルターの部屋もここにある。

ヴァルトブルク城、第1の中庭

本館2階の「テューリンゲン方伯の間」

●本館

1階には騎士の間、台所、エリーザベトの間がある。エリーザベトの間には19世紀になってエリーザベトのエピソードがモザイクで描かれた。

2階には礼拝堂があり、そこからエリーザベトのギャラリーと呼ばれる廊下を通って歌合戦の間へ。廊下には19世紀の名

あえて困難な愛に挑戦　吟遊詩人と歌合戦

ドイツでは12世紀初頭からフランスの影響を受けて騎士や貴族のなかからミンネゼンガーと呼ばれる吟遊詩人が現れた。彼らはミンネ（愛）のゼンガー（歌い手）であり宮廷風の恋愛を歌って各地の宮廷を渡り歩いた。彼らの愛は禁欲的であり、恋愛の対象は意図的に手の届かない崇高な婦人や既婚の女性に向けられた。

12世紀前半、テューリンゲン方伯ヘルマン1世のもと、ヴァルトブルク城に吟遊詩人たちが集まり自作の歌を披露して競い合った。この様子は後にリヒャルト・ワーグナーが『タンホイザー』の題材とし、舞台もヴァルトブルクの歌合戦の間を再現して知られるようになった。

シュヴィントが描いた歌合戦の様子

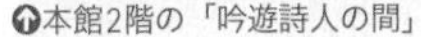
↑本館2階の「吟遊詩人の間」

↑本館3階の「祝宴の間」

画家モーリッツ・フォン・シュヴィントがエリーザベトの生涯を描いた6つの大きなフレスコ画があり、「バラの奇跡」(→P.168コラム)も観ることができる。歌合戦の間にはシュヴィントが1855年に制作した大フレスコ画がある。方伯ヘルマン1世の周りには吟遊詩人として名高いヴォルフラム・フォン・エッシェンバッハやヴァルター・フォン・デァ・フォーゲルヴァイデなどが描かれている。2階の北端には方伯の間があり、玉座が置かれている。

3階は祝宴の間になっている。350m²の柱のない大きな部屋で、バイエルン国王ルートヴィヒ2世はノイシュヴァンシュタイン城に「祝宴の間」をそっくりまねして造らせている。

●代官館

かつての婦人の館には家具調度品やルーカス・クラーナハの絵など、各部屋に美術コレクションが展示されている。代官館にある木製の長い廊下も興味深い。

城内見学のフィナーレを飾るのはルターの部屋。ルターはザクセン選帝侯フリードリヒ3世の庇護を受けて1521年から1522年にかけて10ヵ月間、この部屋で新約聖書をドイツ語に翻訳した。木製の壁には見学者が刻んだ名前などもある。ルターが悪魔の亡霊にインク瓶を投げつけたという伝説もあるが定かではない。

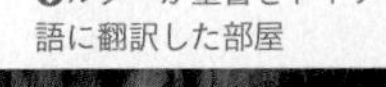
↓ルターが聖書をドイツ語に翻訳した部屋

館の前にバッハの銅像がある

バッハハウス Bachhaus

1685年に生まれたバッハは10歳までアイゼナハで過ごした。1907年に、新バッハ協会は約600年前の古い館を買い取り博物館を設立した。以来、ここはバッハファンの聖地になっている。左の古い建物1階

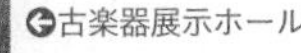
←古楽器展示ホール

バッハハウス
>> Map P.165-A2
住 Frauenplan 21
☎ (03691)79340
ⓘ www.bachhaus.de
開 10:00〜18:00
休 無休
料 €10、学生€6
交 中央駅から徒歩13分

↑バッハの銅像

↑バッハハウス新館のオーディオ室

↑バッハの肖像画

の古楽器展示ホールでは古楽器の実演も行われる。居間の家具はバッハ家が使っていたもので、バッハの作曲室もこんなふうであったと思われる。館の裏に広がる趣のある庭も散歩することができる。2007年に建てられた右の新館は各部屋にハイテク技術が駆使されており、抜群の音響でバッハの曲を聴くことができる。ショップには音楽好きの人へのおみやげに最適なグッズが並んでいる。

ルターハウス
>> Map P.165-A1
住Lutherplatz 8
☎(03691)29830
ⓘ www.lutherhaus-eisenach.com
開10:00～17:00
休11～3月の月曜
料€6、学生€4
交中央駅から徒歩12分

↑カール広場のマルティン・ルター銅像

梁に施された装飾が美しい

ルターハウス Lutherhaus

↑古い館が並ぶルター通りに建つ

15世紀に建てられた木組みの建物で、市参事会員でもあった裕福な市民コッタ家の館。ルターはラテン語学生だった1498年から1501年までをコッタ家で

貧しい者と病める者に短い生涯を捧げた　聖エリーザベト

エリーザベトはハンガリー王アンドラーシ2世の娘として1207年に生まれ、政略結婚のため4歳のときアイゼナハに連れてこられた。14歳になってテューリンゲン方伯ルートヴィヒ4世と結婚し、仲むつまじく暮らしていた。慈愛に満ちたエリーザベトは城を抜け出しては病人を見舞い、飢える者にパンを与えていた。あるときパン籠を持って城を出たところを家来に咎められるが、パンはバラに変わっていたという（バラの奇跡）。1227年に夫が戦死した後は城を追われ、マールブルクで病める者と貧しい者のために身を尽くし、わずか24歳の若さで他界した。死後、彼女は聖人に列せられた。彼女を葬ったマールブルクの聖エリーザベト教会は巡礼教会としてヨーロッパに知れ渡っている。

↑博物館内のガラス絵。パンを与えるエリーザベト

過ごした。館内の展示では学生時代、聖書翻訳時代、神学者としてのルターを紹介している。コッタ婦人と青年ルターを描いた大きな絵や、ルターが3年間過ごしたとされる部屋なども見学できる。

ルターハウスでは充実した展示が見られる

世界第2のワーグナー・コレクション

ロイター・ヴィラ／ワーグナー博物館 Reuter-Wagner-Museum

1階のワーグナー博物館

19世紀ドイツの詩人フリッツ・ロイターが晩年に建てた館で、2階には彼のエレガントな部屋が残されている。この館はリヒャルト・ワーグナー博物館として知られている。ワーグナーはヴァルトブルク城を舞台に1842年に『タンホイザー』を作曲した。アイゼナハ市は19世紀末に、ワーグナーの熱狂的ファンが集めていた莫大なコレクションを買い取り、ロイター・ヴィラの1階に展示した。バイロイトのワーグナー博物館に次ぐコレクションを誇っている。

ロイター・ヴィラ／ワーグナー博物館
» Map P.165-B1
住Reuterweg 2
(03691)743293
開14:00～17:00
休月・火曜
料€4、学生€2
交中央駅から徒歩20分

瀟洒な外観

Restaurant & Hotel

エレガントな雰囲気 R

トゥルムシェンケ
Turmschänke Map P.165-A2

住Karlsplatz 28　(03691)213533
www.turmschaenke-eisenach.de
営18:00～23:00
休日曜　CMVA　交マルクト広場より徒歩5分

かつての市門だった塔の中に1912年、ワイン居酒屋ができた。それを受け継いで2004年にワインレストランがオープン。予算は€30～50。

重厚な階段に感動する H

シュタイゲンベルガー・ホテル・テューリンガーホーフ
Steigenberger Hotel Thüringer Hof Map P.165-A2

住Karlsplatz 11　(03691)280
www.eisenach.steigenberger.de　料Ⓢ €116～Ⓣ€134～　朝食別€17　室126
CMVA　無料　交中央駅からから徒歩6分

古い館で客室はシンプルだが、階段のあるロビーは重々しい。ルターの銅像が立つカール広場に面し、マルクト広場、駅へも徒歩6分と便利。

ガラス張りの部屋で優雅な食事を R

ランドグラーフェン・ステューベ
LandgrafenStube Map P.165-B1

住Auf der Wartburg 2　(03691)7970
wartburghotel.de/essen-trinken/landgrafenstube
営12:00～17:00、18:00～21:30
休無休　CMVAD　交ヴァルトブルク城と同じ

ホテル・アウフ・デァ・ヴァルトブルクのメインダイニング。ゲーテが絶賛した景色を眺めながら洗練された料理を味わえる。予算は€30～80。

城に泊まるようなエレガントな気分 H

ロマンティック・ホテル・アウフ・デァ・ヴァルトブルク
Romantik Hotel auf der Wartburg Map P.165-B1

住Auf der Wartburg 2　(03691)7970
wartburghotel.de　料Ⓢ €189～　Ⓣ €209～
朝食別€19.50　室37　CMVAD
無料　交ヴァルトブルク城と同じ

ヴァルトブルク城の膝下にたたずむ、まるで古城のようなホテル。37室のみのこぢんまりしたホテルだが、高級感に満ちあふれている。

Erfurt

エアフルト

Map P.13-B2
人口　21万3300人
市外局番（0361）

ACCESS

鉄道
フランクフルトからICEで約2時間15分、ライプツィヒから約45分、ドレスデンから約2時間。

市内交通
中央駅から3・6番のトラムで中心部のドーム広場北Domplatz Nordまで約7分、4番でドーム広場南Domplatz Südまで約7分。

⬆立派な館が並ぶアンガー

エアフルトの観光案内所
» Map P.171-A1
住Benediktsplatz 1
☎(0361)66400
ⓘwww.erfurt-tourismus.de
開10:00～18:00（日曜、祝日～15:00）
休無休

テューリンゲン・カード
（→P.164）

⬆クレーマー橋の上から眺めるエアフルトの町

町の中央をゲラ川Geraが流れて町全体に潤いを与えている。橋の上に小さな家が並ぶクレーマー橋は、住居が建てられた橋としてヨーロッパ最長のもの。中世では藍染めが盛んになり町は発展した。大階段を挟んでそびえる大聖堂と聖ゼヴェリ教会はドーム広場に特別な景観を与えている。エアフルトのクリスマス市は全国投票で"ドイツで最も美しいクリスマス市"に選ばれたことがある。

エアフルトの歩き方
Walking

テューリンゲン州の州都だけあって規模は大きいが、観光ポイントは旧市街にまとまっているので歩いて観光することができる。中央駅からバーンホーフ通りを真っすぐ進んで三角形の広場**アンガーAnger**へ。左へ進むと州庁舎がある。ここはゲーテがナポレオンと会見した**州首相官邸Staatskanzlei**（内部は見学不可）。アンガー37-38番の館はかつて文化人**ダッヒェレーデンDacheröden**の館でここのサロンにはゲーテ、シラーのほか多くの文化人が集まった。フンボルト兄弟の兄ヴィルヘルムはダッヒェレーデン家のカロリーネと

⬆文化人が集ったダッヒェレーデンの館

結婚している。

アンガーからシュレッサー通りSchlösserstr.へ。ゲラ川まで来ると、1826年に建てられた**水車小屋**がある。町に50以上あった水車小屋も今ではひとつだけ。ゲラ川に沿ったユンカーザント通りJunkersandにはバッハの両親が住んでいた家とカノンで有名なパッヘルベルの家が並んでいる。パッヘルベルは1678年から1690年までエアフルトのオルガニストだった。

ゲラ川を渡ると観光名所が集まるエリアでにぎやかになる。フィッシュマルクト広場Fischmarktには立派な**市庁舎Rathaus**がそびえ、その先のマルクト通りMarktstr.を西へ行けば突き当たりが大聖堂のある**ドーム広場Domplatz**、東へ行けば**クレーマー橋Krämerbrücke**がある。橋らしい姿を眺めるにはゲラ川が見える橋の北側へ行くのがよい。

⬆市庁舎前のフィッシュマルクト広場はかつては魚市場だった

⬆市庁舎内部には美しい壁画もある

⬆ここが橋の上だとはまったく感じられないクレーマー橋

↑しゃれたレストランが並ぶフィッシュマルクト広場

大聖堂と聖ゼヴェリ教会
>> Map P.171-B1
住Domstufen 1
☎(0361)6461265
ⓘwww.dom-erfurt.de
開9:30～18:00（日曜、祝日13:00～、11～4月～17:00）
休無休
料無料
交トラムDomplatzから徒歩1分

↑大きな祭りのときは移動遊園地もやってくる

市庁舎
>> Map P.171-A1
住Fischmarkt 1
☎(0361)6550
ⓘwww.erfurt-tourismus.de
開8:00～18:00（水曜～16:00、金曜～14:00、土・日曜、祝日10:00～17:00）
休催事で使用中の日
料無料
交トラムFischmarkt/Rathausから徒歩1分

おもな見どころ
The highlight

ふたつの教会は町のシンボル

大聖堂と聖ゼヴェリ教会　Dom / Severikirche

ドーム広場は2万m^2もある大広場で、東側には美しい木組みの家が並んでいる。大聖堂は742年に宣教師ボニファティウスによって設立された礼拝堂が基礎となり、12世紀にロマネスク様式の教会になった。その一部が正面入口に保存されている。ゴシック様式になったのは14世紀前半のこと。堂内の見どころは14世紀のステンドグラス、12世紀に作られたドイツ最古の金属製立像であるヴォルフラム燭台、16世紀にルーカス・クラーナハ（父）が描いた聖母マリアの板画など。

聖ゼヴェリ教会は9世紀にマインツ大司教が聖ゼヴルスの遺骨をここにあったベネディクト派の修道院に移したのが始まりとされている。大聖堂に比べて簡素だが装飾的で美しいオルガンがある。

←大聖堂（左）と聖ゼヴェリ教会（右）の間にある大階段はエアフルトの名所

→大聖堂内部にあるルーカス・クラーナハの聖母マリアの板画

内部を無料で見学できる

市庁舎　Rathaus

フィッシュマルクト広場に建つネオゴシック様式の建物。ホールや階段の間には、テューリンゲン地方の歴史や伝説に関する美しい壁画がある。ルターは法律家を目指してエアフルト大学で学んでいたが、在学中に修道士になる決意をした。そのときの苦悩を描いた壁画も見られる。市庁舎北側のマルクト通りには、16世紀末に建てられたギルドハウス（同業者組合の家）と呼ばれる美しい館が並んでいる。

→宗教家になることを父に反対されて苦しむルターの壁画

↑市庁舎内ホールには美しい壁画が物語のように描かれている

知らなければ橋とは気づかない

クレーマー橋 Krämerbrücke

⬆ゲラ川の中州をまたいで架かるクレーマー橋

全長120mのクレーマー橋は、ヨーロッパ最長の家屋付きの橋。初めて文献に現れるのは1117年で、早くから橋の上に屋台が並んでいた。たび重なる火災のため木造橋は1325年に石橋となる。1472年の大火の後、店舗と住居用の木組みの家屋62軒が建築され、橋の幅はそれまでの19mから26mになった。やがて小売商人（クレーマー）Krämerの橋としてクレーマー橋という名が定着する。家々は再建と拡張を繰り返し、18世紀以降は32軒が連なっている。橋と旅人を守るために建てられた両端の教会のうち、東側のエギーディエン教会は今も残り、塔に上れば橋と町が一望できる。現在、個人所有の家は4軒のみでそれ以外は市が管理しており、31番地の家は橋の歴史を紹介した**クレーマー橋資料館**になっている。

クレーマー橋資料館
>> Map P.171-A2
住 Krämerbrücke 31
☎ (0361)6548381
ⓘ www.erfurt.de
開 10:00〜18:00
休 無休
料 無料
交 トラムFischmarkt/Rathausから徒歩3分

いわれを知っているとおもしろい

ヴァーゲ小路 Waagegasse

⬆曲がりくねった道を歩いてみよう

マルクト通りの1本北側に狭いヴァーゲ小路がある。ヴァーゲとは秤（はかり）という意味で、この通りで藍染めに必要なタイセイを商人たちが量り売りしていた。商人たちが建てた倉庫は馬車が出入りできるように戸口が大きい。藍染めには副原料として尿が必要だったため、町のどの居酒屋にも尿をためる場所があったという。

ヴァーゲ小路
>> Map P.171-A1

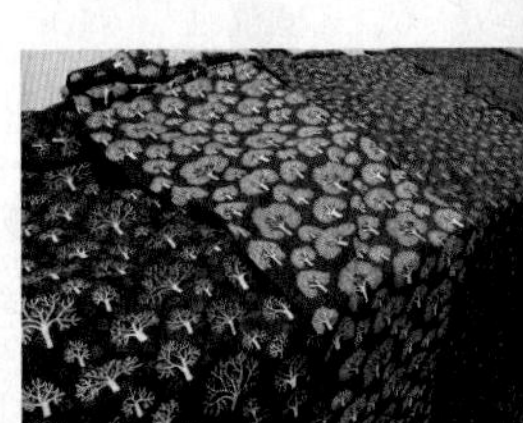
⬆今も町の郊外で細々と続けられる伝統の藍染め

ルターが暮らした

アウグスティーナー修道院 Augustinerkloster

旧市街の北端に、ルターが1505年から1511年まで修道僧として暮らしていたアウグスティーナー修道院がある。修道院裏側のキルヒガッセKirchgasseは中世の面影を残した古い小路で雰囲気がいい。

➡ルターが過ごしたアウグスティーナー修道院

アウグスティーナー修道院
>> Map P.171-A2
住 Augustinerstr. 10
☎ (0361)576600
ⓘ www.augustinerkloster.de
開 修道院付属の教会8:00〜18:00
休 無休
料 無料
交 トラムAugustinerklosterから徒歩3分

アウグスティーナー修道院には宿泊施設がある。シンプルだが清潔で設備も整っている。シングル、ツインがある。詳細は修道院のウェブサイトで。

エアフルト
クレーマー橋MAP

ゲラ川に架かるクレーマー橋は木組みの家がぎっしり並ぶ楽しい橋。全長120mの橋の上を、店をのぞきながら行ったり来たり。すぐに橋とは気づかないから「クレーマー橋はどこ?」そう橋の上で聞かないように要注意!?

裏に回ると
全景が橋だということがわかる。
橋の下に流れるのはゲラ川。

ベネディクト広場
陶器のおみやげ屋さん
ドームプラッツ側から入ると橋だということはまったくわからないので要注意!
雑貨店
アンティーク屋さんのご主人は気さくでとってもおしゃれ!
メカニック劇場 & 雑貨屋さん
リカーショップ
ガラスのおもちゃの店
クレーマー橋資料館
ギャラリー
ギャラリー
手作り宝飾店
ヨーロッパ各地の現代作家の作品が並ぶ
本屋さん
銅版画の店
カフェ
食器などのアンティーク屋さん
アクセサリー
母子で営むshop. プラムの木で作ったアクセサリーが主流
コインの店
写真館
カードギャラリー
左きき専門店
ジャーマンリネンのワンピースやハンカチのアンティークが手頃な価格で見つかる
ハサミや調理器具などが揃う
ハーブ店
洋服・布のアンティーク
イタリアのオリーブの木を使った小物がかわいい
陶器の店
カフェや雑貨などかわいいショップばかり

木の小物の店
藍染めの店
チョコレート専門店
テキスタイルの店
いつも行列が絶えない人気店。パッケージもすてき♥
ワイン&ジャムの店
冬場もやっているアイスクリーム屋さん

カフェ
エギーディエン教会

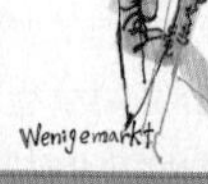

Wenigemarkt

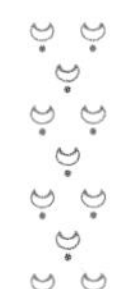

Restaurant & Hotel

エアフルトはぜひ泊まって観光したい町。
高級ホテルはないが駅の近くや旧市街に使い勝手のよいホテルがある。
レストランは市庁舎近くとクレーマー橋の東側に集中している。
テューリンゲン風ソーセージ、テューリンガー・ブラートヴルスト（→P.29）をぜひ。

古めかしさがよりよい雰囲気をつくる　R

ツム・ギュルデネン・ラーデ

Zum Güldenen Rade　Map P.171-A1

住Marktstr. 50　☎(0361)5613506　ⓘwww.zum-gueldenen-rade.de　営11:00～24:00（日曜～22:00）　休無休　CMVA
交トラムFischmarkt/Rathausから徒歩2分

1551年に建てられた貴族の家で、黄金の輪という意。町を代表するテューリンガー料理レストラン。写真は豚肉のオーブン焼き黒ビールソース。

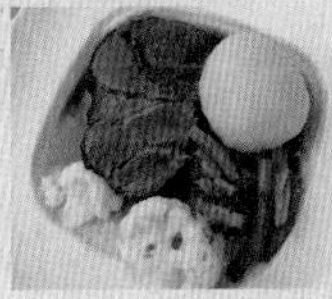

ケーキの種類も豊富なカフェ　R

ゴールドヘルム・ショコラーデン・マヌファクトゥア

Goldhelm Schokoladen Manufaktur　Map P.171-A1

住 Kreuzgasse 5　☎(0361)6441880　ⓘwww.goldhelm-schokolade.de　営木～日曜12:00～18:00（土曜～17:00）　休月～水曜（アイスクリーム店は無休）　CMV　交トラムFischmarkt/Rathausから徒歩3分

ケーキやチョコとアイスクリームが評判のカフェ。街歩きのひと休みにちょうどいい。クレーマー橋に姉妹店あり。

名物テューリンガーを座って食べる　R

ファウスト・フード・インハウゼ・グリル

Faust Food INHAUSE GRILL　Map P.171-A1

住Waagegasse 1　☎(0361)64436300
ⓘwww.faustfood.de
営11:00～22:30　休日・月曜
C不可　交トラムFischmarkt/Rathausから徒歩3分

テューリンゲン風ソーセージは、屋台のグリルで焼いたものが一番おいしい。ビールを飲みながらゆっくり座って食べるならぜひこの店で。

大聖堂近くにある　H

ドミッツィエル

Domizil　Map P.171-A1

住Andreasstraße 36　☎(0361)38033100
ⓘwww.hotel-domizil-erfurt.de　料朝食付きⓈ€105～　Ⓣ€125～　室11　CMVA　無料
交中央駅からトラム3、6番でDomplatz Nord下車、またはトラム2、4番でDomplatz Süd下車徒歩2分

300年以上の歴史をもつ古い建物を使ったホテルで、快適に滞在できる。窓から大聖堂が見える部屋がおすすめ。

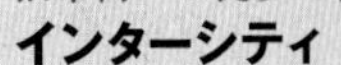

旧市街へは徒歩で行ける　H

インターシティ

InterCityHotel Erfurt　Map P.171-B2

住Willy-Brandt-Platz 11　☎(0361)56000
ⓘde.intercityhotel.com/Erfurt　料Ⓢ€95～
Ⓣ€106～　朝食別€15　室160　CMVJAD
無料　交中央駅から徒歩1分

中央駅に隣接していて便利。宿泊者すべてに滞在中の市内公共交通パスが提供される。中心部へ向かうトラムの停留所も目の前にある。

朝食がとてもおいしい　H

ツムノルデ

Zumnorde　Map P.171-B2

住Anger 50-51（入口はWeitergasse 26）
☎(0361)56800
ⓘwww.hotel-zumnorde.de
料Ⓢ€74～　Ⓣ€105～　朝食別€18　室57
CMVA　無料　交中央駅から徒歩10分

アンガーとゲラ川の間にある古い館を改装したホテルで、中庭の雰囲気もいい。朝食は質がよくてボリュームもたっぷり。

Hotel Domizil　ホテル・ドミッツィエルはおすすめ。駅前から3番のトラムに乗ってDomplatzで降りるとすぐ。ホテルの人はとても感じよく、部屋もおしゃれ。（大田区　ちいこ　'16）['20]

Weimar

ヴァイマール

Map P.13-B2
人口　6万5000人
市外局番（03643）

世界遺産
古典主義の都 ヴァイマール

ACCESS

鉄道
フランクフルトからICE、REで約2時間40分、エアフルトからREで約15分。ライプツィヒからRBで約1時間20分。

ヴァイマールの観光案内所
(03643)7450
www.weimar.de
» Map P.177-B2
住Markt 10
開9:30～18:00（日曜、祝日～14:00。1～3月の月～金曜は～17:00、土・日曜、祝日～14:00）
休無休

市内交通
駅前から2・4・6・7番のバスに乗ってゲーテ広場Goetheplatzで降りると、進行方向左側から旧市街が始まる。
料中心部1回券€2.10
1日乗車券€5.40

テューリンゲン・カード
(→P.164)

ヴァイマール・カード
市内にある博物館などの20ヵ所以上の見どころの入場料、市バスやガイドツアーの料金が無料になるお得なカード。48時間有効で€32.50。詳しくは観光案内所で。

緑豊かな低地に広がるさわやかな町。ゲーテはヴァイマール公国の宰相として長くヴァイマールに住んだ。彼を訪ねて多くの文化人がここを訪れたため、19世紀初頭に古典主義文化が開花した。1919年にヴァイマール国民劇場で憲法制定会議が行われ、ヴァイマール共和国が誕生している。同じ年に美術、工芸、建築の総合学校バウハウスが開校し、ここから近代建築、デザインの巨匠たちが生まれていく。文豪ゲーテ、シラー、音楽家フランツ・リストなどの住居、ヴァイマール大公の城、バウハウス関連施設など、小さな町であるのに見どころが多い。

↑劇場広場に立つゲーテとシラーの像

ヴァイマールの歩き方
Walking

中央駅から延びるカール・アウグスト通りCarl-August-Alleeは緩やかな下り坂で旧市街に通じている。旧市街までは徒歩15分ほど。

歩行者専用のヴィーラント通りWielandstr.を入ると劇場広場Theaterplatzに出る。広場中央に立つのは1857年に制作されたゲーテ（左）とシラー（右）の銅像。**シラーの住居Schillers Wohnhaus**が建つシラー通りSchillerstr.を通ってマルクト広場Marktへ。広場の西側には市庁舎Rathausが、東側の装飾的な建物群のなかにクラーナハの家

←いつも観光客でにぎわうシラー通り（左）、マルクト広場の西側いっぱいに建つ市庁舎（右）

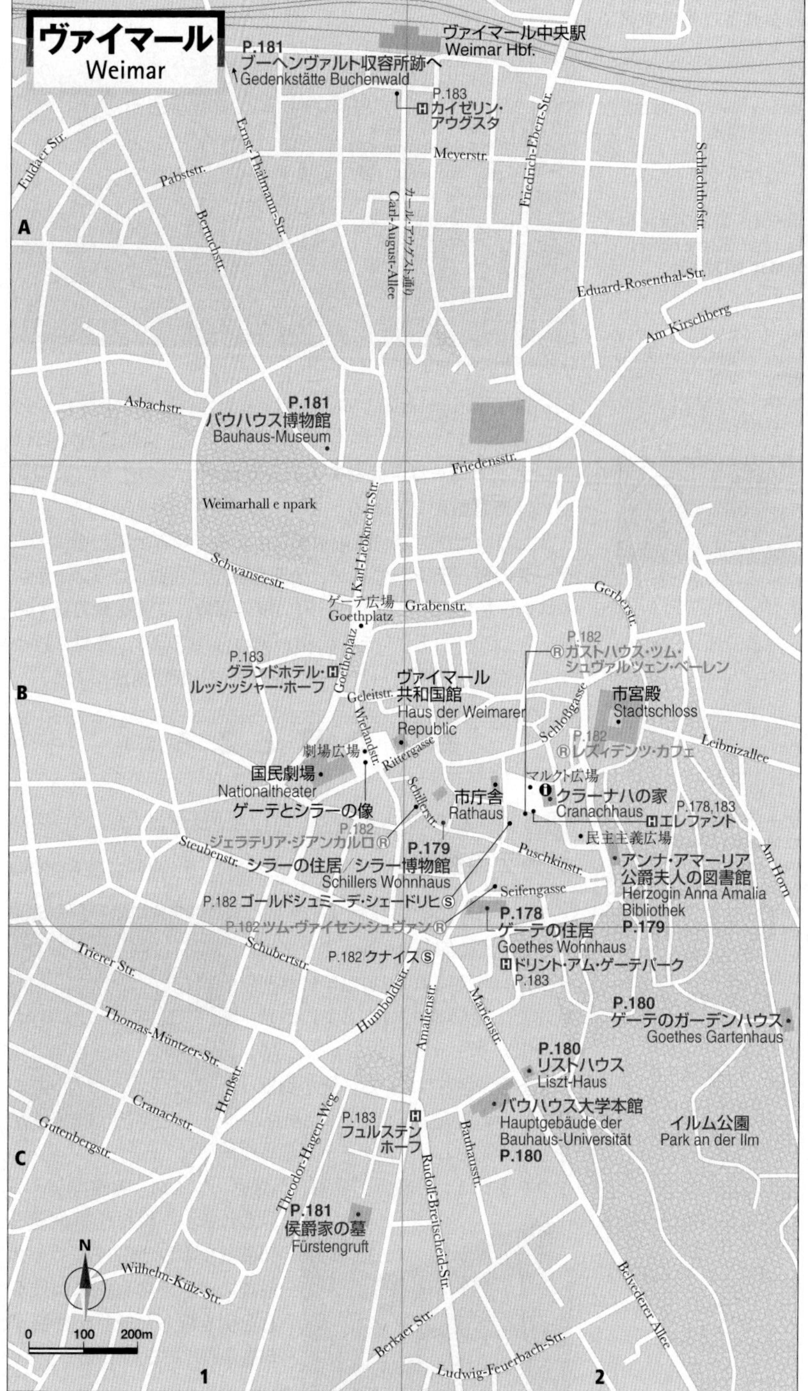
ヴァイマール
Weimar
ヴァイマール中央駅
Weimar Hbf.
P.181
ブーヘンヴァルト収容所跡へ
Gedenkstätte Buchenwald
P.183
カイゼリン・アウグスタ
P.181
バウハウス博物館
Bauhaus-Museum
Weimarhall e npark
ゲーテ広場
Goethplatz
P.183
グランドホテル・ルッシッシャー・ホーフ
ヴァイマール共和国館
Haus der Weimarer Republic
P.182
ガストハウス・ツム・シュヴァルツェン・ベーレン
市宮殿
Stadtschloss
P.182
レズィデンツ・カフェ
劇場広場
国民劇場
Nationaltheater
ゲーテとシラーの像
市庁舎
Rathaus
マルクト広場
クラーナハの家
Cranachhaus
P.178,183
エレファント
民主主義広場
P.182
ジェラテリア・ジアンカルロ
P.179
シラーの住居／シラー博物館
Schillers Wohnhaus
アンナ・アマーリア公爵夫人の図書館
Herzogin Anna Amalia Bibliothek
P.179
P.182 ゴールドシュミーデ・シェードリヒ
P.182 ツム・ヴァイセン・シュヴァン
P.178
ゲーテの住居
Goethes Wohnhaus
ドリント・アム・ゲーテパーク
P.183
P.182 クナイス
P.180
ゲーテのガーデンハウス
Goethes Gartenhaus
P.180
リストハウス
Liszt-Haus
バウハウス大学本館
Hauptgebäude der Bauhaus-Universität
P.180
イルム公園
Park an der Ilm
P.183
フュルステンホーフ
P.181
侯爵家の墓
Fürstengruft
Fuldaer Str.
Pabststr.
Ernst-Thälmann-Str.
Bertuchstr.
Meyerstr.
カール・アウグスト通り
Carl-August-Allee
Friedrich-Ebert-Str.
Schlachthofstr.
Eduard-Rosenthal-Str.
Am Kirschberg
Asbachstr.
Friedensstr.
Karl-Liebknecht-Str.
Schwanseestr.
Grabenstr.
Gerberstr.
Goetheplatz
Geleitstr.
Wielandstr.
Rittergasse
Schloßgasse
Leibnizallee
Schillerstr.
Steubenstr.
Puschkinstr.
Seifengasse
Am Horn
Trierer Str.
Schubertstr.
Humboldtstr.
Amalienstr.
Marienstr.
Thomas-Müntzer-Str.
Henßstr.
Cranachstr.
Gutenbergstr.
Theodor-Hagen-Weg
Rudolf-Breitscheid-Str.
Bauhausstr.
Wilhelm-Külz-Str.
Belvederer Allee
Berkaer Str.
Ludwig-Feuerbach-Str.
A
B
C
1
2
N
0
100
200m

ヴァイマールの歴史的な見どころの情報サイト
ⓘwww.klassik-stiftung.de
ゲーテやシラーの関連施設や城、バウハウス博物館などの詳細情報。

ホテル・エレファント
Hotel Elephant
>> Map P.177-B2
かつてメンデルスゾーンやバッハ、リスト、ワーグナー、トルストイ、トーマス マンらが泊まった由緒あるホテル。マルクト広場でヴァイマールの歴史を見つめてきた建物だ。

⇧300年以上の歴史をもつホテル・エレファント

ゲーテの住居
>> Map P.177-B2
住Frauenplan 1
☎(03643)545400
ⓘwww.klassik-stiftung.de
開9:30～18:00(10月下旬～3月下旬は～16：00)
休月曜
料€12.50、学生€9
交バスWielandplatzから徒歩1分

⇧マルクト広場の東側、真ん中の建物がクラーナハの家

Cranachhausがある。クラーナハは亡くなる4年前にこの家に移り、1553年に亡くなった。マルクト広場の近くには**アンナ・アマーリア公爵夫人の図書館**が、東のイルム公園北側には**市宮殿**が見られる。

少し離れた所では、町の東側に広がるイルム公園の中ほどに**ゲーテのガーデンハウス**が、公園を挟んだ西側にはリストがレッスンをしていた家がある。町の南の墓地には**侯爵家の墓**があり、そこにゲーテとシラーの棺が納められている。郊外にはナチスの強制収容所だった**ブーヘンヴァルト収容所跡**がある。

おもな見どころ
The highlight

ゲーテが亡くなるまで50年間住んでいた家

ゲーテの住居　Goethes Wohnhaus

ゲーテは1709年に建てられたバロック様式の館をカール・アウグスト公から与えられ、1782年に移り住んだ。見学コースの18室には家具などがゲーテが住んでいた当時のままで保存されている。展示物ではゲーテの遺愛品、何ごとにも興味をもち研究熱心だったゲーテが集めたコレクションの数々、手稿、肖像画、コイン、陶磁器などが見られる。立派な仕事部屋と図書室も見応えがある。コース最後のゲーテの寝室には彼が息を引き取ったひじかけ椅子が置かれている。

⇧ゲーテの寝室

⇦植物が好きだったゲーテの庭

並木道に面した古い館

シラーの住居／シラー博物館 Schillers Wohnhaus

シラーが亡くなる前の3年間、住んでいた館。シラーの仕事部屋、寝室、再現された立派な台所などが見られる。『メッシーナの花嫁』や『ヴィルヘルム・テル』、『ヴァレンシュタイン』など彼の代表作の戯曲画が展示されている。

館の裏側にはシラー博物館Schiller-Museumが併設され、彼の作品を詳しく紹介している。

←シラー通りに面したシラーの住居。この裏に博物館がある

↑シラーの寝室

シラーの住居／シラー博物館
>> Map P.177-B2
住Schillerstr. 12
☎(03643)545400
ⓘwww.klassik-stiftung.de
開9:30～18:00(10月下旬～3月下旬は～16:00)
休月曜
料€8、学生€6.50
交バスWielandplatzから徒歩4分

エレガントな公爵夫人を想像する

アンナ・アマーリア公爵夫人の図書館 Herzogin Anna Amalia Bibliothek

カール・アウグスト公の母アンナ・アマーリアはヴァイマールの文化発展に貢献した。1691年には美しい図書館を創設し、この建物は世界遺産に登録された。淡いグリーンのロココ様式ホールがある建物は"緑の城"とも呼ばれている。

↑教養の高かった夫人の図書館

アンナ・アマーリア公爵夫人の図書館
>> Map P.177-B2
住Platz der Demokratie 1
☎(03643)545400
ⓘwww.klassik-stiftung.de
開9:00～17:00（ロココホールは9:30～14:30）
休月曜
料ロココホール€8、学生€6.50　ロココホールの見学は人数制限あり。希望者はサイトで予約するか開館前に並ぶ必要あり。
交バスWielandplatzから徒歩5分

恋愛が常に作品へのエネルギーとなったゲーテ

ゲーテは恋愛と破局を繰り返しながらそのつど優れた作品を生み出した。始まりはライプツィヒ。学生ゲーテが愛したケートヒェンとは続かず、その後ストラスブールで恋に落ちたフリーデリケのことも捨てるが、この体験が『ファウスト』の題材の一部となった。次にヴェッツラーへ行ったゲーテは婚約者がいたシャルロッテに夢中になる。恋は実らず、想いは『若きヴェルテルの悩み』へと昇華された。26歳のゲーテはヴァイマール公国へ招かれ、7歳年上のシュタイン夫人と出会う。彼女への愛は12年間も続いた。極め付きはカルロヴィヴァリのウルリカとの恋。ゲーテは真剣に結婚を望んだが彼女の両親の猛反対で破局。このときゲーテ72歳、ウルリカ19歳。なんと年齢差53歳!!　この体験から『マリーエンバートの哀歌』が生まれた。生涯にわたり、常に本気で恋をしたゲーテの血潮が、多くの傑作を生み出したというわけだ。

ゲーテの息抜きだった小館

ゲーテのガーデンハウス Goethes Gartenhaus

⬆庭園から眺めるガーデンハウス

市の東側に広がる広大なイルム公園の中にあり、カール・アウグスト公はこの邸宅をヴァイマールにやってきたゲーテに提供した。小さな家に見えるが中は意外と広い。町なかの住居に移ってからもゲーテはここを訪れて休息していた。細長い庭があり、ゲーテの時代と同じように草花が植わっている。この庭でゲーテの妻クリスティアーネが野菜や果物を栽培していた。

ゲーテのガーデンハウス
» Map P.177-C2
住 Park an der Ilm
☎ (03643)545400
ℹ www.klassik-stiftung.de
開 10:00～18:00（10月下旬～3月下旬は～16:00）
休 月曜
料 €6.50、学生€5
交 バス Wielandplatzから徒歩6分、または中央駅からタクシーで5分

夏場のレッスン室となっていた

リストハウス Liszt-Haus

リストが1869年から1886年まで夏の間ここに住み、各国から集まった生徒たちにピアノを指導していた。1階は展示室になってリストの胸像などが置かれている。上階は住居で、居間や仕事部屋、寝室、食堂などを見ることができる。

⬆リストハウス1階の展示室

⬆ここでリストはピアノを教えていた

リストハウス
» Map P.177-C2
住 Marienstr. 17
☎ (03643)545400
ℹ www.klassik-stiftung.de
開 10:00～18:00（10月下旬～3月下旬は～16:00）
休 火曜
料 €4.50、学生€3.50
交 バス Wielandplatzから徒歩4分

学内見学はいつでも可能　世界遺産

バウハウス大学本館 Hauptgebäude der Bauhaus-Universität

ヴァイマールに開校した美術工芸学校バウハウスが1925年にデッサウへ移ってから、バウハウスの理念を受け継ぐ教

⬆バウハウスの流れをくむ大学

バウハウス大学本館
» Map P.177-C2
住 Geschwister-Scholl-Str. 8
☎ (03643)583001（ビジターセンター）
ℹ www.uni-weimar.de
開 大学が開いているときは自由にキャンパスを見学できる
休 大学が休みの日
料 無料
交 バス Wielandplatzから徒歩5分

バウハウスアトリエ・インフォショップカフェ
ℹ https://www.uni-weimar.de/en/university/profile/bauhausatelier/
バウハウス大学の中心的なインフォメーションセンター。書籍やおみやげにもなりそうな小物を売るショップや、カフェがある。

師たちによって建築や土木関係の工業デザイン大学が残った。これは1996年、正式にバウハウス大学となった。現在は建築、土木工学、造形美術、デザイン、メディアを中心とする各分野で全世界から集まった若者が学んでいる。

家具や小物にもバウハウスデザインが生きる

バウハウス博物館 Bauhaus-Museum

創立100周年の2019年に新館が完成。広いホールにはバウハウスの初代校長ヴァルター・グロピウス、教鞭を執っていた画家のライオネル・ファイニンガーやヨハネス・イッテンらの作品が展示され、バウハウスの理念が紹介されている。

↑リニューアルオープンした博物館

バウハウス博物館
>> Map P.177-A1
住Stéphane-Hessel-Platz 1
☎(03643)545400
ⓘwww.klassik-stiftung.de
開9:30〜18:00
休火曜
料€10、学生€7
交中央駅から徒歩10分

侯爵家の墓に入った文豪たち

侯爵家の墓 Fürstengruft

長方形の広い歴史的共同墓地Historischer Friedhofの中央に、大公に叙せられたカール・アウグストが建てた墓所がある。歴代侯爵、公爵、大公たちの棺が並び、地下に下りていくと最初の左側にゲーテの棺が、その隣にシラーの棺が置かれている。シラーの棺は空とのうわさがある。

↑侯爵家の墓の地下にゲーテとシラーの棺が納められている

侯爵家の墓
>> Map P.177-C1
住 Historischer Friedhof, Am Poseckschen Garten
☎(03643)545400
ⓘwww.klassik-stiftung.de
開10:00〜18:00（10月下旬〜3月下旬は〜16:00）
休火曜
料€4.50、学生€3.50
交バスWielandplatzから徒歩4分

収容施設の跡が並ぶ広大な敷地

ブーヘンヴァルト収容所跡 Gedenkstätte Buchenwald

1937年から1945年まで25万人のユダヤ人が収容されていた。そのうち5万人以上の人々が犠牲になった。収容施設はすべて撤去され跡地には4つの展示館、収容所門、見張塔、火葬場、移送駅、SS地区、墓場などがある。記念の群像はバス終点のひとつ手前で降りた鐘塔の下にある。

↑展示館

↑ブーヘンヴァルト収容所跡の入口

ブーヘンヴァルト収容所跡
>> Map P.177-A1域外
住Buchenwald
☎(03643)430200
ⓘwww.buchenwald.de
開10:00〜18:00（11〜3月は〜16:00）、入場は30分前まで
休月曜
料無料
交中央駅からバスでBuchenwald/Gedenkstätte下車

バウハウスの新館完成にともない、旧博物館があった場所にはヴァイマール憲法がテーマの展示施設ヴァイマール共和国館Haus der Weimarer Republikがオープンした。ⓘhttps://www.hdwr.de

Restaurant & Shop

ゲーテとシラーの銅像が立つ劇場広場周辺、マルクト広場周辺、
ゲーテの住居があるフラウエンプランFrauenplanにレストランが集中している。
イチョウの葉をモチーフにしたものやバウハウスデザイン小物など、
センスのよいみやげ物が見つかる。

テューリンゲン料理が味わえる R

ガストハウス・ツム・ヴァイセン・シュヴァン

Gasthaus Zum Weißen Schwan Map P.177-B2

住Frauentorstr. 23 ☎(03643) 908751
ⓘwww.weisserschwan.de
営11:00〜23:00 休無休 CMVA
交バスWielandplatzから徒歩3分

ゲーテが"自分の台所"と言って頻繁に訪れた店。平成5年に上皇上皇后両陛下が訪れた部屋は、記念室になっており、当時の写真が飾られている。

瀟洒な館が目を引く R

ジェラテリア・ジアンカルロ

Gelateria Giancarlo Map P.177-B2

住Schillerstr. 11
ⓘwww.gelateria-giancarlo.de
営9:00〜20:00 休無休 C不可
交バスWielandplatzから徒歩5分

シラー通りの角にある、しゃれた館のイタリアンカフェ。ケーキとアイスクリームのほかに、パスタやピッツァなどの軽食も食べられる。

広場のテラス席も気持ちがいい R

ツム・シュヴァルツェン・ベーレン

Zum Schwarzen Bären Map P.177-B2

住Markt 20 ☎(03643)853847
ⓘwww.schwarzer-baer.de
営11:00〜22:00 休月曜 CMV
交バスWielandplatzから徒歩4分

マルクト広場に面した黒熊亭という名のレストラン。テューリンゲン料理が自慢の店で、テューリンゲン風ソーセージもある。テラス席が人気。

ここで作るオリジナルのアクセサリー S

ゴールドシュミーデ・シェードリヒ

Goldschmiede Schädlich Map P.177-B2

住Frauentorstr. 1 ☎(03643)850702
ⓘwww.goldschmiede-schaedlich.de
営9:30〜18:00（土曜10:00〜16:00） 休日曜、祝日 CMVA 交バスWielandplatzから徒歩4分

ゲーテの詩で有名になり、ヴァイマールのシンボルとなったイチョウの葉をモチーフにした美しいアクセサリーが種類豊富に揃っている。

市宮殿の前にある老舗 R

レジデンツ・カフェ

Residenz-Café Map P.177-B2

住Grüner Markt 4 ☎(03643)59408
ⓘwww.residenz-cafe.de
営8:00〜23:00（日曜〜17:00） 休無休
CMV 交バスWielandplatzから徒歩7分

創業1839年という歴史を誇る、ヴァイマールに現存する最古のカフェ。ケーキもおいしいが軽食も人気で、昼食時はいつも混雑している。

オリジナルのバウハウスデザイン S

クナイス

Kneisz Map P.177-C2

住Wielandplatz 3 ☎(03643)901678
ⓘwww.kneisz.de
営10:00〜18:30（土曜〜14:00） 休日曜、祝日
CMVA 交バスWielandplatzからすぐ

小物雑貨店で、バウハウスのデザイン小物を集めたコーナーがある。ティーカップ€39.90、エッグスタンド€14.95など、見るだけでも楽しい。

Hotel

社会主義時代も守られてきた伝統ある
有名なホテルは旧市街にある。
駅前のホテルも質がよい。
古い町らしく、レストランを兼ねた
旅籠のようなホテルも健在だ。

ゲーテの住居近くの高級ホテル
ドリント・アム・ゲーテパーク
Dorint Am Goethepark Weimar Map P.177-C2

住Beethovenplatz 1-2　☎(03643)8720
ℹ hotel-weimar.dorint.com　料Ⓢ €119～　Ⓣ €134～　朝食別€23　室143　CM V J A D
Wi-Fi無料　交バスWielandplatzから徒歩3分

ドイツとスイスに展開する高級ホテルチェーン。主要な見どころはすべて徒歩圏内で、通りの反対側はイルム公園という抜群のロケーション。

優雅さが漂う歴史あるホテル
グランドホテル・ルッシッシャー・ホーフ
Grand Hotel Russischer Hof Map P.177-B1

住Goetheplatz 2　☎(03643)7740
ℹ russischerhof-weimar.de　料Ⓢ €170～　Ⓣ €224～　朝食別€23　室126　CM V J A D　Wi-Fi無料
交バスGoetheplatzから徒歩2分

19世紀に建てられたホテルで、客室もクラシック。バス停が目の前にあり旧市街の劇場広場はすぐ近く。交通の便もよく市内観光に便利。

駅前広場にあるクラシックなホテル
カイゼリン・アウグスタ
Kaiserin Augusta Map P.177-A1

住Carl-August-Allee 17　☎(03643)2340
ℹ www.hotel-kaiserin-augusta.de　料Ⓢ €64　Ⓣ €75～　朝食別€12　室134　CM V J A D
Wi-Fi無料　交中央駅から徒歩1分

1867年に建てられた館は大戦の難を免れた。客室はモスグリーンを基調とした上品なもの。1階角のレストランは明るくて感じがよい。

マルクト広場に面して建つ
エレファント
Elephant Map P.177-B2

住Markt 19　☎(03643)8020
ℹ hotelelephantweimar.de　料Ⓢ €143～　Ⓣ €152～　朝食別€23　室99　CM V J A D　Wi-Fi無料
交バスWielandplatzから徒歩5分

上記ルッシッシャー・ホーフと並んでヴァイマールを代表するホテル。アールデコとバウハウス様式が交ざったデザインが特徴。

リストハウスにも近い
フュルステンホーフ
Hotel Fürstenhof Map P.177-C2

住Rudolf-Breitscheid-Str. 2　☎(03643)833231
ℹ www.hotel-fuerstenhof-weimar.de
料Ⓢ €79～　Ⓣ €89～　室17　CM V A
Wi-Fi無料　交バスWielandplatzから徒歩6分

バウハウス大学の近くにある、全部で17室というこぢんまりしたホテル。インテリアはデザイン系で小さな朝食ルームがかわいい。

ゲーテの詩で町のシンボルとなったイチョウの葉

小さな鉢植えやアクセサリーなど、町で見かけるイチョウの葉はヴァイマールのシンボルになっている。実はこのイチョウ、17世紀末に日本へ来たドイツ人医師ケンペルが持ち帰りヨーロッパで繁殖させたのが始まり。植物研究者でもあったゲーテは、とりわけイチョウを好んだ。ふたつに分かれたイチョウの葉を詩に託し、この葉は1枚の葉が2枚になったのでしょうか、それとも2枚の葉がひとつになったのでしょうか、と歌い、恋人へ愛を告白している。

イエナ

Map P.13-B2
人口　11万900人
市外局番（03641）

ACCESS

鉄道
ライプツィヒからREで約1時間5分。ヴァイマールから15分。

イエナの観光案内所
≫ Map P.185-A2
住Markt 16
☎(03641)498050
ⓘwww.visit-jena.de
開4～12月
10:00～19:00（土・日曜、祝日～15:00）
1～3月
10:00～18:00（土曜、祝日～15:00）
休1～3月の日曜

↑堂々としたヨハン・フリードリヒの銅像

大学町として知られるイエナは、若者の姿が目立つ活気のある町。今日のフリードリヒ・シラー大学は創立1558年の名門大学で、ここで教鞭を執った者のなかにシラーやゲーテ、哲学者ヘーゲルやフィヒテがいる。19世紀になって町の名を高めたのは精密機器の生産。なかでも良質なレンズを作ったカール・ツァイス社は、ドイツを代表する精密機械企業になっている。

イエナの歩き方
Walking

駅がふたつあり、旧市街の南にあるイエナ・パラディース駅Jena-Paradiesと、南西にあるイエナ西駅Jena-Westが旅の拠点となる。旧市街は歩いて回ることができる。イエナ・パラディース駅から中心部のマルクト広場Marktまでは徒歩10分ほど。こぢんまりとした広場で中央にザクセン選帝侯ヨハン・フリードリヒの銅像が立っている。広場の北側には市立博物館が、西側には市庁舎がある。シラーは広場の南東角に住んでいたことがあり、ゲーテとシラーは市庁舎脇の道を何度も行きつ戻りつしながら話し込んでいた。かつて大学校舎だった円形のイエン・タワーJenTowerは現在オフィスビルと展望台。町の北側に広い植物園があり、そこにプラネタリウムPlanetariumや**ゲーテ記念館**がある。**シラーのガーデンハウス**は町の南側に、**光学博物館**は中心部にある。

↑市庁舎

イエナは光学機器製造会社カール・ツァイスの町として有名。光学博物館は2020年に改修のため閉館したが、2023年にリニューアルオープン。

おもな見どころ
The highlight

学生が自由に出入りしている
ゲーテ記念館　Goethe-Gedenkstätte

ゲーテは1817年から1822年までの5年間、毎月ヴァイマールからイエナ大学の植物園へ来て植物の研究をしていた。彼の通った植物園の入口にゲーテの記念館があり、1階に記念室が設けられている。改装のため閉館中。

シラーとゲーテの交流の場だった
シラーのガーデンハウス　Schillers Gartenhaus

シラーが住んでいた館で広い庭がある。庭の片隅に塀を利用して建てられた小屋があり、そこで『ヴァレンシュタイン』や『マリア・シュトゥアート』、『オルレアンの少女』などを書いた。ゲーテがしばしば訪れ、ふたりは庭の石椅子に座って長い間語り合っていた。

←↑シラーのガーデンハウスは内部が記念室になっている(左)、庭に立てられたシラーの石像(右)

↑大学生が多く若者であふれる活気のある町

おすすめホテル

Ⓗシュタイゲンベルガー・エスプラナーデ
Steigenberger Esplanade
» Map P.185-B1
住Carl-Zeiß-Platz 4
☎(03641)8000
ⓘwww.jena.steigenberger.de　料ⓈⓉ€95〜　朝食別€19　室140
ⒸM V J A　Wi-Fi無料
交トラムErnst-Abbe-Platzから徒歩3分
光学博物館からすぐ。ゲーテ・パサージュに面しており、上階からガラス張りのモダン建築群を眺めることができる。

ゲーテ記念館
» Map P.185-A2
住Fürstengraben 26
☎(03641)949009
ⓘuni-jena.de/Gartenhaus_Goethe_Gedenkstätte
2024年1月現在、修復工事中。

シラーのガーデンハウス
» Map P.185-B1
住Schillergäßchen 2
☎(03641)9401070
ⓘ www.uni-jena.de/Gartenhaus
開11:00〜17:00
休月曜、祝日、11〜3月の日曜
料€3.50、学生€2
交トラムErnst-Abbe-Platzから徒歩4分

はみだし情報　ツァ・ノルZur Nollはマルクト広場近くの古い路地にある歴史的レストラン。テューリンゲン料理がおすすめ。ホテルもある。» Map P.185-A2 住Oberlauengasse 19　☎(03641)597710　ⓘwww.zurnoll.de

ドイツは音楽の国。クラシック音楽はほとんどドイツで育まれている。音楽の父とたたえられるバッハ、そのバッハを後世に伝えたメンデルスゾーン、オペラに新しい風を通したワーグナー。また優れた指揮者や演奏家が多いのもドイツの特色である。

ヨハン・セバスティアン・バッハ

Johann Sebastian Bach
1685～1750

9歳で母を、10歳で父を亡くしたバッハは兄の家に引き取られ、その後リューネブルクでオルガンを学ぶ。若くしてヴァイマールの宮廷楽団で活躍した後アルンシュタットのオルガニストになる。1705年にブクステフーデの演奏を聴くためリューベックへ。無断で休暇を延長したこともありアルンシュタットから非難を受け、1707年にミュールハウゼンへ移る。その年マリア・バルバラと結婚。後に有名となるエマニュエルが生まれる。1708年にヴァイマールの宮廷オルガニストとなり、多くの曲を作る。1717年からのケーテンの宮廷楽長を経て1723年にライプツィヒのトーマス教会のカントールに就任。以後、ライプツィヒに腰を据えて多くの教会音楽を作曲した。1750年に受けた視力回復手術の失敗が原因で世を去る。バッハは北ドイツの多くの町で活躍したため、いたるところに足跡を残している。

フェリックス・メンデルスゾーン・バルトルディ

ハンブルクの豊かなユダヤ人の家庭に生まれる。幼い頃から音楽的才能を発揮し、モーツァルトと同じく神童と呼ばれた。有名な『真夏の夜の夢』の序曲は17歳で作曲している。イギリスやデュッセルドルフで演奏活動をしていたが1835年にライプツィヒ・ゲヴァントハウス管弦楽団の指揮者に任命される。ライプツィヒでは町の音楽水準を高めることに力を尽くす。忘れ去られていたバッハの曲をベルリンで演奏して大成功を収め復活させた功績は大きい。1843年、ライプツィヒ音楽院（現フェリックス・メンデルスゾーン・バルトルディ音楽演劇大学）を設立するが、その4年後の1847年、わずか38歳の若さで世を去った。『ヴァイオリン協奏曲』、交響曲第4番『イタリア』など多くの曲で親しまれている。

Felix Mendelssohn Bartholdy
1809～1847

ロベルト・シューマン

Robert Schumann
1810～1856

ザクセンのツヴィッカウに生まれる。幼い頃から文学や音楽が好きで詩作や作曲をしていた。ライプツィヒ大学で法学を学ぶが音楽家への道を諦めきれず、作曲家の道を歩む。1841年に交響曲第1番が指揮メンデルスゾーン、演奏ライプツィヒ・ゲヴァントハウス管弦楽団で初演されて大成功を収めた。1844年にドレスデンに移り、1850年にはデュッセルドルフの音楽監督になった。しかしこの頃から精神障害が現れ、1856年に世を去った。日本ではピアノ曲『子供の情景』、合唱曲『流浪の民』などがよく知られている。妻クララもヨーロッパ中に知られるピアニストだった。

フランツ・リスト

Franz Liszt
1811～1886

エステルハーズィ家に仕えていた父より音楽を学び、すぐに才能を発揮する。9歳でウィーンへ行き音楽院で学ぶ。若くしてピアノ演奏会を開き、卓越した演奏で話題を呼ぶ。交友関係も広まりシューマンやショパンとも交流した。演奏技巧のすばらしさに端正な容姿も加わって多くの女性を魅了し、ファンが多かった。20代で作曲した『ラ・カンパネラ』は難曲中の難曲とされ、演奏には非常に高度な技術を要する。1848年ヴァイマール大公妃に招かれ宮廷楽長として1861年まで住んだ。その後も頻繁にヴァイマールを訪れ、夏の間ピアノを教授して過ごした。75歳で亡くなり墓はバイロイトの市立墓地にある。

Richard Wagner
1813〜1883

リヒャルト・ワーグナー

ライプツィヒで音楽好きな家に生まれる。10代から音楽家を目指して作曲をしていた。ライプツィヒ大学に入学するが中退し、個人的に作曲の指導を受ける。ヨーロッパ各地の劇場指揮者を転々と務めるが芽が出なかった。1842年にドレスデンの王立劇場（現ザクセン州立歌劇場）で彼の『リエンツィ』が初演され、これが縁で同管弦楽団の指揮者となる。しかし生活はままならず、借金を繰り返して貧困生活を送っていた彼は1864年、バイエルン国王ルートヴィヒ2世から援助を申し出られる。その後、リストの娘で人妻だったコージマと恋仲になり、ふたりは結婚。王の支援により1876年、バイロイトに祝祭劇場が完成し『指輪』が初演された。ワーグナーは自らの作品を「楽劇」と位置づけ、音楽と劇の一体化を唱えた。1882年作曲の『パルジファル』が最後となり、1883年にヴェネツィアで死した。墓はバイロイトのヴァーンフリート館にある。

ヨハネス・ブラームス

Johannes Brahms
1833〜1897

ハンブルク生まれ。幼児期にコントラバス奏者だった父親から音楽教育を受け、10歳から本格的にピアノを習う。1853年にハンガリーのヴァイオリニスト、エドゥアルト・レメニーのピアノ伴奏者として演奏旅行に出てシューマンと知り合う。シューマンはブラームスを評価し、作品演奏の機会を与えてくれた。1862年からウィーンに移り住み、ウィーン音楽院で教授する。ウィーン時代にドヴォルザークの才能を見出して援助し、世に送り出した。有名な『ハンガリー舞曲』はレメニーから演奏旅行中にロマ民族音楽を教えられて編曲したものだった。これがヨーロッパ中で大評判になるとレメニーは盗作だと訴えるが、作曲ではなく編曲としておいたため問題はなかった。ブラームスはほかに交響曲第1番〜4番、管弦楽、協奏曲、室内楽など多くの曲を作った。

滝廉太郎

東京生まれ。1894年に15歳で東京音楽学校（現東京芸術大学）に入学し、研究科へ進む。1901年、懸賞応募のため作曲した『荒城の月』が文部省の中学唱歌に載った。その年、文部省給費留学生としてライプツィヒ音楽院で学ぶ。フェルディナント・ローデ通り7番のエッスィッケ夫人宅に下宿していた。しかしドイツの厳しい寒さで風邪から肺炎を起こして入院。帰国を余儀なくされ、1903年に大分で亡くなった。23歳の短い生涯のうちに『花』、『箱根八里』、『お正月』など多くの日本の歌を作曲した。下宿先の家は取り壊されたがその場所に記念碑が立っている。碑にはプロフィールと下宿していた当時の建物が刻まれている。

Rentaro Taki
1879〜1903

ヘルベルト・フォン・カラヤン

Herbert von Karajan
1908〜1989

©Herbert von Karjan / Lauterwasser_Archiv Berliner Philharmoniker

オーストリアの貴族の息子としてザルツブルクに生まれる。ザルツブルクのモーツァルテウム音楽院とウィーン音学院で学ぶ。1938年にベルリン国立歌劇場で『トリスタンとイゾルデ』を指揮して一躍有名になった。1948年にウィーン・フィルの首席指揮者、翌年ウィーン楽友協会の音楽監督に就任。そうこうするうちにベルリン・フィルの名指揮者フルトヴェングラーが急死したため1955年にベルリン・フィルの終身首席指揮者と芸術総監督の地位を得る。この地位は彼が世を去る直前まで保たれた。1956年にはウィーン国立歌劇場の芸術監督も兼ね、ザルツブルク音楽祭の芸術監督も務めた。カラヤンは自分流のワーグナーの楽劇を上演するために1967年にザルツブルク復活祭音楽祭を立ちあげ、最後まで音楽監督を務める。1989年に自宅で亡くなり、ザルツブルクに葬られている。

➔生家前にあるカラヤン像

Leipzig
ライプツィヒ

Map P.13-B2
人口　58万8700人
市外局番（0341）

ACCESS

飛行機
（国際線） Austrianがウィーンから直行便を運航。約1時間10分。
（国内線） フランクフルトから55分、ミュンヘンから55分。

鉄道
ベルリンからICEで約1時間10分、フランクフルトから約3時間10分。ドレスデンから約1時間5分。

中央駅から中心部へ
中央駅からマルクト広場へはSバーンで1駅。バス89番なら中央駅～マルクト広場～トーマス教会～新市庁舎を走るので便利だ。中央駅から乗るなら駅を背に左に行ったGoethestraße沿いが乗り場。タクシーならトーマス教会前まで€10程度

ライプツィヒの観光案内所
» Map P.189-A1
住 Katharinenstr. 8
☎ (0341)7104260
ⓘ www.leipzig.travel
開 9:30～18:00（土曜～16:00、日曜、祝日～15:00）
休 無休

バッハがトーマス教会少年合唱団の音楽監督を務め、テレマン、シューマン、グリーク、ヴァーグナーなど多くの作曲家たちが音楽を学び、メンデルスゾーンがドイツ初の音楽大学を創立した。そして世界で初めての民間オーケストラが発足したという、まさに「音楽の町」である。書籍・出版では1650年に世界初の日刊紙が登場し、ドイツの出版社がライプツィヒに集まって「出版の町」となった。古くから大規模な定期市メッセが開かれていたが1895年には世界初の見本市がライプツィヒで開かれ､以後は「メッセの町」としても知られるようになる。ベルリンの壁を押し倒した平和的反政府運動はこの町から始まった。「平和革命の町」でもあるという、さまざまな顔をもつ町である。

↑1905年に建設された新市庁舎

ライプツィヒの歩き方
Walking

観光は中央駅から始まる。1915年に建てられた幅約300mという駅舎はヨーロッパ最大。ここに1997年に、3層に及ぶ大規模な駅型ショッピングセンターが完成。旧市街はリングと呼ばれる環状道路で囲まれており、中央駅は北側リングに接している。中心のマルクト広場までは駅から徒歩で15分ほど。長方形の広場いっぱいに面して建つ細長い**旧市庁舎Altes Rathaus**は16世紀に建てられ、内部は**ライプツィヒ市歴史博物館**になっている。旧市庁舎裏のナッシュマルクト広場にある美しい建物は旧商工会議所Alte Börse。広場

↑ルネッサンス様式のファサードが美しい旧市庁舎

↑ゲヴァントハウス・コンサートホール

はみだし情報　ライプツィヒ＝ハレ空港は市の北西18㎞に位置し、空港ターミナルにSバーン駅が直結している。中央駅まで13分、マルクト広場まで15分で結ぶ。

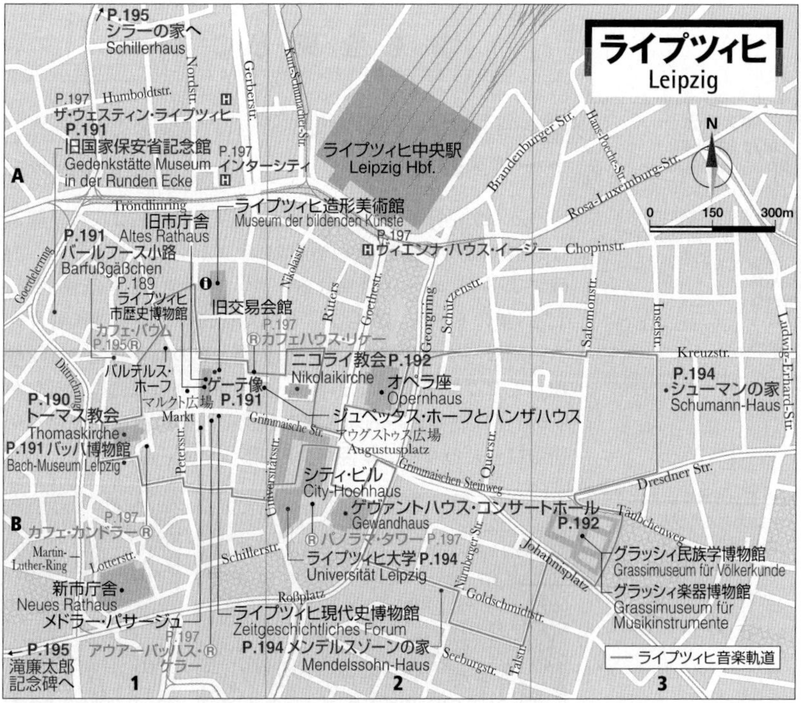
ライプツィヒ
Leipzig
P.195
シラーの家へ
Schillerhaus
P.197
ザ・ウェスティン・ライプツィヒ
P.191
旧国家保安省記念館
Gedenkstätte Museum in der Runden Ecke
P.197
インターシティ
ライプツィヒ中央駅
Leipzig Hbf.
ライプツィヒ造形美術館
Museum der bildenden Künste
旧市庁舎
Altes Rathaus
P.197
ヴィエンナ・ハウス・イージー
P.191
バールフース小路
Barfußgäßchen
P.189
ライプツィヒ市歴史博物館
旧交易会館
カフェ・バウム
P.195
P.197
カフェハウス・リケー
ニコライ教会 P.192
Nikolaikirche
バルテルス・ホーフ
ゲーテ像
マルクト広場
Markt
P.191
オペラ座
Opernhaus
P.190
トーマス教会
Thomaskirche
P.191 バッハ博物館
Bach-Museum Leipzig
ジュペックス・ホーフとハンザハウス
アウグストゥス広場
Augustusplatz
シティ・ビル
City-Hochhaus
ゲヴァントハウス・コンサートホール
Gewandhaus
P.192
P.197
カフェ・カンドラー
パノラマ・タワー P.197
ライプツィヒ大学 P.194
Universität Leipzig
グラッシィ民族学博物館
Grassimuseum für Völkerkunde
グラッシィ楽器博物館
Grassimuseum für Musikinstrumente
新市庁舎
Neues Rathaus
メドラー・パサージュ
ライプツィヒ現代史博物館
Zeitgeschichtliches Forum
P.197
アウアーバッハス・ケラー
P.194 メンデルスゾーンの家
Mendelssohn-Haus
P.195
滝廉太郎記念碑へ
P.194
シューマンの家
Schumann-Haus
ライプツィヒ音楽軌道
Humboldtstr.
Nordstr.
Gerberstr.
Kurt-Schumacher-Str.
Brandenburger Str.
Hans-Poeche-Str.
Rosa-Luxemburg-Str.
Tröndlinring
Goerdelerring
Dittrichring
Nikolaistr.
Ritterstr.
Goethestr.
Georgiring
Schützenstr.
Chopinstr.
Salomonstr.
Inselstr.
Ludwig-Erhard-Str.
Kreuzstr.
Grimmaische Str.
Petersstr.
Universitätsstr.
Grimmaischen Steinweg
Querstr.
Dresdner Str.
Täubchenweg
Schillerstr.
Lotterstr.
Martin-Luther-Ring
Roßplatz
Nürnberger Str.
Johannisplatz
Goldschmidtstr.
Seeburgstr.
Talstr.
N
0 150 300m
A
B
1
2
3

中ほどに若きゲーテの銅像が立っている。

グリンマイシェ通りGrimmaische Str.を東へ行くと、左側に平和革命の舞台ニコライ教会が見える。**アウグストゥス広場**Augustusplatzではクラシックな**オペラ座**Opernhausとモダンなコンサートホールのゲヴァントハウス・コンサートホールが向かい合っている。通りを戻って西のトーマス教会へ。教会前に偉そうなバッハの銅像が立っている。旧市街南の新市庁舎Neues Rathausは20世紀初頭に古い城塞跡に建てられた壮大な建物で、塔の高さは114mもある。

旧市街の外では、まず新市庁舎からリングを渡って南西へ。旧帝国裁判所の裏側にはかつて2代目ゲヴァントハウスが建っていたことやメンデルスゾーンが創設した音楽大学（現音楽演劇大学）があることから、今も**音楽地区**Musikviertelと呼ばれている。ライプツィヒに留学していた滝廉太郎の記念碑がここにある。東側リングの外には、ゲヴァントハウスに近い**ゴールドシュミット通り**Goldschmidtstr.にメンデルスゾーンの家が、それより北の**インゼル通り**Inselstr.にはシューマンの家があり、それぞれ博物館になっている。また北側リングの外には1878年開園の動物園があり、さらに進むとシラーが滞在していた小さな家がある。

ライプツィヒ市歴史博物館

町の中心にありながら訪れる人の少ない隠れた名所で、市の歴史について深く知ることができる。館内には、1723年にバッハがトーマス教会音楽監督の契約書に署名した際の円卓や、音楽の教科書でおなじみの肖像画の原物を展示している。

≫ Map P.189-B1
住 Markt 1
(0341)9651340
www.stadtgeschichtliches-museum-leipzig.de
開 10:00〜18:00
休 月曜（祝日は開館）
料 €6、学生€4（第1水曜は無料）
交 トラム Augustusplaz から徒歩7分

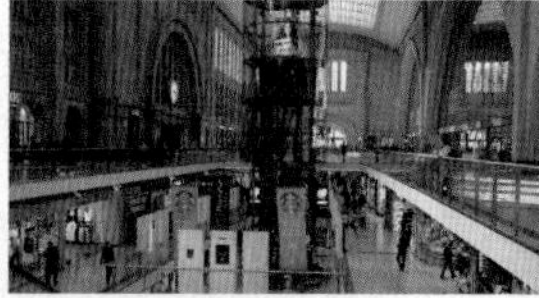

↑ヨーロッパ最大の中央駅は3層のショッピングモールに

おもな見どころ
The highlight

バッハが眠る音楽の聖地

トーマス教会
Thomaskirche

トーマス教会
>> Map P.189-B1
住Thomaskirchhof 18
(0341)222240
www.thomaskirche.org
開礼拝時間を除く毎日9:00～18:00
休無休
料無料
交トラムThomaskircheから徒歩1分

バッハが活躍した教会としてあまりにも有名なため、簡素な外観は意外に感じるが内部はステンドグラスが美しく、内陣にあるバッハの墓所は厳かだ。13世紀創建の教会で、1723年にトーマス教会少年合唱団を指揮する音楽監督カントールにバッハが就任した。代表作といわれる『マタイ受難曲』もここで初演されている。彼の墓は別の教会にあったが1950年にこちらの内陣に移された。教会の前には丸めた楽譜を持ったバッハの銅像が1908年に立てられた。

塔の上から町を眺めよう
4～11月のみだが教会の塔へ上るツアーがある。
開土曜　13：00、14：00、16：30
日曜　14：00、15：00
料入場料€3

↑トーマス教会で少年合唱団の美しい歌声をぜひ聴いてみたい（→P.21）

↑訪れる人のささげる花が絶えないバッハの墓

Tips! トーマス教会少年合唱団とは？

ウィーン少年合唱団ゼンガークナーベンWiener Sängerknabenが宮廷のための聖歌隊として発展したのに対し、ライプツィヒの少年合唱団トマーナーThomanerchorは市民の音楽文化を支えてきた。しかしゼンガークナーベンはよく知られているが、残念ながらトマーナーは知名度が低い。双方とも寄宿舎生活、教会の礼拝で活躍し、近年では海外公演も行っている。どちらも金髪碧眼でかわいらしい。制服に関しては、同じセーラー服だけれどトマーナーのほうがちょっと地味かもしれない。しかしトマーナーは1212年に結成、ゼンガークナーベンのほうは1498年なので、300年近くも歴史が古い。しかもバッハが音楽監督を務めたという名門合唱団である。この機会にぜひ、トマーナーの歌声を聴こう！

金曜18:00～、約60分間。各時代のモテット作品をはじめとするアカペラ音楽が中心。公演場所は正面内陣。土曜15:00～、約75分間。ゲヴァントハウス管弦楽団の古楽器伴奏によるバッハのカンタータが歌われる。公演場所は背面2階のパイプオルガン前。

それぞれ45分前開場。料金は€2。なお、公演は学校休暇・演奏旅行期間を除く。

スケジュールなど詳細はウェブサイトで。
www.thomanerchor.de

トーマス教会の前の公園に、教会がきれいに撮影できるスポットがあり地面にマークがついています。探してみては？（横浜市　Hero　'14）['20]

親戚のようなボーゼ家の館が博物館に

バッハ博物館

Bach-Museum Leipzig

↑バッハが弾いたオルガン

バッハは人生後半の27年間をライプツィヒで過ごし、『マタイ受難曲』や『ゴールドベルク変奏曲』、『音楽の捧げもの』など多くの名曲を作曲した。博物館はバッハ家と親しかった裕福な商人ボーゼ家の館。バッハは館前のトーマス学校寄宿舎に住んでおり、ボーゼ夫人は次々と生まれるバッハの子供たちの面倒を見ていた。館内ではバッハの生涯と偉業が体験型展示でわかりやすく紹介されている。バッハの作品を全曲聴ける試聴室もある。

初々しい顔の若きゲーテ

ゲーテ像

Goethe Denkmal

ゲーテは1765年から1768年までライプツィヒ大学で法律を学んでいた。台座には当時親しくしていたふたりの女性、ケートヒェンとフリーデリケのレリーフがある。ゲーテの像はいたるところにあるが若いゲーテは珍しい。道を挟んだ広場の反対側の建物地下にはゲーテが通い詰めたレストラン、アウアーバッハス・ケラー（→P.197）がある。

観光客でにぎわう細道

バールフース小路

Barfußgäßchen

マルクト広場の北西の角に“裸足の小路”という意味のバールフースゲスヒェンがある。細い路地には郷土料理店のみならず、イタリアやスペインなど各国料理店が並んでいる。両側の店からテーブルが張り出し、冬はストーブが置かれて1年中にぎわっている。テーブルの間をすり抜けていくのがおもしろい。一帯は地元の人々からドラレヴァッチュ横丁Drallewatschと呼ばれ、親しまれている。

社会主義時代を感じる

旧国家保安省記念館

Gedenkstätte Museum in der Runden Ecke

↑変装するために使われた道具の展示

国家保安省とは、犯罪の取り締まりなどを行う警察ではなく、市民の監視や諜報活動など、「国民」ではなく社会主義体制の「国家」を守るために存在していた機関。薄暗い庁舎には、監視、諜報活動に実際に使われた道具が展示されている。

バッハ博物館
» Map P.189-B1
住Thomaskirchhof 15-16
☎(0341)9137202
ⓘ www.bachmuseumleipzig.de
開10:00〜18:00
休月曜
料€8、学生€6（第1火曜は無料）
交トラムThomaskircheから徒歩2分

↑バッハ博物館では音楽のさまざまな体験が楽しめる

ゲーテ像
» Map P.189-B1
住Naschmarkt
交トラムAugustusplatzから徒歩6分

↑若きゲーテの銅像

バールフース小路
» Map P.189-B1

↑満席になるとすり抜けるのもたいへん

旧国家保安省記念館
» Map P.189-A1
住Dittrichring 24
☎(0341)9612443
ⓘ www.runde-ecke-leipzig.de
開10:00〜18:00
休無休
料無料
交トラムThomaskircheから徒歩3分、Gottschedstraßeから徒歩5分

はみだし情報 バッハ博物館では、音声ガイドアプリをApple StoreやGoogle Playストアからスマートフォンに無料でダウンロードできる。日本語あり。ほかの博物館でもアプリを用意しているところが増加中なので要チェック。

ニコライ教会
>> Map P.189-B2
住Nikolaikirchhof 3
(0341)1245380
www.nikolaikirche.de
開10:00〜18:00（日曜〜16:00）
休無休
交中央駅から徒歩7分

ベルリンの壁崩壊はこの教会から始まった

ニコライ教会 Nikolaikirche

ヤシの木をイメージした天井

12世紀に商人の守護聖人ニコラウスを祀るために建てられた、町でいちばん古い教会。バッハはここで『ヨハネ受難曲』などを初演した。東ドイツ時代にはここで平和や人権を考える集会が開かれており、それが市民運動へと発展していった。1989年10月、約7万人の市民が政治改革を求めてデモ行進。警察も取り締まれない状況だった。これが発端となって東ドイツ各地でデモが頻発し、11月9日のベルリンの壁崩壊へとつながっていった。それ以来、ニコライ教会は平和の象徴となっている。

ゲヴァントハウス・コンサートホール
>> Map P.189-B2
住Augustusplatz 8
(0341)1270280
www.gewandhausorchester.de
開チケットオフィス 10:00〜18:00（土曜〜14:00）
休チケットオフィス 日曜、祝日
交中央駅から徒歩11分、トラム Augustusplatz から徒歩2分

一般市民が参加できた世界で初めてのコンサート

ゲヴァントハウス・コンサートホール Gewandhaus

18世紀前半まで演奏会は王侯貴族の城や歌劇場で開かれており、かぎられた身分の人しか聴くことができなかった。ライプツィヒでは1743年に商人たちがお金を出し合って楽団を結成し、入場料さえ払えば誰でも音楽が聴ける仕組みを整えた。これは世界で初めての試みだった。最初はホテルなどで演奏していたが、1781年から織物館（ゲヴァントハウス）の最上階をコンサートホールに定め、楽団の名前をゲヴァントハウスとした。1835年にメンデルスゾーンが楽団を率いてからヨーロッパで名声が高まりゲヴァントハウス管弦楽団は世界に知られていく。500席のゲヴァントハウスは手狭となり、1884年には1500席の新しい建物が建設された。フルトヴェングラーやワルターが音楽監督になり黄金時代を迎える。ボストン・シンフォニーホールのモデルになったほど立派な新古典主義の建物だったが、第2次世界大戦の空襲で焼失。その後は他の劇場を間借りしてコンサートが続けられた。

初代ゲヴァントハウスの記念碑

1970年にクルト・マズアが音楽監督に就くと、彼は専用ホールの必要性を市に訴え続け、とうとう1976年に新しいゲヴァントハウスの工事が始まる。そして1981年、東独時代でありながら音響のすばらしい1900席を超えるヴィンヤード型のホールがアウグスト広場に完成した。初代ゲヴァントハウス跡には商業ビルが、2代目跡には大学校舎があり、それぞれの壁に記念額が掲げられている。

客席がステージを囲むゲヴァントハウス

Tips! 歩いてみよう！ ライプツィヒ音楽軌道

ドイツを代表する音楽の町として知られるライプツィヒ。「ライプツィヒ音楽軌道」は、文字どおり音楽にゆかりのスポットを訪ね歩く5.3kmの散策コースだ。地面に埋められた流線型のサインに従って歩けば、町なかにある音楽関連の重要なスポットをほぼ網羅でき、各スポットにはドイツ語と英語の解説板が設置されている。さらにそこに記された電話番号に電話をするか、無料アプリをダウンロードすれば、自身の携帯電話が音声ガイドになり、音声による解説やゆかりの楽曲を聴くことができる。

スタート地点は、ゲヴァントハウス・コンサートホール（→P.192）の前。この町が世界的な「音楽の町」である理由はいくつもあるが、このゲヴァントハウス管弦楽団の存在は大きい。250年以上の歴史を誇り、メンデルスゾーンも楽長を務めた世界有数のオーケストラだ。

現在コース上には以下の23のスポットが設定されている。

1.ゲヴァントハウス･コンサートホール
2.メンデルスゾーンの家
3.グリーグ記念室
4.旧ペータース音楽図書館
5.グラッシィ楽器博物館
6.旧ヨハニス墓地
7.シューマンの家
8.印刷地区
9.ワーグナー胸像
10.オペラ座
11.旧ニコライ学校
12.ニコライ教会
13.旧市庁舎
14.ライプツィヒ造形美術館
15.カフェ・バウム
16.ホテル・デ・ザクセ跡
17.トーマス教会
18.バッハ博物館
19.クララ・ヴィーク生家跡
20.旧音楽院跡
21.織物倉庫《初代ゲヴァントハウス》跡
22.ライプツィヒ大学パウリナー教会
23.MDRキューブ

途中にある施設の見学の時間を含めず、ざっと解説を見ながら歩いて2時間くらいなので、半日時間をとっておけばいいだろう。軌道上にはメンデルスゾーンの家(→P.194)やシューマンの家(→P.194)、ニコライ教会(→P.192)やトーマス教会(→P.190)など主要スポットがほとんど含まれているので、音楽ファンでなくても、ライプツィヒを効率よく歩くには絶好のルートといえる。

1.音楽軌道のサイン。このサインに従って歩けばいいが、途中わかりにくいところがいくつかあるので注意したい　2.軌道上にあるこの施設は、ボタンを押すと上から音楽が流れてくる　3.ヨーロッパでも有数のコレクションを誇る楽器博物館　4.軌道上にある解説板

ライプツィヒ大学
>> Map P.189-B2
住Augustusplatz 10
☎(0341)97108
ⓘwww.uni-leipzig.de
交トラムAugustusplatzから徒歩2分

ゲーテも鷗外も学んだ

ライプツィヒ大学 Universität Leipzig

ゲヴァントハウスの隣に建つのは名門ライプツィヒ大学。創立1409年というドイツで2番目に古い大学で、ここで学んだ有名人はゲーテをはじめ、哲学者ニーチェ、音楽家ワーグナー、シューマン、医学者ベルツ、森鷗外、ノーベル物理学賞受賞者の朝永振一郎らがいる。

↑斬新な建物となった名門ライプツィヒ大学

メンデルスゾーンの家
>> Map P.189-B2
住Goldschmidtstr. 12
☎(0341)9628820
ⓘwww.mendelssohn-stiftung.de
開10:00～18:00
休無休
料€8、学生€6、コンサート€15
交トラムJohannisplatzから徒歩5分、Roßplatzから徒歩9分

✉指揮者体験ができます
メンデルスゾーンの家の「エフェクトリウム」という部屋で指揮者体験ができます。デジタル譜面台のタッチスクリーンと指揮棒を操作し、各楽器音の強弱や曲の速さを自在に指揮できます。譜面はメンデルスゾーンの作品であるオーケストラや合唱曲などから選べます。バーチャルオーケストラを1曲フルで指揮できて、とても楽しかったです。(仙台市　NOLLY　'14)['20]

多くの音楽家がここに集った

メンデルスゾーンの家 Mendelssohn-Haus

メンデルスゾーンが暮らした家としてドイツで現存する唯一の館であり、メンデルスゾーンの博物館としては世界で唯一のもの。彼はここで38歳の若さで息を引き取った。直筆楽譜や遺愛品、自作の水彩画などが展示され、家具のほとんどがオリジナル。優雅なサロンではワーグナーやシューマン夫妻を招いて日曜に音楽会が開かれていた。今は毎週日曜の11:00からサロンでコンサートが開かれている。メンデルスゾーンは1843年にドイツで初めて音楽大学を設立した。このライプツィヒ音楽院で学んだ者のなかにグリーグ、ヤナーチェク、滝廉太郎、斎藤秀雄、カール・リヒター、クルト・マズアらがいる。

↑メンデルスゾーンの家には多くの遺愛品が展示されている

↑日曜ごとに開かれるサロンでのコンサートもおすすめ

シューマンの家
>> Map P.189-B3
住Inselstr. 18
☎(0341)39392191
ⓘwww.schumannhaus.de
開14:00～18:00（土・日曜10:00～）
休無休
料€6.50、学生€5
交トラムGerichtswegまたはJohannisplatzから徒歩7分

幸せだった時代の館

シューマンの家 Schumann-Haus

ライプツィヒ大学で学んでいたシューマンは音楽への情熱から音楽教師ヴィークにピアノを習い、その娘クララと恋仲になる。ふたりが結婚して1840年から1844年まで暮らし

はみだし情報　Sバーン、トラム、バスの共通チケットは1回券が€2.70。24時間有効の1日券が€7.60、1日券2人用€11.40（いずれもゾーン110域内）。このほか博物館などの入場が割引になる「ライプツィヒ・カード」↗

たのがこの館の2階中央部分で、『流浪の民』はここで作曲された。2019年に改装され、ハイテク技術を駆使した展示でシューマンの作品や有名なピアニストだったクララの活躍ぶりが紹介されている。

⬆シューマンとクララが最初に住んだ家

農家風の質素なたたずまい

シラーの家 Schillerhaus

⬆シラーが執筆した郊外の家

シラーは25歳だった1785年に親友、ケルナーを頼ってライプツィヒに来て、5月から9月までこの家の2階に滞在した。ここでシラーは戯曲『ドン・カルロス』や詩『歓喜に寄せて』などを書いている。『ドン・カルロス』はヴェルディーのオペラ『ドン・カルロ』に、『歓喜に寄せて』はベートーヴェンの交響曲第九番の『歓喜の歌』になって世界中に広まった。小さな家の2階にはシラーに関する小規模な展示がある。

日本の作曲家をたたえて立てられた

滝廉太郎記念碑 Taki-Rentaro-Denkmal

滝廉太郎は東京音楽学校在学中の1901年にドイツへ留学。優秀な成績でライプツィヒ音楽院へ入学した。近くの館に下宿していたが風邪から肺結核を発病し、1年余りで帰国。その後、父の故郷である大分県で療養したが、わずか23歳の若さで亡くなった。彼が下宿していた館は取り壊されてしまったが、その場所に小さな記念碑が立てられている。

シラーの家
>> Map P.189-A1域外
住 Menckestr. 42
☎ (0341)5662170
ⓘ www.stadtgeschichtliches-museum-leipzig.de
開 10:00～17:00（11～3月は11:00～16:00）
休 月曜、11～3月の火曜
料 €3、学生€2
交 トラムMenckestraßeから徒歩1分

滝廉太郎記念碑
>> Map P.189-B1域外
交 トラムNeues Rathausから徒歩10分
Ferdinand-Rhode-StraßeとMozartstraße交差点の北東角。

⬆日本語の文字も刻まれた滝廉太郎記念碑

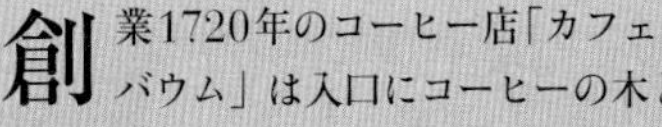

Tips! ドイツ最古のコーヒー店 カフェ・バウム

創業1720年のコーヒー店「カフェ・バウム」は入口にコーヒーの木とアラビア人のレリーフがあるのですぐわかる。カフェ・バウムへはバッハもよく訪れ、リストやワーグナーもやってきた。シューマンは常連で彼が音楽仲間と集った1階左部屋の角（エック）席は今も“シューマン・エック”と呼ばれている。

⬆上階はコーヒー博物館になっている

カフェ・バウム Coffe Baum
>> Map P.189-A1
住 Kleine Fleischergasse 4
交 トラムThomaskircheから徒歩4分

※2024年1月現在、改修工事のため休業中。再オープンは2025年頃の予定。

↘もあり、1日券が€12.40。詳細はライプツィヒ交通公団LVBのウェブサイトで。
ⓘ www.L.de/verkehrsbetriebe

Tips! レトロなパサージュとホーフ散歩

古くから商業都市として栄えていたライプツィヒには商人たちが取引をした館がたくさん建てられた。建物の間を抜けていくパサージュと中庭形式のホーフがあり、現在30軒ほど保存されている。そのうちの20軒は第1次世界大戦以前に建てられたもので、古いパサージュがこれだけ集まっているのはドイツでも珍しい。代表的な3つを紹介する。

メドラー・パサージュ
Mädler-Passage

1914年にミラノのガッレリアをまねて造られ、当時はドイツ最大だった。全長140mの抜け道には高級ブランド店、貴金属店、カフェ、バー、そして地下には有名なアウアーバッハス・ケラー Auerbachs Kellerがある。パサージュの中ほどにマイセン焼のカリヨンが取り付けられて正時ごとに鐘を鳴らし、かつてここが磁器取引所だったことを物語っている。

旧市庁舎のすぐ近くにあるメドラー・パサージュ

ファウストとメフィストの銅像

>> Map P.189-B1
住 Grimmaische Str. 2-4
i www.maedlerpassage.de
交 トラムAugustusplatzから徒歩7分

シュペックス・ホーフとハンザハウス
Speck's Hof / Hansahaus

20世紀初頭に建設された町でいちばん古いパサージュ。しゃれた店やカフェが多く、観光客に人気の場所。吹き抜けホールのタイル画は1990年代に修復された際に描かれた。ここはかつて毛皮取引所だったため、そのことを伝える絵もある。シュペックス・ホーフは隣のハンザハウスとつながっている。

吹き抜けホール

ハンザハウスの吹き抜けホールに「響きの泉」がある

>> Map P.189-B1
住 シュペックス・ホーフ入口 Reichsstr. 4、ハンザハウス入口 Grimmaische Str. 15
i speckshof.de
交 トラムAugustusplatzから徒歩7分

バルテルス・ホーフ
Barthels Hof

1750年にライプツィヒ商人のゴットリープ・バルテルが建てた商館。荷物を積んだ馬車が中庭まで入れる道幅になっており、中庭で下ろされた荷物は屋根に取り付けた滑車で持ち上げられて屋根裏の倉庫へ運ばれた。今も残るクレーンアームが当時の様子を想像させる。現在は中庭の周りにレストランやショップが並んでいる。

隠れ家的な空間

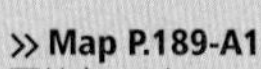
>> Map P.189-A1
住 Hainstr. 1
i www.barthels-hof.de
交 中央駅から徒歩10分

ニコライ通りのエルスナース・ホーフ

はみだし情報 ハンザハウスの吹き抜けホールには中央に「響きの泉」と呼ばれる水瓶がある。その突起部分をぬれた手でこすると音が鳴り響く。

Restaurant & Hotel

ホテルは中央駅の近くに集まっている。
また、歴史的人物にゆかりのある
レストランやカフェにも行ってみたい。

おみやげのお菓子も買える

カフェ・カンドラー
Café Kandler　　Map P.189-B1

住Thomaskirchhof 11　☎(0341)2132181
ⓘwww.cafekandler.de　営10:00～19:00（土曜9:00～20:00、日曜、祝日9:00～18:00）休無休
C M　交トラムThomaskircheから徒歩3分

トーマス教会の真向かいにあるカフェで、町の名物ライプツィガー・レーアヒェ(ヒバリの巣)という焼き菓子がおいしい。紅茶の種類は80もある。

建物がおもしろい

カフェハウス・リケー
Kaffeehaus Riquet　　Map P.189-B1

住Schuhmachergäßchen 1　☎(0341)9610000
ⓘwww.riquethaus.de
営9:00～19:00　休無休　C不可
交中央駅またはトラムAugustusplatzから徒歩10分

20世紀初頭、アジアとの交易会社リケー社が開いた。アール・ヌーヴォー建築とオリエンタルな装飾の融合が不思議な雰囲気を醸し出す。

ライプツィヒで一番有名なレストラン

アウアーバッハス・ケラー
Auerbachs Keller　　Map P.189-B1

住Grimmaische Str. 2-4　☎(0341)216100
ⓘwww.auerbachs-keller-leipzig.de
営12:00～22:00　休無休　C不可
交トラムAugustusplatzから徒歩7分

メドラー・パサージュにある、1525年創業という町随一の老舗。学生時代のゲーテが好んで通い、ドイツ留学中の森鷗外も訪れた。

高い所で優雅なひとときを

パノラマ・タワー
Panorama Tower　　Map P.189-B2

住29 Etage des City-Hochhauses, Augstusplatz 9
☎(0341)7100590　ⓘwww.panorama-leipzig.de
営11:30～23:00（金・土曜～24:00）、日曜9:00～23:00　休無休　C M V A　交中央駅から徒歩10分

34階建ての高層ビルの29階にあり、見晴らし抜群。ボリューム控えめのエレガントな味で新しいドイツ料理を提供している。予算は€30～50。

感じのいい中庭で朝食を

ヴィエンナ・ハウス・イージー
Vienna House Easy Leipzig　　Map P.189-A2

住Goethestaße 11　☎(0341)9915390
ⓘwww.viennahouse.com　料朝食付きⓈ€95～
Ⓣ€111～　室205　C M V A D
無料　交中央駅から徒歩2分

中央駅前に位置しているが喧騒とは無縁。静かで大きな中庭もある。ホテル入口は脇のゲーテ通りにあり、内部はモダンなインテリア。朝食も充実。

観光客にもビジネスマンにもおすすめ

インターシティ
InterCityHotel Leipzig　　Map P.189-A1

住Tröndlinring 2　☎(0341)3086610
ⓘde.intercityhotel.com/Leipzig　料Ⓢ€84～
Ⓣ€90～　朝食別€14　室166　C M V J A D
無料　交中央駅から徒歩3分

中央駅を背に右に歩いて3分。すぐ前にトラムの停留所があり、どこに行くにも便利。部屋はシンプルだが、清潔で機能的で居心地がいい。

東独時代に建設された

ザ・ウェスティン・ライプツィヒ
The Westin Leipzig　　Map P.189-A1

住Gerberstraße 15　☎(0341)9880
ⓘwww.westin-leipzig.de
料Ⓢ€130～　Ⓣ€140～　室436　C M V J A D
無料　交中央駅から徒歩3分

東独時代に日本企業が建設したホテル。当時から和食レストランに定評があった。リニューアルされ高級ホテルにふさわしい設備とサービスを整えた。

Dessau

デッサウ

Map P.13-B2
人口　8万700人
市外局番（0340）

ACCESS
ライプツィヒからREで約50分、ベルリンからICE、RBで約1時間25分。

デッサウの観光案内所
» Map P.198-A2
住Ratsgasse 11
☎(0340)2041442
ⓘwww.tourismus.dessau-rosslau.de
開4～10月
10:00～18:00（土曜～16:00）
11～3月
10:00～17:00（土曜～15:00）
休日曜

コンビチケット
バウハウス本校舎、マイスターハウス、集合住宅デッサウ・テルテンのすべての建物に入場できる3日間有効のチケット。
ⓘwww.bauhaus-dessau.de
料€15

集合住宅デッサウ・テルテン
Dessau-Törten
1926～1928年にヴァルター・グロピウスが手がけた実験的な集合住宅で、314の庭付きテラスハウスのほかに、実験住宅フィーガーハウス（フィーガー作、1927年）やバルコニー住宅（ハネス・マイヤー作、1930年）などがある。町の南側、デッサウ南駅から近い所にある。

　現代建築とデザインに大きな影響を与えた建築・デザイン学校バウハウスがおかれた町として、また航空機メーカーのユンカースの工場があった町として知られている。

↑バウハウス校舎学生寮

　ユンカースが第2次世界大戦中にドイツ空軍へ軍用機を供給していたため連合軍の空爆は激しく、町に古い面影は残っていない。しかし建築やデザインに興味のある人々は続々とこの町へやってくる。世界の近代建築を牽引したバウハウスの理念を知るため、ぜひ訪れたい町である。

デッサウの歩き方
Walking

　町の中心はデッサウ中央駅の東口側だがバウハウスが目的ならその反対、西口出口へ。シュヴァーベ通りSchwabestr.を進むと小さな広場に出るので、そこから南西に延びるバウハウス通りBauhausstr.を進む。駅から7～8分ほどで左側に**バウハウス本校舎Bauhausgebäude**が見えてくる。見学は本校舎の階段を上がった左側で入館料を支払う。階段を下りた右側にはカフェがあり、一般客も利用できる。教授たちが住んだ**マイスターハウスMeisterhäuser Dessau**はここからグロピウス通りGropiusalleeを10分ほど行った所にあり、建物内の見学ができる。

はみだし情報　バウハウス校舎学生寮の一部がゲストハウスになっており、誰でも宿泊が可能。トイレとシャワーは共同だが、各部屋に洗面台がついており、家具はバウハウスデザインの復刻版。料Ⓢ€40～、Ⓣ€60～。↗

おもな見どころ
The highlight

バウハウスの理念を知る　世界遺産

バウハウス本校舎 Bauhausgebäude

1925年より1932年までデッサウにあった建築・デザイン学校の校舎。進歩的なデッサウは、保守的な町ヴァイマールを追い出されたバウハウスを受け入れた。そのとき創設者のグロピウスは、この有名なバウハウス本校舎を建設する。コンクリートの外壁、大きな開口部にガラスをふんだんに使った明るい校舎で機能が重視された結果の形となった。現代人から見ると、どこにでもある平凡な建物のように見えるが、そうした建物の原点がこの建物なのである。しかし近づいてよく見ると、あるいは内部を見学すると、細かいところにバウハウスの理念が生かされていることがわかる。

↑階段踊り場の開口部は画期的と評価された

↑バウハウスでデザインされたパイプの椅子

バウハウス本校舎
>> Map P.198-A1
住Gropoisallee 38
☎(0340)6508250
ⓘ www.bauhaus-dessau.de
開10:00～17:00
休無休
本校舎内のガイドツアー（11:00、14:00、土・日曜は12:00と16:00も。€7。所要約1時間）があるがドイツ語のみ。英語のツアーは金曜の12:00のみ。

✉ わかりやすい日本語解説も
バウハウス本校舎の日本語オーディオガイドは、バウハウスの経緯や歴史、主要人物や最近の状況とかなり詳しい内容。マイスターハウス見学時も聞きながら回ったため、展示物の情報に関してより深く理解できてよかった。
（世田谷区　ミーモ　'14）['20]

グロピウス設計による実験住宅　世界遺産

マイスターハウス Meisterhäuser Dessau

バウハウスの教授たちの住居としてグロピウスが1925年から1926年にかけて建設した住宅。4棟かたまって建っている。芸術部門を担当していたパウル・クレーやワリシー・カンディンスキーもここに住んでいた。

↑4棟建てられた教授用の住宅

マイスターハウス
>> Map P.198-A1
住Ebertallee 59-71
☎(0340)6508250
ⓘ www.bauhaus-dessau.de
開10:00～17:00
休無休
料€8.50、学生€5.50、オーディオガイド€5（撮影料€5）

2000年に世界文化遺産登録　世界遺産

デッサウ・ヴェルリッツの庭園王国 Dessau-Wörlitzer Gartenreich

イギリスを除くヨーロッパで最初に建設されたイギリス式庭園で、1万4500haという最大級の庭園。18世紀後半にこの地方を支配していたアンハルト＝デッサウ侯によって建設された。広大な敷地の中にネオ・ゴシック様式やネオ・クラシック様式の建物が点在している。エルベ川によって作られた水地帯を利用しており、庭園内は無料で散策できる。4月から10月は水路を巡るゴンドラがある（45分間）。

デッサウ・ヴェルリッツの庭園王国
>> Map P.198-A3（域外）
住Alter Wall 99, 06786 Oranienbaum-Wörlitz
☎(0340)646150
ⓘ www.gartenreich.com
交中央駅前からバス304番に乗ってWörlitz Neue Reihe下車（約40分）。庭園入口まで徒歩4分

↘予約＆問い合わせはバウハウス財団☎(0340)6508250　ⓘ www.bauhaus-dessau.deまで。

バウハウスの歴史

バウハウスBauhausとは1919年ヴァイマールに設立された建築・デザイン学校のことでBauは建築を、Hausは家を意味する。ここで育まれた精神や建築様式は世界の近代建築の祖となった。

母体はヴァイマールにあった美術アカデミーと、オランダから招かれた建築家ヴァン・デ・ヴェルデの工芸学校を合体させたもので、初代学長にベルリンで活躍していたヴァルター・グロピウスが就任した。当時のドイツには第1次世界大戦の敗北にもかかわらず新しい建築を追求していく建築革命的精神がみなぎり、建築界ではヨーロッパでも主導的立場にあった。

バウハウスの理念は、建物は使う目的に適する機能的なものであるべき、というもの。過去の時代の贅沢でコストのかかる装飾的なものではなく、低価格の素材を使って大量に生産できること。それでありながら芸術性に富むもの、とした。それには高い技術が必要であり、かつデザインも重視されたのでデザイナー育成にも力を入れた。1921年にグロピウスは前衛芸術家として知られていたパウル・クレーを教授に迎える。1922年には抽象絵画のワリシー・カンディンスキーも加わり、色彩論やデッサンを教えた。

しかし、それまでの石積みや木組み家屋と異なる、鉄とコンクリートとガラスという新しい素材、そして面と面を合わせた即物的な建物の構成は地元の保守派から批判が高まり、ローカルなヴァイマールで続けていくことが困難になっていった。その頃、デッサウでは1923年にユンカースの工場が設立されて町は新しい技術を歓迎していた。バウハウスはいろいろな町からの申し出があったが、デッサウが最も好条件で迎えてくれた。

グロピウスの像

1925年、バウハウスは全面的にデッサウへ移転する。

移転に先立ってグロピウスは新しい校舎を建設した。1926年に完成したのは校舎と寄宿舎、付属商業学校が直角に交わり、開口部を広くしてガラスで覆うという、グロピウスの理念「芸術と科学の統一」を具体化したものだった。グロピウスはデッサウに4棟からなるマイスターハウス（バウハウス教授の住宅）も手がけ、限られた条件で変化に富む建物を生み出した。後にグロピウスの後任者となるハンネス・マイヤーは、より機能性と経済性を重視していった。マイヤーの考えはノイエ・ザッハリヒカイトNeue Sachlichkeit（新即物主義）としてバウハウス内で浸透していく。

しかしナチスの台頭によってバウハウスはデッサウ公安当局と折り合いが悪くなっていく。1928年に学長になったマイヤーは1930年に辞職した。その後をミース・ファン・デァ・ローエが受け継ぐが、ナチスの妨害は続いた。1932年、デッサウの政権交代によりバウハウスはベルリンへ移り、学長ミースのプライベート学校のような形で続けられた。そしてわずか1年後、1933年にナチスが政権を掌握するとバウハウスはボルシェヴィズム建築（プロレタリア革命的、社会主義的）とレッテルを貼られて閉校に追い込まれた。わずか14年余りの短い間であったが、バウハウスが生み出したもの、残した功績、その影響力は大きく、ドイツ国内以上に諸外国で非常に高い評価を受けた。ノイエ・ザッハリヒカイトは近代建築のひとつの模範となり、現代にも通じる新しい建物の形態となった。

ドレスデンとその周辺

Dresden und Umgebung

ドレスデン、アルテ・マイスター絵画館前の花壇

Introduction

ドレスデンとその周辺

ゲーテ街道の終着点でもあるドレスデンは、ザクセン君主の都として栄えた町。人口55万人を擁する大都市であり、ドイツ有数の観光地でもある。周辺にも魅力的な見どころが数多くあるので、ぜひドレスデンを拠点に周辺の町を訪れる時間を取っておきたい。

マイセンはもともとザクセン王家の祖先が居城を構えた古都。世界最高峰の名窯であるマイセン磁器の工房があることで知られる。ドレスデンからエルベ川を遡った所には、人気の自然スポットで、風光明媚な景色で知られるザクセンスイス国立公園がある。ドレスデンの東約60kmにあるバウツェンは城塞都市の趣を今も残す古い町で、国内の少数民族であるソルブ人の多くがここに住んでいる。ポーランドとの国境にあるゲルリッツはヨーロッパ東西を結ぶ交易で栄えた町。中世の商人の美しい屋敷が残っている。木工細工で知られるチェコとの国境にあるザイフェンは、町自体がおもちゃのようにかわいい町だ。

↑マイセンのアルブレヒト城

↑ゲルリッツのオーバーマルクト広場

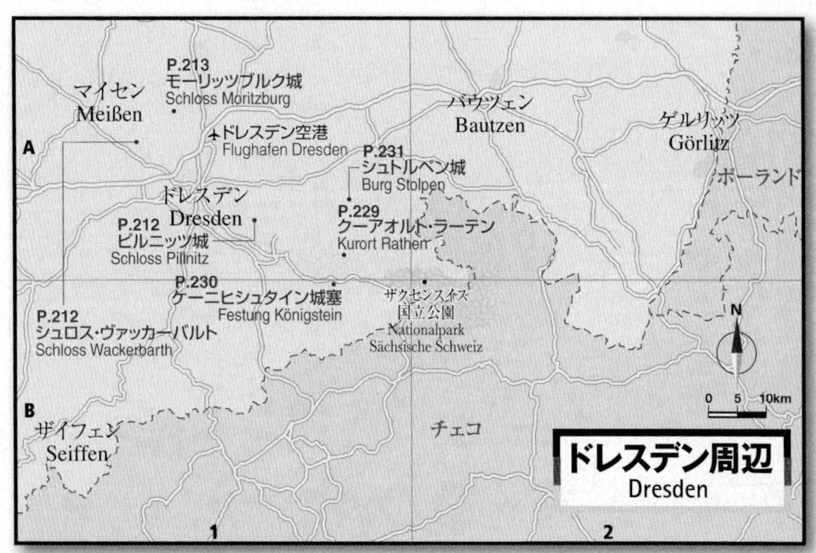

ノスタルジックな外輪蒸気船でエルベ川クルーズを楽しむ

ドレスデン滞在中に一度は楽しみたいエルベ川クルーズ。往復90分のミニクルーズから、マイセンやザクセンスイスまでの長めのクルーズまで、時間に合わせて選べる。

おすすめは上流に向かってブラーセヴィッツBlasewitzまで行き戻ってくる周遊コース。ブラーセヴィッツ対岸、エルベ右岸の19世紀に建てられた3つの城があるあたりは上流に向かうコースの最高の景勝地。最初に現れるのがアルブレヒツベルク城Albrec-chtsbergで、エルベ湖畔にはレストランもある。次の城はリングナー城Lingner schloss。その右隣にイギリス風のエックベルク城Schloss Eckbergがあり、現在ホテルとレストランになっている。

↑ブドウ畑の中に建つリングナー城

少し長めのエルベ下りを楽しむピルニッツ城までの往復も、地元ザクセンワインを傾けながら優雅なプチ船旅を味わえる。

マイセンやザクセンスイスへ行くなら片道を船にするのも一案だ。

DATA

ザクセン蒸気観光船会社Sächsische Dampfschiffahrtが3月下旬から10月下旬にクルーズ船を運航している。クルーズの詳細、料金などは下記ウェブサイトで。

ⓘ www.saechsische-dampfschiffahrt.de

エルベ遊覧コース

Stadtrundfahrt zu Wasser

ドレスデンから出発し、上流のブラーセヴィッツBlasewitzまで行って戻ってくるコース。途中下船はない。所要1時間40分。

ピルニッツ城コース

Schlösserfahrt

ピルニッツ城までの往復。途中下船して別の船で戻ってくることもできる。下船しない場合、往復で所要3時間30分。

マイセンやクーアオルト・ラーテンへ

所要時間は下図参照。時刻表はザクセン蒸気観光船会社のウェブサイトで確認のこと。

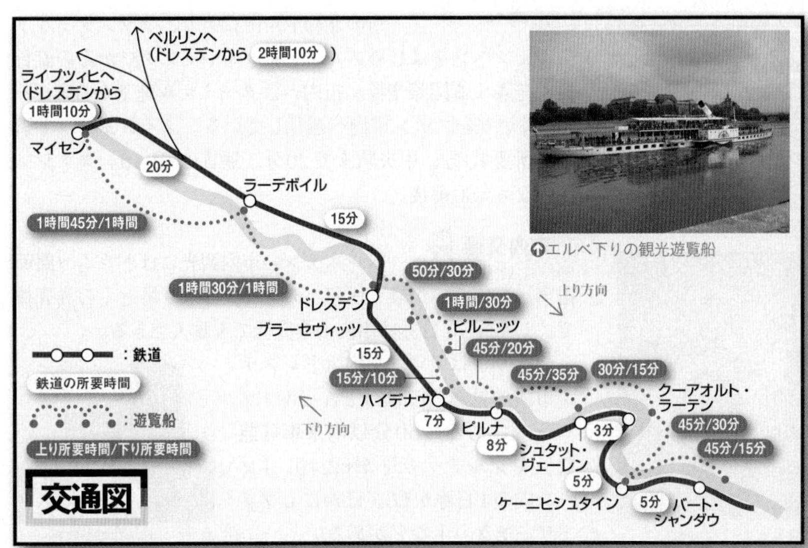

↑エルベ下りの観光遊覧船

Dresden
ドレスデン

Map P.13-B2
人口　55万4900人
市外局番（0351）

ACCESS
飛行機
フランクフルトから約1時間、ミュンヘンから約55分。
鉄道
ベルリンからICで約2時間、エアフルトからICEで約2時間。ライプツィヒから約1時間10分。マイセンからSバーンで約35分。

フラウエン教会（聖母教会）近くのインフォメーション

ドレスデンの観光案内所
(0351)501501
www.dresden.de/tourismus
中央駅
» Map P.205-C1
住 Wiener Platz 4
開 9:00〜19:00
フラウエン教会近く
» Map P.206-B2
住 Neumarkt 2
開 10:00〜19:00（土曜〜18:00、日曜〜15:00）

ドレスデン中央駅

ノイマルクトにあるフラウエン教会（聖母教会）

ザクセン公国の首都として繁栄を遂げ、18世紀初頭にアウグスト強王のもとで華麗な町へと発展した。選帝侯たちによって集められた多くの美術工芸品は今日貴重なコレクションとなり、美術館や博物館で鑑賞することができる。第2次世界大戦では壊滅的な被害を受けたが、戦後に歴史的建物の多くが修復あるいは再建され、古の面影を伝えてくれる。

空港から市内へ

ドレスデン国際空港

市の北約10kmにあり、フランクフルトやミュンヘンをはじめアムステルダムやモスクワからの直行便も発着する国際空港。市内へはターミナル地下からSバーン2番がドレスデン市内へ運行している。ノイシュタット駅まで所要13分、中央駅まで20分。運賃は€2.40。タクシー利用なら€30前後。

市内交通

トラム

ドレスデンの市内観光にはトラム（路面電車）を使うのが最も便利。チケットは乗り場近くの券売機で。1回券と1日券は車内の券売機でも購入できる。

チケットは1ゾーン内（ドレスデン市内の見どころはほとんどが1ゾーン内にある）60分以内乗車可能なシングルチケットが€2.40、1ゾーン内の1日券が€6。ほかにもファミリーチケットなどがある。

アウグストゥス橋を渡るトラム

「22ヵ所のドレスデン周遊パス」（→P.206）は、観光に欠かせないほどの充実ぶり。ドイツ語のアナウンスのほかに9ヵ国語のオーディオガイドがあります。ただ、イヤフォンの差込み口がわかりづらい↗

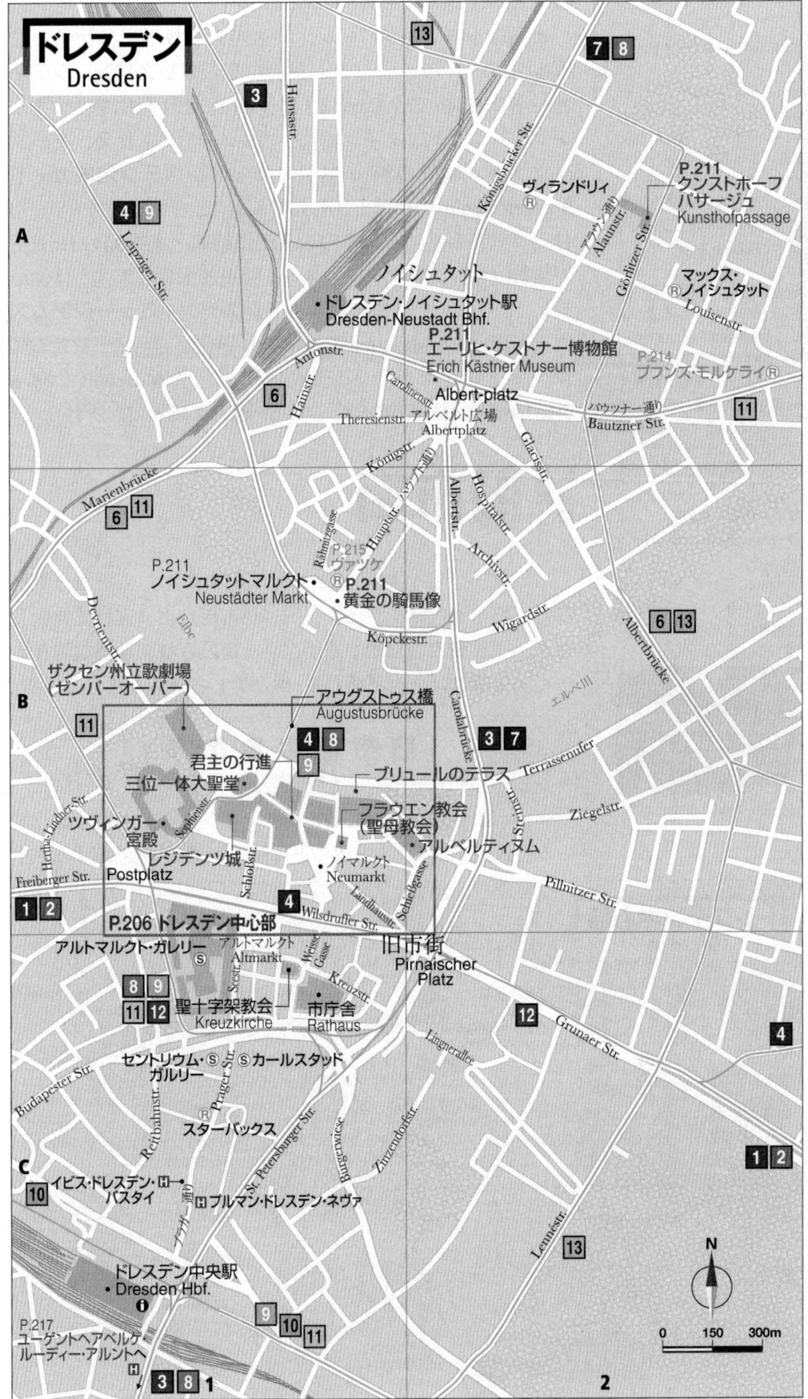

↘ので、席に着いたら、すぐにトライしてください。(吉田 幸弘 '16)['20]

ウエルカムカードの購入は下記サイトでも可能。
ⓘ tportal.toubiz.de/cards

ドレスデン地域カード
モーリッツブルク城へ走るレスニッツグルント鉄道（→P.213）、シュロス・ヴァッカーバルト（→P.212）、バート・シャンダウと渓谷鉄道の駅がある対岸への渡し船など、郊外の運賃も割引きに

観光に便利、2階建てバス
「22ヵ所のドレスデン周遊バス 22 Haltestellen Stadtrundfahrt Dresden」は、市内の観光スポット22ヵ所を約2時間で周遊する乗り降り自由のバス。降りたい所で降りて観光し、次のバスに乗車できる。メインの乗り場はポスト広場 Postplatz。チケットはウェブサイトで購入できる。
ⓘ www.stadtrundfahrt.com/dresden
開 4～10月は9:30～17:00に15分おき、11～3月は30分おき
料 1日€20

上からの眺めを楽しもう

●ウエルカムカード Welcome Card

市内のトラムとSバーン、バスが乗り放題、博物館など80以上のアトラクションが割引になる**ドレスデン・シティカードDresden City Card**は1日券€12、2日券€17。マイセンやケーニヒシュタイン城塞へのSバーンにも使え、モーリッツブルク城へのSLが割引になる**ドレスデン地域カードDresden Regio Card**は1日有効で€20、2日間有効で€35、3日間有効で€45。また市内の主要博物館・美術館の16ヵ所が無料（レジデンツシュロスの「歴史的緑の丸天井」は適用外）、そのほかでは割引になる**ドレスデン・ミュージアムズカードDresden Museums Card**の2日券€22、ミュージアムズカードとシティカードがひとつになった**Museums Card + City Card**の2日間有効€37もある。購入は観光案内所ⓘなど。

旧市街

ドレスデンは1549年までエルベ川を挟んだふたつの町だった。旧市街はノイシュタット（新市街）より遅れて発展したが、王侯貴族の宮殿や館が次々と建設されて壮麗な町となった。修復はほとんど終わり、再び美しさを取り戻している。

旧市街の歩き方 Walking

エルベ川を挟んで町は旧市街とノイシュタットに分かれている。鉄道駅はノイシュタットにもあり、ICEも停車する。中

はみだし情報 2019年11月、49カラットのダイヤモンドを含む十数点の宝飾品など歴史的な収蔵品が盗難の被害に遭った「歴史的緑の丸天井」。2023年12月の時点で、盗難品は部分的にしか発見・返還されていないが、↗

央駅よりひとつ手前の**ドレスデン・ノイシュタット Dresden-Neustadt Bhf.**で降りてこちらから観光するのもよい。

中央駅Dresden Hbf.で降りた場合は、駅前から歩行者専用のプラガー通りPrager Str.を真っすぐ北へ歩く。道は途中からゼー通りSeestr.となり、季節ごとの祭りが行われる**アルトマルクト**に出る。このあたりがショッピング街で、新しい大きなパサージュやモダンな複合ビルがいくつかある。トラムの走るヴィルスドゥルッファー通りWilsdruffer Str.を渡ってシュロス通りSchloßstr.を北へ進むと右側に**フラウエン教会（聖母教会）**が見えてくる。

旧市街の見どころはここからエルベ川沿いに集まっている。劇場広場の周りには**ザクセン州立歌劇場**、**レジデンツシュロス**、**ツヴィンガー宮殿**など華麗な建物が並ぶ。大聖堂の前から**アウグストゥス橋**を渡ると**ノイシュタット**になる。

アルトマルクト
>> Map P.206-B2
交 トラム1・2・4Altmarktからすぐ

ビジターセンター
住 Schlossstr./ Taschenberg
☎ (0351)49142000
ⓘ www.skd.museum
開 10:00～18:00
休 無休
ドレスデン美術コレクションの総合案内

↑レジデンツシュロス

おもな見どころ
The highlight

展示室の名前は天井が緑の半円だったことに由来

レジデンツシュロス Residenzschloss

最初の城は15世紀に建て替えられ、アウグスト強王の時代に今日の姿となる。1945年の空襲で破壊されたがドイツ統一後、急速に再建された。1階に再現された「**歴史的緑の丸天井Historisches Grünes Gewölbe**」は絢爛豪華な室内装飾の部屋が続き、そのインテリアとともにすばらしいコレクションを鑑賞することができる。2階の「**新しい緑の丸天井Neues Grünes Gewölbe**」には高価で珍しい作品が展示され、なかでも宮廷金細工師ディングリンガーによる「Hofstaat des Großmoguls ムガル帝国の宮廷」や世界最大のグリーンダイヤは見応え満点。城内には他に「強王謁見の間」「武器室」などもある。

レジデンツシュロス
>> Map P.206-A2
住 Taschenberg 2
ⓘ www.skd.museum
開 10:00～18:00
休 火曜
交 トラム1・2・4 Altmarktから徒歩4分

歴史的緑の丸天井
料 €12(オーディオガイド付き)
C M V J D（オンライン予約の場合）
見学には時間指定の入場券が必要。

新しい緑の丸天井
料 €14、学生€10.50（オーディオガイド付き）
城内の強王謁見の間、武器室、塔などにも入場可。

↑白磁のカップと見まがうほど精巧な銀細工

↑歴史的緑の丸天井の「金メッキ細工の間」 ©David Beandt

↘一般への公開は再開している。

君主の行進
>> Map P.206-B2
住Töpferstr.
交トラム4・8・9 Theaterplatzから徒歩5分

↑シュタールホーフ（厩）は君主の行進の内側にある

大空襲にももちこたえたマイセン焼壁画

君主の行進 Fürstenzug

↑2万4000枚のマイセン焼タイルで飾られた壁画は圧巻

16世紀にレジデンツシュロスの厩として建てられたシュタールホーフStallhofは18世紀に美しいアーチの歩廊となった。その外壁のアウグストゥス通りAugustusstr.にフュルステンツーク（君主の行進）が描かれている。歴代君主の馬上行進を描いたもので、2万4000枚のマイセン焼タイルで埋められている。102mの大壁画はもともと1876年にスグラフィットで描かれたもので、風雨にさらされて傷んだため1904年にマイセン磁器によって同じ絵が作成された。空爆で城が焼け落ちたときも、1200度で焼かれていた磁器壁画は無事だった。総勢93人のうち35人が辺境伯、選帝侯、大公、国王などヴェッティン家の人々で、アウグスト強王は中央より右寄りに乗馬姿で描かれている。

ツヴィンガー宮殿
>> Map P.206-A1
住Theaterplatz 1
ⓘwww.skd.museum
交トラム1・2・4・8・9・11 Postplatzから徒歩3分
チケット売り場はカリヨンのある建物2階にある。そこからテラスへ出られるので上からツヴィンガー全体を見渡すことができる。

名画の絵画館と貴重な磁器コレクション

ツヴィンガー宮殿 Zwinger

↑バロック様式の代表的な建物

ツヴィンガーとは城の内濠と外濠の間の空き地のことで、かつてここはレジデンツシュロスと濠との間だった。そこにオレンジ栽培の温室が建てられ、楕円形に取り囲まれた中庭は遊興場として騎馬試合などが行われていた。名建築家ペッペルマンによって1728年、ドイツバロック建築の見本とまでいわれた建物が完成。劇場広場側の建物は19世紀半ばに歌劇場と同じゼンパーによって増築され、後に絵画館となった。現在ツヴィンガー宮殿にはアルテ・マイスター絵画館、磁器収集室、数学・物理学室があり、屋外では西側の王冠の門Kronentor、マイセン焼カリヨンが付いた南門、そして北側にはニンフの浴場と呼ばれる噴水がある。

アルテ・マイスター絵画館
>> Map P.206-A1
℡(0351)49142000
開10:00～18:00
休月曜
料ツヴィンガーチケット€14、学生€10.50（数学・物理学室、磁器収集室、企画展にも入場可）

↑絵画館『システィーナのマドンナ』（ラファエロ・サンティ作）

アルテ・マイスター絵画館 Gemäldegalerie Alte Meister

ラファエロの『システィーナのマドンナ』があることで知られるヨーロッパ有数の美術館。フェルメールの作品は『窓辺で手紙を読む女』と『取り持ち女』の2点がある。そのほかにジョルジョーネの『眠れるヴィーナス』をはじめ、レンブラント、クラーナハ、デューラー、ヴァン・ダイク、ルーベンス、ティントレットなど、ヨーロッパの古典名画が鑑賞できる。

磁器収集室　Porzellansammlung

最初の翼にはおもにアウグスト強王が集めた日本や中国の磁器が展示され、ここに有名なドラゴナーヴァーゼン（→P.19）の一部、景徳鎮の大きな壺があり、必見。次にマイセン工房の型師ヨハン・ヨアヒム・ケンドラー作の大きな動物たちが展示されている部屋があり、歴史的マイセン焼コレクションの傑作が奥の翼に並んでいる。

↑すばらしいコレクションの数々

まだら模様が戦争の愚かさを伝える

フラウエン教会（聖母教会）　Frauenkirche

18世紀前半に建てられたプロテスタントの教会で、1945年2月のドレスデン空爆で焼け落ちた。瓦礫のまま放置されていたが、東西ドイツ統一後に瓦礫をはめこんで修復する再建工事が始まった。世界最大のパズルといわれた難関工事は2005年に完成。世界中から、特にドレスデンを空爆した連合軍の国々から多大な寄付が寄せられた。破壊するのは一瞬、再建は長い年月と莫大な費用を要する。戦争の愚かさを伝える平和のシンボルとして、フラウエン教会は世界に知られている。

↑ところどころに黒いオリジナルの石が見られる

世界に誇る名オペラハウス

ザクセン州立歌劇場（ゼンパーオーパー）　Sächsische Staatsoper / Semperoper

劇場広場の騎馬像はザクセン王ヨハン。彼の命によりザクセン王立劇場として1841年に建てられた。後にウィーンで活躍する建築家ゴットフリート・ゼンパーが手がけたため、ゼンパーオーパーの名で親しまれている。1869年に火災を起こして1878年に建て直され、1945年の空爆で焼け落ちてから1985年にもう一度建て直された。2度の再建にもかかわらず抜群の音響、美しい大理石の階段、外観の壮麗さなどで世界有数のオペラ座として知られる。音楽監督をカール・マリア・フォン・ウェーバー、リヒャルト・ワーグナー、カール・ベーム、ロブロ・フォン・マタチッチ、ジュセッペ・

磁器収集室
>> Map P.206-B1
℡(0351)49142000
開10:00～18:00
休月曜
料€6、学生€4.50

フラウエン教会（聖母教会）
>> Map P.206-B3
住Neumarkt
℡(0351)65606100
ⓘ www.frauenkirche-dresden.de
開 10:00 ～ 12:00、13:00～18:00
休土・日曜は不定休
料寄付
交トラム1・2・4 Altmarktから徒歩5分

↑強王の騎馬像

ザクセン州立歌劇場（ゼンパーオーパー）
>> Map P.206-A1
住Theaterplatz 2
℡(0351)4911705
ⓘwww.semperoper.de
ボックスオフィス
開10:00～18:00（土曜～17:00、1～3月の土曜は～13:00）
休日曜、祝日
料ガイドツアー€11
交トラム4･8･9 Theaterplatzから徒歩3分

↑世界に冠たる歌劇場

はみだし情報　フラウエン教会の最上部にあるドーム頂上には展望台があり、誰でも上ることができる。入場料は€8。

シノーポリらが務めた。入口にはゲーテとシラーの像が立っている。

ブリュールのテラス
>> Map P.206-A3

対岸から眺めるシルエットがすばらしい

ブリュールのテラス Brühlsche Terrasse

⬆エルベ川に沿って華麗な建物が並ぶブリュールのテラス

三位一体大聖堂のあるシュロス広場からエルベ川に沿って、展望テラスが設けられている。アウグスト2世の時代に国政を任されていたブリュール伯爵が1814年に造ったもの。ドレスデンを訪れたゲーテはこの場所を気に入り"ヨーロッパのバルコニー"と呼んで称賛した。バルコニーに面して右から上級州裁判所、城館ゼクンドゲニトゥーア、円蓋ガラス屋根の旧王立美術アカデミー（現美術大学）などが並び、対岸からの眺めを際立たせている。

アルベルティヌム
>> Map P.206-B3
住Tzschirnerplatz 2
☎(0351)49142000
ⓘwww.skd.museum
交トラム3・7 Synagogeから徒歩5分

ノイエ・マイスター絵画館
開10:00～18:00
休月曜
料€12、学生€9（アルベルティヌムチケットとして彫刻展示室にも入場できる）

フリードリヒのファンには必見

アルベルティヌム Albertinum

16世紀に建てられたかつての武器庫で、19世紀末のザクセン王アルベルトにちなんでこの名がある。1階は彫刻展示室で、2階と3階に19世紀から20世紀のドイツ、フランス絵画を集めた**ノイエ・マイスター絵画館Galerie Neue Meister**がある。ドレスデンで没したカスパー・ダーヴィット・フリードリヒの作品が充実している。

三位一体大聖堂
>> Map P.206-A2
住Schloßstr. 24
☎(0351)4844712
開9:00～17:00(金曜13:00～、土曜10:00～、日曜12:00～16:00)
交トラム4・8・9 Theaterplatzから徒歩2分
料無料

2020年、三位一体大聖堂は内装工事のため、オルガンの見学はできない。また、オルガンコンサートも休止する。

ホーフキルヒェの名で親しまれている

三位一体大聖堂 Kathedrale St. Trinitatis

⬆アウグスト強王ゆかりの大聖堂

18世紀にアウグスト強王が建てたカトリック宮廷教会Katholische Hofkircheで、ドレスデン・マイセン教区の司教座聖堂になっている。2層式高屋根でその欄干には3mの大きな聖人像が78体並び、83mの塔は透かし彫りという見事な外観である。イタリアの建築家キアヴェリが手がけた。内部には戦後忠実に復元されたジルバーマンのオルガンがある。ポーランド王も兼ねていたアウグスト強王はワルシャワで死去して葬られたが、心臓だけこの地下の納骨堂に安置されている。

✉ ドレスデンのゼンパーオーパーは世界的に有名ですが、もうひとつのオペレッタ劇場（ドレスデン州立オペレッタ）も市民にたいへん愛されています。レンガ造りの古い工場の建物をリニューアルした↗

ノイシュタット

ノイシュタットは旧市街より早く形成され“古いドレスデン”と呼ばれていた。ところが1685年の大火災の後に再建されてからノイシュタット（新市街）と呼ばれるようになった。

ノイシュタットの歩き方
Walking

ノイシュタットには戦災を免れた古き面影を伝える場所もある。アウグスト強王の騎馬像が立つ**ノイシュタットマルクトNeustädter Markt**からハウプト通りHauptstr.が北へ延びている。ここがノイシュタットの中心地。アルベルト広場から北はちょっとアバンギャルドな地区で、壁一面の芸術的な落書きも目立つ。このあたりは芸術家や学生、外国人が集まる地区で小さな居酒屋や多国籍レストランも多く、若者と芸術家たちのたまり場になっている。

⬆かなり遠くからでも輝いて見える黄金の騎馬像

ノイシュタットマルクト
>> Map P.205-B1

おもな見どころ
The highlight

台座にはザクセン選帝侯とポーランド王の文字が

黄金の騎馬像　Goldener Reiter

黄金に輝くアウグスト強王の騎馬像。胴体鎧にサンダルを履いたローマ皇帝の姿をしているのは、彼の神聖ローマ皇帝への野心を表している。1736年ここに置かれたが、第2次世界大戦中はピルニッツの岩坑に隠されていた。1956年に187gの金箔を使って修復され、見事な輝きを放っている。

黄金の騎馬像
>> Map P.205-B1

テーマ別に引き出しの色で分類

エーリヒ・ケストナー博物館　Erich Kästner Museum

『ふたりのロッテ』や『エミールと探偵たち』で知られるケストナーの生涯と作品が独自の方法で展示されている。カラフルなインテリアやピクトグラム（標識など絵文字）を見るだけでも楽しい。

エーリヒ・ケストナー博物館
>> Map P.205-A2
住Antonstr. 1
☎(0351) 8045086
ⓘ www.erich-kaestner-museum.de
開10:00～18:00
休木・土曜
料€5、学生€3
交トラム3・6・7・8・11 Albertplatzから徒歩1分

⬆カラフルな展示方法のエーリヒ・ケストナー博物館

芸術家や若者が集う一区画

クンストホーフパサージュ　Kunsthofpassage

アルベルト広場の北に明礬（みょうばん）通りAlaunstr.という奇妙な名前の道があり、このアラウンシュトラーセを進んだ右側に“芸術の庭”といわれるクンストホーフパサージュがある。それぞれテーマが異なる中庭がつながる人気のスポット（→P.216）。

クンストホーフパサージュ
>> Map P.205-A2
住入口はAlaunstr. 70、およびGörlitzer Str. 23-25
ⓘkunsthof-dresden.de
交トラム7・8 Louisen Straßeから徒歩5分

↘劇場では、オペレッタの他にミュージカルやオペラが上演されています。ⓘstaatsoperetta.de
（川崎市　松本好之　'17）['20]

ピルニッツ城
>> Map P.202-A1
住August-Böckstiegel-Str. 2
(0351)2613260
www.schlosspillnitz.de
開公園6:00〜日没
博物館10:00〜18:00
休公園　無休
博物館　月曜、11〜3月
料公園€3、博物館と公園€8
交SNiedersedlitzからバス88番で終点Kleinzschachwitz下車。ここから渡し船で対岸へ。このほか遊覧船でも行くことができる。

近郊の見どころ
Excursion

ザクセン選帝侯の夏の離宮

ピルニッツ城　Schloss Pillnitz

エルベ川を7kmほど遡った河岸にある。強王はこの城を1706年、側室のコーゼル女性伯爵に与えた。強王は1720年からツヴィンガー宮殿を手がけたペッペルマンを起用し川辺に優雅な館を建て、庭を挟んでそっくりな館を山側にも建てた。この**水宮殿Wasserpalais**と**山宮殿Bergpalais**はバロック様式でありながら多分に中国趣味や日本趣味がみられる。山宮殿のホールには門松や羽根つき、双六遊び、子供のチャンバラごっこ、昔話の一場面など日本的なものが描かれている。

日本趣味を取り入れたピルニッツ城の山宮殿

もうひとつの話題は1801年に日本から持ち込まれ、庭に植えられたツバキの大木。特別な移動式温室も造られて、寒くなるとレールの上をガラス張りの温室が移動してツバキの大木を覆う。今も、毎年35000輪以上の花を咲かせて市民を楽しませている。

Tips!

ヨーロッパ最北のワイン生産地

ドレスデンの北西、ラーデボイルRadebeul周辺では中世よりワイン用のブドウが生産されている。北緯51度、ヨーロッパ最北のワイン生産地だ。小さく区画された畑が多く、規模も大きくないが、ここでは37種のブドウが栽培されており、ゴールドリースリングといった、この地域限定の品種もある。生産量が少なく、ほとんどが国内で消費されてしまうため、なかなか日本には入ってこない。ぜひ現地で希少度の高いザクセンワインを味わってみたい。おすすめは**シュロス・ヴァッカーバルト**。比較的新しいワイナリーだが、ブドウ畑の真ん中で、食事と試飲が楽しめる。

ツアーに参加すれば工場見学も楽しめる

シュロス・ヴァッカーバルト Schloss Wackerbarth
>> Map P.202-A1
住Wackerbarthstr.1　(0351)89550
www.schloss-wackerbarth.de
営12:00〜22:00（週末、冬期は時間変更。不定休があるため、事前に確認を）
交Postplatzからトラム4（Weinböhla方面）に乗って約40分、Schloss Wackerbarth下車。

6〜10月に数回、土曜に就航されるエルベ川のムーンライトクルーズはドレスデンからピルニッツの往復で、19:30から約4時間の旅が楽しめる。夏場は21時ころまで明るいので、行きと帰りで違った風↗

珍しい革張りの部屋が城の特徴に

モーリッツブルク城 Schloss Moritzburg

ドレスデンの北約15kmにある小さな湖や沼が点在するエリア。1546年、周辺が深い森に覆われていた頃、ザクセン公モーリッツはここに狩猟用の屋敷を建てた。城はザクセン選帝侯に買われ、歴代の選帝侯が狩りのためにここを訪れるようになった。アウグスト強王の時代、ツヴィンガー宮殿を手がけたペッペルマンによって、湖の中に建つバロック様式の屋敷**モーリッツブルク城**が建てられ、完成したのは1736年。その後も改修が何度も行われ現在にいたっている。

内部には贈答品や自ら射止めた鹿の角が数多く飾られている。強王は城の中に、模様が描かれた薄い革を張った部屋をいくつも造った。第2次世界大戦の戦火を逃れるため剥がされて保管されていた壁革をもとに戻す工事が近年行われており、修復が終わった豪華な部屋がいくつか見られる。

↑バロック様式の城の美しさはドイツ有数

↑強王のベッド

森の中を走るSL

レスニッツグルント鉄道 Lößnitzgrundbahn

エルベ川北側のブドウ生産地にあるラーデボイル・オスト Radebeul Ost駅からモーリッツブルクを経由してラーデブルクRadeburgを結ぶ16.6kmのローカル列車。100年以上前に開業し、現在も現役で蒸気機関車が走る、鉄道ファンには垂涎の路線だ。特にラーデボイルとモーリッツブルクの間は森や湖の間を走る人気区間。

↑森の中を抜けて走る列車

↑モーリッツブルク駅に停車中のSL

モーリッツブルク城
» Map P.202-A1
住Schloßallee
☎(035207)87318
ⓘwww.schloss-moritzburg.de
開10:00～18:00（冬期短縮、入場は閉館1時間前まで）
休11～3月の月曜 料€8
交ドレスデン・ノイシュタット駅前から、477番のバスでSchloss Moritzburg下車すぐ。所要26分。

ケーテ・コルヴィッツ記念館
Käthe Kollwitz Haus Moritzburg
モーリッツブルク城からわずか500m先にケーテ・コルヴィッツが晩年を過ごした家がある。小さな記念館で彼女の写真や日記、書簡などが展示されている。
住Meißner Str. 7
☎(035207)82818
開4～10月の月～金曜11：00～17：00、土・日曜10：00～、11～3月の火～金曜12：00～16：00、土・日曜11:00～
休11～3月の月曜
料無料
交モーリッツブルク城から橋を渡ってMeißner Str.を西へ徒歩7分

↑ケーテ・コルヴィッツ最後の邸宅

レスニッツグルント鉄道
運行スケジュール（2020年）は、ラーデボイル・オスト駅発5:15、8:26、9:56、12:56、14:26、17:26、18:56、モーリッツブルク駅発（ラーデボイル・オスト駅行き）6:48、9:03、11:33、13:33、16:03、18:03、19:33。この2駅間の所要時間は約30分。
ⓘwww.loessnitzgrundbahn.de
料€7.10（片道）
交中央駅からラーデボイル・オスト駅までSバーンで約15分。

↘景に出会える。ビュッフェの食事付きで€45。日程の確認やチケットの購入はネットでできるので便利。
ⓘwww.saechsische-dampfschiffahrt.de

Restaurant & Café

旧市街のレストラン街は
フラウエン教会裏のにぎやかな
ミュンツガッセMünzgasse。
手軽に済ませたければ、
ショッピングモール内の
フードコートがおすすめ。

後期バロック様式のカフェ

コーゼルパレー
Coselpalais　Map P.206-B3

旧市街 住An der Frauenkirche 12
☎(0351)4962444 ⓘwww.coselpalais-dresden.de
営11:00～24:00（土・日曜10:00～） 休無休
CM V 交トラム1・2・4 Altmarktから徒歩6分

アウグスト強王と妾コーゼル夫人との間に生まれた息子のために造られた美しい館。ケーキはコーゼルパレー・トルテがおすすめ。食事もできる。

バウムクーヘンといえばこの店

クロイツカム
Café Kreutzkamm　Map P.206-B2

旧市街 住Altmarkt 25（Altmark-Galerie内）
☎(0351)4954172 ⓘwww.kreutzkamm.de
営9:30～21:00（日曜、祝日12:00～18:00）
休無休 CM V
交トラム1・2・4 Altmarktから徒歩2分

1825年創業の旧宮廷御用達の老舗コンディトライ。バウムクーヘンをはじめトルテの品揃えが豊富で、ドイツならではのスイーツを満喫できる。おみやげ用のバウムクーヘン（300g €14.80～）も購入可能。

アルテ・マイスター絵画館にある

アルテ・マイスター
Alte Meister　Map P.206-A1

旧市街 住Theaterplatz 1a ☎(0351)4810426
ⓘwww.altemeister.net 営月～木曜17:00～24:00
（金～日曜12:00～） 休無休 CM V A
交トラム4・8・9 Theaterplatzから徒歩2分

ツヴィンガーの修復を指揮したアルベルト・ブラウンのアトリエを改修したカフェ。前菜€9～、メイン€16～。絵画館見学者以外の利用も可能。

圧倒的に美しい店内

プフンズ・モルケライ
Pfunds Molkerei　Map P.205-A2

ノイシュタット 住Bautzner Str.79
☎(0351)808080 ⓘwww.pfunds.de
営10:00～18:00（日曜、祝日～15:00）
交トラム11Pulsnitzer Straßeから徒歩2分

1880年開業のチーズ販売と軽食レストランの店。商品や料理より有名な陶磁器メーカー、ヴィレロイ＆ボッホが手がけた美しい内装が圧巻。

食事にもちょっと一杯にも

ラス・タパス
Las Tapas　Map P.206-A3

旧市街 住Münzgasse 4 ☎(0351)4960108
ⓘwww.las-tapas.de 営11:00～翌1:00
休無休 CM V J
交トラム1・2・4 Altmarktから徒歩6分

レストランがずらりと並ぶ通りにある。パエリアやトルティーヤをはじめ常時、70種類以上のタパスと、41種類のスペイン産ワインを揃えている。

伝統的ドイツ料理と相性がいい地ビール

シャンクハウス
Schankhaus　Map P.206-B3

旧市街 住Neumarkt 8 ☎(0351)5004347
ⓘwww.freiberger-schankhaus.de
営12:00～23:00 休無休 CM V A
交トラム1・2・4 Altmarktから徒歩4分

1863年ザクセンのビールとして初めて醸造されたフライベルガーが飲めるノイエマルクトの老舗。大戦で破壊されたが、もとどおりに再建された。

「世界で一番美しい牛乳屋さん」プフンズ・モルケライ。連日観光客でいっぱい。店内は撮影禁止でも、行く価値あり。乳製品以外のジャムや石鹸、トートバッグなどおみやげ探しも楽しいです。2階のカ↗

エルベ川が眺められる最高の立地

イタリエーニッシェス・デルフヒェン

Italienisches Dörfchen　Map P.206-A2

旧市街 住Theaterplatz 3 ☎(0351)498160
🛈www.italienisches-doerfchen.de
営12:00〜24:00（カフェは8:00〜）
休無休 CMVAD
交トラム4・8・9 Theaterplatzから徒歩3分

正面はゼンパー歌劇場の広場に面し、反対側はエルベ河畔の道。1913年に建設された同名の優雅な館を再建したもので、1階はドイツ料理、2階はイタリアンのリストランテ・ベロット Ristorante Bellottoが入っている。

1年中シュトレンを買えるコンディトライ

シュロスカフェ・エミール・ライマン

Schloßcafe Emil Reimann　Map P.206-B2

旧市街 住Schloßstraße 16 ☎(0351)50060978
🛈www.emil-reimann.de
営8:00〜19:00 休無休 CMVD
交トラム1・2・4 Altmarktから徒歩4分

レジデンツ城の裏側にあるカフェを併設する老舗の菓子店。通常クリスマス前に登場するドレスデン名物シュトレンが常時販売されている。

ドイツらしい人気のビアホール

ヴァツケ

Watzke　Map P.205-B1

ノイシュタット 住Hauptstraße 1
☎(0351)8106820 🛈www.watzke.de
営11:00〜24:00 休無休 CMV
交トラム4・8・9Neustädter Markt下車すぐ

自家製ビールが楽しめるビアレストランで、ノイシュタットマルクトに面している。フラムクーヘンというドイツ風ピッツァが人気。

古きよきドレスデンを彷彿させる

プルヴァートゥルム

Pulverturm　Map P.206-B3

旧市街 住An der Frauenkirche 12
☎(0351)262600 🛈www.pulverturm-dresden.de
営11:00〜翌1:00 休無休 CMVA
交トラム1・2・4 Altmarktから徒歩6分

コーゼルパレーの建物内で入口はエルベ川側に。スタッフは民族衣装や中世の服をまとっている。肉料理（€15〜20）が自慢でボリュームたっぷり。

ドレスデンの名所を眺めながらひと息

カフェ・シンケルヴァッヘ

Café Schinkelwache　Map P.206-A2

旧市街 住Theaterplatz 2 ☎(0351)4903909
🛈www.schinkelwache-dresden.de/ 営11:00〜23:00（土曜〜24:00） 休無休
CMVD 交トラム4・8・9 Theaterplatz下車すぐ

名建築家シンケルが城の衛兵詰所として建てたもので、城側にはコンサートのチケット売り場がある。ケーキの種類が豊富で値段も手頃。

ドイツ料理を満喫したいならここ

カフェ・アポテーケ

Café Apotheke　Map P.206-B1

旧市街 住Taschenberg 3 ☎(0351)497260
🛈www.sophienkeller-dresden.de
営11:00〜翌1:00 休無休
CMVAD 交トラム4・8・9 Theaterplatzから徒歩3分

ツヴィンガーの入口に面したカフェで、地下に同系列のレストラン、ゾフィーエンケラーSophienkellerがある。メニューは共通。

和食が恋しくなったらここへ

小倉

Ogura　Map P.206-B3

旧市街 住An der Frauenkirche 5（ヒルトン・ホテル2F ☎(0351)8642975 🛈ogura-dresden.de
営11:30〜14:00、17:30〜21:00（日曜〜20:30）
休月曜、日曜のランチ CMVJAD 交トラム1・2・4 Altmarktから徒歩6分

日本人が経営する本格的和食レストラン。ドイツ人の客が多く夕方は混むので要予約。ホテル2階のテラス庭園の中にある。

↘フェは比較的すいていて穴場。おすすめはチーズケーキ。旧市街からは11番のトラムで。Pulsnitzer Straße駅から進行方向に徒歩2分。（中野区　よし子　'18）['20]

ドレスデン クンストホーフパサージュ MAP

「光」「変化」「怪獣」「エレメント」「動物」の、それぞれ異なるテーマをもつ５つの中庭が連なるクンストホーフパサージュ。かわいいショップやカフェが並ぶ“芸術の庭”へ出かけてみよう。

「エレメントの中庭」には
金の板をはりつけた
モダンアートの壁もある。

★エレメントの中庭

オブジェのような雨どいが
美しいブルーの壁沿いにつたって圧巻。
水が流れると音楽を奏でる。

★光の中庭

このパサージュの中心。
ショップも多い。

★怪獣の中庭

カフェがある一角。
ゆっくりくつろぐことができる。

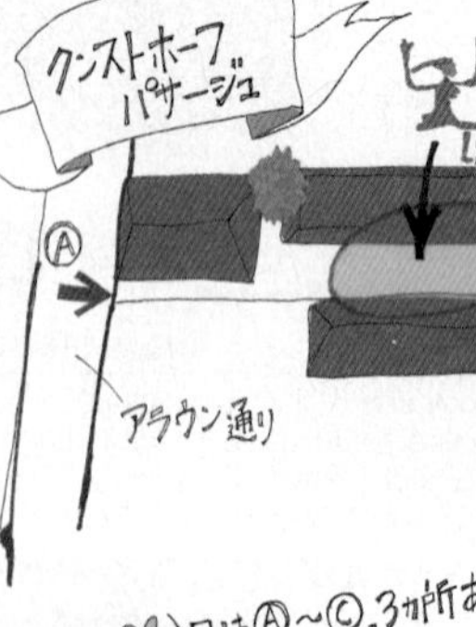

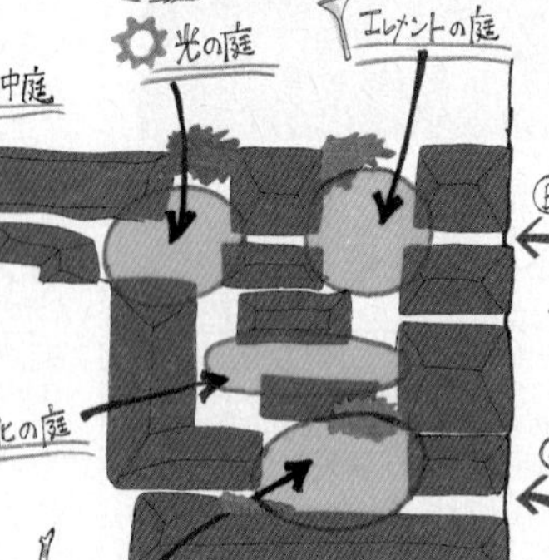

ゲルリッツァー通り

♥入口はⒶ～Ⓒ 3カ所ある。

壁画も
かわいい♥

★変化の中庭

表通りからは
空に浮かぶ牛の
この看板が目印！

Kunsthofpassage

★動物の中庭

実物大くらいありそうな
キリンやサルが
のびのびと壁に描かれている。

Hotel

見どころが集まる旧市街は
高級ホテルが多い。
宿泊費を節約したければ中央駅周辺を
探すとよい。
トラムが充実しているので
移動に困ることはない。

王になった気分で宿泊

タッシェンベルクパレー・ケンピンスキー

Taschenbergpalais Kempinski　Map P.206-A2

旧市街 住Taschenberg 3 ☎(0351)49120 ⓘwww.kempinski.com/de/dresden/hotel-taschenbergpalais/
料Ⓢ€166～ Ⓣ€199～ 室213 ⒸMVJAD
無料 交トラム4・8・9 Theaterplatz 下車すぐ

ドレスデンを代表する5つ星ホテル。アウグスト強王が妾コーゼルのために建てた館で、大戦で焼け残った部分を生かして再建された。ツヴィンガーやレジデンツ城は目の前という最高の立地で、朝食の質が極めて高い豪華ホテル。

君主の行進のすぐ近く

ヒルトン

Hilton Dresden　Map P.206-B3

旧市街 住An der Frauenkirche 5 ☎(0351)86420
ⓘwww.dresden.hilton.com 料Ⓢ€128～ Ⓣ€140～
室333 ⒸMVJAD 無料（公共エリア）、€15／日（部屋） 交トラム1・2・4 Altmarktから徒歩5分

フラウエン教会の斜め前にある大型チェーンホテル。ファミリー向けルームもある。レストランが充実しており日本料理店（→P.215）もある。

目の前はフラウエン教会

シュタイゲンベルガー・ホテル・ドゥ・ザクセ

Steigenberger Hotel De Saxe　Map P.206-B3

旧市街 住Neumarkt 9 ☎(0351)4386-0 ⓘwww.steigenberger.com 料Ⓢ€159～ Ⓣ€179～
室185 ⒸMVA 無料 高速は1日€4 交トラム1・2・4 Altmarktから徒歩4分

ノイマルクトに面し、フラウエン教会の真向かいにある。吹き抜けのロビーは明るく、開放感がある。町の中心広場にあり、どこへ行くにも便利。

レジデンツ城の見学入口からすぐ

ハイペリオン

Hyperion Hotel Dresden　Map P.206-B2

旧市街 住Schlossstr. 16 ☎(0351)501200
ⓘwww.h-hotel.com 料ⓈⓉ€110～ 朝食別€22 室235 ⒸMVAD 無料
交トラム1・2・4 Altmarktから徒歩4分

15世紀の建物をリノベーションした明るくスタイリッシュなホテル。ゲストルームの壁にはマイセン柄と、ドレスデンらしさも感じられる。

どこに行くにも便利

ヴィエナ・ハウス

Vienna House QF　Map P.206-B2

旧市街 住Neumarkt 1. ☎(0351)5633090、(855)6803243 ⓘwww.viennahouse.com
料Ⓢ€99～ 朝食別€23 無料 ⒸMVAD
交トラム1・2・4 Altmarktから徒歩5分

ノイマルクトに面した建物で、地下に観光案内所がある。どの部屋もスッキリとあか抜けたインテリアのブティックホテル。朝食にも定評がある。

ユーゲントシュティールの建物を利用

ユーゲントヘアベルゲ・ルーディー・アルント

Jugendherberge "Rudi Arndt"　MAP P.205-C1 域外

旧市街の南 住Hübnerstr. 11 ☎(0351)4710667
ⓘwww.jh-rudiarndt.de
料ドミトリー1泊のみ€23～、連泊€21～ 室74ベッド ⒸMVJAD €1／時間～ 交トラム3・8 Nürnberger Platzから徒歩5分

中央駅からトラムで2駅め、徒歩でも10分ほどの便利なユース。チェックイン15:00～、チェックアウト～10:00。料金は朝食・シーツ代込み。インターネットで予約可能。クリスマスの週は閉館。

Meißen

マイセン

Map P.13-B2
人口　2万8200人
市外局番（03521）

ACCESS

鉄道
ドレスデンからSバーンで約35分。

マイセンの観光案内所
≫ Map P.219-A1
住 Markt 3
☎ (03521)41940
ⓘ www.touristinfo-meissen.de
開 4～10月
10:00～18:00（土・日曜、祝日～15:00）
11～3月
10:00～17:00（土曜～15:00）
休 1月の土曜、11～3月の日曜

↑1523年に建てられた古い家

↑赤い屋根が印象的なマイセンの町並み

↑マルクト広場、観光案内所

ヨーロッパ初の白磁器となるマイセン磁器は、ドレスデンからエルベ川を30kmほど西に下った古都マイセンで生まれ、今も作られている。ドレスデンより歴史の古いザクセン宮廷発祥の地で、ザクセン選帝侯の祖となるヴェッティン家はマイセンが本拠地だった。ワインの産地としても知られている。

マイセンの歩き方
Walking

↑エルベ川から臨む城山全景

旧市街は徒歩で回れる。駅からバーンホーフ通りをエルベ川に沿って北へ進むと前方に**大聖堂**と**アルブレヒト城**が見える。アルトシュタット橋Altstadtbrückeを渡って進むと観光案内所ⓘがある**マルクト広場**に出る。市庁舎は白壁の質素な館で、3層の大きな赤い切妻屋根が美しい。16世紀に建てられたフラウエン教会の塔にはマイセン磁器の鐘が37個取り付けられ毎日6回、異なる曲を奏でている。教会の脇にヴィンツェンツ・リヒターVincenz Richterという、1523年に建てられ現在はワインレストランになっている美しい木組みの家がある。広場から南へ行けば**マイセン磁器工場**、北へ行けばアルブレヒト城だ。

城へ続くブルク通りBurgstr.は石畳の小路で古い家が並び、趣がある。突き当たりの階段を上っていくと、途中からマイセンの美しい家並みが広がってくる。さらに右へ折れて上がっていくとアルブレヒト城と大聖堂Domが現れる。

見学を終えたらマルクト広場まで戻り、フライシャーガッセFleischergasse、ノイガッセNeugasseと南へ歩いていくとマイセン磁器工場へたどり着く。4月から10月までは城と、工場の間を30分ごとにミニバスが走っている。マイセン磁器工場のみ見学するなら、駅を出て右側にあるバス停から市バスに乗るとよい。

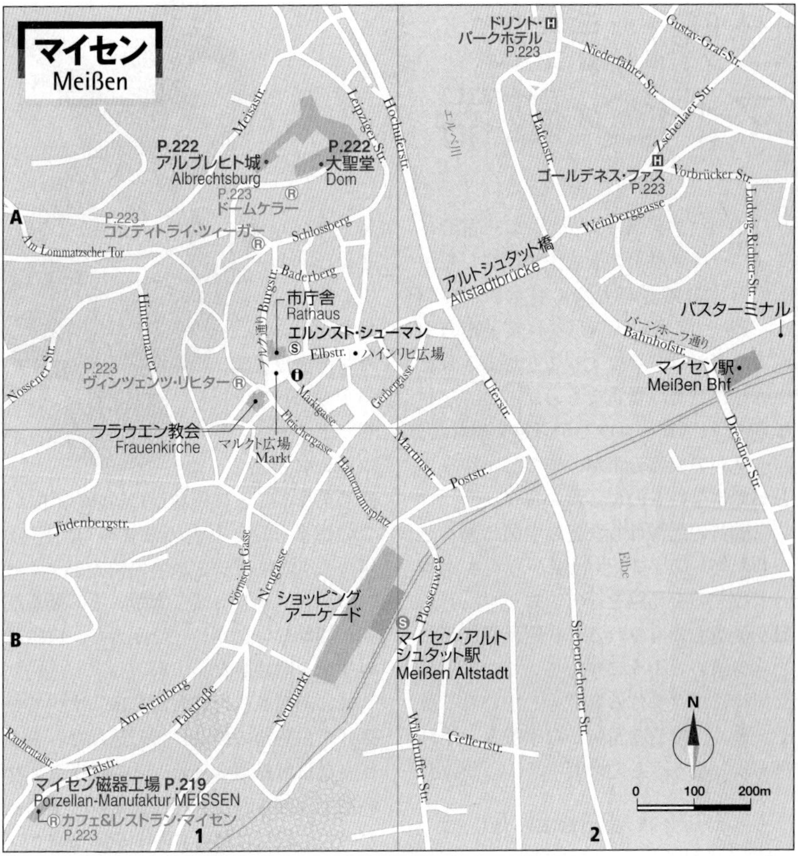

マイセン Meißen

ドリント・パークホテル P.223
Gustav-Graf-Str.
Niederfährer Str.
Zscheilaer Str.
Hafenstr.
Meisastr.
Leipziger Str.
Hochuferstr.
エルベ川
P.222 アルブレヒト城・Albrechtsburg
P.222 ・大聖堂 Dom
ゴールデネス・ファス P.223
Vorbrücker Str.
Ludwig-Richter-Str.
P.223 ドームケラー
P.223 コンディトライ・ツィーガー
Schlossberg
Weinberggasse
Am Lommatzscher Tor
Baderberg
Burgstr.
ブルク通り
アルトシュタット橋 Altstadtbrücke
市庁舎 Rathaus
エルンスト・シューマン
バスターミナル
Hintermauer
Bahnhofstr.
バーンホーフ通り
Elbstr. ・ハインリヒ広場
Nossener Str.
P.223 ヴィンツェンツ・リヒター
マイセン駅・Meißen Bhf.
Marktgasse
Gerbergasse
Uferstr.
フラウエン教会 Frauenkirche
マルクト広場 Markt
Fleischergasse
Martinstr.
Dresdner Str.
Hahnemannsplatz
Poststr.
Jüdenbergstr.
Görnische Gasse
Neugasse
Plossenweg
Elbe
ショッピングアーケード
マイセン・アルトシュタット駅 Meißen Altstadt
Siebeneichener Str.
Am Steinberg
Talstraße
Neumarkt
Wilsdruffer Str.
Gellertstr.
Rauhentalstr.
Talstr.
マイセン磁器工場 P.219 Porzellan-Manufaktur MEISSEN
カフェ&レストラン・マイセン P.223
N
0 100 200m
A B 1 2

おもな見どころ The highlight

作っている様子も見学できる

マイセン磁器工場 Porzellan-Manufaktur MEISSEN

博物館で観られる磁器作品はうっとりするものばかり

工場は見学不可だが、オーディオガイド付きでミニ工房の制作過程を見学できる。博物館では食器や置物などすばらしい磁器小物を展示。マイセンの歴史もわかる。また、免税店やマイセン磁器でサービスされるレストラン（→P.223）もある。

マイセン磁器工場
>> Map P.219-B1
住 Talstr. 9
☎ (03521)468206
🛈 www.meissen.com
開 9:00〜18:00（11〜4月〜17:00）
休 無休
料 €12、学生€8
交 Ⓢ Meißenから市バスC線 Porzellan-Manufaktur 下車徒歩1分、またはⓈ Meißen Altstadtから徒歩約10分

世界に誇るマイセン磁器

Meissen porcelain

ドレスデンのツヴィンガー宮殿にはアウグスト強王が収集した中国や日本の磁器が大量に展示されている。15〜17世紀、白磁器は富と権力を握った者だけが手にすることができるたいへんに高価で貴重なものだった。なぜなら、それはヨーロッパから遠く離れた、ユーラシア大陸の東端の国でしか作ることができないものだったからだ。

白磁器の起源は6世紀の中国に遡るといわれている。11世紀頃からシルクロードなどの交易路を経て、ヨーロッパに皿や壺がもたらされると、王侯貴族がこぞって求めるようになっていった。彼らは同時にそれを作る研究もしていた。薄く、硬く、純白な滑らかな手触り。それを再現しようとしたのだ。

ついに生まれた白磁器

熱烈な白磁器愛好家アウグスト強王もその権力と財力で、1707年、科学者や錬金術師など、当時最先端の頭脳と技能をもった人々を集め、白磁器の製法開発に当たらせた。そして1709年、錬金術師ヨハン・フリードリヒ・ベットガーはついに白磁器を作ることに成功した。強欲な王は、この快挙をひとり占めにすべく、1710年からベットガーと数名の職人をマイセンのアルブレヒト城に幽閉。その製造技術が漏れないようにしたうえで、白磁器の生産を開始した。

城に幽閉された職人たちは、すべてを捧げて白磁器の製造に打ち込んだ。さまざまな試行錯誤を重ね、その技術をより高度で洗練されたものに昇華させていったのだ。絵付け師ヘロルトや彫塑家ケンドラーといった、マイセン磁器の基盤を築いた天才の力もさることながら、初期の職人たちの情熱やこだわりは、300年後の今も脈々と受け継がれている。

テーブルを優雅に彩る食器の数々

目の前で見られる職人の技

現在、マイセン博物館には誰でも見学できるミニ工房があり、職人たちの見事な技を目の前で見ることができる。彼らは1764年に設立されたマイセン養成学校で技術を学び、さらに10年以上の経験を経て、第一線の工房でその技術を発揮してすばらしい作品を世に送り出している。

工房では造形、人形、絵付けの重要な3つの工程を見学できる。

この花は手作業で
大量のパーツを組み合わせる
磁土でパーツを接着

1 造形

すべての磁器の原料となる「磁土」を形にする工程。食器や花瓶はろくろを使い、人形は石膏型を使う。この石膏型はマイセンの宝。初期の天才ケンドラーが、すばらしい作品を長年にわたり作り続けるために、この石膏型を作ることを思いついた。現在マイセンには23万種を超える型が保管されている。

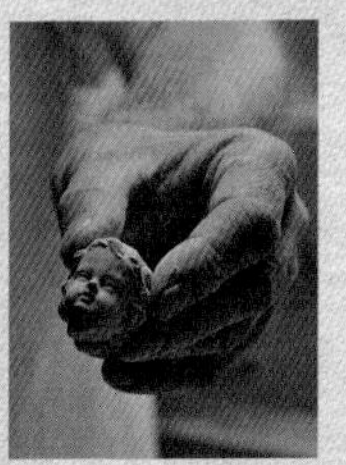
↑型から取り出した人形の顔
←上足で蹴って回すろくろを使って造形。足と手を同時に使う

2 人形

型で作られたパーツや手作業で作る部品を組み合わせて一体化し、人形やその他の作品を作り上げる。素焼きをし、施釉（うわぐすりをかけること）し、焼成すると白磁の人形が生まれる。人形制作者には、伝統を踏襲し昔と変わらぬ姿の人形が作れる技術はもちろん、現代の世に通用する作品を作り上げる感性を併せもつことが要求される。

3 絵付け

絵付けには大きく分けてふたつがあり、素焼きのものに絵を付ける「下絵付け（染め付け）」と素焼き、施釉、焼成の段階を経たものに絵付けをする「上絵付け」だ。

「下絵付け」は素焼きされたものに絵を描くので顔料がすぐに染み込み、一度描いたら修正できない。失敗の許されない高度な技量が必要だ。絵付け後、施釉し、本焼成すると完成。絵付けした顔料の色は、本焼成後には違った色になって仕上がる。

「上絵付け」は、まっさらなキャンバスに絵を描くようなもの。ガラス質の釉薬で覆われたものに絵付けをするので、仮に絵付けに失敗しても、アルコール等で拭き取れば修正は可能だ。とはいえ、1万色以上ある顔料を使い、彩色後の焼成で色が変わることを予想しながら、何度も彩色と焼成を繰り返し、複雑で深みのある色合いを出すには、相当の経験が必要だ。

素焼きに描く下絵付け

鉛筆で上絵の下描き

焼成後の色を予想しながらの彩色

アルブレヒト城
>> Map P.219-A1
住Domplatz 1
☎(03521)47070
ⓘ www.albrechtsburg-meissen.de
開10:00～18:00（11～2月～17:00）
休無休
料€8、学生€6.5
マイセン磁器工場とアルブレヒト城のコンビチケット（€15、学生€10、3日間有効）もある。
交ⓈMeißenから徒歩18分

↑マイセン辺境伯アルブレヒトの木像

↑塔の中の幅広のらせん階段

大聖堂
>> Map P.219-A1
住Domplatz 7
☎(03521)452490
ⓘ www.dom-zu-meissen.de
開9:00～18:00（4月10:00～、11～3月10:00～16:00）
料€4.50、学生€3
アルブレヒト城＋大聖堂のコンビチケット（€11、学生€8、3日間有効）もある。
交ⓈMeißenから徒歩18分

最初のマイセン磁器はここで作られた

アルブレヒト城 Albrechtsburg

↑美しいたたずまいのアルブレヒト城

最初の城は11世紀半ばに建てられ、皇帝会議や騎馬試合が行われた。13世紀には吟遊詩人も招かれて滞在していたという由緒ある城で、15世紀末に現在の姿になった。中庭に突き出した塔の中はらせん階段で、リブフォールト柱に別の柱が絡まった凝った造り。宮廷がドレスデンに移ってから城は使われなくなっていたがアウグスト強王の時代にマイセン磁器工房になった。工房が移転した後の1873年から内部の改築が始まり、ヴェッティン家の歴史をテーマにした壁画が描かれ、今日のインテリアに。柱や梁に施された模様と色彩は比類なく美しい。城の設計図を手にした赤い帽子の木像は、城の名前となったマイセン辺境伯アルブレヒト。若きアルブレヒトとボヘミア王の娘ツェデナの結婚式が描かれた部屋や、マイセン磁器開発途中でやけ酒に浸るベットガーと成功したときの様子が描かれた小部屋などがある。

↑凝った交差ヴォールト天井と美しい模様が施された柱

1000年以上の歴史を誇る

大聖堂 Dom

エルベ河畔から眺めると大聖堂と城がひとつの塊のようになって見えるが、手前が司教と司教座聖堂参事会員の館、その後ろに大聖堂がそびえ、いちばん後ろに城がある。968年にオットー1世（オットー大帝）が創建し、1250年にゴシック様式の聖堂の建設が始まった。最も価値があるのは内陣北側の壁に取り付けられたオットー1世とアーデルハイト妃の石像で、1260年頃制作されたオリジナル。

↑荘厳な雰囲気の大聖堂内部

Restaurant & Hotel

ホテルは駅の北側および旧市街、特にマルクト広場周辺にある。レストランはアルトシュタット橋を渡った所からマルクト広場までの途中とマルクト広場周辺に多い。城へ続くブルク通りには雰囲気のいいレストランが並んでいる。

1470年から続く歴史あるレストラン

R

ドームケラー

Domkeller　Map P.219-A1

旧市街　住Domplatz 9　☎(03521)457676
ⓘwww.domkeller-meissen.de　営11：00～23：00（日曜～22：00）　休無休　CM V
交大聖堂からすぐ

大聖堂の真向かいにあり、間口は狭いが奥へ長い店。テラス席からの町の眺めもすばらしく、選び抜かれたザクセンワインとおいしい料理が人気。

磁器工場内のレストラン

R

カフェ&レストラン・マイセン

Café & Restaurant MEISSEN　Map P.219-B1

旧市街　住Talstr. 9　☎(03521)468730
ⓘwww.meissen.com　営10:00～18:00（11～4月～17:00）　休無休　CM V A
交マイセン磁器工場（→P.219）と同じ

シンプルモダンな落ち着いた空間。こだわりのケーキや地元産の食材を使ったザクセン料理が楽しめる。もちろん食器はすべてマイセン磁器。

マイセンワインが味わえる

R

ヴィンツェンツ・リヒター

Vincenz Richter　Map P.219-A1

旧市街　住An der Frauenkirche 12　☎(03521)453285
ⓘwww.restaurant.vincenz-richter.de
営11:30～22:00
休日・月曜　CM V A
交ⓈMeißenから徒歩13分

1523年に建てられた織物業者組合の家が19世紀後半にワイン居酒屋となり、4代目が継いでいる。店内に古い武具が飾られてまるで博物館のよう。

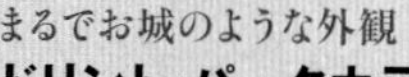

ユニークな名物パンで知られる

R

コンディトライ・ツィーガー

Konditorei Zieger　Map P.219-A1

旧市街　住Rote Stufen 5　☎(03521)453147
ⓘwww.konditorei-zieger.de
営火～金曜 10：00～18：00（土曜9：00～）
休月曜　C不可
交大聖堂から徒歩5分

1844年創業の老舗菓子店。当時、アウグスト強王はマイセンのパン屋にフンメルという皮が薄くて壊れやすい膨らんだパンを作らせていた（→P.19）。現在、その頃と同じフンメルを作る許可を市から得ているのはツィーガーだけ。小麦粉だけで作られたフンメルは味がなく、パンというよりむしろ飾り物。それでも多くの観光客がおみやげに買っていく。

まるでお城のような外観

H

ドリント・パークホテル

Dorint Parkhotel Meissen　Map P.219-A2

駅北部　住Hafenstr. 27-31
☎(03521)72250　ⓘhotel-meissen.dorint.com
料Ⓢ€92～　Ⓣ€129～　室118
CM V A　無料
交ⓈMeißenから徒歩10分

アルブレヒト城の対岸にあるタイルを使ったアール・ヌーヴォー様式の外観のホテル。レストランからの眺めも素晴らしい。

古い館を改築した雰囲気のあるホテル

H

ゴールデネス・ファス

Goldenes Fass Meissen　Map P.219-A2

駅北部　住Vorbrücker Str.1　☎(03521)719200
ⓘwww.goldenes-fass-meissen.de
料ⓈⓉ€140～　室21　CM V　無料
交ⓈMeißenから徒歩9分

アルトシュタット橋の近くにある、300年前の古い館を改装した雰囲気のあるホテル。垢ぬけたレストランは食事が軽めでおいしいと評判。

G ö r l i t z

ゲルリッツ

Map P.13-B2
人口　5万6000人
市外局番（03581）

ACCESS
鉄道
ドレスデンから私鉄（trilex）で約1時間30分。バウツェンから約35分。

ゲルリッツの観光案内所
住Obermarkt 32
☎(03581)47570
開9:00～18:00（土曜～17:00、日曜、祝日～16:00）11～4月は9:00～18:00、土・日曜、祝日は9:30～14:30
ⓘ www.goerlitz.de/Tourismus

カイザートゥルッツ
住Platz des 17. Juni 1
☎(03581)671420
開10:00～17:00（金～日曜～18:00）
休月曜　料€5

ライヒェンバッハ塔
住Platz des 17. Juni 4
開4～10月の10:00～17:00（金～日曜～18:00）
休月曜、11～3月
料€3

ポーランドとの国境を流れるナイセ川に面し、ドイツ最東端にある古都。公文書に記されたのは11世紀のことで、13世紀には西ヨーロッパからロシアへ延びる交易路の拠点として栄えた。幸い戦禍を免れたため16世紀以降に建てられた裕福な商人の館が現存している。ナイセ川を渡ってポーランド側から眺める町はひときわ美しい。

⬆ナイセ川を挟んでポーランド側から見る旧市街

ゲルリッツの歩き方
Walking

⬆美しく手入れされた古い建物が並ぶオーバーマルクト

駅から旧市街まではトラム1番か2番で3つ目、旧市街南西のデミアニ広場Demianiplatzで下車。そこから旧市街の散策は徒歩で回れる。まず、北へ200mほど歩くと左側に町の西端を守っていた砦がある。堅固な円形の城塞**カイザートゥルッツKaisertrutz**は歴史文化博物館となり、先史時代の発掘物から中世、近世、社会主義時代の様子にいたるまで町の歴史が詳しく紹介されている。向かい側の14世紀に建てられた**ライヒェンバッハ塔Reichenbacher Turm**には1904年まで見張り番が家族とともに住んでいた。50mの塔には登ることができる。

塔から東側へ楕円形を描くように旧市街が広がっている。**オーバーマルクトObermarkt**は大きな長方形の広場で、祭りのときはここに屋台がずらりと並ぶ。オーバーマルクトの東端角に観光案内所がある。その先の広場**ウンターマルクトUntermarkt**には市庁舎があり、旧市街の中心で最もにぎわっている。広場入口のルネサンス様式の建物はシェーンホーフSchönhof（美しい館）と呼ばれ

はみだし情報　ポーランド側のナイセ河畔にはカフェやレストランも並んでいる。ユーロも使えるのでひと休みして戻りたい。

ている。ウンターマルクトには古い立派な建物が並び、ここではしばしば歴史映画の撮影が行われている。南東の角に18世紀の商人の館**バロックハウスBarockhaus**があり、内部の古い歴史的図書室がたいへん美しい。ウンターマルクトから北へ向かうと**教区教会聖ペーター&パウルPfarrkirche St. Peter und Paul**、通称ペーター教会がそびえている。起源は11世紀で1423年から増改築を繰り返し、ふたつの塔が町のシンボル。内部では天井の高さに圧倒される。教会横の坂を下ってナイセ河畔へ。そこに架かる**アルトシュタット橋Altstadtbrücke**は歩行者専用の橋。橋を渡った先はポーランドの町**ズゴジェレツZgorzelec**。終戦まではナイセ川右岸もゲルリッツだった。川に沿って右へ歩いていくと、ダシンスキエゴUl. Daszyńskiego通り12番に小さな館**ヤコブ・ベーメの家 Jakob-Böhme-Haus**がある。1階はズゴジェレツの観光案内所で2階は17世紀初頭の思想家ベーメの記念室になっている。

↑ふたつの塔がひときわ目立つペーター教会

バロックハウス
»Map P.224
住Neißstraße 30
☎(03581)671410
開10:00～17:00（金～日曜～18:00）休月曜 料€5

教区教会聖ペーター&パウル（ペーター教会）
»Map P.224
住Bei der Peterskirche 9
☎(03581)4287000
開10:00～18:00（日曜、祝日11:30～、1・2月～14:00）オルガンコンサート：日曜、祝日12:00（4～10月は火・木曜も）料無料(寄付)。

ヤコブ・ベーメの家
»Map P.224
住 Ul. Daszyńskiego 12, Zgorzelec
開10:00～18:00（11～4月の土曜～17:00、日曜～15:00）休なし 料無料
ゲルリッツの靴職人だったベーメは、ライプニッツやゲーテに影響を与えた。

Restaurant & Hotel

ドイツでもひと味違う郷土料理 R
ビュルガーステューブル
Bürgerstübl Map P.224

住Neißstr. 27 ☎(03581)8781231
ⓘwww.buergerstuebl.de 営17:00～22:00（土・日曜、祝日は12:00～14:30も）休無休 CMV
交トラムDemianiplatz下車徒歩8分

ゲルリッツはドイツ、チェコ、ポーランドにまたがるシュレジエン地方独自の食文化をもつ。醸造所だった館でこの郷土料理が気軽に味わえる。

スイーツのみの伝統的カフェ R
カフェハウス・ルクッルス
Caféhaus Lucullus Map P.224

住Peterstr. 4
☎(03581)8791779 営10:00～18:00
休月・日曜（1～2月は休業）C不可
交トラムDemianiplatz下車徒歩9分

隠れ家のような落ち着く雰囲気。シュレジエン伝統のケシの実をたっぷり使ったスイーツがおすすめ。屋外席の並ぶ奥の庭は絵のように美しい。

広い部屋と美しい庭園が自慢 H
パークホテル・ゲルリッツ
Parkhotel Görlitz Map P.224

住Uferstr. 17 ☎(03581) 6620
ⓘparkhotel-goerlitz.de 料Ⓢ€65～ Ⓣ€74～ 朝食別€12.50 室186 CMVJAD 無料
交トラム Demianiplatz下車徒歩20分

市民公園の東端、ナイセ川のほとりにある4つ星ホテル。部屋は川か公園のどちらかに面しており、どの部屋も広々としていて快適。旧市街へはナイセ川に沿って徒歩10分ほどで行けるのでロケーションも抜群だ。併設のレストランはフレンチのビストロ。

シュレジッシェ・シャッツトルーエは地元の民芸品が豊富なおすすめショップ。クリスマスの星飾りやポーランドのボレスワヴィエツ陶器が手に入る。ⓘwww.schlesische-schatztruhe.de

Bautzen

バウツェン

Map P.13-B2
人口　3万8700人
市外局番（03591）

ACCESS

鉄道
ドレスデンから私鉄（trilex）で約50分。

バウツェンの観光案内所

住Hauptmarkt 1
☎(03591)42016
www.tourismus-bautzen.de
開4〜10月
月〜金曜9:00〜18:00（土・日曜、祝日〜15:00）
11〜3月
月〜金曜10:00〜17:00（土・日曜、祝日〜14:00）

↑黄色の壁が印象的な市庁舎

ソルブ人が語り継いだ『クラバート』伝説

バウツェンのあるラウジッツ地方は『クラバート』というソルブ人伝説で知られている。ドイツの作家プロイスラーによって世界に広められ、魔法を使うクラバートの話は映画『千と千尋の神隠し』に影響を与えたといわれている。ザクセンでは古くからクロアチアの傭兵を雇っており、彼らの中には出世した者もいた。クロアチア人はクラバートと呼ばれたので、伝説の主人公もクロアチア系だった可能性がある。ちなみにクロアチアの傭兵は赤いスカーフを巻いており、彼らを意味するクラバートがドイツ語でネクタイを意味するクラヴァッテになったとか。

↑フリーデンスブリュッケから見る旧市街

エルベ川の東には7世紀頃からスラヴ系の民族が暮らしており、ドイツ人が住むようになったのは10世紀末頃から。その後スラヴ系の人たちは、ドイツの少数民族ソルブ人としてこの地に拠点をおき、その中心になっているのがバウツェンだ。旧市街の西側はエルベの支流シュプレー川が半円を描くように取り巻き、堅固な要塞都市の面影を残している。

バウツェンの歩き方
Walking

駅から北にある旧市街までは徒歩で15分ほど。駅をはじめ、バウツェンの標識はドイツ語とソルブ語のふたつが並ぶ。駅を背にバーンホーフ通りBahnhofstraßeを真っすぐ進むと15世紀の市壁跡があり、さらに進むとかつての穀物市場Kornmarkt、現在はその名前だけが残るショッピングモールがある。この先にあるのがバウツェンの旧市街だ。

中心部は東西約500m、南北約300mの楕円で、中心に市庁舎と広場があり、その周囲を迷路のような路地が広がって

いる。この楕円の中に見どころが点在しているので、市庁舎の隣にある観光案内所で地図をもらって歩き出そう。

⬆ユニークな教会、聖ペトリ大聖堂

まず東に向かってみよう。徒歩3分の所にあるのが高さ56mの**ライヒェン塔**Reichenturm（富裕商人の門）。地元では"バウツェンの斜塔"と呼ばれており、実際西側へ1.44m傾いている。補修工事済で危険はないが、そばで見るとちょっとドキドキする。市庁舎裏側にそびえているのが**聖ペトリ大聖堂**Dom St. Petri。カトリックとプロテスタントが一緒になった珍しい教会で、祭壇もオルガンも別にあり、礼拝時間もずらしている。**大聖堂宝物殿**Domschatzkammerの北には16世紀の**ニコライ塔**Nicolaiturmがある。塔の下を潜るとニコライ教会跡に出る。15世紀に建てられたニコライ教会は17世紀の30年戦争で破壊され、再建されることなく今日にいたっている。

ニコライ塔から西に向かえば**マティアス塔**Matthiasturmと**オルテンブルク城**Ortenburgがある。城の向かいの建物はソルブ人の歴史や文化を詳しく紹介した**ソルブ博物館**Sorbisches Museum。特に民族服の展示が豊富で見応えある。ここから川に向かって南にいくとかつて町に水を汲み上げた**古い取水塔**Alte Wasserkunstがある。高さ50mの塔は技術博物館になっている。塔の足下、シュプレー川の川辺から南を見ると、**フリーデンスブリュッケ**Friedensbrücke（平和橋）がある。ここから見る旧市街の眺めは絶景だ。

⬆ソルブ博物館は必ず訪れたいスポット

⬆上ることもできるバウツェンの斜塔

ソルブ博物館
>> Map P.226-A1
住 Ortenburg 3
☎ (03591)2708700
ⓘ sorbisches-museum.de
開 10:00～18:00
休 月曜（祝日を除く）
料 €5、学生€2.50

バウツェンのユース
ニコライ塔の東にある堅固な塔**ゲルバー稜堡**Gerberbasteiは、下に住んでいた皮なめし職人Gerberたちが戦争のたびにこの稜堡にやってきて砦を守ったのでその名がついた。現在はモダンなユースホステルになっている。
>> Map P.226-A2

Shop & Restaurant

名産品のミュージアムショップ **S**
バウツェン辛子手工業&博物館
Bautz'ner Senfladen Manufaktur & Museum Map P.226-A1
住 Fleischmarkt 5 ☎ (03591)597118
ⓘ www.bautzener-senfladen.de
営 10:00～18:00（1～3月～17:00、日曜は通年～16:00） 休 無休 C M V

バウツェンの名産のひとつになっている辛子のショップ。店内には何十種類もの辛子が並ぶ。奥に辛子作りの歴史を紹介した小さな博物館がある。

マスタードが料理を引き立てる **R**
ゼンフストゥーベ
Bautzener Senfstube Map P.226-A1
住 Schloßstr 3
☎ (03591)598015 ⓘ www.senf-stube.de
開 毎日11:00から最後の客が帰るまで
休 無休 C M V

大聖堂の裏側にあり、辛子（マスタード）を使った料理で知られる。すべての料理に辛子が使われて料理の味を引き立てている。

はみだし情報 ヴィエルビクWjelbikは大聖堂の近くにあるソルブ料理のレストラン。ドイツとは異なる独自の味を楽しむことができる。>> Map P.226-B2 住 Kornstr. 7 ☎ (03591)42060 ⓘ www.wjelbik.de

Sächsische

ザクセン地方のスイス

Map P.13-B2

人口　3万8400人（ピルナ）

市外局番（03501）

ACCESS

鉄道

ドレスデンからSバーンでピルナまで21分、クーアオルト・ラーテンまで33分。船で行くこともできる。

ザクセン地方のスイスの観光案内所

ピルナ Pirna

>> Map P.228-A1

住 Am Markt 7 (Canaletto-Haus)　☎(03501)556446

ⓘ www.pirna.de

クーアオルト・ラーテン Kurort Rathen

>> Map P.228-A1

住 Füllhölzelweg 1

☎(035024)70422

ⓘ www.kurort-rathen.de

ドレスデンから東にエルベ川を遡っていくと、チェコとの国境付近に「ザクセンスイス」と呼ばれる緑豊かな山岳地帯がある。このちょっと変わった名称は、一説にはこの地を訪れたスイス人画家が、故郷ジュラ地方の風景のようだと多くの書簡に記したのが由来といわれている。一部エリアは国立公園に指定され、断崖絶壁の奇岩の中を歩くハイキングはトレッカーたちに人気のコースになっている。また、有名な城塞や古城もあり、それらを見て回るのも楽しい。町歩きに偏りがちなドイツ旅行の1日をこんな自然の中で過ごしたら、ドイツの印象が少し変わりそうだ。

遊覧船のほかSバーンも走っているので、ドレスデンから1時間以内で訪れることができる。

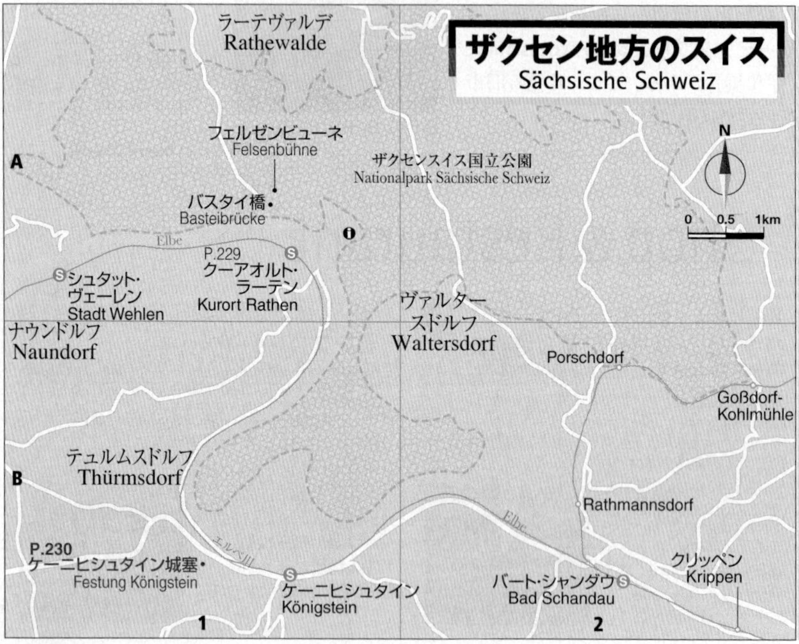

↑小高い山が延々と続くザクセン地方のスイス

ザクセン地方のスイス
Sächsische Schweiz

ラーテヴァルデ Rathewalde
フェルゼンビューネ Felsenbühne
バスタイ橋 Basteibrücke
ザクセンスイス国立公園 Nationalpark Sächsische Schweiz
Elbe
P.229 クーアオルト・ラーテン Kurort Rathen
シュタット・ヴェーレン Stadt Wehlen
ヴァルタースドルフ Waltersdorf
ナウンドルフ Naundorf
Porschdorf
Goßdorf-Kohlmühle
テュルムスドルフ Thürmsdorf
Rathmannsdorf
エルベ川
P.230 ケーニヒシュタイン城塞 Festung Königstein
ケーニヒシュタイン Königstein
バート・シャンダウ Bad Schandau
クリッペン Krippen
N
0　0.5　1km
A
B
1
2

はみだし情報　ドレスデンからSバーンでクーアオルト・ラーテンに向かうと、ひと駅手前でシュタット・ヴェーレンStadt Wehlenに停まる。ここから4km弱の道を歩いていくハイキングコースがある。メンニッケ通↗

↑バスタイ橋から見るエルベ川

クーアオルト・ラーテン

ドレスデンからSバーンで約35分の所にある小さな温泉村。村が近づくにつれ、エルベ川の右岸はニョキニョキとした岩が迫ってくる。断崖絶壁と奇岩が連なるこの景観は、長い年月の間に川の浸食作用や隆起によって造られたもの。しかも、奇岩には石橋・**バスタイ橋Basteibrücke**が架けられていて、これを目当てに大勢の観光客やハイカーが訪れる。

クーアオルト・ラーテンの歩き方
Walking

Sバーンで行く場合は、駅から川を目指して5分ほど歩き、渡し船で対岸に渡ることになる。渡し船は列車の時間に合わせて運航している。

バスタイ橋へはハイキング道が整備されていて、実際に橋を渡ることができる。ハイキング道の入口は船着場から一本道を3～4分進んだ左側。皆そこを目指すのですぐにわかる。

道は林の中のなだらかな山道から途中で階段に変わる。道中たくさんのハイカーとすれ違うが、意外なほど年配者が多い。そのため、橋まではすぐと思いがちだが、ゆっくり歩いて1時間はかかる。最低限運動靴を履いて出かけたい。岩と岩の間をくぐり、途中の展望台でエルベ川を見下ろし、いよいよバスタイ橋へ。この橋が、1851年には存在していたというから驚きだ。

ここからの眺めは、1時間登ってきた疲れを忘れさせてくれるほどにすばらしい。

↑ノイラーテン岩壁城へ架けられた橋はスリル満点

クーアオルト・ラーテン
Kurort Rathen
» Map P.228-A1

ノイラーテン岩壁城
バスタイ橋へのハイキング道の途中「ノイラーテン岩壁城Felsenburg Neurathen」という有料エリアが設けられていて、岩の上を空中散歩できる。お金を払ってでも見る価値はある（高所恐怖症の人以外は！）。
料 €2

体力に自信のない人は
バスタイ橋へは時間はかかるがピルナPirnaとセブニッツSebnitz間を走る237番のバスで行くこともできる。ピルナから約25分、セブニッツから約50分、バスタイBastei下車。途中乗り換えが必要な便もあるのでドライバーに確認のこと。なお冬期は大幅に減便される。
バスの時間は「Böhmische Schweïz FAHRPLÄNE」で検索できる。

↑ときにはロッククライミングに挑戦している人の姿も見られる

↘りMennickestr.からシュヴァルツベルクグルントSchwarzberggrundを北東に向かい石の机Steinerner Tischを通過、フレムデン小路Fremdenwegからバスタイ通り Basteistr.に入り、そのままバスタイ橋へ。

ケーニヒシュタイン城塞
Festung Königstein
>> Map P.228-B1
住Königstein
(035021)64607
www.festung-koenigstein.de
開9:00〜18:00（11〜3月〜17:00）
入場は閉館の1時間前まで
休無休
料夏期€12、冬期€10
日本語のオーディオガイド€3
交ドレスデン中央駅からS1 Königstein (Sächsische Schweiz)へ。駅から徒歩30〜45分。
駅から城塞へ向かって歩いた所にバス停があり、城塞西側のビジターセンターまでシャトルバスが出ている。所要約10分、片道€4、往復€5。

ケーニヒシュタイン城塞

ケーニヒシュタイン城塞の西端には大砲が並ぶ

エルベ川に面した240mの岩山にそびえるヨーロッパ最大の山頂城塞。最古の記述によるとケーニヒシュタインは1233年にボヘミア王ヴァーツラフ1世によって建設された石の城で、そのためケーニヒ（王）シュタイン（石）と呼ばれた。15世紀半ばにボヘミアとザクセンとの間で国境線が取り決められ、ケーニヒシュタインがザクセン領に入ったため、城はザクセン選帝侯のものとなる。

16世紀末にザクセン選帝侯クリスティアン1世は城を堅固な城塞にし、牢屋も造られた。幽閉されたのは王に逆らった宮廷顧問官が多かったが、白磁を発明したベットガーも一時ここに入れられていた。

18世紀半ばの七年戦争でオーストリア寄りのザクセンはプロイセンに攻められる。ザクセン軍はケーニヒシュタインを拠点としたが、プロイセン軍は城塞を包囲して兵糧攻め策をとる。約1ヵ月後にザクセン軍は降伏するが城塞は無傷だった。19世紀初頭のナポレオン戦争でフランス軍に占領された際、ナポレオンが城塞を歩いてその堅固ぶりに感嘆したという。1815年のウィーン会議で城塞はザクセン王国に返還された。1871年ドイツ帝国誕生後はドイツ帝国の城塞となる。ケーニヒシュタインは一度も攻め落とされたことがない難攻不落の城塞なのである。

井戸があるとわからないように館風に建てられた井戸の家

ケーニヒシュタイン城塞の歩き方
Walking

門から侵入した敵はここで攻撃を受けた

チケット売り場から右へ行くとエレベーターがあり、一気に城塞南の展望台へ出る。元気な人は左側先の城門から入っていく。42mもある高い岩壁が続き、圧倒されながら歩いていくと城門が見えてくる。城門は跳ね橋で頑丈な鎖が付けられ大きな落とし格子もある。暗い石路を上っていくと中庭に出る。城塞の敷地は9.5haと広く、全体の西半分に建物が集まり、東半分は緑地になっている。

西側の中央に**井戸の家Brunnenhaus**があり、そこに観光案内所ⓘがある。16世紀半ばに掘られた152.5mの深い井戸は、城塞観光の目玉のひとつ。向かい側のマグダレーネンブルクMagdalenenburgはルネッサンス様式の館で住居として使われていた。地下には食糧貯蔵庫Provianthausがあり1725年から1819年まで23万8600ℓ入りの大きなワイン樽が置かれていた。マグダレーネンブルクの後ろにある礼拝堂は城塞最古の建物だったが、17世紀後半に現在の姿に改築された。北側崖際の小さな館フリードリヒスブルクFriedrichsburgは、16世紀末に見張り塔として建てられたもの。現在は宴会場になり頻繁に結婚式が行われている。

北側の西端には時代ごとに建てられた5つの館がつながって博物館になり、大きな大砲などが展示されている。城塞の壁に沿って一周するコースがあり、歩くだけで約30分かかる。どこから眺めてもザクセンの野山が美しい。

↑第1の城門に取り付けられた落とし格子

↑住居だった館の地下にある食糧貯蔵庫

シュトルペン城

↑ふたつの塔だけが残っているシュトルペン城

ドレスデンより約25km離れた、ザクセン地方のスイスの小さな町シュトルペン。町の高台には1100年頃に建てられた古い城がある。13世紀から16世紀半ばまでマイセン司教が所有していた。その後ザクセン選帝侯の城となり、おもに監獄として使われるようになる。1716年、アウグスト強王の側室コーゼル女性伯爵は強王の命でここに幽閉され、以降49年間、84歳で世を去るまでここで暮らした。

城が最後に改築されたのは1675年のこと。細長い敷地には第1から第4まで4つの中庭があり、典型的な中世の城である。その後19世紀にナポレオン軍によって破壊され、自然崩壊も加わって廃墟の部分が多い。第4の中庭には居住用の本館があったが、こちらも今では廃墟になっている。コーゼル女性伯爵は第3の中庭にある16世紀に建てられたヨハネス塔の中で暮らしていた。塔の中には当時の生活ぶりが再現され、コーゼル女性伯爵の生涯を解説したパネル展示などを見ることができる。

シュトルペン城
Burg Stolpen
>> Map P.202-A1
住 Schloßstr. 10
☎ (035973)23410
ⓘ www.burg-stolpen.org
開 10:00～18:00（11～3月～16:00）
入場は30分前まで。天気により変動する
休 11～3月の月曜
料 €7
交 ドレスデン中央駅からSebnitz行きバスでStolpen Ärztehaus下車、徒歩7分

コーゼル女性伯爵
1680年に北ドイツのホルシュタインで貴族の娘として生まれる。コンスタンツィアとよばれ、幼い頃から利発で知的好奇心の強い子だった。1704年アウグスト強王に見初められて側室となり、女性伯爵の位を得て政治にも関与した。城で亡くなった後、遺体は城の礼拝堂に埋葬された。

Seiffen
ザイフェン

Map P.13-B2
人口　2120人
市外局番(037362)

ACCESS

鉄道
ドレスデン中央駅からフライベルクFreiberg下車、所要約30分。そこからDeutscheinsiedel WarteまたはDeutschneudorf行きの737番のバスでKurort Seiffen Mitte下車、所要約1時間20分。ほかにも行き方はあるが、いずれも本数が少なく、便はよくない。

ザイフェンの観光案内所
住Hauptstraße 73
(おもちゃ博物館2階)
seiffen.de
(037362)8438
開月〜金曜10:00〜17:00(土曜、祝日〜14:00)
休日曜

おもちゃ博物館
住Hauptstraße 73
(037362)17019
www.spielzeugmuseum-seiffen.de
開10:00〜17:00　休無休
料€7

野外博物館
住Hauptstraße 203
(037362)8388
www.spielzeugmuseum-seiffen.de/freilichtmuseum_seiffen.cfm
開10:00〜17:00（冬期〜16:00、天候による休館あり）、ろくろ工房は12:00〜13:00閉館
休無休
料€6、おもちゃ博物館とのコンビチケット€10

チェコとの国境に近い小さな村ザイフェン。エルツ山地のこのあたりの村は、中世では錫、銅、鉄などの採鉱業が盛んだった。18世紀後半、資源の枯渇とともに採鉱業は衰退し、代わりに豊富な木材を生かした木工細工がこの地方の産業になっていく。19世紀になるとろくろ技術が発展して木工細工は大量生産が可能になる。その中心がザイフェンだった。

↑村の中心通りの両側に木工細工の店が並んでいる

ザイフェンの歩き方
Walking

村は**ハウプトシュトラーセ**Hauptstraßeと呼ばれる道が1本長く延びており、その両側に民家が集中している。おもちゃ博物館のあるあたりが村の中心で、この近くに民芸品を売る店やレストランが並んでいる。

観光スポットは**おもちゃ博物館**Spielzeugmuseumと郊外の**野外博物館**Freilichtmuseumくらいだが、ショップを一軒ずつのぞいて歩くのは楽しい。ハウプトシュトラーセ 97番地の**ヴェント＆キューン**Wendt & Kühnは、独特な表情の木工細工人形で世界に知られている。クリスマス時期はこの地方の伝統に倣ってどこの家も窓辺に明かりをともし、絵本のように美しい景観を楽しめる。

↑木工細工が豊富なおもちゃ博物館

↑野外博物館ではろくろの実演販売もある

はみだし情報　天使をはじめとする愛らしい人形で有名なヴェント＆キューンのギャラリーショップ「ザイフェン人形ワールド」は見ているだけでも楽しい。www.wendt-kuehn.jp（日本語）

メルヘン街道

Deutsche Märchenstraße

外壁の装飾も見応えがあるハーメルン博物館

Introduction

メルヘン街道とその周辺

ハーナウからブレーメンまでのおよそ600kmに及ぶ比較的長い街道だ。スポットが散らばっていることと、ほとんどが小さな町であることから乗り換えが多くなるが、ほぼ鉄道で回ることができる。グリム兄弟の生まれ故郷ハーナウや幼年時代を過ごしたシュタイナウへはフランクフルトからの日帰りが可能。赤ずきんの故郷アルスフェルトへはゲーテ街道のフルダで乗り換えることになるので、合わせて訪れるのもよい。マールブルクはフランクフルトからカッセルへ行く路線上にある。カッセルはメルヘン街道の中心都市なので、ここを拠点にバート・ヴィルドゥンゲン、ハン・ミュンデン、バート・ゾーデン・アレンドルフへは日帰りで訪れることができる。ハーメルンはハノーファーからドルトムント方面へ向かう路線上にあるので単独で訪れたい。ブレーメンはメルヘン街道沿いでは最も大きな町。街道の終着地点でもあるので連泊してじっくり観光したい。

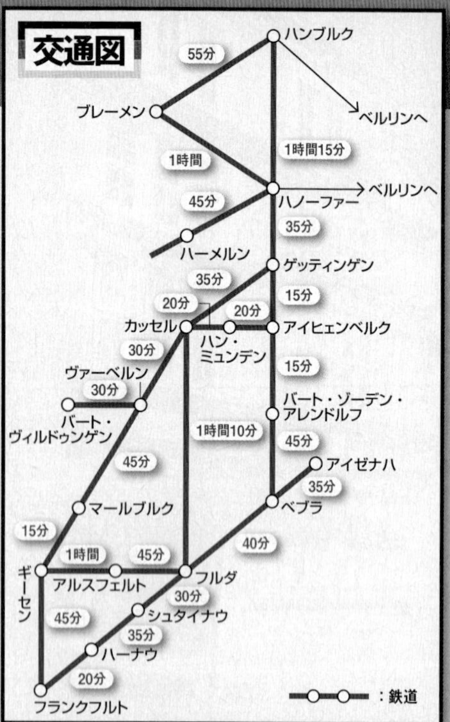

「赤ずきん」の物語が生まれたシュヴァルム地方の民族服

ブレーメン、シュノーア地区の店先

グリム童話のファン必訪のグリム・ヴェルト・カッセル

メルヘン街道でメルヘンの世界を楽しむ

行く先々で童話の主人公に会える

メルヘン街道では、グリム童話やグリムのドイツ伝説集などに出てくる主人公に扮したキャラクターに会うことがある。シュヴァルム地方の赤ずきん、ハン・ミュンデンのドクター・アイゼンバールト、バート・ゾーデン・アレンドルフのホレおばさん、ボーデンヴェルダーのミュンヒハウゼン男爵、ハーメルンのネズミ捕り男、などなど。その町の祭りや夏の間だけ、あるいは週末だけや特別なときだけに現れるキャラクターが多いので、ぜひ、時期や曜日をチェックして出発しよう。運がよければ町の中で童話の主人公にバッタリ出会えるかもしれない！

➡「ラプンツェル」の大きな塔

⬅ホレおばさん

⬆ドクター・アイゼンバールト

➡ほら吹き男爵

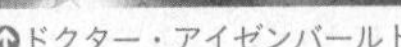
➡ネズミ捕り男

ラプンツェルの城「トレンデルブルグ城」

大きな塔があることからラプンツェルの城といわれている。1901年にこの城を入手したシュトックハウゼン男爵の子孫が1958年にドイツで初めてシュロスホテルを開設し、ドイツ古城ホテルの草分けとなった。客室はすべてインテリアが異なる。どっしりとした高級感のあるホテルで常連が多い。

⬅ラプンツェルの三つ編みも登場⬆天蓋付きベッドでお姫様気分を味わおう

住Steinweg 1, Trendelburg
☎(05675) 9090
ⓘwww.burg-hotel-trendelburg.com
料Ⓢ€120～ Ⓣ€155～ 室22 ⒸＭＶＡ
Wi-Fi無料
交Hofgeismarからバス140番か180番でトレンデルブルク・ディーメルブリュッケTrendelburg Diemelbrückeまたはトレンデルブルク・リーバーTrendelburg Lieberまで所要約15分、城まで徒歩10分

Hanau

ハーナウ

Map P.13-B1
人口　9万6200人
市外局番（06181）

ACCESS
鉄道
フランクフルトからREで約20分。

ハーナウの観光案内所
住Am Markt 14-18
☎(06181)295739
ℹwww.hanau.de
開9:00～13:00、13:30～16:30（金曜～13:00）
休土・日曜

グリム童話を編纂したヤーコプとヴィルヘルムのグリム兄弟は、1785年と1786年に年子としてハーナウで生まれた。メルヘン街道の出発地点であるハーナウは、フランクフルトに近いので日帰りで訪れることができる。ブレーメンにいたるまでの約600kmに及ぶメルヘン街道への旅は、この町から始まる。

↑マルクト広場に立つグリム兄弟の銅像

ハーナウの歩き方
Walking

駅から中心部までは徒歩だと30分はかかる。駅右側のバスターミナルからバスに乗って**マルクト広場Marktplatz**で降りるとよい。ハーナウはグリム兄弟が生まれた町だが大戦の被害が激しく、古い建物は残っていない。グリム兄弟の生家も焼けてしまった。

マルクト広場に面して市庁舎が建っており、その裏に観光案内所ℹがある。市庁舎の前には**グリム兄弟の銅像**が立っている。ドイツ各地から寄せられた寄付金で1896年に立てられた。座っているのが弟のヴィルヘルム、立っているのが兄のヤーコプ。銅像の足元には「ハーナウからブレーメンまでのドイツ・メルヘン街道の出発地点」と刻まれている。

マルクト広場から北へ進むと、美しい大きな木組みの館が現れる。1538年に市庁舎として建設されたもので現在は**ゴールドシュミーデハウスGoldschmiedehaus**と呼ばれ、内部に金銀細工が展示されている。中心部より南西部の郊外には1712年、ハーナウ伯爵が建てた**フィリップスルーエ城Schloss Philippsruhe**があり、中は郷土博物館になっている。

↑このあたりで唯一焼け残ったゴールドシュミーデハウス

マルクト広場の青空市
毎週水・土曜の6:00～14:00に、野菜や肉、花などの店が100ほど並ぶ大きな市が開かれる。クリスマス前のシーズンにはクリスマスマーケット会場となる。
ℹ www.hanau.de/freizeit/maerkte/wochenmarkt

ゴールドシュミーデハウス
住Altstädter Markt 6
☎(06181)256556
ℹwww.goldschmiedehaus.com
開11:00～17:00
休月曜　料€3、学生€2

フィリップスルーエ城
住Philippsruher Allee 45
☎(06181)2951799
ℹwww.museen-hanau.de
開11:00～18:00
休月曜　料€4、学生€3

Steinau
シュタイナウ

⇧一家が住んでいた家は「グリム兄弟の家」になっている

小さな町なので大戦の被害はまったく受けず、昔のままのたたずまいが見られる。グリム一家が住んだ家として唯一残るグリム兄弟の家などをゆっくり訪れたい。

シュタイナウの歩き方
Walking

フランクフルトとライプツィヒを結ぶ街道沿いにあるため正式には**シュタイナウ・アン・デァ・シュトラーセSteinau an der Straße**（街道沿いのシュタイナウ）と呼ばれている。グリム兄弟が幼年時代を過ごした小さな町で、兄が6歳、弟が5歳のときに一家はハーナウからシュタイナウへ引っ越した。野山に囲まれたのどかな様子は今も当時とあまり変わらないように思われる。駅から中心部までは緩やかな下り坂なので徒歩で15分ほど。坂を下って大通りを渡り、少し進むとグリム兄弟通りBrüder-Grimm-Str.と交わる。旧市街はこのグリム兄弟通りを中心に細長く広がっている。

グリム兄弟通り80番にはグリム一家が住んでいた家がオリジナルのまま保存され、**グリム兄弟の家Brüder Grimm-Haus**となってグリム童話とグリム一家に関する展示が見られる。こぢんまりとしたマルクト広場には市庁舎と教会があり、教会の隣には**シュタイナウ城Schloss Steinau**がそびえている。小さな町にしては大きな城で外観は堂々としており、内部にはグリムの記念室も設けられている。

Map P.13-B1

人口　1万300人

市外局番（06663）

ACCESS

鉄道
フランクフルトからREで約55分。

シュタイナウの観光案内所
住 Brüder-Grimm-Str. 70
☎ (06663)96310
ⓘ www.steinau.eu
開 8:30〜12:00、13:30〜16:00（金曜8:30〜13:00、土・日曜13:30〜15:30）
休 11〜3月の土・日曜

グリム兄弟の家
住 Brüder Grimm-Str. 80
☎ (06663)7605
ⓘ www.brueder-grimm-haus.de
開 10:00〜17:00
休 無休
料 €6

シュタイナウ城
住 Schloss Steinau
☎ (06663)6843
ⓘ www.schloesser-hessen.de
開 10:00〜17:00（アドヴェント期間の日曜と12/26は10:00〜16:00）
休 月曜、1・2月
料 €3.50

⇧シュタイナウ城

Alsfeld

アルスフェルト

Map P.13-B1
人口　1万6000人
市外局番（06631）

ACCESS

鉄道
フルダから私鉄HLBで約40分。

アルスフェルトの観光案内所
>> Map P.238-A3
住 Markt 3
☎(06631)182165
🛈 www.alsfeld.de
開 夏期 9:30～18:00（土曜10:00～15:30）
冬期 10:00～15:30（土曜10:00～13:00）　休 日曜

マルクトカフェ
>> Map P.238-A3
住 Mainzer Gasse 2
☎(06631)3485
🛈 www.marktcafe-alsfeld.de
開 8:30～18:30（金・土曜7:30～、日曜9:30～、1・2月14:00～）
休 無休

アルスフェルトから北のシュヴァルムシュタットまでの一帯はシュヴァルム地方と呼ばれ、このあたりの少女の民族衣装が赤いキャップを頭に載せていることから『赤ずきん』のふるさとといわれている。祭りのときに大勢の赤ずきんちゃんたちが現れる。

↑市庁舎は木組のものとしてはドイツで最も美しいともいわれている

アルスフェルトの歩き方
Walking

町の中心部へは駅から徒歩7～8分程度。木組みの家並みが美しいことで知られており、楕円形の旧市街には420軒の木組み家屋が保存されている。マルクト広場の**市庁舎 Rathaus**は1516年建造という古いもので、木組みの市庁舎ではドイツでいちばん美しいともいわれている。外壁には中世で長さを測る基準となったエレElle（55～85cm）の棒が取りつけられている。広場の角を少し進むと小さな噴水があり、赤い帽子を頭に載せた娘の像が立っている。この姿が『赤ずきん』のふるさとといわれるゆえんだ。

旧市街はどこを歩いても美しい木組みの家が軒を並べている。歩き疲れたらマルクト広場の南角にある**マルクトカフェ Marktcafé**でひと休みしよう。結婚式の家Hochzeitshausと呼ばれている美しい木組みの家で、ケーキがおいしい。

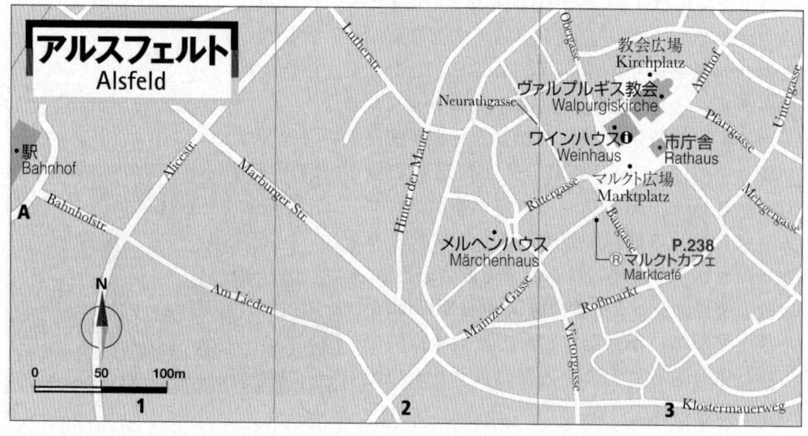

Marburg マールブルク

⬆方伯の城とエリーザベト教会

Map P.13-B1
人口　7万6600人
市外局番（06421）

ACCESS
鉄道
フランクフルトからICで約1時間、カッセルからREで約1時間10分。
駅から旧市街中心部までは徒歩20～30分。バスなら1～7・10番でRudolphsplatz下車。丘側のエレベーターで旧市街へ。

丘の斜面に民家が広がる町並みは、まるで古い油絵に出てくる風景のよう。グリム兄弟は揃ってマールブルク大学に通っていた。ふたりが古い民話に目覚めたのもこの町だった。

マールブルクの歩き方 Walking

ライン川の支流ラーン川が半円を描くように町を取り巻いている。高台には方伯の城がそびえ、そこから階段状に民家が建ち並ぶ坂の町。**ヴェッターガッセWettergasse**とその周辺の家並みが特に美しい。

マルクト広場は丘の中腹にあり、三角形をした広場に見事な木組みの家が並んでいる。兄弟が下宿していた家は広場のすぐ近くにある。その角の道の階段を上っていくと兄弟が通い詰めたフォルストホーフForsthof（サヴィニー教授の家で現在は学生寮）があり、さらにその上に現在は文化史博物館となっている**ヘッセン方伯の城Landgrafenschloss**がそびえている。城から見下ろす町の眺めはすばらしい。

⬆エリーザベト教会にあるエリーザベトの像

丘の麓の**エリーザベト教会Elisabethkirche**にはテューリンゲン方伯妃だったエリーザベト（→P.168）が祀られている。内部にはエリーザベトの生涯を描いた木版や木彫り彫刻が見られる。この教会は巡礼教会にもなっている。

マールブルクの観光案内所
住 Biegenstraße 15
☎ (06421)99120
ⓘ www.marburg-tourismus.de
開 9:00～18:00（土曜10:00～14:00）
休 日曜

グリム兄弟が下宿していた家
住 Barfüßerstr. 35

フォルストホーフ（サヴィニー教授の家）
住 Ritterstr. 16

ヘッセン方伯の城
住 Schloss 1
☎ (06421)2825871
ⓘ www.marburg-tourismus.de
開 10:00～18:00（11～3月～16:00）
休 月曜
料 €5

エリーザベト教会
住 Elisabethstr. 3
☎ (06421)65573
ⓘ www.elisabethkirche.de
開 4～10月9:00～18:00（日曜11:00～）
11～3月10:00～16:00（日曜11:00～）
休 無休
料 無料

Bad Wildungen
バート・ヴィルドゥンゲン

Map P.13-B1

人口　1万7200人

市外局番（05621）

ACCESS

鉄道

カッセルからRBで約1時間10分、マールブルクからヴァーベルンWabern乗り換えで約1時間30分。

バート・ヴィルドゥンゲンの観光案内所

🅘www.bad-wildungen.de

ブルンネンアレー

住Brunnenallee 1

☎(05621)9656741

開9:00～17:00（土曜～12:00）

休日曜

ハウプト通り

住Hauptstr. 2

☎(05621)963243

開9:00～17:00（土曜～12:00）

休日曜

↑クーアパークの温泉施設では3種類の温泉水を無料で飲むことができる

フリードリヒシュタイン城

住Schlossstr. 23

☎(05621)6577

🅘www.museum-kassel.de

開10:00～17:00

休月曜、11月中旬～2月下旬の火～木曜

料€3

↑山に囲まれてクーアパークが広がっている

古くから飲用温泉の町として知られ、19世紀には尿管結石の治療に効果があることがわかり、多くの療養客が訪れるようになった。今日もドイツ有数の温泉地になっている。この町が『白雪姫』のふるさととされるようになったのは近年のこと。今では"温泉と白雪姫の町"といわれている。

バート・ヴィルドゥンゲンの歩き方
Walking

旧市街はこぢんまりしており、マルクト広場から西へ延びる大通りブルンネンアレーBrunnenalleeにホテルや保養施設が並んでいる。通りの北側に広がるクーアパークに温泉施設があり湧き出る温泉水は無料で飲むことができる。

町の高台に建つ**フリードリヒシュタイン城Schloss Friedrichstein**はこの地方のヴァルデック伯爵のもので、内部を見学できる。16世紀、伯爵の后が亡くなって新しい后を迎えた。伯爵には前后の娘がおり、年頃になるにつれ美しくなっていった。これに嫉妬した后は娘を遠くの国へ嫁に出した。この話と、昔から近郊の村で小人が住んでいるとの言い伝えが重なって『白雪姫』の物語のルーツといわれるようになった。近郊の村**ベルクフライハイトBergfreiheit**には坑道があり、最盛期の16世紀に子供を使って鉱物を採掘していたことが近年の発掘調査で明らかになり、作業着が小人の服に似ていたため小人伝説が生まれたことがわかった。村には白雪姫と7人の小人の像が立っている。

↑ベルクフライハイト村に立つ『白雪姫と7人の小人像』

グリム童話 Q&A

グリム童話はグリムが書いたの？

グリム兄弟が創作したのではなく、グリム兄弟がいろいろな人から昔話を聞いたり文献を調べたりして集めたものを編纂した。創作されたアンデルセン童話とは異なる。正式には**『子どもと家庭の童話Kinder- und Hausmärchen』**と呼ばれている。兄弟は古い民話や詩、歌を通して当時の人々の考え方を探ろうとした。

どんな話があるの？

『赤ずきん』、『白雪姫』、『ヘンゼルとグレーテル』、『オオカミと7匹の子ヤギ』、『いばら姫』、『灰かぶり（シンデレラ）』、『ブレーメンの音楽隊』、『ホレおばさん』、『カエルの王さま』、『ラプンツェル』などがよく知られているが、実は全部で200話と、まだまだたくさんある。

いつ頃の話なの？

中世から語り継がれてきた話が多いが、グリム童話が初めて世に出たのは1812年で、その2巻目が1815年に出された。その後、1857年までに全部で7回改訂版が出されている。今日のグリム童話は、決定版と呼ばれているこの第7版に基づいている。

↑世界記憶遺産の『子どもと家庭の童話』第2版第1巻口絵

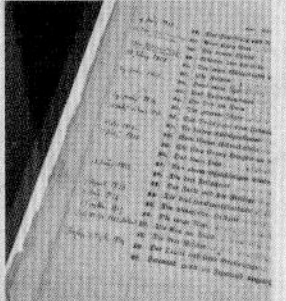

➡世界記憶遺産の『子どもと家庭の童話』初版第2巻の目次。兄弟が書き込んだ手書きのメモがある

↑グリム兄弟の肖像画。左が兄のヤーコプ、右が弟のヴィルヘルム

グリム童話は残酷って本当？

残酷な話もある。全体の割合からは少ないが、首を切られたり、腕を切り落とされたり、目玉をくり抜かれたり、と残酷な場面が描かれた話がいくつかある。グリム兄弟は残酷な話でも削除せずに入れている。

改訂版ではどこを書き換えたの？

初版では白雪姫を殺すよう狩人に命じたのは実母だったが、第2版から継母に変えられた。また子供たちを森に捨てたヘンゼルとグレーテルの親は本当の親だったのが第4版から継母がむりやり捨てたことに書き換えられた。

グリム兄弟ってどんな人？

兄ヤーコプが1785年、弟のヴィルヘルムが1786年に生まれ、双子のように育った。兄弟ともマールブルク大学で法律を学び、その過程で古い叙事詩や昔話に興味をもつ。ふたりとも著名な学者で、法律書や多くの書物を出版している。最後はベルリン大学の教授となり、ベルリンで死去した。墓もベルリンにある。

K a s s e l

カッセル

Map P.13-B1
人口　20万1400人
市外局番（0561）

ACCESS
鉄道
マールブルクから中央駅までREで約1時間15分。フランクフルトからカッセル・ヴィルヘルムスヘーエ駅までICEで約1時間25分、REに乗り換えて中央駅まで5分。

カッセルの観光案内所
🛈www.kassel-marketing.de
旧市街
>> Map P.243-B1
住Wilhelmsstr. 23
☎(0561)707707
開10:00～18:00
休日曜
ヴィルヘルムスヘーエ駅
>> Map P.243-A2
住Willy-Brandt-Platz 1
☎(0561)34054
開 10:00 ～ 13:00、14:00～18:00（土曜～14:00）
休日曜
お得なKASSELCARD
市内公共交通機関や博物館、公園などの入場料が割引になる。2人分で料€9（24時間有効）、€12（72時間有効）と、とてもお得。観光案内所で購入できる。

州立劇場
>> Map P.243-B1
住Friedrichsplatz 15
☎(0561)10940
🛈www.staatstheater-kassel.de

⬆カッセルでは必ず訪れたい「グリム・ヴェルト・カッセル」

グリム兄弟が生涯のうち最も長く過ごした町で、多くの書物を出版した。グリム童話もカッセル時代に編纂されている。ヘッセン選帝侯の町として栄えていたが大戦の被害が激しく、かつての美しい町並みは見られない。しかし修復された一部の建物に当時の面影がしのばれる。郊外のヴィルヘルムスヘーエ丘陵公園は2013年から世界遺産に登録されている。

カッセルの歩き方
Walking

旧市街に近い中央駅Hauptbahnhofと、新幹線ICEが停車し、フランクフルト空港から直通列車も発着するカッセル・ヴィルヘルムスヘーエ駅Kassel-Wilhelmshöheのふたつの駅がある。旧市街の観光にはトラムを市庁舎Rathausで下車。**グリム・ヴェルト・カッセルGRIMMWELT Kassel**はオーベレ・カールス通りObere Karlsstraßeを右折してヴァインベルク通りWeinbergstraßeで道なりに左へ。道が右に折れた先の左側にある。フランクフルター通りに戻って北東に進むと右側に**州立劇場Staatstheater**がある。左奥はドクメンタの会場になる**フリーデリチアヌムFridericianum**が見える。右側やや後方の広大な公園は**カールスアウエ公園Karlsaue**だ。ヴィルヘルムスヘーエ丘陵公園へ行くには、旧市街やカッセル・ヴィルヘルムスヘーエ駅からトラム1番を利用、山頂まで行くなら4番で終点まで行ってバスに乗り換える。

⬇カールスアウエ公園のオランジェリー

はみだし情報　カッセルの町は広いので、駅の鉄道案内所でバスやトラムの路線図をもらっておくと便利。無料とは思えないほどしっかりとした路線図が用意されている。

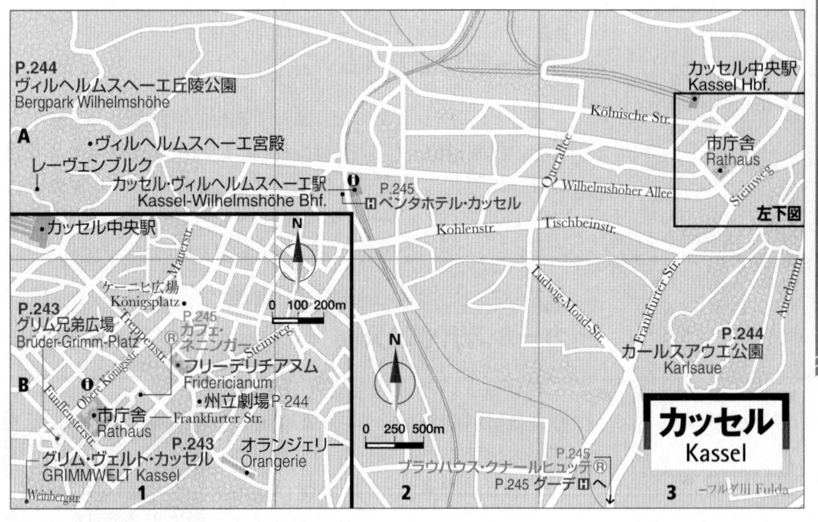

おもな見どころ
The highlight

グリム一家ゆかりの場所

グリム兄弟広場　Brüder-Grimm-Platz

市庁舎の近くにグリム兄弟広場があり、緑地に1985年にグリム兄弟生誕200年を記念して建てられた兄弟の銅像がある。その脇の建物は1805年に門館として建てられたもので、最上階に1814年から1822年まで兄弟が家族と住んでいた。

➲グリム兄弟広場に1985年に立てられた兄弟の銅像

グリム兄弟広場
» Map P.243-B1

グリム兄弟と童話の世界を大人も楽しもう

グリム・ヴェルト・カッセル　GRIMMWELT Kassel

グリム兄弟についての詳細な展示が観られるのはもちろんのこと、定期的に行われる文化イベントや期間限定の展覧会などの会場となっている、カッセルのアート情報の発信地。屋上が市街地を見渡せる展望台になっている建物自体も、なかなか興味深い。グリム兄弟とグリム童話に関する展示はテーマをAからZにまで分類して空間を区切ったユニークな方法。メルヘン的というよりミステリアスな雰囲気で、子供より大人の、そして男性の来館者が目立つ。グリム童話の初版本やドイツ語辞典、世界各国で翻訳された作品の数々、グリム兄弟の遺愛品など、展示が充実している。

グリム・ヴェルト・カッセル
» Map P.243-B1
住Weinbergstraße 21
(0561)5986190
www.grimmwelt.de
開10:00～18:00（金曜～20:00）
休月曜　料€10、学生€7
交トラムRathausから徒歩8分

➲アルファベットで分けられた展示

グリム兄弟も一時ここで働いていた

フリーデリチアヌム Fridericianum

1779年にヘッセン方伯によって美術品収蔵館として建てられその後図書館となっていたが、今は5年に1度カッセルで開かれる国際的な芸術祭**ドクメンタ**documentaのメイン会場になっている。ヴィルヘルムは1814年から、ヤーコプは1816年から、ともに1829年までこの図書館で働いていた。

ヘッセン方伯の栄華がしのばれる

カールスアウエ公園 Karlsaue

150haという広大な市民公園で、夏には野外劇やコンサートが開かれている。公園の北側に方伯の城が建っていたが大戦ですべて焼け落ちた。城の南側にあった18世紀初頭の**オランジェリー**Orangerie（オレンジ栽培の温室）だけが残り、現在はレストランになっている。

↑グリム童話『つぐみの髭の王様』の野外劇

世界遺産に登録された丘　世界遺産

ヴィルヘルムスヘーエ丘陵公園 Bergpark Wilhelmshöhe

市の西に広がる240haというヨーロッパ最大の丘陵公園で、地形を生かした工夫がなされている。

17世紀のヘッセン方伯フリードリヒ1世は、狩り場だった山を整備してヨーロッパ最高の丘陵庭園を造ろうとした。彼はまずイタリア式階段の滝を建設、そして縮小版の中世の城**レーヴェンブルク**Löwenburgも建てた。今では、5月から10月までの日曜、祝日と水曜の14:30より階段の滝に水が流される。水は階段を1段ずつ下っていくので、上から水の流れとともに降りていくのもおもしろい。途中にある半馬人像の角笛がボーっと大きな音を出し、鉄砲水のように水が噴き出す箇所もある。最後は下の池から大きな噴水となって飛び出してくる。約1時間30分の水のパフォーマンスだ。レーヴェンブルクは現在サマーコンサート会場になり、中世の武具などを展示した博物館にもなっている。

池の前の**ヴィルヘルムスヘーエ宮殿**Schloss Wilhelmshöheはナポレオン占領時代にグリム兄弟の兄ヤーコプが働いていたが、現在は絵画館になっている。

↑滝で裸足になって遊ぶ子供たち

フリーデリチアヌム
>> Map P.243-B1
住 Friedrichsplatz 18
☎ (0561)7072720
ⓘ www.fridericianum.org
開 11:00〜18:00
休 月曜
料 €6、学生€4

ドクメンタ
5年に一度開催される世界最大級の現代アートの祭典。町の美術館や公園など、あちこちが会場となる。
ⓘ www.documenta.de

カールスアウエ公園
>> Map P.243-B3

ヴィルヘルムスヘーエ丘陵公園
>> Map P.243-A1
交 市中心部からトラム1番で終点Wilhelmshöhe(Park)下車。

レーヴェンブルク
>> Map P.243-A1
☎ (0561)31680244
開 10:00〜17:00（11〜3月は金〜日曜、祝日のみ〜16:00）
休 月曜、11〜3月の火〜木曜
料 €6（ガイドツアー）、学生€4

ヴィルヘルムスヘーエ宮殿
>> Map P.243-A1
☎ (0561)316800
開 10:00〜17:00（水曜〜20:00）
休 月曜　料 €6、学生€4（レーヴェンブルクとの共通チケット）

山頂へ行くなら
ヴィルヘルムスヘーエ宮殿から階段の滝が始まるヘラクレス像までは、徒歩で約1時間かかる。時間がない場合はバスを利用するのも一案。市内からトラム4番で終点Druseltalまで行き、そこからバス22番で山頂のヘラクレスHerkulesへ。

近郊の見どころ Excursion

兄弟が大学教授を務めた
ゲッティンゲン Göttingen

中央駅から中心部まで徒歩で15分ほど。戦災によりかつての美しい町並みは失われたが、マルクト広場の周りには焼け残った建物や戦後修復された館が見られる。由緒ある大学町なので学生が多く、若者であふれる活気ある町だ。

グリム兄弟はゲッティンゲン大学の招きでふたり揃って教授として迎え入れられた。しかし国王の憲法違反に抗議したことで追放となり再びカッセルへ戻る。兄弟はその後ベルリン大学の教授となり、ベルリンで死去する。

旧市街には兄弟が教授をしていた大学校舎が残り、住んでいた家には記念額がかけられている。マルクト広場の噴水には**ガチョウ番の娘**Gänselieselの像があり、品のよい美しい顔に誰もが見とれている。

ゲッティンゲン
ACCESS
鉄道
カッセル・ヴィルヘルムスヘーエ駅からICEまたはICで約20分。

↑マルクト広場の噴水、ガチョウ番の娘

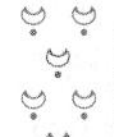

Restaurant & Hotel

グリム兄弟とグリム童話をテーマにしたお菓子 R
カフェ・ネニンガー
Café Nenninger Map P.243-B1

住Friedrichsplatz 8 ☎(0561)7661690
ⓘwww.cafe-nenninger.de 営8:00～19:00（土曜9:00～19:30、日曜9:30～） 休無休 CM V
交トラムRathausから徒歩4分

市庁舎裏にある1900年創業の老舗。赤ずきんなどメルヘンを描いたケーキやグリム兄弟のプラリーネなどが人気だが、軽食もおいしい。

新幹線が停まるヴィルヘルムスヘーエ駅の真裏 H
ペンタホテル・カッセル
Pentahotel Kassel Map P.243-A2

住Bertha-von-Suttner-Str. 15 ☎(0561)93390
ⓘwww.pentahotels.com
料ⓈⓉ€105～ 朝食別€17 室137
CM V J A D Wi-Fi無料 交ヴィルヘルムスヘーエ駅から徒歩1分

駅やトラム停留所へ徒歩1分の最高の立地。レセプションとバーカウンターが同じという新コンセプトで客室もモダン。

グリム童話の語り部が生まれた醸造所 R
ブラウハウス・クナールヒュッテ
Brauhaus Knallhütte Map P.243-B3 域外

住Knallhütte 1 ☎(0561)492076 ⓘwww. knallhuette.de 営11:30～15:00、17:30～23:00（金・土曜11:30～24:00、日曜、祝日11:00～22:00）
休月曜 CM V 交中央駅からタクシーで約16分

グリム兄弟に昔話を提供したフィーメンニンの家。自家製ビールが味わえる。毎月第1・3土曜の語り部による「グリム童話の夕べ」は17:30～。

朝食が抜群においしい H
グーデ
Hotel Gude Map P.243-B3 域外

住Frankfurter Str. 299 ☎(0561)48050
ⓘwww.hotel-gude.de 料Ⓢ€104～ Ⓣ€135～ 朝食別€9 室89 CM V J A D Wi-Fi無料
交トラム5・6番Dennhäuser Straßeから徒歩2分

中心部から離れているが、トラムがホテルのすぐ近くに停まる。本館と別館があり、部屋はゆったりしている。併設のレストランがおいしいと評判だ。

Hann. Münden

ハン・ミュンデン

Map P.13-B1
人口　2万3700人
市外局番（05541）

ACCESS

鉄道
カッセルから約20分。正式にはハノーフェアシュ・ミュンデン Hannoversch Mündenというので下車駅に注意。

ハン・ミュンデンの観光案内所
>> Map P.246-A1
住Lotzestr. 2
☎(05541)75313
ℹ hann.muenden-erlebnisregion.de
開9:30～15:00（月・水・木曜～17:00、土曜10:00～、祝日11:00～14:30）、冬期短縮
休日曜、冬期の土曜

ティリーシャンツェ
>> Map P.246-A1
町の西側の高台に高さ25mの塔があり、旧市街と周囲の森が一望できる。
☎(05541)1890
ℹ www.tillyschanze.de
開11:00～18:00
休月曜、11月～イースターの月～金曜

⬆どの通りでも両側から上の階が前に迫り出している

ヴェラ川とフルダ川が交わる地点に開けた町で、古くから河川を使った交通の要衝として栄えていた。町は潤い、人々は大きな家を建てた。戦争の被害を受けていないので、今でもどの通りにも美しい木組みの家が並んでいる。じっくり眺めながらすべての路地を歩いてみたい。

ハン・ミュンデンの歩き方
Walking

駅から旧市街までは徒歩で7～8分。旧市街に到達したとたん、木組みの家が見事に並んでいることに驚く。ヘッセン地方には木組みの家が多いがハン・ミュンデンのように3階建て、4階建てという大きな家が並んでいる町は少ない。楕円形の旧市街を南北に貫いているのはランゲ通りLange Str.でその中ほどに**マルクト広場Marktplatz**があり市庁舎Rathausが建っている。

歩いていて美しい旧市街は外側から眺めても美しい。フルダ川を渡って対岸から眺めるのもよい。フルダ川とヴェラ川が出合ってヴェーザー川となる所にそれを記する石碑がある。時間があれば**ティリーシャンツェ Tillyschanze**と呼ばれる展望台まで上がると楕円の形をした旧市街のすばらしい眺めが得られる。

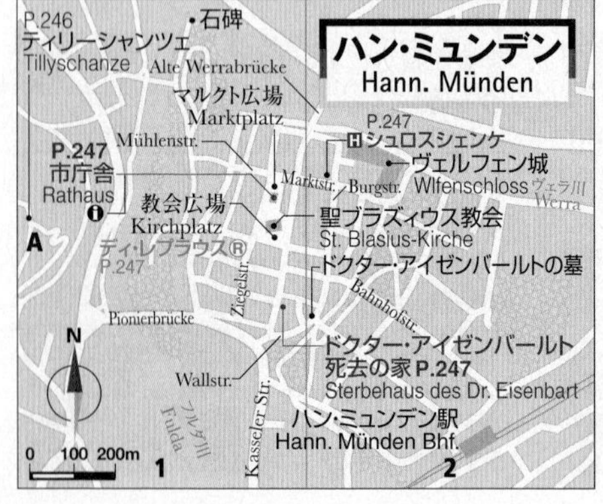

おもな見どころ
The highlight

実在したことを伝える

ドクター・アイゼンバールト死去の家
Sterbehaus und Grabstein des Dr. Eisenbart

この町を有名にしているのはドクター・アイゼンバールト。ヤブ医者として名高く、ドイツの学生歌となって世界中に知られている。伝説のような存在だがれっきとした実在の人物。生まれは東バイエルンで、亡くなったのはハン・ミュンデン。街頭で派手に患者を募ったことから山師的な要素が強く、いつの間にかヤブ医者のレッテルを貼られてしまった。実際は名医であったらしい。ランゲ通り79番の館は彼が死去した家で、ファサードに彼の木彫り人形が掲げられている。館の裏側にあるエギーディエン教会の北側には墓石が立っている。

↑ファサードにアイゼンバールトの木彫り人形が見られる

これだけは絶対に見よう

市庁舎の仕掛け時計
Glockenspiel im Rathaus

↑ルネッサンス様式の市庁舎の窓には仕掛け時計がある

市庁舎には仕掛け時計があり、学生歌のメロディとともに荒療治しているアイゼンバールトの人形が現れる。

市庁舎内では**「ドクター・アイゼンバールトの公開診察」**なるものが開かれている。

ドクター・アイゼンバールト死去の家
>> Map P.246-A1、A2
住 Lange Str. 79

↑人気の公開診察

市庁舎
>> Map P.246-A1
住 Lotzestr. 2

ドクター・アイゼンバールトの公開診察
Dr. Eisenbart Sprechstunde
市庁舎の2階ホールで行われる公開診察。見学者のなかから患者を募り、おもしろおかしく治療（のまね）が行われる。
開 5月上旬～9月下旬の土曜、13:30～
料 無料

Restaurant & Hotel

旧市街にある伝統的な木組み建築 R

ディ・レプラウス
Die Reblaus Map P.246-A1

旧市街 住 Ziegelstr. 32 ☎ (05541) 954610
ⓘ www.die-reblaus.com 営 12:00～14:30、18:00～22:00 休 火・水曜 C M V A
交 バスHann. Münden Marktから徒歩3分

地元でも評判のドイツ料理と地中海料理を提供するレストラン。自家製パスタや肉料理のほか、魚料理もある。フレンドリーなサービスも心地よい。

城広場に面した白亜の館 H

シュロスシェンケ
Hotel Restaurant Schlosschänke Map P.246-A2

住 Vor der Burg 3-5 ☎ (05541)70940
ⓘ www.hotel-schlosschaenke.de
料 Ⓢ €68～ Ⓣ €104～
室 15 C M V J A Wi-Fi 無料
交 バスHann. Münden Schlossから徒歩1分

町の中心のランゲ通りからすぐ。木組みの家が並ぶ町のなかで白壁の館は珍しい。1階には地元で人気のレストラン&バーがある。

はみだし情報 市庁舎の仕掛け時計は毎日12:00、15:00、17:00の1日3回！

Bad Sooden-Allendorf
バート・ゾーデン・アレンドルフ

Map P.13-B1
人口　8650人
市外局番（05652）

ACCESS
鉄道
カッセル・ヴィルヘルムスヘーエ駅からゲッティンゲン乗り換えで約1時間。アイヒェンベルクEichenberg乗り換えで約1時間10分。
バスでアレンドルフへ
バート・ゾーデン鉄道駅前からバス215A番でアレンドルフへ行くことができる。アレンドルフのマルクト広場まで所要3分。

バート・ゾーデン・アレンドルフの観光案内所
住Landgraf-Philipp-Platz 1-2
☎(05652)95870
ⓘwww.bad-sooden-allendorf.de
開9:00～17:00（土曜～12:00）
休日曜、11～3月の土曜

ヴェーザー川の支流ヴェラ川の両側に開けた町。近くのマイスナー山地にホレおばさんが住んでいると伝えられることから「ホレおばさんのふるさと」になっている。

↑どの道にも古い木組の家がずらりと並んでいる

バート・ゾーデン・アレンドルフの歩き方
Walking

ヴェラ川を挟んで開けたバート・ゾーデンとアレンドルフのふたつの町が20世紀になって合併し、長い名前になった。バート・ゾーデンは温泉保養地、アレンドルフは昔の街道に沿ったかつての宿場町。鉄道駅はバート・ゾーデン側にあり、旧市街に隣接している。アレンドルフへは橋を渡って行く。徒歩で15分ほどだが駅前からバスが出ている。

↑バート・ゾーデンのクアハウス

おもな見どころ
The highlight

駅を出てすぐ目にとまる
グラディーアヴェルク　Gradierwerk

バート・ゾーデンには塩泉があり、1906年まで製塩が行われていた。駅近くの長くて高い垣根は、製塩する前に塩水を上から流して水分を蒸発させていたグラディーアヴェルクという装置。今も塩水が流され、この空気を吸うことが呼吸器疾患に効果があるとされている。

↑グラディーアヴェルクに近づくと塩が降りかかってくる

↑グラディーアヴェルク

↑塩博物館では模型で製塩の仕方を解説

↑祭りのときに登場するホレおばさん

町の塩の歴史がわかる

塩博物館 Salzmuseum

かつて市門だった建物の中にある小さな博物館。製塩の様子がグラディーアヴェルクの模型などを使って示されている。

のんびり座っていたくなる

クーアパーク Kurpark

市門の先は緑豊かな保養公園。周りにある小さな木組みの建物はかつて製塩労働者たちの住まいだった。現在は長期滞在治療客の宿泊施設になっている。公園の中央に井戸が残っており、「ホレおばさんの泉」と呼ばれている。

↑バート・ゾーデンにある

ふたつの町の中心になっている

マルクト広場（アレンドルフ） Marktplatz / Allendorf

マルクト広場には市庁舎があり、毎週木曜の午前中に市が立つ。広場から南へ延びるキルヒ通りKirchstr.にはすばらしい家々が建ち並んでいる。どの路地に迷い込んでも美しい木組みの家に出会え、町を歩いているだけでも楽しい。

シューベルトの菩提樹ここにあり

菩提樹 Der Lindenbaum

町の門を出た所に大きな菩提樹が立っている。シューベルトの歌曲『冬の旅』の歌詞を書いたヴィルヘルム・ミュラーは、ここで『菩提樹』を詩作した。菩提樹の下に湧き水があり、そばには『菩提樹』の楽譜が刻まれた記念碑が立っている。

↑『菩提樹』が生まれたアレンドルフの菩提樹と湧き水

↑町の市門だった建物が塩博物館

塩博物館
住Söder Tor/Rosenstraße 1-3
開土・日曜、祝日、4〜10月の水曜　14:00〜17:00
休4〜10月の月・火・木・金曜、11〜3月の平日
料€1

↑ホレおばさんが現れそうな広場

↑こんな大木になっている菩提樹

はみだし情報　塩博物館では、おみやげ用に食卓用塩袋が売られている。

Hameln
ハーメルン

Map P.13-B1
人口　5万7500人
市外局番（05151）

ACCESS
鉄道
ハノーファーからSバーンで45分。ブレーメンから行く場合もハノーファーで乗り換え。

駅から旧市街まで、荷物が重い場合はバスも利用できる。行き先が「City」となっているものならどれでも乗車できる。観光案内所へ行くならBürgergarten下車。マルクト広場に行くならヴェェーザー川近くのバスターミナルCity/Pfortmühle下車が便利。

⬆いつも大盛況の市民劇『ハーメルンのネズミ捕り男』

『ハーメルンのネズミ捕り男』伝説で世界に知られる町。13世紀にこの町で実際に起こったといわれ、その謎をめぐって今も研究が続けられている。悲しいできごととは別に、町は観光客とネズミグッズであふれている。夏場の日曜ごとに行われる野外劇には世界中から観光客が訪れる。

ハーメルンの歩き方
Walking

駅から旧市街までは徒歩15〜20分。駅から**ダイスターアレーDeisterallee**を西へ進むと旧市街を取り巻く環状道路に出る。観光案内所ⓘは手前右角にある。かつてここに町の入口である東門があった。失踪した子供たちはこの門から町の外へ出ていった。ここから町を二分するように**オスター通りOsterstr.**が西へ延び、**ベッカー通りBäckerstr.**にぶつかっている。このふたつの通りが町の中心となり、ショップやレストラン、カフェが並んでいる。ハーメルンの町並みの特徴はどっしりした石造りの家とカラフルな木組みの家が入り交じっていること。裏通りは階の低い木組みの家が並んでいるが、かつて貧しい人々が住んでいた裏通りこそ700年前の伝説を彷彿とさせる。特にオスター通りから南側の路地は雰囲気がある。

ハーメルンの観光案内所
» Map P.251-A2
住 Deisterallee 1
☎ (05151)957823
ⓘ www.hameln.de
開 4〜10月9:00〜18:00（土曜9:30〜15:00、日曜、祝日9:30〜13:00）
11〜3月9:00〜17:00（土曜9:30〜13:00）
休 11〜3月の日曜

⬆町のメインストリートであるオスター通り

観光案内所ⓘにはネズミやネズミ捕り男のグッズなど、ハーメルンみやげに最適な小物が揃っている。

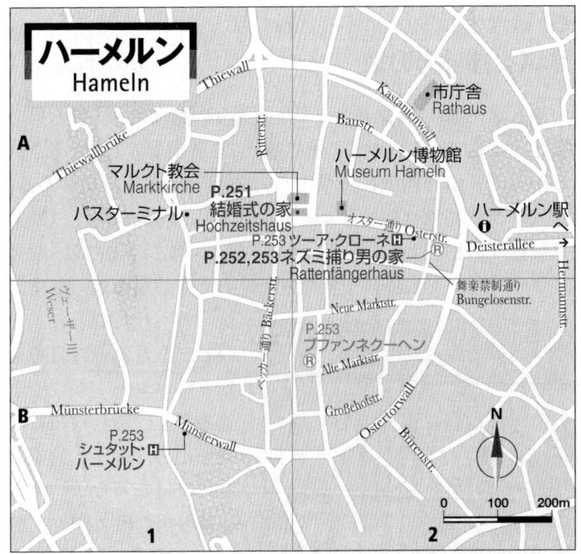

おもな見どころ
The highlight

広場側に仕掛け時計がある

結婚式の家　Hochzeitshaus

オスター通りとベッカー通りの角にある大きな館で、17世紀に宴会場として建てられた。本当はホーホhoch（最盛期の）ツァイトZeit（時）という名だったが、ホホツァイト（結婚式）と間違えられるので最近は結婚登録役場になった。館には仕掛け時計が取りつけられ、毎日13:05、15:35、17:35に鐘の音に続いてネズミ捕り男の人形が姿を現す。なんとなくユーモラスでかわいい仕掛け時計だ。毎年5月半ばから9月半ばまで、日曜の正午から館の前でネズミ捕り男の野外劇が市民によって繰り広げられる（無料）。

ハーメルン博物館
Museum Hameln
>> Map P.251-A2
住Osterstr. 8-9
(05151)2021215
www.museum-hameln.de
開11:00～18:00
休月曜
料€5、学生€4
交バスKastanienwallから徒歩4分
観光案内所から結婚式の家へ行く途中にある小さな博物館。
ハーメルンの歴史やネズミ捕り男の伝説などの展示がある。

美しい外観をもつハーメルン博物館

結婚式の家
>> Map P.251-A2
住Osterstr. 2

人気のネズミ捕り男の野外劇を座って観るには、早くから席を確保しておく必要がある。

ベッカー通りから眺める結婚式の家。隣はマルクト教会

結婚式の家にあるネズミ捕り男の仕掛け時計

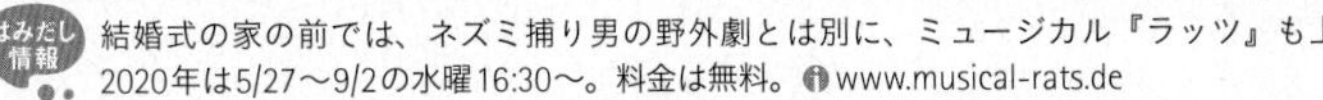
はみだし情報　結婚式の家の前では、ネズミ捕り男の野外劇とは別に、ミュージカル『ラッツ』も上演している。2020年は5/27～9/2の水曜16:30～。料金は無料。www.musical-rats.de

ネズミ捕り男の家
>> Map P.251-A2
住 Osterstr. 28
☎ (05151)3888
ⓘ www.rattenfaengerhaus.com

↑子供たちの失踪を伝える碑文

↑伝説が描かれた鉄の扉

破風屋根のファサード装飾が美しい

ネズミ捕り男の家 Rattenfängerhaus

オスター通り28番の黒ずんだ石造りの館はネズミ捕り男の家と呼ばれている。ネズミ捕り男がここに泊まっていたとされるからで、館の西壁に子供たちの失踪を伝える碑文がある。碑文がある路地はブンゲローゼン通りBungelosenstr.（舞楽禁制通り）と呼ばれている。ネズミ捕り男はこの先にあったアルターマルクト広場に子供たちを集め、館の脇を通って東門から外へ出ていった。そのことを悼み、今日でも祭りのパレードがここを通るときは踊りや楽器演奏をやめて静かに通過しなければならない。ネズミ捕り男の家は現在、町を代表するレストランになっている。

↑今はレストランになっているネズミ捕り男の家

近郊の見どころ
Excursion

ボーデンヴェルダー
ACCESS
ハーメルンからバス51・520番でボーデンヴェルダー・イム・ハーゲンBodenwerder Im Hagenまで約45分。バス停は旧市街に面しており、中心のグローセ通りはすぐ近く。

ミュンヒハウゼン博物館
Münchhausen-Museum
住 Münchhausenplatz 1
☎ (05533)409147
ⓘ www.muenchhausenland.de
開 10:00～17:00（11～3月は予約制）
料 €3

↑ほらふき男爵の博物館

冒険話にちなんだ銅像が町の数ヵ所にある

ボーデンヴェルダー Bodenwerder

ヴェーザー河畔に開けた小さな町ボーデンヴェルダーで18世紀、ホラ吹き男爵として知られているミュンヒハウゼン男爵が生まれた。男爵は自らの戦争体験談を大げさに、おもしろおかしく語って聞かせ、後に『ミュンヒハウゼン男爵の冒険物語』となって世界各国で出版された。町は**グローセ通りGroße Str.**を中心に民家が並んでおり、ショップやレストランもこの通りにある。南へ歩いていくと途中から狭い道になり、ミュンヒハウゼン通りMünchhausenstr.と名を変える。少し歩くと視界が開け、**ミュンヒハウゼン広場Münchhausenplatz**に出る。中央にある大きな白い建物が今は役所になっている彼の生家で、その右隣に博物館がある。館内では各国語に翻訳された『ミュンヒハウゼン男爵の冒険物語』の絵本や物語の場面を描いた絵や彫像が展示されている。

↑ミュンヒハウゼン男爵の生家の前にある噴水

Restaurant & Hotel

どれもおいしくてボリュームたっぷり R

プファンネクーヘン
Pfannekuchen　Map P.251-B2

住Hummenstr. 12　(05151)41378
www.pfannekuchen-hameln.de
営11:00〜22:00　休無休　CMV
交バスOstertorwallから徒歩4分

厚く焼いたクレープのような生地に肉や野菜を入れた料理が自慢で、ホウレン草やチーズ、ハムなど、種類も多い。

地元の評判がよく利用しやすい H

ツーア・クローネ
Hotel zur Krone　Map P.251-A2

住Osterstr. 30（ホテルの入口はKopmanshof通り）
(05151)9070　www.hotelzurkrone.de
料Ⓢ€73〜　Ⓣ€88〜　朝食別€10　室32
CMV　無料　交バスBürgergartenから徒歩2分

オスター通りに面した古いホテル。レストランも定評がある。そのレストランで食べる朝食はボリュームたっぷりでおいしい。

ハーメルンで最も有名なレストラン R

ネズミ捕り男の家
Rattenfängerhaus　Map P.251-A2

住Osterstr. 28　(05151)3888
www.rattenfaengerhaus.com　営 11:00〜15:00、18:00〜22:00（金・土曜11:00〜22:00）
休日曜　CMVA　交バスBürgergartenから徒歩1分

古い建物で、レストラン内にはネズミ捕り男の像や伝説の絵が飾られている。名物料理「ネズミのしっぽ」は豚肉の細切りが使われている。

ヴェーザー川沿いの瀟洒な館 H

シュタット・ハーメルン
Hotel Stadt Hameln　Map P.251-B1

住Münsterwall 2　(05151)9010
www.hotel-stadthameln.de　料Ⓢ€103〜　Ⓣ€113〜　室84　CMVJAD　無料
交バスMünsterから徒歩1分

建物はふたつに分かれ、ロビーとレストランがある本館と中庭を挟んで奥に建つ別館がある。手入れのよい中庭には美しい野鳥も現れ、癒やされる。

ハーメルンのネズミ捕り男

その昔、1284年のこと、ハーメルンはネズミの害に悩まされていた。そこへまだら服を着た男が現れ、報酬を出すなら町のネズミを退治してあげよう、と言った。町の人々はそれに応じた。男が笛を吹き始めると、あちらこちらからネズミが出てきて男のあとを追った。男はヴェーザー川へネズミを連れ出し、ネズミは一匹残らず溺れて死んだ。それを見ていた町の人々は、簡単にネズミを退治したことに不満をもち、報酬を払うのを拒んだ。男は怒って去っていった。そして6月26日、男は再び現れた。男が笛を吹き始めると、今度は町の子供たちが笛の音につられて男のあとをついていった。男はそのまま子供たちを連れて町の外へ出ていった。いなくなった子供は130人。盲目と聾唖の子供が戻ってきたが盲目の子供は場所がわからず、聾唖の子供は場所を教えることができなかった。

↑市庁舎前に立つ像

ブレーメン

Map P.13-A1
人口 56万9700人
市外局番（0421）

ACCESS
鉄道
カッセル・ヴィルヘルムスヘーエ駅からICEで約2時間10分。ハンブルク中央駅からICで55分。

ブレーメンの観光案内所
(0421)3080010
www.bremen-tourismus.de

ベッチャー通り
» Map P.255-C2
住 Böttcherstr. 4
開 9:30～18:30（土曜～17:00、日曜10:00～16:00）
休 無休

メルヘン街道の終着地で『ブレーメンの音楽隊』で知られているが、この町の魅力はグリム童話だけでない。長らくハンザ同盟都市として栄え、その後ドイツ連邦を形成する自由都市となり、現在もハンブルクと同様に単独でひとつの州を形成している。こうした重みのある歴史が美しい町を生み出した。マルクト広場に立つローラント像と市庁舎は2004年に世界遺産へ登録されている。

ブレーメンの歩き方
Walking

美しいれんが造りの中央駅

中央駅から旧市街へは歩いていこう。20分ほどだが見学しながら歩けば30分。まず、中央駅の堂々たるれんがの建物を眺めてからバーンホーフ通りを道なりに進んでいくと、町を取り巻いていた濠に出る。今は緑地帯になり、かつて町に7基あった風車がひとつだけ保存され、現在レストランになっている。旧市街へ入ると**ゼーゲ通りSögestr.**の入口にブタとブタ飼いの銅像があり、ときどき子供が乗って遊んでいる。ゼーゲとは方言でブタの複数形。昔この道はブタ飼いがブタを連れて通ったのでその名がある。

マルクト広場に出ると、大きな**市庁舎Rathaus**と**聖ペトリ大聖堂St. Petri Dom**、そして**ローラント像Roland**がある。マルクト広場からヴェーザー川方面に抜ける細い道があり、ここが**ベッチャー通りBöttcherstr.**。通りを抜けてマルティニ通りMartinistr.を左へ行くと交差点に出る。交通量の多いバルゲブリュック通りBalgebrückstr.を渡り、左に見える教会手前の路地を右折した所が**シュノーア地区Schnoorviertel**。ベッチャー通りを出たマルティニ通りに歩道トンネルがあり、そこをくぐるとヴェーザー河畔に出る。そこから北へ延びる河岸通りが人気のレストラン街になっている。

川沿いに建つ風車

マルクト広場に建つ古い建物

ひと休みするなら、1889年創業のカフェ・クニッゲCafé Konditorei Kniggeはいかが？ ショーケースにはズラリとケーキが並び、どれにしようか迷うこと必至。店内は広く2階席もある。» Map P.255-B2

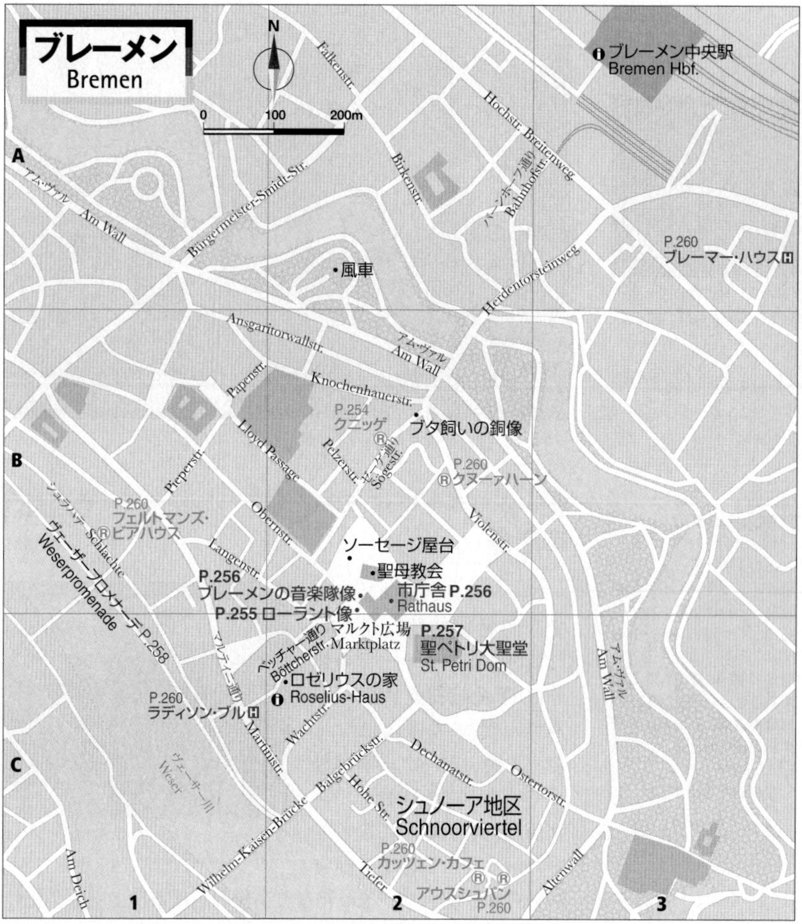
ブレーメン
Bremen
N
0
100
200m
A
B
C
1
2
3
ブレーメン中央駅
Bremen Hbf.
Falkenstr.
Hochstr.
Breitenweg
Birkenstr.
バーンホーフ通り
Bahnhofstr.
アム・ヴァル
Am Wall
Bürgermeister-Smidt-Str.
P.260
ブレーマー・ハウス
風車
Herdentorsteinweg
Ansgaritorwallstr.
アム・ヴァル
Am Wall
Knochenhauerstr.
Papenstr.
P.254
クニッゲ
ブタ飼いの銅像
Lloyd Passage
Pelzerstr.
ゼーゲ通り
Sögestr.
P.260
クヌーァハーン
Pieperstr.
P.260
フェルトマンズ・ビアハウス
シュラハテ
Schlachte
Obernstr.
Violenstr.
ヴェーザープロメナーデ
Weserpromenade
P.258
Langenstr.
ソーセージ屋台
聖母教会
P.256
ブレーメンの音楽隊像
市庁舎 P.256
Rathaus
P.255 ローラント像
ベッチャー通り
Böttcherstr.
マルクト広場
Marktplatz
P.257
聖ペトリ大聖堂
St. Petri Dom
マルティーニ通り
Martinistr.
ロゼリウスの家
Roselius-Haus
P.260
ラディソン・ブル
アム・ヴァル
Am Wall
Wachtstr.
ヴェーザー川
Weser
Balgebrückstr.
Dechanatstr.
Ostertorstr.
Hohe Str.
シュノーア地区
Schnoorviertel
Wilhelm-Kaisen-Brücke
P.260
カッツェン・カフェ
アウスシュパン
P.260
Tiefer
Altenwall
Am Deich

おもな見どころ

The highlight

近づいて見上げてみよう

世界遺産

ローラント像

Roland

ローラント像
>> Map P.255-B2

ローラント像は市場や司法の権利の象徴で、教会に支配されない自由な町であることを示すため、おもに北ドイツで建てられた。ブレーメンの像は台座の尖塔も含めると10m近くもある巨大なもの。建てられたのは1404年と古く、修復を繰り返して守られたオリジナルの像だ。

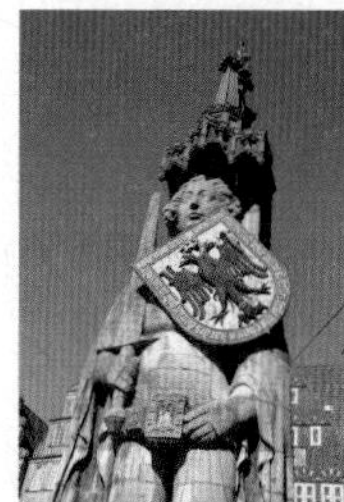

←見上げると迫力のあるローラント像

マルクト広場の穴へコインを入れるとロバ、犬、猫、ニワトリのいずれかの鳴き声が聞こえてくる

マルクト広場には市庁舎、そして巨大な大聖堂がそびえている

市庁舎
>> Map P.255-B2
住Am Markt 21
(0421)3610
開ガイドツアー：4～10月の月～土曜11:00、12:00、15:00（土曜のみ追加16:00）、日曜11:00、12:00
所要時間約60分。催し物があるときは中止。11～3月は不定期に行われるので事前に確認が必要。
料€6.50
交中央駅から徒歩12分

ハンザ都市だった威厳を示す　世界遺産

市庁舎　Rathaus

ヴェーザールネッサンス様式と呼ばれる屋根飾りのある市庁舎

たいへん装飾的な建物で、15世紀初頭に建てられているがファサードの部分は17世紀初頭に現在のルネッサンス様式になった。正面にアーケードが付いているのは市庁舎がハンザ商品の取引場所になっていたからで、この下で品物が売買されていた。毛織物など高額商品は市庁舎内部が使われた。2階には絢爛豪華なホールがあり、天井からは大きな帆船模型がつり下がっている。ガイドツアーで見学できる。

ブレーメンの音楽隊像
>> Map P.255-B2

盗賊を追い出す場面の銅像

ブレーメンの音楽隊像　Bremer Stadtmusikanten

人気ナンバーワンのブレーメンの音楽隊の銅像

市庁舎西側壁に、ベルリン生まれの彫刻家ゲアハルト・マルクスによって1953年に設置された。誰が言いだしたのか、両手でロバの前脚を握って願いごとを唱えるとかなう、とされて、皆が触るためロバの前脚が光っている。順番待ちのあいだに後ろ脚をさわって満足する人、ロバの鼻をなでて帰る人が多い。

はみだし情報　「ブレーメンの音楽隊」の銅像がある三角広場のちょうど向かい側に、おいしいテューリンゲン風ソーセージ屋台がある。隣の屋台でブレーメンのビール、ベックスを頼めば座って食べられる。**>> Map P.255-B2**

教会の力を市民に誇示した

聖ペトリ大聖堂

St. Petri Dom

⬆内部の美しさも必見

　ブレーメンは教会に支配されない自由都市だったので、教会は自らの力を示すため市庁舎に劣らぬ立派な大聖堂を建てた。17世紀に基礎が築かれ、19世紀に今日の壮大な姿になった。網目のように交差したリブ・ヴォールト天井が描きだす模様が見事だ。

聖ペトリ大聖堂
>> Map P.255-C2
住 Sandstr. 10-12
📞 (0421)365040
ⓘ www.stpetridom.de
開 10:00～17:00（土曜～14:00、日曜14:00～、8・9月の月～金曜と6～9月の日曜～18:00）
休 行事のある日
料 無料（塔€2）
交 中央駅から徒歩12分

センスのよい店ばかりが並ぶ

ベッチャー通り

Böttcherstraße

　マルクト広場の西側に通りへの入口があり、大天使ミカエルが竜を退治している黄金のレリーフがある。ベッチャーとは桶職人のこと。ブレーメンのビールはハンザ時代から重要な商品だったので、この通りにはビール樽の桶屋が並んでいた。20世紀初頭にコーヒー商人ルートヴィヒ・ロゼリウスがロダンの弟子ベルンハルト・ヘトガーを起用してここに自宅を建てた。そして通りの古い家を次々に北ドイツ風アールヌーヴォー様式の館に建て替えていった。第2次世界大戦で破壊されたが戦後、市民の寄付で修復された。107mの路地がれんがで埋め尽くされ、しゃれたショップやレストランが並んでいる。

⬆竜を退治する大天使のレリーフがベッチャー通りの入口

ベッチャー通り
>> Map P.255-C2

⬆ベッチャー通りの中ほどにあるマイセン焼のカリヨン

⬆ベッチャー通りにもブレーメンの音楽隊がいる

Tips! 『グリム童話で旅するドイツ・メルヘン街道』

グリム童話とメルヘン街道に興味をもったら、グリム童話の奥の世界をのぞいてみよう。単なる童話と思っていたら、意外や意外、グリムってこんなにおもしろいの!?と目から鱗。これから旅に出る人はもちろん、旅を終えた人にもおすすめ。

メルヘン街道をじっくり旅したい人に

⬅地球の歩き方　gem STONE『グリム童話で旅するドイツ・メルヘン街道』
文：沖島博美／絵：朝倉めぐみ
ダイヤモンド社　1600円＋税

シュノーア地区
>> Map P.255-C2

何度も行ったり来たりしたい

シュノーア地区 Schnoorviertel

シュノーアとはシュヌーア（ひも）の北ドイツの方言で、ひものように細長い道の名前。この道と周辺一帯のシュノーア地区Schnoorviertelが一般にシュノーアと呼ばれている。17世紀、18世紀に建てられた小さな家がひしめきあい、その多くがショップ、芸術家のアトリエ、レストランになっている。大戦でかなり破壊され、取り壊される寸前にひとりの建築家の保存運動により修復されることが決まった。今ではブレーメンで最も人気のあるスポットだ。

↑狭い通りにかわいい店が並ぶ

←骨董品店や手作りアクセサリーの店が多いシュノーア
↓小さな店のショーウインドーを見て回るのが楽しい

ヴェーザープロメナーデ／シュラハテ
>> Map P.255-B1～C1

若者でにぎわう地元の人気スポット

ヴェーザープロメナーデ／シュラハテ Weserpromenade/Schlachte

ブレーメンは河川港だが、旧市街近くに浮かんでいる船はほとんどが遊覧船やレストラン船で、本当の港はもう少し川を下った所にある。シュノーア近くのヴィルヘルム・カイゼン橋Wilhelm-Kaisen-Brückeからシュテファニ橋Stephanibrückeまでの右岸（旧市街側）はシュラハテと呼ばれて、河岸に沿って散歩道ヴェーザープロメナーデWeserpromenadeが整備されている。特にシュミット市長橋Bürgermeister-Schmidt-Brückeまではレストランがぎっしり並び、夏はビアガーデンも設けられ、夜遅くまでにぎわっている。サッカーの試合があるときは、テレビが置かれる。

↑河畔に腰かけて休息するひとたち

↑ヴェーザープロメナーデの河畔にレストランが並ぶ

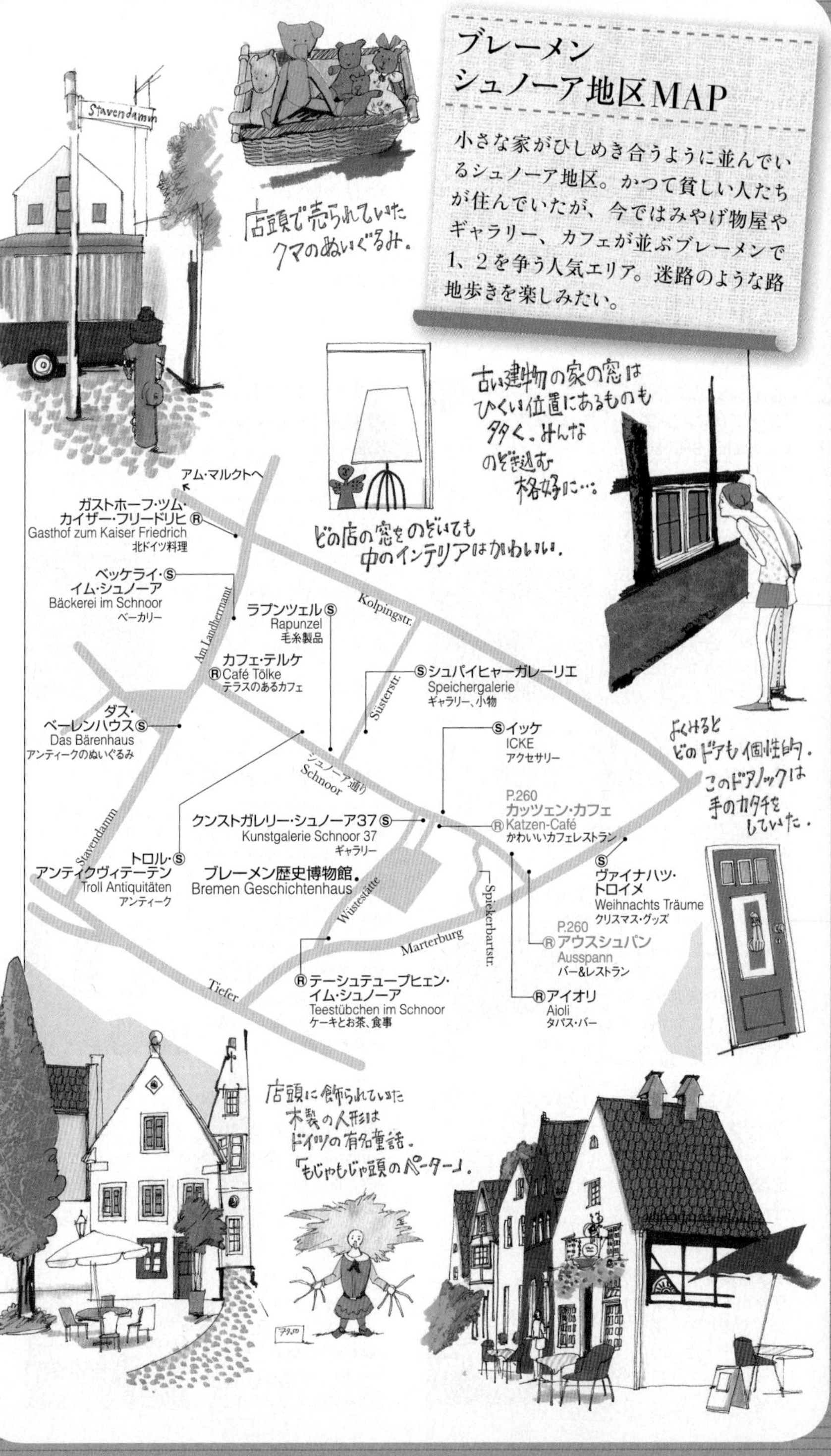
ブレーメン
シュノーア地区MAP
小さな家がひしめき合うように並んでいるシュノーア地区。かつて貧しい人たちが住んでいたが、今ではみやげ物屋やギャラリー、カフェが並ぶブレーメンで1、2を争う人気エリア。迷路のような路地歩きを楽しみたい。
Stavendamm
店頭で売られていた
クマのぬいぐるみ。
古い建物の家の窓は
ひくい位置にあるものも
多く。みんな
のぞき込む
格好に…。
どの店の窓をのぞいても
中のインテリアはかわいい。
よくみると
どのドアも個性的。
このドアノックは
手のカタチを
していた。
アム・マルクトへ
ガストホーフ・ツム・
カイザー・フリードリヒ Ⓡ
Gasthof zum Kaiser Friedrich
北ドイツ料理
ベッケライ・Ⓢ
イム・シュノーア
Bäckerei im Schnoor
ベーカリー
ラプンツェル Ⓢ
Rapunzel
毛糸製品
Am Landherrnamt
Kolpingstr.
カフェ・テルケ
Ⓡ Café Tölke
テラスのあるカフェ
Ⓢ シュパイヒャーガレーリエ
Speichergalerie
ギャラリー、小物
Süsterstr.
ダス・
ベーレンハウス Ⓢ
Das Bärenhaus
アンティークのぬいぐるみ
シュノーア通り
Schnoor
Ⓢ イッケ
ICKE
アクセサリー
P.260
カッツェン・カフェ
Ⓡ Katzen-Café
かわいいカフェレストラン
クンストガレリー・シュノーア37 Ⓢ
Kunstgalerie Schnoor 37
ギャラリー
Stavendamm
トロル・Ⓢ
アンティクヴィテーテン
Troll Antiquitäten
アンティーク
ブレーメン歴史博物館
Bremen Geschichtenhaus
Wüstestätte
Spiekerbartstr.
Ⓢ
ヴァイナハツ・
トロイメ
Weihnachts Träume
クリスマス・グッズ
P.260
Ⓡ アウスシュパン
Ausspann
バー&レストラン
Marterburg
Tiefer
Ⓡ テーシュテューブヒェン・
イム・シュノーア
Teestübchen im Schnoor
ケーキとお茶、食事
Ⓡ アイオリ
Aioli
タパス・バー
店頭に飾られていた
木製の人形は
ドイツの有名童話。
「もじゃもじゃ頭のペーター」。

Restaurant & Hotel

ブレーメンは大きな町なのでホテルやレストランは多い。
中央駅前とその周辺にホテルが集中している。
レストランはベッチャー通り、シュノーア地区、ヴェーザープロメナーデに多い。
ビール会社ベックスとその子会社が経営する店が多く、
ビールも食事もおいしい。

地ビールがおいしい

R

フェルトマンズ・ビアハウス

Feldmann's Bierhaus　Map P.255-B1

旧市街 住Schlachte 19-20 ☎(0421)1689192
ⓘwww.feldmanns-bierhaus.de 営11:00～24:00（土曜10:30～） 休無休 CM V
交マルクト広場から徒歩6分

ヴェーザープロメナーデにあるハーケ・ベックの生ビールを飲ませる店。ビールに合うブレーメン名物料理が食べられる。予算は€15～。

魚料理なら絶対おすすめ

クヌーァハーン

Knurrhahn　Map P.255-B2

旧市街 住Schüsselkorb 32 ☎(0421)323128
ⓘwww.fischrestaurant-knurrhahn.de
営11:00～19:00（木～土曜～20:00、日曜11:30～16:00） 休無休 CM V
交中央駅から徒歩8分

地元の人から圧倒的な人気の魚料理専門店。安さとおいしさが人気の理由。店の裏にはテイクアウト用カウンターもある。

狭い路地からさらに奥へ

カッツェン・カフェ

Katzen-Café　Map P.255-C2

シュノーア地区 住Schnoor 38 ☎(042)326621
ⓘwww.katzen-cafe.de
営10:00～17:00、18:00～24:00
休無休 CM V 交マルクト広場から徒歩6分

シュノーアの脇道へ入った所にある。室内はちょっと高級だが、中庭はカジュアルな雰囲気。イタリアとドイツ料理が中心で予算は€15～30。

朝食は庭に面したレストランで

ブレーマー・ハウス

Hotel Bremer Haus　Map P.255-A3

駅周辺 住Löningstr. 16-20 ☎(0421)32940
ⓘwww.novum-hotels.com/hotel-bremer-haus-bremen
料Ⓢ€57～ Ⓣ€63～ 朝食別€12.90 室71
CM V A 無料 交中央駅から徒歩7分

駅に近いが奥まった所にあり、静かな環境。古い館を改築した趣のあるホテルで、客室は白と赤を基調にしている。朝食は種類が豊富。

アートを通して社会と交流する場

アウスシュパン

Ausspann　Map P.255-C2

シュノーア地区 住Schnoor 1-2 ☎(0421)321124
ⓘausspann-bremen.de
営15:00～22:00（金～日曜11:00～）
休月曜 CM V A 交マルクト広場から徒歩6分

有機食材を使い各国の料理を出す自然派レストラン。手作りケーキやアイスクリームもおすすめ。多彩なイベントの会場にもなる。

吹き抜けの広いホールが気持ちいい

ラディソン・ブル

Radisson Blu Hotel, Bremen　Map P.255-C1

旧市街 住Böttcherstr. 2 ☎(0421)36960
ⓘwww.radissonhotels.com
料ⓈⓉ€129～ 朝食別€19
室235 CM V J A D 無料
交マルクト広場から徒歩2分

ベッチャー通り南側建物の中にあり、正面入口はWachtstr.にあるがベッチャー通りへも出られる。インテリアはモダンタイプ。

海沿いのリゾート地

Urlaubsorte an der deutschen Küste

リューゲン島、アルコナ岬にある展望台

Introduction

海沿いのリゾート地

の国”のイメージが強いドイツ。だからドイツに海のリゾート地があるというと「えっ？　ドイツに海があるの?!」と、驚く人が意外に多い。ドイツは地中海には面していないが、北側は海に面しているのだ。夏になれば休暇を楽しみに多くの人々が訪れる。

ドイツの海はふたつに分けられている。北海とバルト海で、それぞれに特徴がある。北海は干潟が広がっているので黒ずんだ砂浜だが、動物、鳥類、植物の豊かな自然がある。バルト海は比較的波も穏やかで真っ白な砂浜が広がり、シュトラントコルプと呼ばれる柳の風避け椅子がよく似合う。

北海沿岸のノルデンへはブレーメンから、ズュルトやフーズムへはハンブルクから列車に乗る。バルト海は、トラヴェミュンデやヴィスマールならハンブルクから日帰りで観光できる。ロストックはヴァルネミュンデやバート・ドーベランの拠点にしたい。シュトラールズントはリューゲン島やウゼドーム島への拠点としよう。

⬆地中海とは異なる清涼とした浜辺が印象的

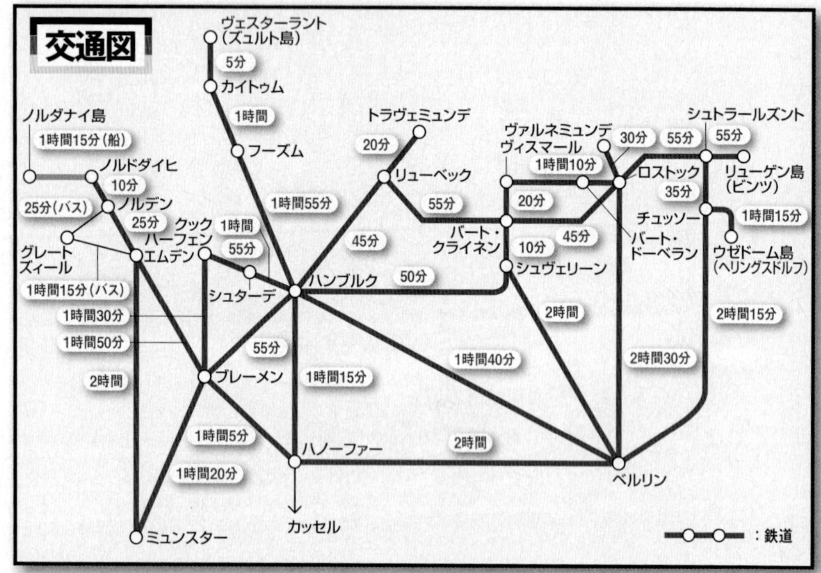

CLOSE UP! 日本人にはほとんど知られていない ドイツで人気の海のリゾート地

ドイツには北海とバルト海のふたつの海があり、19世紀後半からリゾート地として発展していた。

北海にはブレーメンやハンブルクの富裕層たちが、バルト海にはベルリンの王侯貴族たちが出かけていった。

庶民も訪れるようになると、バルト海には19世紀末から海水浴客用の宿泊施設が建てられていく。装飾的バルコニーをもつ、ドイツでは珍しい白亜の館はベーダーアーキテクトゥアBäderarchitektur（海水浴場建築）と呼ばれて、特にリューゲン島やウゼドーム島で流行した。

第2次世界大戦後、バルト海沿いの町の多くが東ドイツ領に入ってしまったため、西ドイツでは北海に浮かぶズュルト島や北海沿いに位置するフリースラント地方、バルト海のトラヴェミュンデが海のリゾート地としてにぎわった。そしてドイツ統一後、開発が止まったままだった旧東ドイツの海岸が急速に発展し、今ではドイツ国内はもちろん北欧や海のないスイス、オーストリアなどから保養客が訪れる人気のリゾート地になっている。

ピアと呼ばれる桟橋にある海上レストランはバルト海特有のものなので、一度は足を運んで食事を楽しんでみよう。海に突き出た白亜の館は眺めているだけでも美しく、そこでランチやディナーを楽しむならこのうえなく優雅でリッチな気分になる。

北海にはグレートズィールのように卓越した美しい村もある。アザラシなど干潟ならではの動物や鳥たちに出合えるのはこちらの海だ。

海のリゾート地には高級ホテルも多い。ドイツの海で贅沢な気分を味わおう。

↑ズュルト島カンペンの別荘地

↑海上レストランがあるピアはウゼドーム島が発祥の地

風避け椅子「シュトラントコルプ」

この独特の椅子はシュトラント（浜辺）コルプ（枝編み細工）Strandkorbと呼ばれ柳の枝を編んで作られている。最初の椅子は1882年にキュールングスボルンの籠職人によって作られた。ヴァルネミュンデに住むリュウマチを患う女性のために開発されたものだった。瞬く間に需要が増え、ひとり用の椅子はふたり掛けになって広まった。今日でもシュトラントコルプは柳の枝で作られている。

Norden
ノルデン

Map P.13-A1
人口　2万5000人
市外局番（04931）

ACCESS
鉄道
ブレーメンからノルデンまでREで約2時間10分。ノルドダイヒ、ノルドダイヒ・モレまではさらに5分ほど。

ノルデンの観光案内所
>> Map P.265-A1
住Dörper Weg 22
☎(04931)986200
ⓘwww.norddeich.de
開9:00〜17:00(土曜10:00〜15:30)
季節により変動あり
休日曜、冬期の土曜

ノルデン駅から中心部へ
荷物がある場合は駅前からタクシーを利用するとよい。中心部まで€6程度。

バスを利用するなら
ノルデン駅からマルクト広場へバスで行く場合は、駅を出て右側にあるバスターミナルから411・412番のバスでNorden Mittelmarkt下車、所要約9分。ノルドダイヒャー通りのホテルへ行くなら、412番のバスがそのままノルドダイヒャー通りを北西に進む。

⬆マルクト広場の朝市には近くで取れた野菜が並ぶ

⬆ティーセレモニー用のセット

東フリースラント地方はオランダとの国境に近いため、古くからオランダの影響を受けて独特の文化が育まれた。東インド会社を通じて輸入された紅茶がオランダ経由でヨーロッパのなかでもいち早くこの地方に入ってきた。紅茶に関する茶器も発達した。紅茶というとイギリスのイメージがあるが、この地方は実はれっきとした紅茶文化発祥の地なのである。

北海はアザラシの生息地。ノルデンには海で迷子になった赤ちゃんアザラシを保護する施設もある。また、ノルダナイ島やグレートズィールなどへ日帰りできることから、東フリースラント地方の観光拠点となっている。

ノルデンの歩き方
Walking

ノルデンには、ノルデンNorden、ノルドダイヒNorddeich、ノルドダイヒ・モレNorddeich Moleの3つの駅がある。ノルデン駅は旧市街にあり、ノルドダイヒ駅は長期滞在ホテルやペンションが集まっている海岸地区にある。ノルドダイヒ・モレ駅はノルドダイヒ駅からわずか500m先にあり、港との連絡駅になっている。下車駅を間違えないようにしよう。

町を見て歩くならノルデン駅で下車。中心までは徒歩で20分ほど。駅を出てバーンホーフ通りを右（北西）へ行くとすぐ両側に大きな風車が見えてくる。左側のダイヒミューレDeichmühleは日本製オートバイの展示がある。右側のフリーズィア・ミューレFrisia-Mühleには伝統的なパン作りにまつわる道具や機械が展示されている。バーンホーフ通りの延長ブルクグラーベンBurggrabenを真っすぐ進むとマルクト広場に出る。旧市街の真ん中を南北に走るノイアー・ヴェークNeuer Wegと、それに並行して走る西側のウッフェン通りUffenstr.、東側のグローセ・ヒンターローネGroße Hinterlohne、そしてマルクト広場から東へ延びる**オスター通りOsterstr.**がノルデンの中心で、ショップやレストラン、ホテルなどが並んでいる。マルクト広場に面して**お茶博物館Teemuseum**がある。

マルクト広場の西側から北へ向かって真っすぐに幅の広いノルドダイヒャー通りNorddeicher Str.が走っている。途中にはペンションが並び、長期滞在の保養客はこのあたりに泊まっている。海岸地区のノルドダイヒはかつて漁村だったが現在はノルデン市に含まれ、ここにアザラシの保護施設がある。北海に面した砂浜は夏場は海水浴場。先端のノルドダイヒ・モレはノルダナイ島やユィスト島とノルデンとを結ぶフェリーの発着港だ。

ノルデンは世界遺産ヴァッテン海の入口

世界遺産
ヴァッテン海国立公園
ノルデンやノルダナイ島、ズュルト島、フーズムなどを含むヴァッテン海沿岸が世界自然遺産に登録されている。

おもな見どころ
The highlight

ティーマニアにはたまらない

東フリースラントお茶博物館
Ostfriesisches Teemuseum

伝統的絵柄の展示

東フリースラントでは、オランダから輸入した紅茶をミックスしてこの地方独自の紅茶を生み出していた。旧市庁舎にあり、館内ではいくつかの有名な紅茶ブレンド会社の紹介、東フリースラント地方独特の絵柄が描かれた古い紅茶セットの展示、紅茶の歴史などが詳しく解説されている。日本の緑茶や茶道に関する説明もあり、茶室が設けられている。

東フリースラント お茶博物館
» Map P.265-A2
住 Am Markt 36
☎ (04931)12100
www.teemuseum.de
開 10:00～17:00（11～2月は11:00～16:00）
休 3月の月曜、11～2月の月・火・木・金・日曜
料 €6、学生€4
交 DB Nordenから徒歩18分またはバスMittelmarkから徒歩2分
毎週火・水・土曜の14:00から、この地方独特な紅茶の入れ方デモンストレーションが行われている。

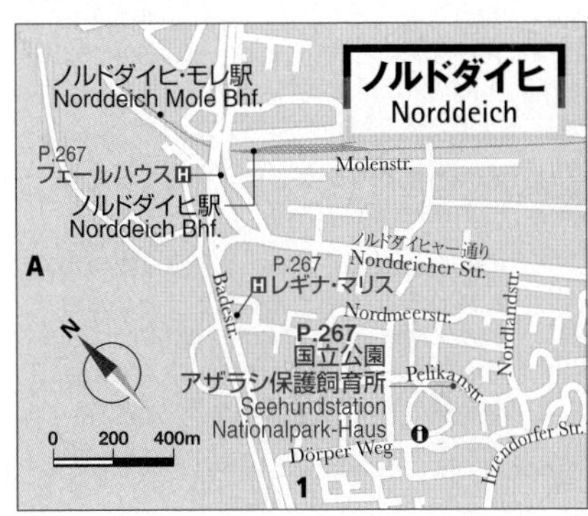

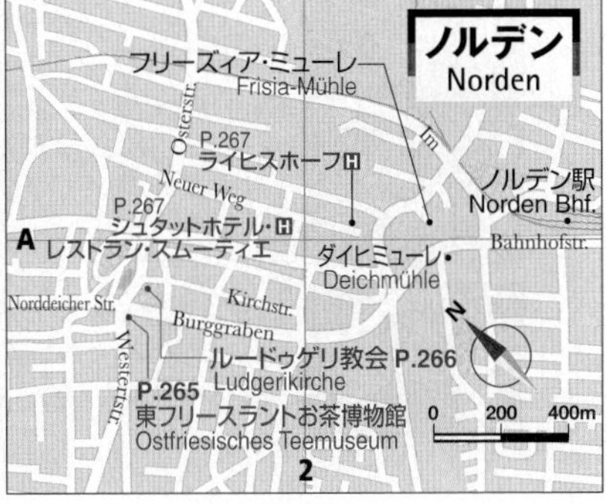

ルードゥゲリ教会
>> Map P.265-A2
住AmMarkt 37
(04931)13277
www.norden-ludgeri.de
開10:00～17:00（日曜10:00からの礼拝が終了後～13:00、月曜～14:30）、11～3月は10:00～12:30、15:00～17:00（月・土曜10:00～12:30）休無休

↑ルードゥゲリ教会と、道を挟んで建つ教会の塔

シュニットガーのオルガンが残る

ルードゥゲリ教会 Ludgerikirche

マルクト広場の北側に建つ13世紀創建という古い教会。教会堂は東西に80mと長く、中世に建てられたものでは東フリースラント地方最大の教会である。内部にオルガン製作の巨匠アルプ・シュニットガー作のパイプオルガンがあり、ヨーロッパに分散した彼の作品のうち現存する約30基のひとつで貴重なもの。ルードゥゲリ教会は鐘楼塔が独立している。オスター通りを挟んで向かい側に塔だけが建っている。このあたりはかつて海だったため地盤が軟らかく、最初に建てられた教会の塔は重さで傾いてしまった。そのため15世紀に塔だけ独立させた。よく見ると今日でも塔が傾いているのがわかる。

Tips! ティーセレモニーを楽しむ

ドイツ人はコーヒーが大好きで日に何度もコーヒーを飲む。ところがフリースラント地方の人々はコーヒーよりも紅茶を好む。東フリースラント地方では特に著しく、コーヒーブレイクKaffeepauseならぬティーブレイクTeepauseテーパウゼをする。ひとり当たりの年間の紅茶消費量は人口の割合で世界一。町のカフェもティーハウゼTeehauseになっている。古くから紅茶のブレンド技術が発達していたので、この地方の紅茶は格別においしい。

ティーセレモニーと呼ばれる入れ方があり、東フリースラント地方の人々は特別な時間を楽しむ。ちょっと大袈裟、と思われるこのセレモニー、試してみると意外とおもしろい。お店ではカップティーではなくポットで頼むとセットで出てくる。

1

2

3

4

ティーセレモニーの流れ

1. まず、この地方でクルンチェと呼ばれる氷砂糖（カンディス）を入れる
2. 氷砂糖の上に紅茶を注ぐ。このときに氷砂糖が割れる音を楽しもう！
3. 周りからそっとミルクを注ぐ。このミルク用スプーンに注目。注ぎ口が付いている特殊なもので、この地方でしか売られていない
4. 小さな雲がカップの底からモクモクと湧いてくる。その形を楽しむ
5. 混ぜずに飲む。最初は紅茶だけの味、次にミルク紅茶の味が、最後に砂糖の甘みを感じる
6. お代わりは溶け残った氷砂糖の上に再び紅茶を注ぐ。これは、昔は砂糖がとても高価だったため。その伝統を今も守っている
7. 氷砂糖がなくなったら初めてふたつめの砂糖を入れる
8. 自分のスプーンをティーカップの中に入れると、「もう結構です」という合図。スプーンはこのとき初めて使う。通常、スプーンをカップの中に入れるのはお行儀が悪いので、この地方以外ではしないように！

はみだし情報 紅茶のお代わりが何度もできるようにデミタスカップを使用する。ポットで頼むのが一般的。ストゥーフヒェンと呼ばれるろうそくのウオーマーに載せ、冷めないようになっている。

かわいいアザラシに大興奮

国立公園アザラシ保護飼育所

Seehundstation Nationalpark-Haus

アザラシ保護飼育所ではアザラシの生態が紹介されている

生まれて間もなく波にさらわれて母親と離れてしまうアザラシがたくさんいる。ここはニーダーザクセン州の北海沿岸に打ち上げられた赤ちゃんアザラシを保護するセンター。餌を与えながら成長に応じて段階的に大きな水槽へ移し、自分で魚を取れるまで成長したら海へ帰す。その間、およそ6ヵ月。館内では赤ちゃんアザラシに餌を与えるところや、水槽で泳ぎまわるアザラシを間近で見ることができる。そのほかに海の生物なども観察できる。春が出産シーズンのため毎年5月から7月頃はたくさんのアザラシがいるが、冬場は少ない。餌を与える時間は毎日11:00と15:00。

国立公園アザラシ保護飼育所
>> Map P.265-A1
住 Dörper Weg 24
☎ (04931)973330
ⓘ www.seehundstation-norddeich.de
開 10:00～17:00
休 無休
料 €7、学生€6
交 DB Norddeichから徒歩22分またはバスHallenwellenbad OCEAN WAVEから徒歩2分

最終の大水槽に移されたアザラシは館内の人気者

Hotel

ビーチでくつろぐのに最適

レギナ・マリス
Hotel Regina Maris
Map P.265-A1

住 Badestr. 7c ☎ (04931)18930
ⓘ hotel-regina-maris.de
料 Ⓢ €109～ Ⓣ €186～ 室 60 C M V A
無料 交 DB Norddeichから徒歩10分

バーデ通りに面したプライベートホテル。ビーチは通りを渡ると目の前に広がっている。ロビーはエレガントなインテリア。屋内プールもある。

ノルダナイ島へもすぐ行ける

フェールハウス
Hotel Fährhaus
Map P.265-A1

住 Hafenstr. 1 ☎ (04931)98877
ⓘ hotel-faehrhaus.de
料 Ⓢ €122～ Ⓣ €216～ 室 80 C M V
無料 交 DB Norddeichから徒歩3分

港の前にありノルドダイヒ駅のすぐ近く。どこへ行くにも交通の便がよい。海岸向きと内陸向きの部屋から選べる。外観や内部はモダンな造り。

ノルデン旧市街の高級ホテル

ライヒスホーフ
Romantik Hotel Reichshof
Map P.265-A2

住 Neuer Weg 53 ☎ (04931)1750
ⓘ www.reichshof-norden.de
料 Ⓢ €95～ Ⓣ €135～ 室 55 C M V A D
無料
交 DB Nordenから徒歩8分

17世紀のビール醸造所だった古いれんがの建物。どの客室にも上品な家具が置かれている。ミニバー付き。

評判のいいレストランを併設

シュタットホテル・レストラン・スムーティエ
Stadthotel Restaurant Smutje
Map P.265-A2

住 Neuer Weg 89 ☎ (04931)94250
ⓘ www.stadthotelsmutje.de
料 Ⓢ €82～ Ⓣ €119～ 室 15 C M V A
無料 交 DB Nordenから徒歩12分

ノルデンの中心部、ノイアー・ヴェークにある3つ星ホテル。市内観光にとても便利。地元産の魚や肉を使ったバーガーが評判のレストランを併設。

Insel Norderney

ノルダナイ島

Map P.13-A1
人口　6160人
市外局番（04932）

ACCESS
ノルドダイヒ・モレ駅前の船着場からフェリーで約1時間。フェリーは6:15から20:30の間14便（9月上旬〜6月中旬は9便）。往復€21。
www.reederei-frisia.de

ノルダナイの観光案内所
>> Map P.268-B1
住 Am Kurplatz 1
(04932)891900
www.norderney.de
開 10:00〜17:00（水・木・土曜〜13:00）　休 日曜

島内のバス
1番（Linie1）のバスが船の出発時刻に合わせて巡回。また、島巡りバスの8番バスが3月下旬から10月下旬は毎日運行。所要約3時間、1日券€12。
www.inselbus-norderney.de　www.bus-fischer.de

東フリースラントの絵柄に方言で文字が書かれている

ドイツ最西北部、ニーダーザクセン州の北海沿岸にはたくさんの島が点在し、東フリースラント諸島と呼ばれている。そのうちおもなものはボルクムBorkum、ユィストJuist、ノルダナイNorderney、バルトルムBalturm、ランゲオーグLangeoog、シュピーケローグSpiekeroog、ヴァンゲローゲWangeroogeの7島で、西側から東にかけて一列に並んでいる。それぞれの島へ本土から連絡船が出ているが、観光的に人気があるのはユィスト島とノルダナイ島。この2島へはノルデンからフェリーが運航しており、どちらへも片道1時間ほどで行ける。とりわけノルダナイ島にはホテルやペンションも多く、ドイツ人が好む長期滞在地になっている。バルト海沿岸が東ドイツだった時代、東フリースラント諸島はズュルト島に次ぐドイツで最も高級な海のリゾート地だった。

島の中心地、クーア広場周辺の様子

ノルダナイ島の歩き方
Walking

ノルダナイの港は島の西端南側にある。島の面積は26.29km²、東西に14kmも延びる細長い島だが、西端に人口が集中しており、ここが島の中心になっている。島全体を観光するなら港の近くに貸自転車があるので利用すると便利。港から1番のバスが出ており、フェリーが着く時間に合わせて発車する。3つ目の停留所ダーメンプファット・ミッテDamenpfad-Mitteで降りると中心部の歩行者専用道路や海岸に近い。

徒歩だと港から中心部まで約20分。ハーフェン（港）通りHafenstr.を真っすぐ北へ。道は途中から左へカーブしているが、そのまま道なりに進んでいくと左側に**クーア広場Kurplatz**が現れる。広場に面したクーアハウスは**コンヴァセーションズハウスConversationshaus**

はみだし情報　歴史的な風車の1階にはツーア・ミューレZur Mühleというレストランがあるので、散策やサイクリングの途中で休憩するのにおすすめ。月曜休み。>> Map P.268-B2　www.muehle-norderney.de

と呼ばれる大きな建物で、この中に観光案内所❶がある。広場の西側には海水の屋内プールがあり、これも立派な建物で1階にはレストランがある。クーア広場から北側一帯に歩行者専用道路が何本かあり、どの通りにもショップやレストランが並んでにぎわっている。みやげ物店には海にちなんだ絵柄のマグカップなど、かわいらしい小物がたくさん。浜辺へ出るにはシュトラント通りStrandstr.を西へ。椅子が並び、北ドイツの海ならではの風景を眺めることができる。

↑遠浅のビーチでくつろぐ保養客たち

クーア広場から東へ延びるマリーエン通りMarienstr.を真っすぐ進むと左側に風車が見えてくる。東フリースラント諸島で唯一残っている歴史的な風車だ。1862年に建てられ、1962年までちょうど100年の間1日に5tもの穀物をひいていた。現在は内部がレストランになっている。風車から港へは、途中に馬場やテニスコートがあるミューレン通りMühlenstr.を通ってハーフェン通りへ。風車から港までは徒歩で15〜20分。

風車
ゼルデン・リュストSelden Rüstと方言で呼ばれているが、これは"めったにない安らぎ"という意味のゼルテン・ルーエSelten Ruheのこと。

↑島の中心部にはどこの通りにもショップが並んでいる

島の中ほどにはれんが造りの高い灯台があるが、そこから先の東半分はほとんど何もない草原。そうした風景は得難いものなので、自転車や島巡りバスに乗って一周してみるのもよい。

↑歴史的な風車

Hotel

2泊以上の滞在先を探しているなら

ハウス・クリッパー
Haus Klipper Norderney Map P.268-A2

住 Jann-Berghaus-Str. 40 ☎ (0251)26538000
❶ www.klipper-norderney.de
料 Ⓢ€96〜 Ⓣ€128〜 室16 Ⓒ M 無料
交 バス3Norderney Wasserturmから徒歩3分

町の中心部と海、どちらへも徒歩10分以内でアクセスできる便利な立地。ビュッフェスタイルの朝食が楽しめる。ラウンジも併設。

1868年創業の由緒あるホテル

インゼルホテル・ケーニヒ
Inselhotel König Norderney Map P.268-B1

住 Bülowallee 8 ☎ (04932)8010
❶ www.inselhotel-koenig.de
料 Ⓢ€119〜 Ⓣ€149〜 室51 Ⓒ M V 無料
交 バス1RosengartenまたはWeststrandから徒歩5分

リゾート地らしい白亜の館で、クーアハウスや浜辺へも近い。併設のレストランでは、一流シェフが調理する新鮮な海の幸を楽しむことができる。

Greetsiel

グレートズィール

Map P.13-A1
人口　1330人
市外局番（04926）

ACCESS
バス
ノルデン駅からバス417番でグレートズィール・シューレ Greetsiel Schule 下車。所要約30分。またはエムデン中央駅Emden Hbf.からバス421番でグレートズィール・シューレ下車。所要約50分。

グレートズィールの観光案内所
» Map P.271-A1
住Zur Hauener Hooge 11
☎(04926)91880
ℹwww.greetsiel.de
開イースターから10月の月～金曜9:00～20:00、土・日曜、祝日10:00～17:00
11月からイースターの月～金曜9:00～19:00、土・日曜、祝日10:00～16:00
休無休

オランダとの国境に近い漁村。1300人ほどの住民はほとんど漁業で生計を立てている。この小さな村に毎年大勢の観光客が押し寄せる。その数、年間100万人。なぜこんなに多くの人々がやってくるのか。それは類まれなる美しさからだ。ドイツ最北西の東フリースラント地方のなかでもいちばん西にある小さな村。鉄道の便はなく、バスで来るしかない。この不便さのために産業は育たず開発が遅れた。人々は家を建て替えるゆとりもなく中世からの町並みが残った。そんな町や村はドイツ各地にあるが、グレートズィールの特異さは漁船にある。小エビ漁が盛んで、昔ながらの方法で網を取り付けた漁船が港に停泊している。このレトロな漁船と中世の家並みが独特で、多くの人々の心をひきつけている。

グレートズィールの歩き方
Walking

バスはオッコ・トム・ブローク通りOkko-tom-Brook-Str.に停まる。そこからミューレン通りMühlenstr.を北へ進むと橋が見えてくる。橋の手前右側の通りが**アム・マルクトAm Markt**でレストランが並んでいる。通りの前の川は古い水門によって堰き止められ、濠のようになっている。グレートズィールのズィールは水門という意味。水門の先に港がある。橋を渡って右へ折れ、ズィール通りSielstr.を港のほうへ向かう。この通りにはかわいらしいショップやカフェが並んでいる。水門上の橋まで来ると、突然視界が開けて**港Hafen**が一望できる。

村の中心はカルヴァリエンヴェークKalvarienwegで、住民のショッピング通りになっている。通りの突き当たりに観光案内所ℹがある。カルヴァリエンヴェークと並行して走るホーエ通りHohe Str.、アム・ボルヴェルクAm Bollwerkあたりはじっくり散策したい。クラインバーン通りKleinbahnstr.には外壁を白く塗った家ばかりが並んでいるので“ホワイト通り”と呼ばれている。

道を戻って今度は屋根が赤と

↑休業の日に行くと、漁船が延々と港に停泊している

はみだし情報　グレートズィールへは、ノルデンからの日帰りがおすすめ。週末や夏休みシーズンはバスの本数が少ないので、帰りの時刻を調べておくとよい。ℹwww.weser-ems-bus.de

緑の**双子の風車Zwillingsmühlen**があるほうへ。ミューレン通りを来たときと反対方向に歩いていくと風車がふたつ並んでいる。時間がある人はもう一度港へ行き、アム・ノイエン・ダイヒから美しい港の風景を再度眺めて土手の上へ。ここからはヨットハーバーが見渡せる。土手に沿って歩いて**新しい水門Neuer Siel**の所へ来たら右へ折れ、池に沿って歩くとミューレン通りに出る。

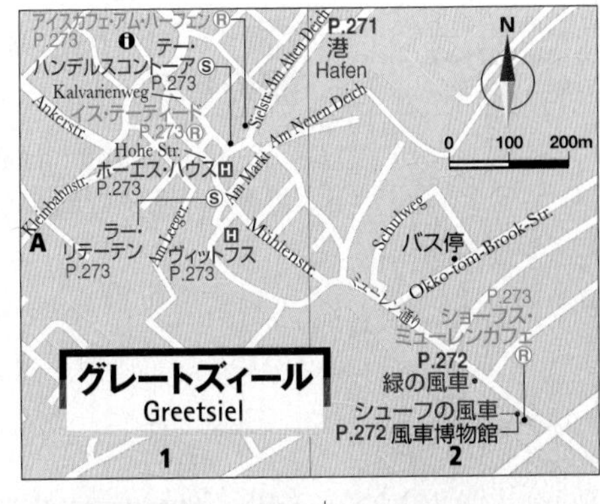

おもな見どころ
The highlight

週末に訪れたい
港
Hafen

港
>> Map P.271-A2

グレートズィールは北海から1km内陸にあるため河川港になっている。この村では14世紀以来小エビ漁が盛んで専用の船が開発された。両側に網を取り付けた小型船で、現在も操業方法は昔と変わっていない。まるでアクセサリーのように浮きを付けた半円状の網、それを支えるマスト。この船を見るだけでも価値がある。道沿いのかわいらしい家が背景となってレトロな漁船がいっそう美しく見える。平日はほとんどの船が漁に出ているので、港に残っているのは1、2隻だけ。漁が休みの日だと漁船がたくさん停泊しているので、なるべく土・日曜、祝日に訪れよう。港の北側にはずらりとレストランが並び、どの店からも最高の景色が見られる。

↑小エビ漁専用の船

「モイン、モイン！」

フリースラント地方の人々はあいさつするときに"Moin!"と言う。南ドイツの人々が"グリュース・ゴット Grüß Gott!"とあいさつするのと同じようなもの。Morning に似ているので朝だけかと思えば、昼も晩も「モイン！」と言う。特に親しい人と出会ったときは「モイン、モイン！」と言っている。北フリースラント地方でも"Moin！"は使われ、フリースラントには属さないブレーメンやハンブルクでも耳にすることがある。

↑ティーカップやエコバッグにも「Moin, Moin!」の文字が

緑の風車
>> Map P.271-A2
住Mühlenstr. 2e

屋根が緑の“双子の風車”

緑の風車　Grüne Mühle

ミューレン通りにはそっくりの形をした風車がふたつ並んでおり“双子の風車Zwillingsmühlen”と呼ばれている。旧市街から見て手前の風車は屋根が緑、奥の風車は屋根が赤。2基ともオランダ式と呼ばれるベランダの付いた風車だ。緑の風車がある場所に1613年、最初の風車が建てられた。嵐で壊れ、現在の風車は1856年建設の2代目。1階はティールームで2階はギャラリー。この風車は現在「グレートズィールの双子の風車を守る会」によって運営されている。

↑そっくりな風車「グレートズィールの双子の風車」はこの地方で有名

屋根が赤い“双子の風車”

ショーフの風車　Schoof's Mühle

風車博物館
>> Map P.271-A2
住Mühlenstr. 2
☎(04926) 926530
ⓘwww.muehle-schoof.de
開7:00〜18:00（日曜7:30〜）、11〜3月は7:30〜17:00（土曜〜13:00）
休11〜3月の金・日曜
料€2（ガイドツアー€4）

地元のショーフ家が所有するプライベートな風車。1706年に建てられたが2度も火災に遭い、そのつど修復されてきた。現在1階はレストラン、みやげ物店、自家製パンと自然食品の店になっている。2階は**風車博物館**で、細い梯子のような階段を上がって2階、3階を見物することがで

↑現在は修復中で羽根はない

北海の宝物、クラッベン

小エビはドイツ語でガルネーレGarneleだが、北ドイツではクラッベンKrabben（クラッベKrabbeは蟹のこと）と呼ばれている。フリースラント地方では昔から自然の恵みと尊ばれ、“北海の赤い金”とされてきた。今日でも村の産業を支えているほど貴重なものだ。このクラッベン、ゆでて皮を剝くと本当に小さくなってしまう。芝エビなどと比べ、見た目はイマイチだが食べてみると驚くほどおいしい！

北海沿岸地方でもグレートズィールは特にクラッベン漁が盛ん。小さいエビなので皮を剝くのは手間がかかる。村に住むクラッベン皮剝きの達人エッダ・ポッピンガさんは一瞬で剝いてしまう。7代にわたるクラッベン漁師の家に生まれ、子供の頃から皮剝きをやってきた。嫁ぎ先も漁師の家で、3人の息子はみな漁師になっているという。

きる。風車の中は意外と広い。水・土曜の14:00から内部を見学するガイドツアーが行われ、風車の仕組みについて知ることができる。

⬆名物「カモメの卵」はマルツィパン

Restaurant & Shop & Hotel

R 奥まった場所のティーハウス

イス・テーティード
is Teetied　Map P.271-A1

住Hohe Str. 3　☎(04926)1732
ⓘwww.isteetied-greetsiel.de/restaurant-cafe.php
営10:00〜22:00（11〜3月は変動あり）休無休　C不可
交バスGreetsiel/Ankerstr.から徒歩2分

店名はこの地方の方言で、「お茶の時間だよEs ist Teezeit」の意。自家製の大きなケーキが自慢のティーハウス。

S 観光局もおすすめのみやげ物店

ラー・リテーテン
RahRitäten　Map P.271-A1

住Mühlenstr. 24　☎(04926)2346
ⓘwww.rahritaeten.de　営10:00〜18:00（土曜11:00〜17:00、日曜11:00〜16:00）休11〜3月
CMVA　交バスGreetsiel/Ankerstr.から徒歩4分

東フリースラント地方の民芸品や小物など、センスのよい品を揃えてある。ちょっとしたおみやげにぴったりの一品が見つかりそうな店。

R 風車でひいた粉で焼くパンがおいしい

ショーフス・ミューレンカフェ
Schoof's Mühlencafé　Map P.271-A2

住Mühlenstr. 2　☎(04926)2154　ⓘwww.muehle-schoof.de　営11:00〜18:30（冬期13:00〜18:00）
休11〜3月の月〜金曜　※変動あり
C不可　交バスGreetsiel Schuleから徒歩5分

赤い屋根の風車に隣接した別棟にある。ケーキ、アイスクリームなどのほか軽い食事もできる。夏場は小川に面した中庭のテーブルが気持ちいい。

H 17世紀の建物が重みを添える

ホーエス・ハウス
Hotel Hohes Haus　Map P.271-A1

住Hohe Str. 1　☎(04926)1810　ⓘhoheshaus.de
料Ⓢ€94〜　Ⓣ€130〜　室33
CMVA　Wi-Fi無料
交バスGreetsiel/Ankerstr.から徒歩3分

1696年に建てられた古い建物だが全面修復され、高級感のある立派な造りになった。1階のレストランが評判で、特に夏は中庭席が人気。

S 青と白のストライプがさわやか

テー・ハンデルスコントーア
Tee-Handelskontor　Map P.271-A1

住Sielstr. 23　☎(04926)1460　ⓘwww.tee-handelskontor-bremen.de　営10:00〜18:00（日曜11:00〜16:00、11〜1月13:00〜17:00）休無休　CMV　交バスGreetsiel/Ankerstr.から徒歩4分

港近くの紅茶専門店。幅広い種類の紅茶が揃う。フリースラント地方特有の青い小花模様のカップやティーセットも売られている。

H 港からすぐの小さな3つ星ホテル

ヴィットフス
Hotel Witthus　Map P.271-A1

住Katrepel 7-9　☎(04926)92000
ⓘwitthus.de　料Ⓢ€84〜　Ⓣ€124〜
室19　CMVA　Wi-Fi無料
交バスGreetsiel/Ankerstr.から徒歩5分

港や風車が近く緑に囲まれた、のどかな雰囲気が魅力のホテル。併設レストランの新鮮な魚介メニューやフリジア料理も評判がいい。

アイスカフェ・アム・ハーフェンEiscafé am Hafen ≫ **Map P.271-A1** は港の前にあるアイスクリーム店で、行列ができるほど人気。奥にカフェがあり、巨大なパフェや紅茶セットとケーキを楽しむことができる。

Husum

フーズム

Map P.13-A1
人口　2万3100人
市外局番（04841）

ACCESS

鉄道
ハンブルク・アルトナ駅からREで約1時間50分、ヴェスターラント（ズュルト）から約1時間10分。

フーズムの観光案内所
≫ Map P.274-B2
住 Großstr. 27
☎(04841)89870
ⓘ www.husum-tourismus.de
開 9:00〜18:00(11〜3月〜17:00、土曜10:00〜16:00)
休 日曜

北フリースラント博物館
≫ Map P.274-B2
住 Herzog-Adolf-Str. 25
☎(04841)2545
ⓘ www.museumsverbund-nordfriesland.de
開 10:00〜17:00（9月中旬〜6月中旬は11:00〜）
休 9月中旬〜6月中旬の月曜　料 €5

北フリースラントの小さな漁村だったフーズムは14世紀頃から人口が増え始め、15世紀にはこの地方の重要な港に発展した。1362年の大嵐で海岸に大波が押し寄せ、それを教訓に港は奥まった町の中心部に建設される。1634年の高潮のあとも町は堅固に再建され、大しけのたびに発展していくためフーズムは"しけの子供"と呼ばれるようになった。フーズムはまた19世紀の作家テオドール・シュトルムが生まれ育った町としても知られている。

⬆カラフルな家が建ち並ぶフーズムの港

フーズムの歩き方
Walking

駅から中心部までは徒歩5分ほど。駅前に延びるヘルツォーク・アドルフ通りHerzog-Adolf-Str.を進むと右側に**北フリースラント博物館Nordfriesland Museum**があり、北海沿岸の生態系やこの地方の歴史と文化などがたっぷり紹介されている。ズーダー通りSüderstr.を左折するとマルクト広場へ出る。広場の東端にマリア教会Marienkircheが、北側には旧市庁舎が建っている。町の北側にあるフーズム城Schloss vor Husumでは春先にクロッカスが咲き乱れて美しい。城近くに素朴で美しい**野外博物館 Ostenfelder Bauernhaus**がある。道を戻って南へ行くと港に出る。港の北側にはカラフルな家が並ぶ、フーズムの典型的な風景が広がる。そのほとんどはレストランだ。港に近い細い道ヴァッサーライエWasserreiheには博物館となっている**シュトルムの家**が、また港近くの通りツィンゲルZingelには**北フリースラント海運博物館Schiffahrtsmuseum Nordfriesland**があり、造船の歴史、沿岸漁、航海に関する展示を見ることができる。

フーズム
Husum
Parkstr.
Erichsenweg
Brinckmannstr.
Hinrich-Fehrs-Str.
Jebensweg
N
0　100　200m
A
ノイシュタット
Neustadt
フーズム城
Gurlittstr.
P.275
ベスト・ウェスタン・テオドール・シュトルム
P.275
・野外博物館
オステンフェルトの農家
Asmussenstr.
Kuhsteig
Norderstr.
Nordbahnhofstr.
マルクト広場
マリア教会
Süderstr.
ホーレ・ガッセ
Hohle Gasse
Deichstr.
Langenharmstr.
北フリースラント海運博物館
Herzog-Adolf-Str.
P.275
シュトルムの家・
Wasserreihe
ハーフェン通り
Hafenstr.
B
Dankwerthstr.
Plan
Zingel
ツィンゲル
北フリースラント博物館 P.274
P.275
ドラークゼーツ・ガストホーフ
Gaswerkstr.
フーズム駅
Husum Bhf.
1
2

おもな見どころ
The highlight

旧市街に残る立派な館
シュトルムの家
Storm-Haus

↑住んでいた当時を再現したシュトルムの家

テオドール・シュトルムは北ドイツを代表する作家。1817年にフーズムで生まれ、キールとベルリンの大学で法律を学ぶ。弁護士など法律に携わる仕事を生涯していたが、若い頃から読書好きで30歳で初めて小説を書いた。彼の代表作『インメン湖（Immensee）』（邦題『みずうみ』）は弁護士時代の1849年に発表した作品。この館は彼が住んだ家のひとつで、作品を書いた机や愛用していたピアノなどが展示されている。

何よりも建物の外観が美しい
野外博物館オステンフェルトの農家
Freilichtmuseum Ostenfelder Bauernhaus

↑素朴な美しさを放つオステンフェルトの農家

16世紀に建てられた典型的な北フリースラント地方の農家。フーズム近くのオステンフェルトにあったものを1899年にここへ移築して公開した。ドイツで最も古い野外博物館でもある。内部は16世紀頃の農家の生活が再現されており、狭い空間で大家族が一緒に生活していた様子がうかがえる。

シュトルムの家
>> Map P.274-B1
住 Wasserreihe 31-35
(04841)8038630
www.storm-gesellschaft.de
開 10:00～17:00（土曜11:00～、月・日曜14:00～、11～3月は14:00～17:00）
休 11～3月の月・水・金・日曜　料 €4

北フリースラント海運博物館
>> Map P.274-B2
住 Zingel 15
(04841)5257
www.schiffahrtsmuseum-nf.de
開 10:00～17:00
休 無休　料 €4

野外博物館オステンフェルトの農家
>> Map P.274-A1
住 Nordhusumer Str. 13
(04841)2545
www.museumsverbund-nordfriesland.de
開 14:00～17:00
休 月曜、11～3月
料 €2.50

Restaurant & Hotel

16世紀から続くレストラン　R
ドラークゼーツ・ガストホーフ
Dragseth's Gasthof　Map P.274-B2

住 Zingel 11　(04841)779995
www.dragseths-gasthof.de
営 11:00～14:00、17:00～22:00　休 無休
C M V J A D　交 駅から徒歩5分

港から南へ延びるツィンゲルに面している。創業1584年という歴史的なレストラン。料理は値段が手頃なわりにおいしいと評判。中庭席が人気。

観光名所の近くにある歴史的な建物　H
ベスト・ウェスタン・テオドール・シュトルム
Best Western Theodor Storm Hotel　Map P.274-A1

住 Neustadt 60-68　(04841)89660
www.bw-theodor-storm-hotel.de　料 Ⓢ €98～
Ⓣ €122～　室 50
C M V J A　無料
交 マルクト広場から徒歩5分

マルクト広場や港へは徒歩5分ほどと近い。客室はシンプルで広め。1階には地ビールを飲ませるレストランがあり地元の人々に人気。

Insel Sylt
ズュルト島

Map P.13-A1
人口　1万8300人
市外局番（04651）ほか

ACCESS
鉄道
ハンブルク・アルトナ駅からREで島の東部にあるカイトゥムKeitumまで約2時間50分、終点のヴェスターラントWesterlandまで約2時間55分、フーズムからヴェスターラントまで約1時間5分。

ズュルト島の観光案内所
» Map P.277-B1
住Friedrichstr. 44
☎(04651)9980
ⓘwww.insel-sylt.de
開9:00～18:00（土・日曜10:00～17:00）
休無休

島内バス
ヴェスターラント駅の裏側にバスターミナルがあり、北部、東部、南部へバスが出ている。いずれも夏期の日中は1時間に4本、冬期の日中は1時間に2～3本。
ⓘwww.svg-busreisen.de

↑リスト東灯台がある所はドイツ最北の地

　ドイツ最北の地でデンマークとの国境にあり、島は本土と鉄道で結ばれている。ヒンデンブルクダムと呼ばれる土を盛った土手の上に線路だけが敷かれている。フェリーはなく、人と車も電車に乗って島へ渡る。ズュルト島はドイツで最も高級なリゾート地といわれている。俳優やスポーツ選手など、有名人は夏の休暇をこの島で過ごす。ズュルト島に別荘をもつことはステータスシンボルなのだ。北海から吹きつける強い風は樹木の成長を抑え、低い灌木と砂地だけの荒涼とした風景を生み出した。この特異な自然にひかれ、荒涼とした大地を観賞するために人々はズュルト島へやってくる。

↑ヴェスターラントからカンペンまでの北海側にビーチチェアが並ぶ

ズュルト島の歩き方
Walking

　ズュルト島は南北に約38kmと細長く延びており、島の3分の1が砂地。島の東側には樹木や畑もあるが、北海に面した部分はほとんどが砂地で丈の低い植物しか育たない。デューネDüneと呼ばれる砂の荒地には自転車と人のための道が整備され、自然保護区域では木製の歩道が設けられている。島のいたるところに小さな砂丘があり、ハイデや生垣の花が咲いている。北海の荒波が島を削るため突堤ブーネBuhneが海岸に見られる。島の観光はこうした独特な風景を観賞することにある。島は大きく分けると北部の**リストList**、**カンペンKampen**、中部の**ヴェスターラントWesterland**、東部の**カイトゥムKeitum**、**モルズムMorsum**、南部の**ラントゥムRantum**、南端の**ヘーァヌムHörnum**の7つの地区になる。

　鉄道で島へ渡ると最初の駅がモルズム、次がカイトゥム。ふたつとも島の東側に位置し、北側の海に面している。ヒンデンブルクダムによってズュルト島の東にあった海は北と南に分けられ、湾になって双方に干潟が広がっている。

　鉄道の終点ヴェスターラントはズュルト島の中央にあり、ホテルやレストランが集中している島の中心地。ここだけなら徒歩で回れるが、島全体はバスか自転車を利用する。

ズュルト島は平らな島なので自転車でも楽に走ることができる。島の各地に貸自転車店があるが、ヴェスターラントで1日あるいは数日レンタルするとよい。島を南北に貫くメイン通りには自転車専用道路が完備しているので走りやすい。

レンタサイクル
ヴェスターラントにはレンタサイクル店が10軒以上あり、特に駅の周辺に多い。

おもな見どころ
The highlight

ドイツ最北の地
リスト　List

リスト
>> Map P.277-A1

島の北部、デンマーク側に面した湾に位置し、港がある。ここからデンマークへ渡る船が出ており、わずか45分でデンマークのレム島に着く。港をにぎやかにしているのは**ゴッシュGosch**というレストラン。港の周りにはゴッシュのほかにもショップや屋台などが4～5軒並び、いずれも人でいっぱい。

北の先端はエレンボーゲンEllenbogenという半島。エレンボーゲンとはひじという意味で、確かに左ひじを曲げたような形をしている。半島の入口に料金所があり、人と自転車は無料だが車は€6の通行料を支払う。ここは1608年以来私有地だった。現在は財団が管理し、通行料は自然保護のために使われる。ズュルト島には6基の灯台があり、そのうちのふたつがここにある。最初に見えるのがリスト西灯台List West、先端にあるのがリスト東灯台List Ost。それ以外は何もなく、荒地の中をただ1本の道が走っている。ここがドイツ最北の地だ。

カンペン
>> Map P.277-B1

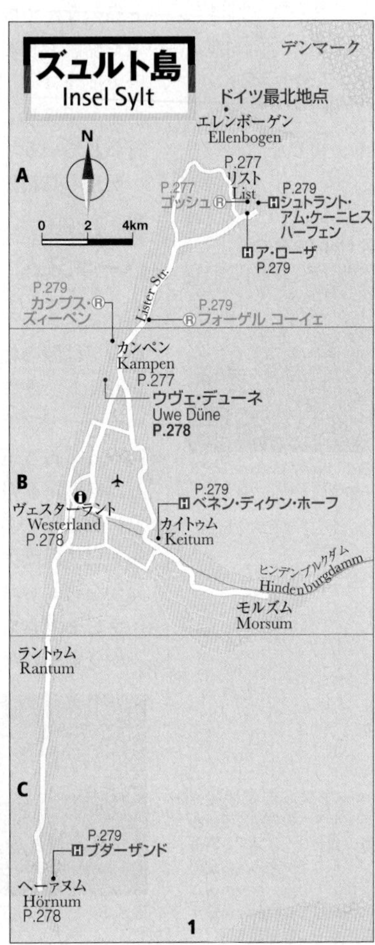

金持ちが集まる高級保養地
カンペン　Kampen

↑ローテス・クリフの灯台

ズュルト島で最も人気があるのはカンペン。ここには有名人の別荘が多く、俳優、女優、スポーツ選手、芸術家などが夏を過ごしている。彼らをひとめ見ようと集まってくる保養客もいる。

カンペンの西側はローテス・クリフRotes Kliffと呼ばれる赤い岩の崖が、南

はみだし情報　ドイツ全土のチェーン、シーフードレストランのゴッシュGoschはリスト発祥。それまで魚を売っていたユルゲン・ゴッシュが1972年リストでシーフードの屋台を開いたのが始まり。>> Map P.277-A1

のヴェニングシュテットまで続いている。その赤い大地の上に灯台Quermarkenfeuer Rotes Kliffがある。建てられたのは1913年と比較的新しい。周りは砂地で低い草で覆われているが、歩きやすいように木道が造られている。

島の中心地でホテルも多い
ヴェスターラント／ズュルト東 Westerland / Sylter Osten

ヴェスターラントは島の真ん中に位置している。1855年にズュルトで初めてここに海水浴場が開かれた。それは男女一緒に海へ入れるファミリー海水浴場で、当時としては革新的だった。トーマス・マンもズュルトを好み、夏のヴェスターラントへよく遊びに来ていた。

ヴェスターラントから東に突き出た部分はズュルト東Sylter Ostenと呼ばれ、ズュルト島のなかで唯一緑が豊かで農業や酪農も行われている。

ヴェスターラント駅前には強風で傾く人の像が立っている

カイトゥムには馬場もあり、ドイツでは珍しくポロの試合も行われている。そんなところがいかにも高級保養地らしい。

丈の低いハイデの花が群生する
ヘーァヌム Hörnum

ヴェスターラントから南は急に島の幅が狭くなる。最も狭い所では陸の幅わずか500mほどで、右と左の両サイドに海が見える。ところどころにある小さな港はほとんどがヨットハーバーでプライベートな船が停まっている。ヘーァヌムに向かって走る道の両側に砂丘が広がり、ハイデが群生している。自転車を停めて写真を撮っている人をよく見かける。砂丘に生えている草は踏むとすぐ枯れてしまうので、島の47%が自然保護区域で立ち入り禁止。規則を破った者は高額の罰金を科せられるのでくれぐれも注意を。

ラントゥムやヘーァヌムにも茅葺き屋根の家が多く、ホテルや貸別荘になっている。このあたりの生垣に使われているハマナスのピンクが美しい。ロシアからズュルトにもたらされたのでカムチャッカローゼと呼ばれ、繁殖力が強いため、あっという間に本土の北ドイツにも広がった。

ズュルトらしい風景は茅葺き屋根とハマナス

草で覆われた砂の大地に木の歩道が続く

ウヴェ・デューネ
Uwe Düne
>> Map P.277-B1
カンペンには、見晴らし台として1920年代に整備された丘がある。丘といっても標高は52.5mだが、それでもズュルト島で一番高い場所だ。Hauptstraßeから Zur Uwe Düneという細い道を西の海岸方向へ歩くと左側に丘が見えてくる。110段の木の階段を上ると、360度遮るものなく見渡すことができる。

ヴェスターラント
>> Map P.277-B1

ヘーァヌム
>> Map P.277-C1

島の南端にあるヘーァヌムの港

ヘーァヌムの定期船
ヘーァヌムの先端に港があり、北フリースラント諸島やヘルゴラント島への定期便が出ている。ヘーァヌムに滞在してこれらの島巡りをするのもおもしろい。

はみだし情報 ハイデHeideは荒地に群生する背の低い植物で、夏に小さなピンクの花を咲かせる。エリカ属であるためエリカErikaとも呼ばれる。英語ではヒースheath。

Restaurant & Hotel

ズュルト島はドイツでいちばん物価が高いといわれている。
ホテルもかなり高いので安めのホテルはすぐ満室になる。
ズュルト島に泊まる場合はかなり早めに予約を。
レストランは古い農家を改築した店が多く内部は高級感が漂い、料金も高い。
ファストフード店や屋台もあるので、安く済ませたい場合はそれらを利用しよう。

目の前に北海の波が押し寄せる R

カンプス・ズィーペン
Kaamps7　Map P.277-B1

住Riperstieg/Weststrand Kampen　☎(04651)886078
ⓘkaamps7.de　営11:00〜22:00（10月中旬〜4月中旬12:00〜18:00）　休1月上旬〜2月中旬　C不可
交バスKampen Dikstigから徒歩11分

カンペンの海岸にあるシーフードレストラン。バス停から距離はあるが、歩くだけの甲斐がある。天気のよい昼間に行くのがおすすめ。

天気がよければデンマークが見える H

シュトラント・アム・ケーニヒスハーフェン
Strand am Königshafen　Map P.277-A1

住Hafenstr. 41　☎(04651)889750
ⓘwww.hotel-strand-sylt.de
料Ⓢ€195〜　Ⓣ€220〜　室30　CMV
Wi-Fi無料　交DB Westerlandからタクシーで23分

リストの港近く、海に面した高級ホテル。外観は平凡だが内部のインテリアはスタイリッシュ。のんびりと落ち着ける隠れ家のような雰囲気。

ズュルト島にもこんな緑の林がある R

フォーゲルコーイェ
Vogelkoje　Map P.277-A1

住Lister Str. 100　☎(04651)95250
ⓘwww.vogelkoje.de　営12:00〜22:00（土・日曜10:00〜）　休無休　CMV
交バスVogelkoje/Klappholttalから徒歩20分

カンペンとリストの間のリスト湾近く。店名は「鳥の寝床」の意。古い農家を改築した茅葺き屋根の家で、緑に囲まれたガーデンテラスが人気。

大小さまざまなタイプの部屋がある H

ベネン・ディケン・ホーフ
Benen-Diken-Hof　Map P.277-B1

住Keitumer Süderstr. 3-5　☎(04651)93830
ⓘwww.benen-diken-hof.de　料Ⓢ€154〜　Ⓣ€184〜　室48　CMVAD　Wi-Fi無料
交DB Keitumから徒歩7分

カイトゥムの古い農場を改築した、たいへん贅沢な造りのプライベートホテル。白壁に茅葺き屋根の館が美しい。ファミリータイプの部屋もある。

喫煙者にも優しい高級ホテル H

ア・ローザ
A-ROSA　Map P.277-A1

住Listlandstr. 11　☎(04651)96750700
ⓘwww.a-rosa-resorts.de　料Ⓢ€218〜
Ⓣ€278〜　室177　CMVA　Wi-Fi無料
交DB Westerlandからタクシーで20分

リストにある高級ホテルで、サービスの質が高いことで評判。広くて立派な喫煙サロンを設けている。3つのレストランを併設している。

ズュルト島最南、ヘーァヌムのホテル H

ブダーザント
Budersand　Map P.277-C1

住Am Kai 3　☎(04651)46070
ⓘwww.budersand.de　料Ⓢ€320〜　Ⓣ€355〜
室77　CMVAD　Wi-Fi無料
交バスHörnum/Hafenから徒歩2分

海の上に突き出したような客室のバルコニーが独特で、景色は抜群。港の隣にあり、バス停も近い。18ホールのゴルフ場も付設している。

オンシーズンにズュルト島に泊まるなら、とにかく早く予約を入れること。もしくはフーズムにホテルを取って日帰りするのもおすすめだ。

Travemünde
トラヴェミュンデ

Map P.13-A1
人口　1万3500人
市外局番（04502）

ACCESS
鉄道
リューベックからRBで約20分。

⬆港から眺める高層ホテルと赤れんがの古い灯台

トラヴェミュンデの観光案内所
>> Map P.281-A1
住Bertlingstr. 21
(0451)8899700
www.travemuende-tourismus.de
開9:30～18:00（6～8月の土・日曜、祝日は10:00～16:00。イースター休暇～5月と9・10月の土曜は10:00～15:00、日曜、祝日は11:00～15:00）
休11月～イースター休暇前までの土・日曜

⬆風避け椅子が整然と並んでいるのはいかにもトラヴェミュンデらしい

⬆たくさんの船が行き交う河口にある町

ミュンデとは河口のこと。トラヴェ川がバルト海に流れ出る所がトラヴェミュンデ。中世では小さな漁村だった。リューベックのハンザ船はトラヴェ川からバルト海へ出て行ったため、ここに早くから灯台が建てられた。1913年にリューベック市と合併。東西分裂時代はトラヴェミュンデがバルト海で唯一の海のリゾート地だった。大型ホテルも建設され、西ドイツの高級保養地となった。現在トラヴェミュンデはスカンジナビア方面へ向かう大型船の港として重要な役割を果たしている。

トラヴェミュンデの歩き方
Walking

トラヴェミュンデ・ハーフェン駅からヒルテンガングHirtengangを真っすぐトラヴェ川へ向かって進む。途中で交差する2本の道、クーアガルテン通りKurgartenstr. とフォルダーライエVorderreiheあたりがトラヴェミュンデの中心地で、店やレストランが集まっている。さらにトラヴェ川へ向かって進んでいくと港Hafenに出る。ここから対岸へ渡し船が出ている。港からフォークタイ通りVogteistr.あるいはクーアガルテン通りへ戻って高層ホテルが建つ方向へ歩いていくと緑豊かな**クーアパルク・カルヴァリーエンベルクKurpark Calvarienberg**へ出る。川岸に建つ赤れんがの塔は古い灯台。その先はもうバルト海だ。

バルト海に出ると景色は一変する。砂浜には風避けのビーチチェアが遠くまで並んでいる。海岸に沿った道**シュトラン**

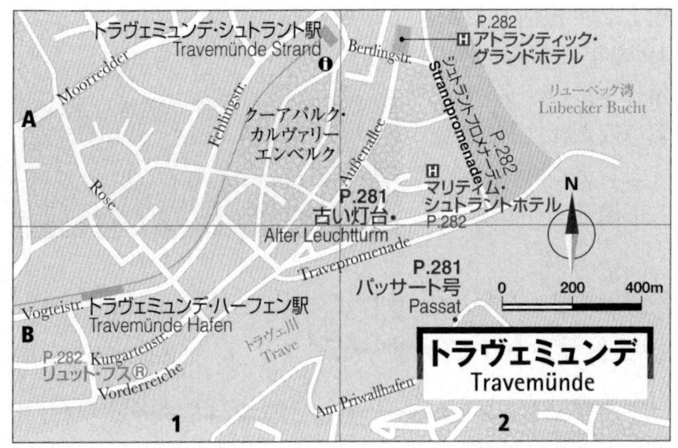

トプロメナーデStrandpromenadeが弧を描き、その先はどこまでも青い海。トラヴェミュンデは19世紀末に海水浴場として開け、ハンブルクの金持ちがこぞって別荘を建てた。高級保養地のイメージは今も変わらない。海岸からひとつ入った**カイザーアレー**Kaiseralleeには立派な別荘が並んでいる。トラヴェミュンデの魅力はビーチの美しさと高級保養地の雰囲気を味わうことにある。シュトラント駅はカイザーアレーの近くにある。

おもな見どころ
The highlight

142段の階段を上ると展望台

古い灯台　Alter Leuchtturm

高さ31m、8階建ての灯台博物館。1316年のリューベック市参事会文書に灯台のことが記されており、ドイツで初めての灯台とされている。それはデンマーク軍や落雷などによって破壊されては建て直されてきた。現在の灯台は1827年に建設されたもので、1972年まで現役だったが、高層のマリティム・ホテルができたことで視界が遮られ、役目を終えた。博物館では灯台の歴史や標識灯火技術が解説されている。今も使用可能な1000ワットの灯火電球も見学できる。

珍しい4本マストの帆船

パッサート号　Passat

トラヴェ川の右岸に浮かぶ博物館船。パッサートとは貿易風という意味で、嵐にも負けない船であることを願って名づけられた。1911年に貨物船として建造され、その翌年からチリへ何度も航海した。第2次世界大戦中はストックホルムへ疎開し1947年まで穀物倉庫として使われた。戦後は貨物

↑対岸はかつての東ドイツ。国境線はすぐ近くにあった

3つの鉄道駅
トラヴェミュンデには3つの鉄道駅がある。リューベックから来ると最初の駅が大型船の港があるトラヴェミュンデ・スカンディナーヴィエンカイ Travemünde Skandinavienkai、次が町の中心部に一番近いトラヴェミュンデ・ハーフェン Travemünde Hafen、終点がリゾート地のトラヴェミュンデ・シュトラント Travemünde Strand。ホテルは終点のシュトラントに集まっている。リューベックから日帰りで訪れるならハーフェンで降りて町を散策しながら浜まで歩いてシュトラントから帰る、あるいはその逆がよい。

古い灯台
>> Map P.281-A2
住 Am Leuchtenfeld 1
☎ (04502)8891790
ⓘ www.leuchtturm-travemuende.de
開 13:00～16:00(7・8月は11:00～)
休 4・5・6・9・10月の月・水・金曜、11～3月（12/24～1/1を除く）
料 €2

パッサート号
>> Map P.281-B2
住 Priwallpromenade 3a
☎ (0451)1225220
ⓘ passathafen.lubeck.de
開 10:00～17:00（4～5月中旬、9月下旬～10月は11:00～16:30）
休 11～3月
料 €4

船として復活したが、1959年に引退。同じ年にリューベック市に買い取られ、トラヴェミュンデに博物館船として錨を下ろした。

⬆4本マストのパッサート号とヨットハーバー

シュトラントプロメナーデ
» Map P.281-A2

⬆海風が気持ちいいプロメナーデ

柳のビーチチェアが並ぶ

シュトラントプロメナーデ Strandpromenade

トラヴェミュンデがトーマス・マンの『ブッデンブローク家の人々』に頻繁に登場することで、富豪たちのリゾート地というイメージができあがった。実際、風避けのビーチチェアが規則正しく並ぶ浜辺やカイザーアレーの立派な別荘を目にすると、高級リゾート地であることが実感できる。1899年にシュトラントプロメナーデが建設され、リゾートビーチができあがった。2012年にシュトラントプロメナーデは1.7kmにわたってバリアフリーに整備されている。

Restaurant & Hotel

知る人ぞ知るおいしい店 R

リュット・フス
Lütt Hus Map P.281-B1

住Vorderreihe 25b ☎(04502)7879975
営12:00～21:00
休水曜 C不可
交DB Travemünde Hafenから徒歩6分

中心通りフォルダーライエの中ほどにある小さな店。地元の人に評判でリューベックから足を運ぶ人もいるほど。魚介類が特においしい。

スタイリッシュなホテル H

アトランティック・グランドホテル
ATLANTIC Grand Hotel Travemünde Map P.281-A2

住Kaiserallee 2 ☎(04502)3080
ⓘwww.atlantic-hotels.de
料Ⓢ€129～ Ⓣ€199～ 室73
CM V A 無料
交DB Travemünde Strandから徒歩2分

海を望む白亜のリゾートホテル。駅からのアクセスもよい。ゆったりとした庭やビーチで過ごしたらメニューが豊富なスパへ。

トラヴェミュンデを代表する高級ホテル H

マリティム・シュトラントホテル
Maritim Strandhotel Travemünde Map P.281-A2

住Trelleborgallee 2 ☎(04502)890
ⓘwww.maritim.de
料Ⓢ€110～ Ⓣ€165～ 室240
CM V J A D 無料
交DB Travemünde Strandから徒歩11分

リゾートホテルらしくどの部屋も広く、海か川かどちらかに面している。1972年にオープンした高層ホテルだが、1974年から最上階に標識灯火が取りつけられ、ヨーロッパで一番高い115mの灯台として役目を果たしている。

バルト海の村で出合う日本の伝統工芸

⬆アトリエに展示されているヤン・コルヴィッツ氏の作品

トラヴェミュンデからバルト海に沿って北へ延びる沿岸地域は、ハンブルクに住む人たちが好んで夏の休暇を過ごすリゾート地。俗化されていないのがよいらしい。**チスマールCismar**はバルト海まで3.5kmほどある村だが海風が涼しく、避暑客が多い。かつてここに芸術家たちが移り住み、一時は芸術家村として知られていた。現在では数が少なくなったが、画家、木彫刻家、染色家など数人がアトリエを構えている。

そんななか、日本の伝統工芸を受け継いで守っていこうとするドイツ人芸術家がいる。

「ヤン・コルヴィッツ日本陶芸窯」と書かれた看板。訪れるときれいな日本語であいさつされ、アトリエへ案内された。ヤン氏は陶芸家。ベルリンの女流彫像家として有名なケーテ・コルヴィッツ（1867〜1945）（→P.161）の曽孫である。ケーテの子孫はほとんどが医者で芸術家は誰もいない。ヤン氏の父親もベルリンの医師。コルヴィッツ家で彼ひとりだけが造形美術に関心があった。ヤン氏は曾祖母の作品から受けた彫像の美と器の美を同時に実現させたいと思った。試行錯誤の結果、それが実現できるのはただひとつ、日本の茶器であることに気づく。来日し、福井県越前町で越前焼を学んだ。越前焼とは、日本六古窯（瀬戸、備前、丹波、信楽、常滑、越前）に数えられる陶磁器。釉薬を使わないこと、薪の灰が器に溶け込んで独特の味を出すことが、ヤン氏の心をとらえた。4年半にわたる修業の後、ベルリンへ戻る。しばらくたって彼は芸術家の村チスマールへ移り、工房を構えた。自宅の裏庭には大きな窯があり、今もほとんど毎日、越前焼の器に取り組んでいる。アトリエでは花瓶や湯のみのような小物も販売されている。こんなところで日本の伝統工芸が息づいていることがうれしい。

ヤン・コルヴィッツ日本陶芸窯
Jan Kollwitz Japanische Keramik

住 Bäderstr. 23, Cismar
☎ (04366)614
ⓘ www.jankollwitz.de
ⓔ info@jankollwitz.de
開 訪問時は事前に電話で連絡を（11:00〜17:00の間）。日本語可能
料 見学は無料
交 リューベック中央駅Lübeck Hbf.よりノイシュタット・イン・ホルシュタインNeustadt in Holsteinまで電車で約40分。バス5800番で中心部のチスマール・クロスタークルークCismar Klosterkrugまで約45分。バスは夏期は約1時間に1本、冬期は約2時間に1本の便がある。バス停はアトリエの前。

⬆玄関の前に立つヤン氏（左）、裏庭に造られた大きな窯（中）、広々とした敷地に建つ自宅兼アトリエ（右）

Lübeck

リューベック

Map P.13-A1
人口　21万6700人
市外局番（0451）

世界遺産
ハンザ同盟都市リューベック

ACCESS

鉄道
ハンブルク中央駅からREで約45分。ツェレからICEとREで約2時間30分。リューネブルクからRBで約1時間10分。

リューベックの観光案内所
≫ Map P.286-C1
住 Holstentorplatz 1
☎ (0451)8899700
ⓘ www.luebeck-tourismus.de
開 9:00〜18:00（土・日曜、祝日10:00〜16:00。時期により変動あり）
休 1月〜イースター休暇前、11月の日曜

↑トラヴェ河畔に並ぶ古い塩の倉庫

リューベックのカジノ
カジノ・リューベック
Casino Lübeck
ホルステン門近く、パーク・イン・ホテル内にあるカジノ。入場は18歳以上。パスポート持参のこと。カジュアルな服装では入場できないので注意したい。
≫ Map P.286-B1
住 Willy-Brandt-Allee 1-5
☎ (0451)4905050
ⓘ luebeck.casino-sh.de
営 マシンゲーム12:00〜、通常のゲーム18:00〜
料 入場料€2

↑トラヴェ川沿いの落ち着いた町

　トラヴェ川に面した河川港で、河口のトラヴェミュンデとひとつの町を形成している。トラヴェミュンデはバルト海に面したリゾート地。リューベックは海に面していないが、古くからハンザの港として栄えていた。14世紀に最盛期を迎えたハンザ同盟はリューベックが盟主だった。リューネブルクで採掘された塩は"古き塩の道"を通ってリューベックまで運ばれ、ここからバルト海沿岸諸都市や北欧、ロシアへ取引されていった。ハンザ商人たちが得た利益は個人の邸宅はもちろんのこと、町の市庁舎や教会、修道院、福祉施設などに注ぎ込まれていった。今日見られるリューベックの町並みは、こうしたハンザ商人たちの遺産である。

リューベックの歩き方
Walking

　中央駅を出て左側のほうから真っすぐ延びるコンラート・アデナウアー通りKonrad-Adenauer-Str.を歩いていく。最初の濠を渡ると細長い中州ヴァルハルプインゼルWallhalbinselに入り、そこに**ホルステン門Holstentor**がそびえている。門の右側に観光案内所ⓘがある。ここからホルステン橋Holstenbrückeを渡ると旧市街で、トラヴェ川とトラヴェ運河によって囲まれた南北に長い楕円形の中州になっており、徒歩で観光できる。橋の手前右側に破風屋根を6つ連ねたれんが造りの建物群がある。これが塩の倉庫Salzspeicherで、リューネブルクから運ばれてきた塩はいったんここに貯蔵された。

　橋を渡って緩やかな坂のホルステン通りを上がっていくとマルクト広場の南端に出る。マルクト広場には立派な市庁舎とその隣に聖マリア教会がそびえ、教会の隣にはトーマス・マンゆかりの**ブッデンブロークハウス**がある。市庁舎裏の南北に走るブライテ通りを北へ進むと左側に有名なレストラン、**シッファーゲゼルシャフト**がある。この建物角を左折すると緩やかな下りのエンゲルグルーベEngelgrubeでトラヴェ川の港へ続いている。ブライテ通りの西側は港へ向かって緩やかに下る道が数本あり、それらの道は**ガング Gang**と呼ばれる抜け道でつな

✉ ウィリー・ブランディ・ハウスWhilly-Brandt-Hausは、リューベック生まれのドイツの政治家でノーベル平和賞を受賞したWillyの功績を展示する博物館。東西ドイツの統一で活躍した人物で、ベルリンの壁↗

がっている。それに対してブライテ通りの東側には**ホーフHof**と呼ばれる美しい中庭がいくつかあり、これらガングとホーフ巡りも興味深い（→P.288）。

旧市街の東側、ブライテ通りと並行して走るグローセ・ブルク通り、ケーニヒ通り、それと交差するグロッケンギーサー通りはショップやレストランが並び、若者たちでにぎわっている。グローセ・ブルク通りには聖霊養老院Heiligen Geist Hospitalが、グロッケンギーサー通りには**ギュンター・グラス・ハウス**やフュフィティングスホーフと呼ばれる福祉施設がある。

↑観光客でにぎわう中心部のブライテ通り

大聖堂は旧市街の南端にある。ここまで来たなら**聖アンネン・ミュージアムクオーター**まで行ってみよう。立派な修道院で内部は博物館になっている。

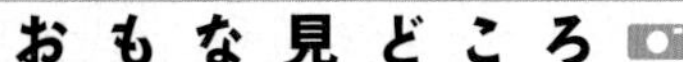

旧50マルク紙幣にも描かれた

ホルステン門 Holstentor

リューベックのシンボルで重量感のある堂々たる市門。厚さ3.5mもある重い壁のため門は傾いている。デンマークに対する軍事圧力として1478年に建設され、中世には見張り兵が住んでいた。門の正面上方にあるラテン語の金文字は「町の中には協調を、門の外には平和を」という意味で、ハンザ商人の精神を表している。内部の博物館には帆船の模型が展示され、町の歴史やハンザの歴史などが解説されている。

↑市庁舎と並ぶリューベックの象徴

ホルステン門
>> Map P.286-B1
住 Holstentorplatz
☎ (0451)1224129
ⓘ museum-holstentor.de
開 10:00～18:00（1～3月は11:00～17:00）
休 1～3月の月曜
料 €7、学生€3.50

風穴はほかの市庁舎でもまねをした

市庁舎 Rathaus

1230年に建設が始まって14世紀にほぼ完成し、15世紀に今日の姿となった。4階建てに見えるが実は2階建てで、大きく見せるためにファサードの壁だけを高くしてある。壁だけではバルト海からの強風に耐えられず、そのため風避けの丸い穴が開いている。ユニークな壁の色は雄牛の血にれんがを漬け込んで出したもの。内部はガイドツアーで見学できる。中世では市長に選ばれるのはハンザ商人だった。市長は裁判官も務めたため、市庁舎の中に裁判の間もある。

市庁舎
>> Map P.286-B2
住 Breite Str. 62
☎ (0451)1221005
開 ガイドツアー　月～金曜11:00、12:00、15:00、土・日曜、祝日12:00
料 €4

↑内部に裁判の間がある

↘の歴史をジオラマで分かりやすく展示しています。住 Königstraße 21　ⓘ willy-brandt.de/ausstellungen/ausstellungen/haus-luebeck（流山市　サンパウロ　'19）['20]

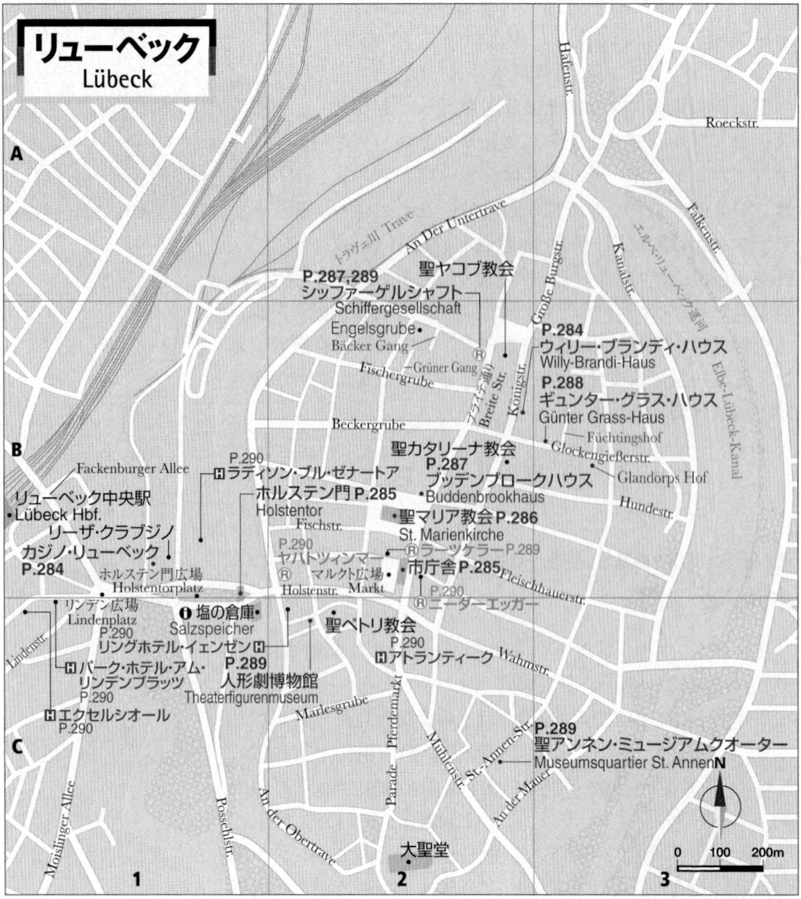

リューベック
Lübeck

A
B
C
1
2
3
トラヴェ川 Trave
An Der Untertrave
Hafenstr.
Roeckstr.
Falkenstr.
Kanalstr.
エルベ・リューベック運河
Elbe-Lübeck-Kanal
Große Burgstr.
聖ヤコブ教会
P.287,289
シッファーゲルシャフト
Schiffergesellschaft
Engelsgrube
Bäcker Gang
Grüner Gang
Fischergrube
ブライテ通り
Breite Str.
Königstr.
P.284
ウィリー・ブランディ・ハウス
Willy-Brandi-Haus
P.288
ギュンター・グラス・ハウス
Günter Grass-Haus
Füchtingshof
Glockengießerstr.
Glandorps Hof
Beckergrube
聖カタリーナ教会
P.287
ブッデンブロークハウス
Buddenbrookhaus
Hundestr.
Fackenburger Allee
P.290
ラディソン・ブル・ゼナートア
リューベック中央駅
Lübeck Hbf.
ホルステン門 P.285
Holstentor
Fischstr.
聖マリア教会 P.286
St. Marienkirche
リーザ・クラブジノ
カジノ・リューベック
P.284
P.290
ヤハトツィンマー
ラーツケラー P.289
マルクト広場
Markt
市庁舎 P.285
Fleischhauerstr.
ホルステン門広場
Holstentorplatz
Holstenstr.
P.290
ニーダーエッガー
リンデン広場
Lindenplatz
塩の倉庫
Salzspeicher
P.290
リングホテル・イェンゼン
聖ペトリ教会
P.290
アトランティーク
Wahmstr.
Lindenstr.
パーク・ホテル・アム・リンデンプラッツ
P.290
P.289
人形劇博物館
Theaterfigurenmuseum
エクセルシオール
P.290
Marlesgrube
Pferdemarkt
Mühlenstr.
St.-Annen-Str.
P.289
聖アンネン・ミュージアムクオーター
Museumsquartier St. Annen
N
Parade
An der Mauer
An der Obertrave
Possehlstr.
Moislinger Allee
大聖堂
0 100 200m

聖マリア教会
>> Map P.286-B2
住 Marienkirchhof 1
(0451)397700
st-marien-luebeck.de
開 10:00～18:00(10月～17:00、11～3月～16:00)
料 €2

破壊されたままの鐘

1250年から100年かけて建設された

聖マリア教会 St. Marienkirche

見事なゴシックの大教会で、その後バルト海沿岸70諸都市の教会のモデルとなった。ハンザ商人たちによって建てられ、ハンザの富を象徴している。1705年に20歳のバッハがこの教会のオルガン奏者ブクステフーデの演奏を聴くため、アルンシュタットから400kmの道のりを歩いてやってきた話はよく知られている。教会は第2次世界大戦によって破壊されて修復されたが、南側の塔の鐘は爆撃で落とされたままの状態で保存され、平和へのシンボルになっている。

天井の高い教会堂

小説『ブッデンブローク家の人々』の舞台となった館

ブッデンブロークハウス Buddenbrookhaus

トーマス・マンと兄ハインリヒ・マン家ゆかりの館

1842年にマン家によって購入され、トーマス・マンの祖父母が住んでいた。トーマス・マンは兄のハインリヒ・マンとともにしばしばここを訪れた。第2次世界大戦中の1942年に破壊されたが、ファサードはほとんど無傷のままだった。内部はトーマス・マンの資料館になっており作品が紹介されている。

ブッデンブロークハウス
>> Map P.286-B2
住 Mengstr. 4
☎ (0451)1224190
ⓘ buddenbrookhaus.de
開 10:00〜18:00（1〜3月は11:00〜17:00）
休 1月の月曜
料 €7、学生€3.50

資料館内部

天井から下がる帆船模型がハンザ時代を彷彿させる

シッファーゲゼルシャフト Schiffergesellschaft

1535年に船員組合の家として建てられた。船員たちは出航前にここに集まり航海の打ち合わせをした。1階の広いホールには樫の木で造られた長いベンチがいくつも並び、それぞれ船の船首や紋章が彫り込まれている。船員は自分の乗る船の椅子に座ってミーティングに参加した。帆船模型は実際に存在した船のミニチュア版。1階はレストランになっている。(→P.289)

天井からは実在したハンザ船の模型がつるされている

シッファーゲゼルシャフト
>> Map P.286-B2

れんが造りの外観

5つの教会と7つの塔

リューベックには教会が5つある。中央にそびえているのは聖マリア教会でハンザ商人の教会、聖ペトリ教会は塩商人の教会、聖ヤコブ教会は船乗りの教会、聖カタリーナ教会は職人の教会、そして大聖堂は司教の教会である。

通常、大聖堂が町の中心部にそびえているものだが、リューベックでは力のあったハンザ商人の教会が町のど真ん中に建てられた。市民たちは豊かだったため、職業に応じてそれぞれの教会を建てることができた。

教会は5つだが、聖マリア教会と大聖堂には塔が2本あるので、塔の数は全部で7つになる。そのためリューベックは“7つの塔の町”と呼ばれている。「7つの塔」という料理（→P.291）があるので食べてみよう。

聖ヤコブ教会

↑中庭の影像

ギュンター・グラス・ハウス

>> Map P.286-B3

住 Glockengießerstr. 21

☎ (0451)1224230

🅘 grass-haus.de

開 10:00～17:00（1～3月は11:00～）

休 1～3月の月曜

料 €7、学生€3.50

作家であり芸術家でもあった

ギュンター・グラス・ハウス　Günter Grass-Haus

リューベック出身のノーベル文学賞受賞者ギュンター・グラス（→P.159）の記念館で、ここには作家としてのみならず、グラフィックデザイナーであり、画家であり、彫刻家でもあるグラスが紹介されている。

入ると小さな中庭があり、グラスが制作した現代的な影像が置かれている。その奥の館にはリトグラフ、水彩画、版画などグラスの作品が展示されており、その多彩な芸術家ぶりに驚かされる。

ガングとホーフ Gang und Hof

リューベック穴場の観光スポットにガングとホーフがある。Gangは抜け道でHofは中庭のこと。ガングとはハンザ商人の館の裏庭に建てられた賃貸長屋のことで、人口増加による住居不足解消のために建てられた。裏庭へ行くために母屋の隅に抜け道が造られた。今日この道は公共通路になっているので誰でも通行可能。次の道まで続いている所もある。こうしたガングは数十ヵ所に保存され、個人の所有となっている。

↑グリューナー・ガング入口

ホーフはハンザ商人が建てた福祉施設。ハンザ商人の未亡人が生涯暮らしていけるように建てられた館で、ガングに比べて規模が大きく、必ず中庭がある。現在は市が管理しているが、フュフィティングスホーフFüchtingshofだけは17世紀に設立された財団によって今も運営され、女性だけに一定の条件付きで貸している。ホーフは行き止まりだが見学は自由。ガングとホーフは複数形でゲンゲGänge、ヘーフェHöfeとも呼ばれている。

↑白壁が美しいグランドオルプス・ホーフ

↑ピンクの外壁のフュヒティングスホーフ

↑グリューナー・ガング

おもなガングとホーフ

グランドオルプス・ホーフ
Glandorps Hof
住 Glockengießerstr. 39-53 **>> Map P.286-B3**

フュヒティングスホーフ
Füchtingshof
住 Glockengießerstr. 23-27 **>> Map P.286-B3**

ベッカー・ガング
Bäcker Gang
住 Engelsgrube 43 **>> Map P.286-B2**

グリューナー・ガング
Grüner Gang
住 Fischergrube 44 **>> Map P.286-B2**

コレクションの多さに圧倒される

人形劇博物館 Theaterfigurenmuseum

⬆人形劇博物館では充実した展示が見られる

人形劇に使われた世界各国の人形を集めたプライベート博物館。迷路のような館内にさまざまな格好をした人形がところ狭しと並んでいる。ヨーロッパでは珍しいインドやインドネシア、タイなど東南アジアの人形が多く、日本の文楽人形も展示されている。

人形劇博物館
>> Map P.286-C2
住Kolk 14
(0451)78626
www.theaterfigurenmuseum.de
開10:00～18:00（11～3月は11:00～17:00）
休11・1～3月の月曜
料€7、学生€3.50
※改装のため2023年12月現在閉館中。2024年中に再開予定。

現代美術と中世美術を同時に鑑賞

聖アンネン・ミュージアムクオーター Museumsquartier St. Annen

16世初頭の聖アンネン修道院は1915年以来博物館になっていて、板絵、木像、石像、祭壇画など宗教美術が展示されている。ハンス・メムリングが1491年に作製したキリスト受難祭壇は必見。2013年に拡張された後は、これらの宗教美術品のほかに、リューベック市の歴史についての展示、モダンアートのギャラリー、子供向けの博物館など、幅広く文化活動を行っている。

聖アンネン・ミュージアムクオーター
>> Map P.286-C2
住St. Annen-Str. 15
(0451)1224137
museumsquartier-st-annen.de
開10:00～17:00（1～3月は11:00～）
休月曜
料€12、学生€10

Restaurant & Hotel

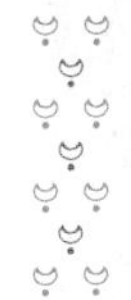

駅前から旧市街にかけて、ホテルが集中している。
近年インターナショナルなチェーンホテルがいくつか現れたが、
古くてこぢんまりしたプライベートホテルも感じがよい。
有名なレストランには一度は行ってみよう。
名物マルツィパンもお忘れなく。

個室のような席が落ち着く R

ラーツケラー
Ratskeller Map P.286-B2

住Markt 13 (0451)72044 www.ratskeller-zu-luebeck.de 営12:00～22:00（1・2月の日曜は～18:00） 休無休 CM V A
交バス Schüsselbuden または Fleischhauerstraßeから徒歩2分

市庁舎地下の有名なレストラン。「7つの塔」コンテストでほぼ毎年入賞しているのでズィーベンテュルメン（→P.291）もあるはず。

船員たちが集った当時の長椅子で R

シッファーゲゼルシャフト
Schiffergesellschaft Map P.286-B2

住Breite Str. 2 (0451) 76776
schiffergesellschaft.com
営10:00～24:00
休無休 CM V A
交バスKobergから徒歩1分

テーブルと長椅子は分厚い船板でできており、創業当時から使われている。「7つの塔」コンテストで何度も優勝している歴史あるレストラン。

リングホテル・ヤンセンの1階

ヤハトツィンマー

Yachtzimmer Map P.286-B2

住 An der Obertrave 4-5　☎(0451)77282
ⓘwww.yachtzimmer.de　営 12:00～23:00
休 無休　C MV
交 バスUntertraveから徒歩3分

塩の倉庫の向かいにあるレストラン。ヴィーナー・シュニッツェルなどの定番料理からインターナショナル料理まで、肉料理中心のメニュー。

リューベックのマルツィパンを代表する店

ニーダーエッガー

Niederegger Map P.286-B2

住 Breite Str. 89　☎(0451)5301126
ⓘwww.niederegger.de　営 9:00～19:00（土曜～18:00、日曜10:00～18:00）　11月下旬～12月下旬9:00～20:00（日曜10:00～18:00）　12/31 9:00～13:30
休 無休　C MVA　交 バスKohlmarktから徒歩1分

マルツィパンの専門店で、1階部分はショップ、2階はカフェになっており、軽食も取れる。ケーキの種類が多く、どれもおいしいと評判の店。ケーキとお茶のセットは€6～8程度。

トラヴェ川の港が見渡せる

ラディソン・ブル・ゼナートア

Radisson Blu Senator Hotel Map P.286-B1

住 Willy-Brandt-Allee 6　☎(0451)1420
ⓘwww.senatorhotel.de　料 ⓈⓉ€125～　朝食別€22　室 224　C MVJAD　Wi-Fi無料
交 バスHolstentorplatzから徒歩2分

トラヴェ川沿いに建つホテルで、3つの棟が川に向かって突き出ている。吹き抜けのロビーには、ハンザ商館のようにバルコニーが付いている。

聖ペトリ教会の脇にある

アトランティーク

ATLANTIC Hotel Lübeck Map P.286-C2

住 Schmiedestr. 9-15　☎(0451)384790　ⓘwww.atlantic-hotels.de　料 Ⓢ€139～　Ⓣ€159～
室 135　C MVAD　Wi-Fi無料
交 バスSandstraßeから徒歩1分

マルクト広場の近くにあり、観光にとても便利。インテリアはシンプルななかにも重厚な雰囲気がある。豊富な品揃えの朝食が人気。

塩の倉庫の眺めが抜群

リングホテル・イェンゼン

Ringhotel Jensen Lübeck Map P.286-C2

住 An der Obertrave 4-5　☎(0451)702490
ⓘwww.hotel-jensen-luebeck.de
料 Ⓢ€79～　Ⓣ€117～
室 42　C MVJAD　Wi-Fi無料
交 バスUntertraveから徒歩3分

ホルステン門から橋を渡ったすぐ右側にある白い建物。塩の倉庫の真向かいにある。景色が抜群のトラヴェ川側の部屋に泊まりたい。

駅からすぐの便利なホテル

エクセルシオール

Excelsior Map P.286-C1

住 Hansestr. 3　☎(0451)88090
ⓘwww.hotel-excelsior-luebeck.de
料 Ⓢ€66～　Ⓣ€90～　室 81　C MVJAD
Wi-Fi無料　交 リューベック中央駅から徒歩3分

古い館だが内部はきれいに改装されている。客室は木目調で落ち着いた雰囲気。何よりも駅から徒歩3分という立地がうれしい。

中央駅に近いれんがの館

パーク・ホテル・アム・リンデンプラッツ

Park Hotel am Lindenplatz Map P.286-C1

住 Lindenplatz 2　☎(0451)871970
ⓘwww.parkhotel-luebeck.de
料 Ⓢ€75～　Ⓣ€96～　室 24　C MV
Wi-Fi無料　交 リューベック中央駅から徒歩3分

客室数がわずか24の、こぢんまりとした家庭的な雰囲気のあるホテル。ロビーから2階へ続く階段が古めかしくて趣がある。

リューベック3つのおいしい名物

ロートシュポン Rotspon

↑リューベックのレストランならどこでも味わえる

ハンザ時代、フランスへ塩を運んだ船は、帰りに空になった船底に樽の赤ワインを積んできた。樽の中は赤く染まっていたのでこのワインはロートシュポン（赤いコルク）と呼ばれ、リューベックで飲まれていた。ナポレオン戦争で町がフランス軍に占領されたとき、フランス兵が民家の地下にあるフランスのワインを見つけて大喜び。飲んでみると、なんと地元で飲むよりもおいしかった。これはリューベックの気候が保存に適していたからとされている。以来、リューベックのロートシュポンは有名になった。

↑レストランではおみやげ用も購入できる

マルツィパン Marzipan

マルツィパンは13世紀にベネチアからハンザ商人によってリューベックにもたらされた。病気の治療に効果があるとされ、製造は薬局だけに限られていた。1407年に飢餓が発生したことにより、市はパン屋に砂糖とアーモンドでパンを作ることを呼びかけた。これによって一般化され、19世紀にはリューベックのマルツィパンは質がよいと広まっていった。

今日でもリューベックのマルツィパンは砂糖を50％以下に抑えることが決められている。現在3つの製造業者があり、最も有名なニーダーエッガー（→P.290）ではアーモンド70％、砂糖30％で作られている。

↑↓マルツィパンはおみやげにもぴったり

ズィーベンテュルメン Siebentürmen

7つの塔、という意味で、リューベックでは毎年12月にレストラン業者たちが「7つの塔」の料理を競い合う。これは地元産の食材で腕を振るうオリジナル料理のコンテスト。どこのレストランも魚を素材に毎年異なった料理を披露する。地元の人たちは、今年はどこが優勝するのか興味津々。1位でなくとも入選したレストランは翌年の1年間、その料理をメニューに加えることができる。名前はいずれも「7つの塔」。リューベックが“7つの塔の町”と呼ばれていることにちなんでいる。

↑受賞レストランで「7つの塔」の食べ比べもおもしろい

ヴィスマール

Map P.13-A2
人口 4万2700人
市外局番（03841）

世界遺産
シュトラールズントおよびヴィスマールの歴史地区

ACCESS
鉄道
ベルリンからREで約3時間15分、ロストックから約1時間10分、シュヴェリーンから約30分。

ヴィスマールの観光案内所
2014年に世界遺産館Welt-Erbe-Hausがオープンし、「シュトラールズントおよびヴィスマールの歴史地区」についてさまざまな情報が得られるようになった。町の観光案内所も同じ場所にある。
» Map P.292-B1
住 Lübsche Str. 23a
☎ (03841)19433
ⓘ www.wismar.de
開 9:00～17:00（10～3月は10:00～16:00）
休 無休

ハンザの時代がしのばれる古い港
ヴィスマールには現在4つの船着場があるが、ミューレン小川が流れ出る一番細くて曲がった船着場がハンザ時代の港。港はバルト海に面しているが鋭く入り込んだ湾の奥にあり、入口をペール島がふさいでいる。ハンザの船を襲う海賊から逃れるため、港はできるだけ陸に囲まれた場所に建設された。当時は夜になると海賊船などが入ってこられないよう鎖で港の入口を封鎖しており、安全な港として知られていた。現在は漁船やヨットが停泊してにぎわっている。

↑ヴァッサークンストはヴィスマールのシンボル

13世紀にハンザ同盟の一員となり今もハンザ都市の名をもつヴィスマールは、ハンザ最盛期には同盟都市の重要な役割を果たしていた。15世紀以降は加盟都市が減るなかでヴィスマールは16世紀末になってもハンザ同盟に忠実だった。1648年から1803年までスウェーデンに支配されていたこともあり、その頃の面影が町のなかに残る。歴史的な旧市街は2002年に「シュトラールズントおよびヴィスマールの歴史地区」として世界遺産に登録されている。

ヴィスマールの歩き方
Walking

鉄道駅は港の近くにある。駅前の通りからミューレン小川Mühlenbachに沿ってフリッシェ・グルーベFrische Grubeという道を行くと右に**聖ニコライ教会St. Nikolaikirche**が、左

はみだし情報 町を流れるミューレン小川はフリッシェ・グルーベ（新鮮な窪み）と呼ばれ、13世紀半ばに荷物運搬水路として建設されたもの。今日では防火水路として、大切にされている。» Map P.292-B1

に**シャッベルハウス**Schabbellhaus（歴史博物館）が見える。左のアーベーツェー通りABC-Str.に入り、そのまま進むと**マルクト広場**がある。マルクト広場にはハンザ時代やスウェーデン支配時代の面影を残す建物が並ぶ。広場から西側の聖霊教会へ向けて歩くと、その手前に観光案内所ⓘがある。

聖ニコライ教会と並んで町の3大教会である**聖マリア教会St. Marienkirche**と**聖ゲオルク教会**St. Georgenkircheが建っている。聖マリア教会は第2次世界大戦の被害がひどく、高さ80mの塔だけを残して1960年に取り壊された。すぐ近くの聖ゲオルク教会も同じく大戦の被害が激しかったが1990年から修復工事が行われ、2010年に完了、2014年には塔の高さ36mに展望台が完成した。教会から北へ歩いていくとハンザ時代の古い港に出る。

おもな見どころ
The highlight

ハンザ風とスウェーデン風が混在

マルクト広場 Marktplatz

北側には市庁舎が建っている。地下はハンザ時代の布取引所だった奥行き50mもある大広間。今は郷土博物館となり町の歴史が紹介されている。広場には丸みを帯びた屋根飾りを付け、淡色ファサードのスウェーデン風建物が並ぶ。東側にひときわ目立つれんが造りの立派な館がある。裕福なハンザ商人が1380年に建てた館で、現在はレストランになっている。広場南側にある東屋のような小さな建物は**ヴァッサークンスト**Wasserkunstという古い井戸。1602年に市民の飲料用に建設された。ヴィスマールはハンザの商品としてビール醸造が盛んだったため、飲用可能な水が大量に必要だった。ルネッサンス様式の美しい姿で、町のシンボルになっている。

塔の先端が新しい

聖ニコライ教会 St. Nikolaikirche

船乗りたちの守護神が祀られた13世紀の教会で、今日の姿になったのは15世紀末のこと。教会堂天井の高さは37mとドイツで4番目に高い後期ゴシック様式の大教会。1703年の嵐で塔の先端が破壊され、この部分だけバロック様式で再建された。

↑戦後、最も早く修復された聖ニコライ教会

おすすめレストラン

Ⓡアルター・シュヴェーデ
Alter Schwede
14世紀に建てられたハンザ商館。料理はどれもボリュームたっぷり。
» Map P.292-B2
住 Am Markt 22
☎ (03841)283552
ⓘ www.alter-schwede-wismar.de
営 11:30～
C M V A
交 DBヴィスマール駅から徒歩9分

Ⓡブラウハウス・ローベルク
Brauhaus am Lohberg
15世紀の醸造所が1995年に地ビールを飲ませるレストランに。インターナショナルな料理もあり肉料理は種類が豊富。
» Map P.292-A1
住 Kleine Hohe Str. 15
☎ (03841)250238
ⓘ www.brauhaus-wismar.de
営 11:00～
C M V
交 DBヴィスマール駅から徒歩7分

聖ニコライ教会
» Map P.292-A2
住 St.-Nikolai-Kirchhof 15
☎ (03841)213624
ⓘ www.kirchen-in-wismar.de
開 8:00～20:00（4・10月は10:00～18:00、11～3月は11:00～16:00）
日曜の礼拝の時間（10:00～11:30）は入場不可
料 無料

ヴァルネミュンデ

Map P.13-A2
人口　8320人
市外局番（0381）

ACCESS
ロストックからSバーンで約20分。

ヴァルネミュンデの観光案内所
» Map P.294-B1
住 Am Strom 59
☎ (0381)3812222
ⓘ der-warnemuender.de
開 5～10月10:00～18:00（土・日曜～15:00）
11～4月10:00～17:00（土曜～15:00）
休 11～4月の日曜

バルト海に面した小さな避暑地。ヴァルノウ川（ヴァルネ）の河口（ミュンデ）に開けたかつての漁村で、現在はロストック市に含まれている。船着場に沿って小さな店が軒を並べ、停泊する遊覧船や漁船と相まって独特の風景が展開している。砂浜に広がるビーチチェアは遠々と続く。画家ムンクも魅せられたこの小さな海辺は、今やドイツ有数の海のリゾート地となった。

↑アルター・シュトローム下の道は観光客でいっぱい

ヴァルネミュンデの歩き方
Walking

駅の裏側に大型船の港がありスカンジナビア方面への客船はここから出航する。駅の正面を出ると**アルター・シュトローム Alter Strom**と呼ばれる船着場があり、橋の上からはヴァルネミュンデの象徴的風景が広がる。橋を渡ってアム・シュトローム Am Stromを左へ行くと**エドヴァルト・ムンク・ハウス**（一般公開されていない）がある。ムンクはヴァルネミュンデが気に入り1907年5月から18ヵ月間ここに住んでいた。アム・シュトロームの途中からかわいらしい家が並ぶアレクサンドリーネン通り Alexandrinenstr.へ。そのまま海岸のほうへ歩くと左側に**郷土博物館**がある。観光案内所ⓘはその先、右側の角にある。海岸近くには灯台Leuchtturmがそびえ、そこから先はバルト海。右側はヴァ

↑ドイツで唯一のムンク・ハウス

ヴァルネミュンデ Warnemünde

N
0　400　800m
A
B
1
2
P.295 灯台 Leuchtturm
P.295 アレクサンドリーネン通り Alexandrinenstr.
ゼープロメナーデ Seepromenade
Seestr.
ヴァルノウ川
Am Yachthafen
P.295 ツム・カーター H
Kurhausstr.
Alter Strom
Am Strom
ヴァルネミュンデ駅 Warnemünde Bhf.
Hohe Düne
Dänische Str.
Poststr.
Am Bahnhof
Richard-Wagner-Str.
郷土博物館 P.295
Alexandrinenstraße
エドヴァルト・ムンク・ハウス
Rostocker Str.
Werfthafen

↑ビーチにはのんびりくつろぐリゾート客が

ルノウ川の河口で船が頻繁に往来する。左側にはビーチが広がり、風避けの椅子が並ぶバルト海特有の風景が展開している。ビーチに沿って海岸通り**ゼープロメナーデ Seepromenade**が続く。途中の中層ビルは東ドイツ時代からの高級ホテル、ネプチューン。帰りはアム・シュトロームを歩いて駅まで戻ろう。一部が上の道と下の道に分かれている。上の道に沿って並んでいたかつての小さな漁師の家は軒並みレストランやカフェ、ショップに変わり、にぎわっている。

↑カフェやショップが並ぶアルター・シュトローム上の道

おもな見どころ
The highlight

充実した展示が見られる

郷土博物館　Heimatmuseum Warnemünde

↑奥へ部屋が続いている郷土博物館

1767年に建てられた漁師の家で、玄関の間、台所、寝室など19世紀末の生活様式が再現されている。ヴァルネミュンデの手工業やバルト海沿岸の民俗文化、漁師と船乗りの歴史、海水浴の歴史なども紹介されている。

今ではロマンティックな家並みに

アレクサンドリーネン通り　Alexandrinenstraße

道に面してベランダと呼ばれるガラス張りの部屋を設けている家が多い。小さな家が並ぶこの一帯はその昔、少しでも住居空間を広げるため、おとがめがあればすぐ取り壊せるようにと家の前に簡単な木材とガラス板で温室のような部屋を作っていた。そのベランダは今では立派なサンルームになっている。ほとんどの家の中庭に梨の木が植えられているのは、梨が幸運をもたらすというこの村の言い伝えによるものだ。

今も現役で活躍中

灯台　Leuchtturm

1898年に建設された36.90mの灯台で、現在も夜のバルト海を照らし続けている。24.72mの展望バルコニーまで上ると町全体と海がよく見える。136段が無理なら13.62mの下段のバルコニーまで上ってみよう。

↑展望ギャラリーがふたつもある真っ白な灯台

おすすめホテル

ツム・カーター
Hotel Zum Kater
観光の中心部にあり駅からも近いホテル。
>> Map P.294-B1
住 Alexandrinenstr. 115-116
☎ (0381)548210
www.zum-kater-warnemuende.de
室 19　料 Ⓢ €79　Ⓣ €114～　C M V　Wi-Fi無料
交 DB Warnemündeから徒歩4分

郷土博物館
>> Map P.294-B1
住 Alexandrinenstr. 31
☎ (0381)52667
www.heimatmuseum-warnemuende.de
開 10:00～17:00
休 月曜、11～3月の火曜
料 €4、学生€2
交 DB Warnemündeから徒歩3分

↑裏道のアレクサンドリーネン通りは観光客がまばら

灯台
>> Map P.294-A1
住 Am Leuchtturm
☎ (0381)5192626
warnemuende-leuchtturm.de
開 10:00～19:00
休 10月上旬～4月下旬
料 €2、学生€1

Rostock

ロストック

Map P.13-A2
人口　20万8700人
市外局番（0381）

ACCESS

鉄道
ベルリンからICで約2時間、シュトラールズントからREで約55分、ヴィスマールから約1時間10分。

ロストックの観光案内所
>> Map P.296-A1
住 Universitätsplatz 6
☎ (0381)3812222
ⓘ www.rostock.de
開 10:00～18:00、土・日曜～15:00（11～4月は～17:00、土曜～15:00）
休 11～4月の日曜

トラム
中央駅から旧市街までは5・6番のトラムが便利。駅のトラム停留所は地下階にある。

⬆聖十字修道院の中庭から古い中世の市壁が続いている

⬆クレッペリーナー通りには修復された18世紀の建物が並ぶ

ロストックはバルト海より13km内陸のヴァルノウ河畔に建設された河川港。中世ではハンザ都市として栄えていた。大きな港町だったため第2次世界大戦で徹底的に破壊された。古い面影はほとんど見られないが、戦後に修復されて立ち直った活気あふれる町である。

ロストックの歩き方
Walking

旧市街中心部までは中央駅から徒歩で20～30分。ノイアー・マルクトには**市庁舎**と**聖マリア教会**がある。広場から西へ向かってクレッペリーナー通りKröpeliner Str.が延びており、ここが町の中心地。にぎやかな歩行者専用道路でショップやレストランが並んでいる。途中の大学広場Universitätsplatz前の三差路の左側の道を進むと観光案内所ⓘがあり、そのまま行くと右側に立派な大学の校舎が、その奥に聖十字修道院があり**文化歴史博物館**になっている。

修道院裏から市壁に沿って歩いていくと西側市門の**クレッペリーナー門**に出る。このあたりには市壁が残り、ロストックで最も憩いの場にふさわしい。クレッペリーナー通りを大学広場まで戻り、ブライテ通りBreite Str.へ。トラムの走る幅の広

いランゲ通りLange Str.を渡る。この先は港で、ランゲ通りから港に向かって7本の緩い坂道が延びている。ハンザ時代、これらの道の両側には屋根に滑車の付いた家が並んでいた。船から下ろされた荷は滑車で家の上階へ運び込まれた。大戦でほとんど姿を消し、わずかに焼け残った古い家が保存されている。

港は**ウンターヴァルノウ**Unterwarnowと呼ばれる、ヴァルノウ川を広げた河川港。港の機能はバルト海に面したヴァルネミュンデに移っているので、ここに停泊しているのはヨットなどプライベートな小型船。港に沿って東端まで歩き、市壁の中へ戻って**アルター・マルクト**Alter Markt**（古い市場）広場**へ。ここは漁師たちの居住地区だった所で12世紀頃はロストックの中心だった。今は何もないさびれた広場で、大戦で破壊され、修復された**ペトリ教会**Petrikircheがある。

アルトシュミーデ通りAltschmiedestr.を南へ進むと**ニコライ教会**Nikolaikircheが建っている。ニコライ教会から**シュタイン門**Steintorへ。16世紀後半にルネッサンス様式で建てられた南の市門で、戦災を免れている。シュタイン門を右折するとノイアー・マルクトへ戻る。

↑川幅は広いが大型船の停泊がない静かな港

↑ペトリ教会

↑市場が立つノイアー・マルクト。右端は聖マリア教会

おもな見どころ
The highlight

ゴシックとルネッサンスが交じり合う

市庁舎 Rathaus

13世紀、町の発展にともなって新たに広場ノイアー・マルクトNeuer Markt（新市場）が作られる。市庁舎は13世紀末に建設され、半球形の丸天井が並ぶ地下室はハンザ商人た

市庁舎
>> Map P.296-A2

本物そっくり！　市庁舎の蛇

市庁舎ファサードの柱に大きな蛇がいる。蛇は知恵の象徴なので市参事会員たちがよい知恵を絞るように、と18世紀半ばに蛇の像が置かれた。実はこの蛇は3代目で、初代の蛇はウナギのような形をしていた。北ドイツには蛇がいないのでロストック市民はみな、ウナギだと思っていた。作った職人も蛇を見たことがないのでウナギのようになってしまったらしい。2代目からだんだん蛇らしくなり、3代目は生きているかのようにリアルだ。今ではロストックの守り神として市民から愛されている。

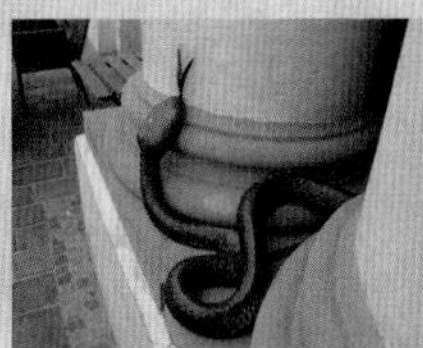
↑一瞬、本物かとたじろいでしまう蛇の像

ちの取引所になっていた。17世紀まではれんが造りの立派なゴシック建築だったが、18世紀初頭にバロック様式に改築される。その際、リューベックの市庁舎をまねて取りつけられていた小塔や丸い風通し穴の開いた壁はそのまま残された。現在、地下はレストランになっている。

⬆後ろの屋根がリューベック市庁舎を連想させるロストック市庁舎

精密な文字盤が付いた天文時計

聖マリア教会　St. Marienkirche

13世紀末から建造が始まり15世紀半ばに完成した大教会。3層のバジリカ式建物で塔の高さは86.32mもある。最大の見どころは教会堂の東端にある大きな天文時計。装飾的な上部はシュトラールズントの時計技師によって1394年に設置された。興味深いのはその下にあるカレンダーの文字盤。1472年にニュルンベルクの技師によって制作されたもので1枚の文字盤に138年分の日付が刻まれている。その技術は今日に受け継がれており、現在、2017年で終わった文字盤の次の138年分の文字盤が使用されている。

聖マリア教会
» Map P.296-A1
住Bei der Marienkirche 2
📞(0381)453325
ⓘwww.marienkirche-rostock.de
開10:00～18:00（日曜、祝日11:15～17:00、10～4月は10:00～16:00、日曜、祝日11:15～12:15）
料無料（寄付は任意で€2）

⬆リューベックの聖マリア教会をまねて建てられた

市壁に面した裏庭が昔のまま

文化歴史博物館　Kulturhistorisches Museum

聖十字修道院Kloster zum Heiligen Kreuzの中にあり、戦火を逃れた建物は趣がある。1270年にデンマーク王クリストファー1世の妃マルガレーテが建てた修道院が母体となっている。マルガレーテはこの地方の出身だった。常設展示では宗教美術、古銭、アンティーク玩具、16～19世紀のオランダ絵画など、充実した展示が見られる。

文化歴史博物館
» Map P.296-A1
住Klosterhof 7
📞(0381)3814530
ⓘwww.kulturhistorisches-museum-rostock.de
開10:00～18:00
休月曜
料無料（特別展示は有料）

塔のような形をした市門

クレッペリーナー門　Kröpeliner Tor

1270年に建設された西の市門で、シュタイン門、ペトリ門、ミューレン門と並んで4つの大きな市門のひとつだった。このほかに中世では全部で22の市門があった。クレッペリーナー門が今日の姿になったのは16世紀後半のこと。現在、内部は小さな郷土博物館になっている。102段の階段を上ると町全体が眺められる。ここから真っすぐ西へクレッペリーナー通りが延びている。

クレッペリーナー門
» Map P.296-A1
住Kröpeliner Str. 49
📞(0381)454177
開10:00～18:00（11～1月は～17:00）
休祝日
料€3、学生€2

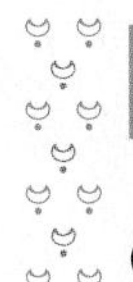

Restaurant & Hotel

ヴァルネミュンデやバート・ドーベランへの拠点都市となるため
ここに連泊する人も多い。ホテルは中心部に集中している。
レストランはクレッペリーナー通りにたくさんある。
クレッペリーナー通りのパサージュの中にもあるので歩いてみよう。

中世の丸天井がそのまま残る R

ラーツケラー 12
Ratskeller12 Map P.296-A2

住Neuer Markt 1 ☎(0381)5108460
ⓘ www.ratskeller12.de 営11:30～24:00（土曜10:00～、日曜9:30～15:00）休無休 CMVA
交バス・トラムNeuer Marktから徒歩1分

市庁舎地下のレストラン。ノイアー・マルクトに面したアーケード下の席は、いつもたくさんの人でにぎわっている。

目の前に船が停まっている R

ボルヴィン
Borwin Map P.296-A1

住Am Strande 2a ☎(0381)4907525
ⓘ www.borwin-hafenrestaurant.de 営11:30～24:00（ラストオーダー22:00）休無休 CMVA
交バス・トラムLange Straßeから徒歩7分

港にある魚料理のレストラン。見た目は簡素だが地元の人がすすめるだけあって確かにおいしい。ガラス張りで店内からの眺めは抜群。

市庁舎の横にある H

シュタイゲンベルガー・ホテル・ゾンネ
Steigenberger Hotel Sonne Map P.296-A2

住Neuer Markt 2 ☎(0381)49730
ⓘ de.steigenberger.com/Rostock
料ⓈⓉ€103～ 朝食別€19 室119 CMVA
無料 交バス・トラムNeuer Marktから徒歩1分

旧市街の中心部、ノイアー・マルクトの角に面しており観光にたいへん便利。トラムも目の前に停車する。インテリアは落ち着いた木目調。

複合建物の中にある H

ホテル・アム・ホプフェンマルクト
Hotel am Hopfenmarkt Map P.296-A1

住Buchbinderstr. 10 ☎(0381)4583443
ⓘ am-hopfenmarkt.com 料Ⓢ€59～ Ⓣ€72
朝食別€9.90 室59
CMV 無料 交バス・トラムNeuer Marktから徒歩3分

クレッペリーナー通りに面したホテル。部屋からは通りの眺めがいい。また、中庭側の部屋は静かで落ち着く。夏場はテラスでの朝食が人気。

ノイアー・マルクトの近く H

ディ・クライネ・ゾンネ
Die kleine Sonne Map P.296-A2

住Steinstr. 7 ☎(0381)46120
ⓘ die-kleine-sonne.arcona.de 料Ⓢ€64～ Ⓣ€74～、朝食別€14 室48 CMVA 無料 交バス・トラムNeuer Marktから徒歩5分

シュタイン門から市庁舎へ続くシュタイン通りに面した小規模なホテル。客室はやや狭めだが、設備は十分に整っており、居心地がいい。

クレッペリーナー通りにも近い H

ペンタホテル
Pentahotel Rostock Map P.296-A1

住Schwaansche Str. 6 ☎(0381)49700
ⓘ www.pentahotels.com 料ⓈⓉ€112～ 朝食別€17 室152 CMVJAD 無料
交バス・トラムLange StraßeまたはNeuer Marktから徒歩6分

旧市街の中心部、大学広場に近いホテル。ファサードはクラシックでエレガントだが、内部はモダンに改装されている。

町なかを走るSL「モーリー」

ここはヴィスマールとロストックの間にある小さな町バート・ドーベランBad Doberan。中心通りにはトラムが走るようなレールが敷かれている。道幅は決して広いわけでなく、レストランはレールの近くまでテーブルを張り出している。実はこのレール、トラムではなくSLのためのもの。こんな町のど真ん中を?!と信じ難いが、その姿を一度目にすれば納得がいく。SLは町のなかでは時速5～10km、人間が歩くのとあまり変わらない速度で走る。危険があればすぐに停車できる。煙も出さず、音も立てずにレールの上を滑るように進む。プラットホームなどはなく、人々は路上から乗り込んだり降りたりしている。このSLはバルト海沿岸を走る120年以上も前の機関車で「モーリー」の愛称で親しまれている。

モーリーが誕生したのは1886年のこと。海水浴というものがはやり出し、バ

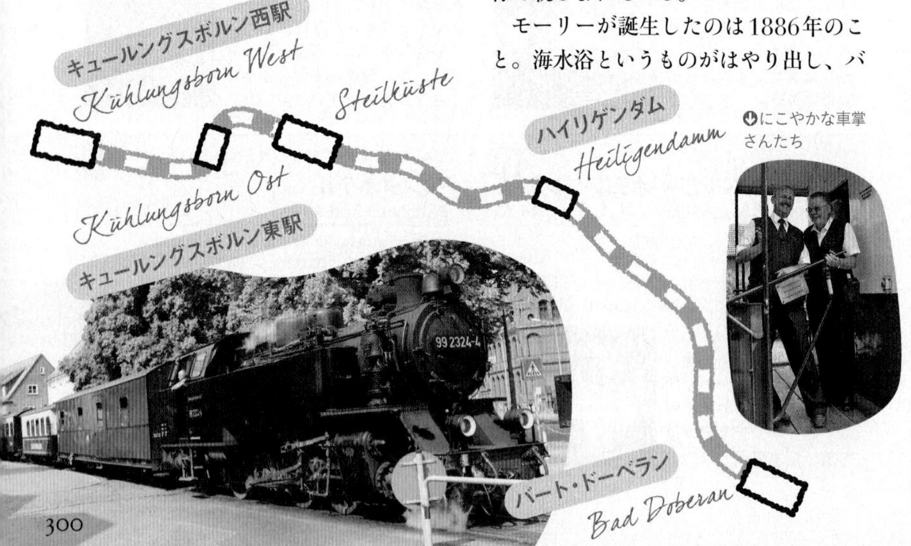

⬇にこやかな車掌さんたち

⬇鉄道ミニ博物館

⬅最終車両のサロンワゴン

⬆バルト海のビーチ

ート・ドーベランとバルト海に面したハイリゲンダムHeiligendammとの間に鉄道が敷かれたときだった。海水浴は初めのうちは王侯貴族たちだけのものだったが、しだいに富裕層市民も海水浴をするようになった。そして20世紀に入ると一般市民も海へ行き出した。ハイリゲンダムまで6.6kmだった鉄道は、1914年にはバルト海に沿ってキュールングスボルンKühlungsbornまで15.4kmに延長された。

標準軌間は1435mmであるのに対し、モーリーは軌間（線路幅）が900mmという世界最狭のもので、このタイプでは最も古い。町のなかでは時速5～10kmとゆっくり走るが郊外では時速30～40kmとなる。所要時間はバート・ドーベランからハイリゲンダムまで約20分。ちなみにハイリゲンダムでは2007年6月に第33回主要国首脳会議が開催されている。静かな村で周りから隔離されているため警護がしやすかったそうだ。キュールングスボルンまでは約45分。キュールングスボルンには東駅Kühlungsborn Ostと西駅Kühlungsborn Westがあり、終点の西駅には構内に鉄道ミニ博物館がある。にぎやかでレストランやショップが並んでいるのは東駅。ふたつの駅の間にはビーチが広がり、海岸沿いにホテルが並んでいる。

ドイツでは現役のSLが数ヵ所で走っているが、そのなかでもモーリーならではの魅力がある。すてきなカフェのサロンワゴンが連結されているのだ。赤いふかふかの椅子と赤いカーテン、古めかしい電気スタンド。レトロな雰囲気だけはオリエントエクスプレス並みだ。

⬇キュールングスボルン東駅近くの通り

運　行

モーリー号の出発はバート・ドーベラン鉄道駅Bad Doberan Bf.。ヴィスマールから来る電車もロストックから来る電車もモーリー号の出発に合わせ、Bad Doberan Bf.に10分ほど前には到着している。サロンワゴンは3月末から10月末の間、すべての便に連結される。

アクセス

バート・ドーベランは列車でロストックから約20分、ヴィスマールから約45分、ハンブルクからはロストック乗り換えで3時間、ベルリンからはロストック乗り換えで3時間15分。

運　賃

バート・ドーベランからハイリゲンダムまで片道€6.50、往復€10.50。バート・ドーベランからキュールングスボルンまで片道€10、往復€16。

ダイヤ

バート・ドーベランとキュールングスボルンの間を毎日往復している。イースター休暇初日（2020年は4月4日、2021年は未定）から10月31日までは8:00台から17:00台まで1時間に1本、冬期（11月1日からイースターの前まで）は8:00台から2時間に1本。

ℹwww.molli-bahn.de

Stralsund
シュトラールズント

Map P.13-A2
人口　5万9300人
市外局番（03831）

世界遺産
シュトラールズントおよびヴィスマールの歴史地区

ACCESS
鉄道
ベルリンからREで約3時間10分、ロストックから約55分。

シュトラールズントの観光案内所
» Map P.303-A1
住Alter Markt 9
☎(03831)252340
ⓘwww.stralsundtourismus.de
開10:00～18:00（土・日曜、祝日～15:00、11～4月は～17:00、土曜～14:00）
休11～4月の日曜、祝日

バス
中央駅から港まではバスが便利。6番のバスで終点のハーフェンHafen（港）まで約10分。

⬆小さな家が並ぶバートシュテューバー通り

シュトラールズントは一度も王侯貴族の支配を受けず、また司教にも支配されることがなかった町。ハンザ都市として栄え、ハンザ商人がつくり上げた立派な町並みが見られる。半島や島に挟まれて入江のようになった静かな港はハンザ時代、海賊の襲来を逃れる安全な場所だった。リューゲン島への日帰りも可能で、今日では海の魅力を楽しめる拠点の町ともなっている。

⬆聖マリア教会からの眺め

シュトラールズントの歩き方
Walking

旧市街はバルト海とふたつの池に取り囲まれて中州のようになっている。中央駅を出て東（右）へ歩くとふたつの池の間に道があり、通り抜けた所から旧市街が始まる。トゥリプゼーア通りTribseer Str.を進むと**聖マリア教会**がそびえるノイアー・マルクトNeuer Marktに出る。広場角からメンヒ通りMönchstr.を行くとかつての**カタリーナ修道院と教会**の建物があり、**文化歴史博物館**と**ドイツ海洋博物館**になっている。メンヒ通りと並行して走るオッセンレイヤー通りOssenreyerstr.はアルター・マルクトAlter Marktに通じる歩行者専用のショッピングストリート。アルター・マルクトには市庁舎と聖ニコライ教会がそびえ、観光案内所ⓘはここにある。広場近くの**ヨハニス修道院跡**は市の公文書館と福祉施設になっており、ひなびた建物が美しい。フェーア通りFährstr.を下ると港に出る。港からは遊覧船や近くの島へ船が出ている。運河を渡ると港地区Hafeninselになり、古いれんがの館が何軒か残っている。モダンな建物は水族館の**オツェアノイム**。旧市街へ戻り、運河に沿って歩くとハンザ商人が建てた福祉施設の**ハイルガイスト修道院Heilgeistkloster**があり、現在一部は老人ホームだ。近くの**バートシュテューバー通りBadstüberstr.**は雰囲気がある。戦火を免れたフランケン通りFrankenstr.を進むとノイアー・マルクトへ戻る。

おもな見どころ

The highlight

世界初のパサージュ

市庁舎

Rathaus

市庁舎と教会が一体となって見える

アルター・マルクトにそびえる市庁舎は巨大な建物のようだが、よく見ると隣は聖ニコライ教会。市庁舎は4階建てに見えるが2階から上はファサードのみでリューベックの市庁舎をまねて風穴が開いている。13世紀半ばから建設が始まり、リューベックをしのぐ市庁舎を目指して16世紀まで手が加えられた。決定的な特徴は1階がアーケードになっていて通り抜け可能で、両側に個室が並んでいること。建設当初からのもので、ここでハンザ商品が取引されていた。パサージュ様式というこの建て方は世界初で、現在はカフェやショップが入っている。

ドイツ海洋博物館

Deutsches Meeresmuseum

かつてのカタリーナ教会が博物館になったもので、館内が美しい。水槽の魚や古い船の模型、バルト海の生き物などを見ることができる。

» Map P.303-B1

住 Katharinenberg 14-20
☎ (03831)2650210
ⓘ www.meeresmuseum.de
開 10:00〜17:00
休 無休　料 €10、学生€8
交 中央駅から徒歩11分
※2023年12月現在改装のために閉館中。2024年夏に再開予定。

文化歴史博物館

Kulturhistorisches Museum

かつてのカタリーナ修道院の建物。この地方の先史時代の発掘品、シュトラールズントの美術工芸品や歴史などが詳しく紹介されている。

» Map P.303-B1

住 Mönchstr. 25-28
☎ (03831)253617
ⓘ museum.stralsund.de
開 10:00〜17:00
休 月曜　料 €6、学生€3
交 バスKütertorから徒歩4分
※2023年12月現在改装のために閉館中。2025年に再開予定。

文化歴史博物館への入口はメンヒ通りにある

市庁舎

» Map P.303-A2

市庁舎内はバルコニー付きのパサージュになっている

迎賓館としても使われた

聖ニコライ教会 St. Nikolaikirche

聖ニコライ教会
>> Map P.303-A2
住Auf dem St. Nikolaikirchhof 2
(03831)297199
www.hst-nikolai.de
開4～10月10:00～18:00（6～8月は～19:00、日曜、祝日12:00～16:00）11～3月10:00～16:00（日曜、祝日12:00～15:00）
休 無休
料€3
交市庁舎からすぐ

船乗りの守護聖人を祀っており、ハンザ商人によって1276年に創建された町で最も古い教会。市参事会員の多くがハンザ商人だったため、市庁舎と教会の行き来がしやすいように正面入口は市庁舎アーケード途中にある。市の重要な会議や賓客を迎える式典も聖ニコライ教会で行われた。教会入口には何重にも黒れんがを積み重ねたアーチと装飾的な扉がある。ふたつの塔は17世紀に雷で破壊された。ひとつは修復されたがもう一方は財政難で工事が中断し、先端部分がないまま今日にいたっている。

手前の塔には屋根があるが奥の塔には屋根がない（左）、目立たない所にあるが美しい聖ニコライ教会入口（右）

ヨハニス修道院跡も近くにある

塔の上に上ってみよう

聖マリア教会 St. Marienkirche

聖マリア教会
>> Map P.303-B1
住Marienstraße 16
(03831)298965
www.st-mariengemeinde-stralsund.de
開9:30～17:30（11～3月は 10:00 ～ 12:00、14:00～16:00、土曜は10:00～12:00、日曜は礼拝終了後～12:00）
料塔€4
交中央駅から徒歩9分

1298年に創建され、大聖堂のように大きくて立派だがれっきとした市民の教会。104mの塔には上ることができる。366段の階段のうち、226段までは石段。それから先の140段は木製になり、しだいに狭くなる。最後は梯子をよじ上るようにしてバルコニーへ出るとすばらしい眺めが得られる。町の全体はもちろん、リューゲン島まで見渡せる。

ノイアー・マルクトに堂々そびえる聖マリア教会

暗いホールに寝っ転がる場所あり

オツェアノイム Ozeaneum

オツェアノイム
>> Map P.303-A2
住Hafenstr. 11
(03831)2650610
www.ozeaneum.de
開9:30～20:00（10～5月は～18:00）
休 無休
料€17、学生€12
交バスOzeaneumからすぐ

港に出現した真っ白な怪物のような建物で、水族館と海の博物館になっている。吹き抜け天井からはクジラの骨が、暗いホールではシャチやクジラが宙を泳ぐ。いずれも模型だが迫力があっておもしろい。広い館内では水槽で泳ぐ魚はもちろん、世界の海の生き物たちの標本なども見ることができる。

本物そっくりの巨大な魚を眺めながら寝転んで休憩

Restaurant & Hotel

ノイアー・マルクトとその近くにホテルが多い。
ハンザ商館を改築したホテルは雰囲気があっておすすめ。
レストランは港近くやアルター・マルクト、ノイアー・マルクトに多く
どこも魚料理がおいしい。

港の倉庫だったれんがの館 R

シュパイヒャー・アハト

Speicher 8 Map P.303-A2

住Hafenstr. 8 ☎(03831)2882898
ⓘwww.speicher8.de 営10:00～23:00(冬期は変動あり) 休無休 CMV
交バスOzeaneumから徒歩1分

港に面した古い大きな建物の角にある。夏場は路上席が気持ちいい。室内はモダンなインテリアで高級なムードが漂う。魚料理が自慢で寿司もある。

1332年以来この場所にある居酒屋 R

ツア・フェーレ

Zur Fähre Map P.303-A2

住Fährstr. 17 ☎(03831)297196
ⓘwww.zurfaehre-kneipe.de
営18:00～
交中央駅から徒歩20分

町でいちばん古いこぢんまりとした店。ヨーロッパでも現在も営業している店としては最古のひとつ。船乗りたちが旅に出る前に必ずここへ寄った。

モダンなインテリアの店 R

フリッツ

Fritz Map P.303-A2

住Am Fischmarkt 13A ☎(03831)35700
ⓘwww.fritz-braugasthaus.de
営11:00～ 休無休
交バスOzeaneumから徒歩2分

港の倉庫を改築した建物で、料理は自然食品の素材で作っている。自然食品を扱うショップも併設。夏場、港に面したテラス席は人気。

ホテルの前にバス乗り場あり H

インターシティ

InterCityHotel Map P.303-B1 域外

住Tribseer Damm 76 ☎(03831)2020
ⓘde.intercityhotel.com/Stralsund 料Ⓢ€80～ Ⓣ€100～ 朝食別€15 室108 CMVJAD
無料 交中央駅からすぐ

駅を出ると右に建物が見える。外観もロビーもシンプルだが客室は広くて使いやすい。滞在期間中の鉄道とバスの無料券が提供され便利。

大人も子供もここへ来る R

ミルヒバー

Milchbar Map P.303-B1

住Neuer Markt 13 ☎(03831)3066950
ⓘwww.milchbar-stralsund.de 営10:00～21:00
休無休
交中央駅から徒歩10分

ノイアー・マルクト角にある地元の人おすすめのカフェ。大きなパフェは何種類もあり、本当においしい。軽食も€3.50～とリーズナブル。昼間は1年中混み合っている。

ハンザ商館の面影を残す H

シェーレホーフ

Hotel Scheelehof Map P.303-A2

住Fährstr. 23-25 ☎(03831)283300
ⓘwww.scheelehof.de 料Ⓢ€80～ Ⓣ€109～
室92 CMVA 無料
交バスOzeaneumから徒歩4分

3軒並んだ館を改築してモダンなホテルに。左からホテル、レストラン、カフェ＆ショップの順で並び、朝食はハンザ商館だったレストランで。

Insel Rügen
リューゲン島

Map P.13-A2
人口　6万2900人
市外局番（038393）（ビンツ）

ACCESS
シュトラールズントからビンツまでREで約55分。夏期はベルリンやハンブルクからビンツへ直通列車が出ている。

リューゲン島（ビンツ）の観光案内所
≫ Map P.307下-A3
住 Heinrich-Heine-Str. 7
☎ (038393)148148
ⓘ www.ostseebad-binz.de
開 9:00～18:00（土・日曜10:00～、11～2月は9:00～16:00、土・日曜10:00～、祝日は通年10:00～16:00）
休 無休
シュトラントプロメナーデ沿いにも案内所がある

世界遺産
カルパチア山脈の原生ブナ林とドイツの古代ブナ林
リューゲン島にあるヤスムント国立公園を含むブナ林群が世界遺産に登録されている。

↑かつてのクーアハウス前のビーチで人々がくつろぐ

↑海岸に沿ってどこまでも続く並木道

↑島の最北にあるヴィット村とアルコナ岬

ドイツ最大の島であり、ドイツ最北東に位置している。カスパー・ダーヴィット・フリードリヒの『リューゲン島の白亜の断崖』で知られるヤスムントJasmundは2011年に世界自然遺産に登録されている。白亜の断崖はほんの一部で、島ではいたるところに白いビーチが広がっている。19世紀後半、ベルリンの王侯貴族によって開発されたリューゲン島はドイツ有数の海のリゾート地。一方では素朴な自然が多く残り、ドイツ人が好む島になっている。

リューゲン島の歩き方
Walking

リューゲン島はシュトラールズントからわずか2.5kmの距離にあり、土手が建設されて鉄道と車で渡ることができる。南北に52km、東西に41kmと広いので島の観光は鉄道、バス、船を利用する。島の中心部にある**ベルゲンBergen**は各方面へバスが出て交通の便はよいが観光的要素はない。島の観光拠点は**ビンツBinz**。ホテルがたくさんあり、ここを拠点に島を巡るのがおすすめ。1ヵ所だけ訪れるならシュトラールズントからの日帰りも可能。

ヤスムントの白亜の断崖は海から眺めるのが美しい。ビンツやザスニッツSassnitzから出ている遊覧船に乗るとよい。島の最北**アルコナ岬**には古い民家が保存された村があり、ここを訪れるにはバスを利用する。

はみだし情報　ビンツから車で約10分のプローラProraは、4.5kmにわたる海岸線をもつ海辺の町で、ナチス・ドイツ時代の巨大な遺物がある。8棟の無機質なビルからなる労働者のための保養施設で、全室オーシャン↗

おもなみどころ The highlight

ドイツでは珍しい白い邸宅が並ぶ

ビンツ Binz

ビンツは1880年代に公の海水浴場として整備され、海岸プロムナードやクーアハウスが建設された。それ以降、海岸沿いに邸宅形式の宿泊所が次々と建てられていった。華奢で瀟洒なバルコニーをもつ真っ白な館は「海水浴場建築様式」と呼ばれてバルト海沿岸で流行し、特にビンツで多く建てられた。ビンツには4.7kmも続く海岸プロムナードがあり、樹木が植えられた快適な散歩道になっている。町の中心はゼーブリュッケの前から真っすぐ西へ延びるハウプト通りHauptstr.とその周辺。レストランやカフェが多く観光案内所ℹも近い。

ドイツ人が一度は行ってみたいと思う白亜の断崖

クライデフェルゼン Kreidefelsen

チョークの材料となるクライデKreide（白墨）の岩で1832年から白墨用に採掘されていた。ドイツ・ロマン派の画家カスパー・ダーヴィット・フリードリヒの『リューゲン島の白亜の断崖Kreidefelsen auf Rügen』で有名になった。フリードリヒの絵は崖の上から描いているが、はいつくばっている人がいるように崖の上は危険。海から眺めるほうが安全でより美しい。ビンツから遊覧船が出ており、下船はしないが118mもある白亜の断崖を優雅に観賞することができる。

↑海から眺める白亜の断崖クライデフェルゼン

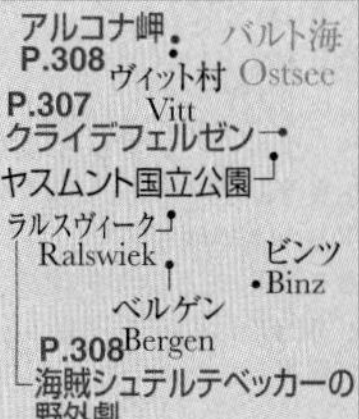

ビンツからの遊覧船
4〜10月は毎日10:45、12:30、14:15（5〜10月は10:00、13:15も運航）。
11〜3月の水〜日曜（3月は火曜も）は11:45（年末年始は毎日運航）。天候等により変動あり。
所要約2時間45分、€22
ℹ www.adler-schiffe.de

クライデフェルゼン
>> Map P.307上

↑『リューゲン島の白亜の断崖』（1818年）
スイス・ヴィンタートゥール「オスカー・ラインハルト美術館」蔵

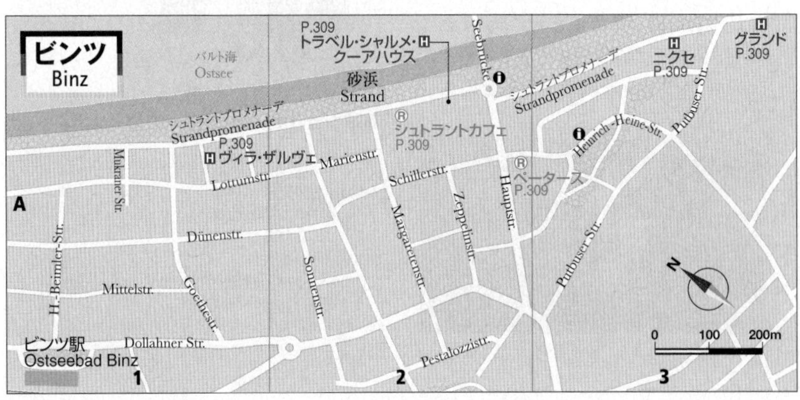

↘ビュー、部屋数は1万室あったという。第2次世界大戦が勃発し、結局は使われないまま放棄された。現在は一部がユースホステルとなっている（4〜10月のみ営業）。ℹ www.jugendherberge.de

アルコナ岬／ヴィット村
>> Map P.307上
ⓘ www.vitt-ruegen.de（ヴィット村）
ベルゲン、ビンツからバスを乗り継いて行くことができるが、便数が少ないので車を利用するのが現実的。どちらの町からも所要1時間程度。また、プットガルテンからカップ・アルコナ・バーンKap-Arkona-Bahnという汽車のような連結バスが、アルコナ岬とヴィット村へ出ている（片道€2.50、往復€4）。夏期は馬車や貸自転車もある。

リューゲン島の最北端

アルコナ岬／ヴィット村 Kap Arkona / Vitt

島の北端プットガルテンPutgartenの近くにはクライデフェルゼンと並ぶ断崖名所、アルコナ岬がある。ここも白墨岩で高さは45mと低いが平らな岩が続き、先端に灯台がある。岬のすぐ南側にあるヴィット村は人口30人ほどで、わずか13軒の民家から成り立っている。すべての家が昔ながらのヨシ葺き屋根で番地はなく、住所の代わりとなる記号のような文字が壁に見られる。村は海岸のすぐ近くにあり、アルコナ岬はここから眺めるのがいちばん美しい。

↑アルコナ岬のふたつの灯台。右は22.45m、左は35m

Tips!

海賊シュテルテベッカーの野外劇

海沿いの町では誰でも知っているクラース・シュテルテベッカー（→P.121）。14世紀末の海賊なので確かな生い立ちはわかっていないが、リューゲン島のブッシュヴィッツBuschvitz村で生まれたとされている。リューゲン島では毎年、この村近くのラルスヴィークRalswiekで大がかりな野外劇が繰り広げられる。ラルスヴィークはヤスムント湾の漁村。海に面した常設野外劇場はかなり立派にできている。海側に舞台があり、本物の船が海から登場する。ときには船が沈められたりもする。この劇はシュテルテベッカー没後600年を記念して1990年代末から始まり、彼が処刑されて600年となる2002年で終わる予定だった。ところが大好評のためその後も続けられている。2ヵ月半に及ぶ長い公演は連日満席に近いという人気ぶり。公演は6月下旬から9月初めまで日曜を除く毎日、20:00～22:30。

↑シュテルテベッカーの野外劇

↑劇中に火災が起きたり船が沈んだりで迫力満点

海賊シュテルテベッカーの野外劇
Störtebeker Festspiele

>> Map P.307上
住 Am Bodden 100, Ralswiek
☎ (03838)31100
ⓘ stoertebeker.de
営 8:30～16:30（金曜～13:00）（チケット販売）
休 土・日曜（チケット販売）
料 €15～38
交 ビンツから車で30分

Restaurant & Hotel

バルト海に面したリゾート地では、ホテルはほとんど海沿いにある。
ビンツには、こぢんまりとした白亜の館がずらりと並んでいる。
小さなホテルほどリピーターで埋まるので、早めの予約を。
レストランは、ハウプト通りとその周辺に集中している。

並木道に面したカフェ&レストラン R

シェトラントカフェ
Strandcafé Binz Map P.307下-A2

ビンツ 住Strandpromenade 29, Ostseebad Binz
☎(038393)32387
ⓘwww.strandcafe-binz.de
営11:00～23:00 休無休 CM V（€30～）
交DB Ostseebad Binzから徒歩14分

シュトラントプロメナーデに面した、ピザやパスタなどイタリアンがおいしいカフェ。パフェやアイスクリームも人気。

ハウプト通りのベーカリー R

ペータース
Café Bäckerei Peters Binz Map P.307下-A2

ビンツ 住Heinrich-Heine-Str. 2, Ostseebad Binz
☎(038393)30488
ⓘwww.baeckerei-peters.de
営6:00～18:00 休無休 C不可
交DB Ostseebad Binzから徒歩15分

リューゲン島の数ヵ所に店舗を構えるベーカリーでケーキもおいしい。カフェスペースもあり、軽食も食べられる。

ひときわ目立つ豪華な館 H

トラベル・シャルメ・クーアハウス
Travel Charme Kurhaus Binz Map P.307下-A2

ビンツ 住Strandpromenade 27, Ostseebad Binz
☎(038393)6650 ⓘwww.travelcharme.com
料Ⓢ€127～ Ⓣ€162～ 室137 CM V A
無料 交DB Ostseebad Binzから徒歩15分

ビンツの中心地にあり、1906年にクーアハウスとして建設された豪華な館。現在スイス系チェーンのホテルとなっている。

外観よりも内部に高級感があふれる

グランド
Grand Hotel Binz Map P.307下-A3

ビンツ 住Strandpromenade 7, Ostseebad Binz
☎(038393)150 ⓘwww.grandhotelbinz.com
料Ⓢ€100～ Ⓣ€160～
室127 CM V A 無料
交DB Ostseebad Binzから徒歩21分

ビンツの南端にあり、喧騒からかけ離れて静か。バルト海を望める客室もある。駅から無料のシャトルあり。

館前のテラスが気持ちいい

ヴィラ・ザルヴェ
Villa Salve Map P.307下-A1

ビンツ 住Strandpromenade 41, Ostseebad Binz
☎(038393)2223 ⓘwww.salve-binz.de
料ⓈⓉ€105～ 朝食別€14
室13 CM V
無料 交DB Ostseebad Binzから徒歩9分

19世紀末の古い館を修復した白亜の館。客室はクラシックで床は板張り。リピーターが多く、13室なので予約は早めに。

おしゃれなプチホテル

ニクセ
niXe Designhotel Binz Map P.307下-A3

ビンツ 住Strandpromenade 10, Ostseebad Binz
☎(038393)666200 ⓘwww.nixe.de
料Ⓢ€200～ Ⓣ€210～
室16 CM V 無料 交DB Ostseebad Binzから徒歩20分

シュトラントプロメナーデに面した新しいホテルで、インテリアはデザイン系。フランス料理のレストランが地元で評判。

Insel Usedom
ウゼドーム島

Map P.13-A2
人口　3万500人（ドイツ領のみ）
市外局番（038378）

ACCESS
シュトラールズントからヘリングスドルフまでRE、RBで約2時間。

ベルリンに最も近い海水浴場であるためドイツ皇帝が気に入り、1876年にはベルリンから鉄道が敷かれた。皇帝が好んで滞在したのは島の南東端にある3つの村。これらは“皇帝の海水浴場”と呼ばれた。ここの風景はほかのリゾート地と少々異なる。ビーチに沿って建ち並ぶのは華奢な白亜の館ではなく、樹木に囲まれた一戸建ての大邸宅。19世紀末、ベルリンに住む富豪たちがこぞってここにヴィラを建てた。ユダヤ人富豪が多かったためナチスの時代、彼らは海外へ亡命。空いた屋敷はナチスの事務所や幹部の別荘になった。そして社会主義時代、それらは国家保安省（シュタージ）の事務所や幹部邸宅となる。常に特異な環境におかれた保養地だったため開発が遅れた。壁崩壊後、1990年代から急速に整備が始まり、かつて富豪たちが建てた大邸宅は今日、豪華ホテルや豪華貸別荘になっている。

⬆今、ドイツで最も話題になっているウゼドーム島のビーチ。写真はアールベック

⬆海岸プロムナードには木陰の道もあれば花壇の庭もある

⬆皇帝ヴィルヘルム2世が滞在した館は現在、長期滞在ホテルになっている

ウゼドーム島の歩き方
Walking

ポーランドとの国境付近にある島で、東部はポーランド領になっている。電車で島へ渡って最初のバルト海に面したツィンノヴィッツZinnowitzは20世紀初頭に海水浴場として発展し、現在も海水浴客がたくさん訪れる。島の北部にあるペーネミュンデ村では第2次世界大戦中にV2ロケットが開発され、その実物大模型が**歴史技術博物館**に展示されている。ウゼドーム島で人気があるのは島の南東端にある**バンズィンBansin**、**ヘリングスドルフHeringsdorf**、**アールベックAhlbeck**。これら3つの村は「皇帝の海水浴場」と呼ばれ、かつてドイツ皇帝たちが好んで滞在した保養地。中間に位置するヘリングスドルフからバンズィンやアールベックまで徒歩で30分ほど。ウゼドーム島には文化的な観光名所は

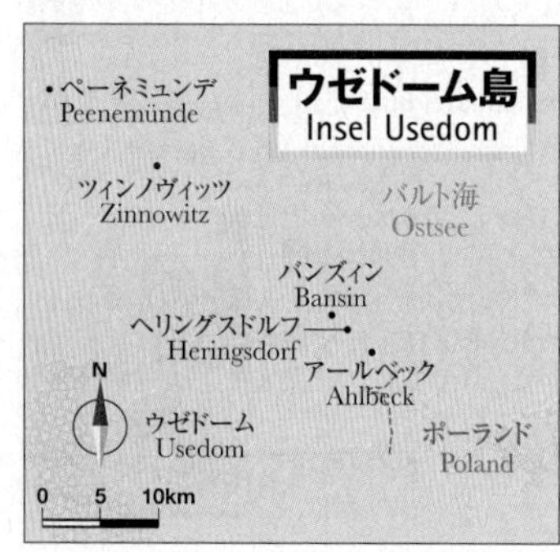

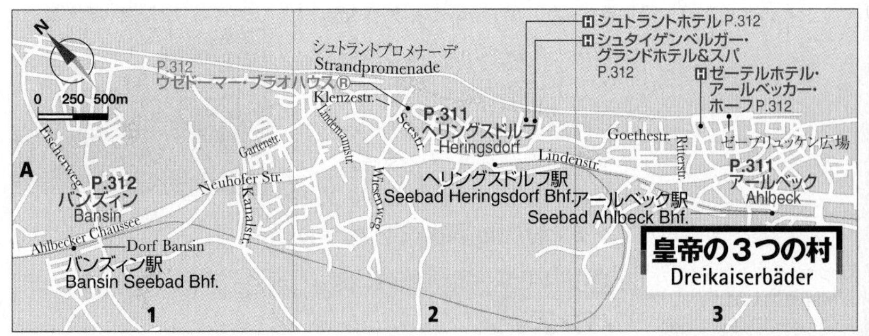

特にない。レストランのあるピア、どこまでも続く海岸のプロムナード、林の中に建つ豪邸を眺めるなど、ひと味異なった海のリゾート地を堪能できるのがウゼドーム島の魅力である。

おもな見どころ
The highlight

皇帝が滞在した3つの村の中心地

ヘリングスドルフ
Heringsdorf

ヘリングスドルフはアールベックとバンズィンの間にある。かつて名もない村で、ここで魚のニシン（ヘリング）が梱包されていた。プロイセン王フリードリヒ・ヴィルヘルム4世がここをニシンの村（ヘリングスドルフ）と呼んだことで村の名前になった。1825年から海水浴営業が開始。現在は3つの「皇帝の海水浴場」の中心になっている。ヘリングスドルフにはカジノもある。カジノの前に、カジノへ行った夫を待っている婦人像がある。ヴィルヘルム皇帝橋と名づけられた19世紀末のピア（桟橋）は1958年に放火で焼失。1995年に雨避けガラス板と屋根が付けられて再建され、508mもあるドイツで最も長いピアになった。途中と先端にショップやレストランがある。

ポーランドとの国境にある

アールベック
Ahlbeck

↑島のシンボル、アールベックのピア

アールベックのピアは1899年に280mも海に突き出て建設された。1993年に建て替えられた際、先端にレストランが建設された。初めての海上レストランでウゼドーム島のシンボルになっ

ペーネミュンデ歴史技術博物館
Historisch-Technisches Museum Peenemünde
住 Im Kraftwerk Peenemünde
☎ (038371)5050
ⓘ museum-peenemuende.de
開 10:00～18:00（10～3月は～16：00）
休 11～3月の月曜
料 €9、学生€6

ヘリングスドルフ
» Map P.311-A2

↑ヘリングスドルフのピアは風雨対策が取られ、橋の中央にガラス板がはめられている

アールベック
» Map P.311-A3

↑アールベックの別荘地帯

ている。アールベックから海岸に沿って南へ30分ほど歩いていくとポーランドとの国境がある。当時建設された海岸プロムナードは国境からアールベック、ヘリングスドルフを経てバンズィンまで約12km続いている。

⬆アールベックの中心部では馬車も走る

バンズィン
» Map P.311-A1

⬆海水浴を楽しむ家族

広いビーチで人々がくつろぐ

バンズィン Bansin

バンズィンは1256年の古文書に記録がある古い村。バンズィンのピアは19世紀末に船着場として建設され、船の出入りのときは見物客が集まってきた。今日のバンズィンのピアは285mでピアの上に建物はなく、先端の階段から海へ入れるようになっている。バンズィンのビーチは幅が50mもあり、砂浜の幅としてはバルト海でいちばん広い。

Restaurant & Hotel

一度は足を運びたい R

ウゼドーマー・ブラオハウス
Usedomer Brauhaus Map P.311-A2

ヘリングスドルフ 住Platz des Friedens, Seebad Heringsdorf 📞(038378)61421
ⓘwww.seetel.de
営12:00～24:00 休無休 CM V
交DB Seebad Heringsdorfから徒歩10分

自家製ビールを飲ませる店。庶民的な雰囲気で料金も手頃。観光客で常に混み合っている。自家製ソーセージもおいしい。

敷地内にはヴィラもある H

シュタイゲンベルガー・グランドホテル & スパ
Steigenberger Grandhotel & Spa Map P.311-A2

ヘリングスドルフ 住Liehrstr. 11, Seebad Heringsdorf
📞(038378)4950 ⓘde.steigenberger.com
料Ⓢ€145～ Ⓣ€175～ 室169
CM V A 📶無料
交DB Seebad Heringsdorfから徒歩7分

新しく建てられたホテルだが、重厚な造りで高級感にあふれている。客室は白と青が基調で海のムード。ベッドも快適。

ゼーブリュッケン広場すぐ H

ゼーテルホテル・アールベッカー・ホーフ
SEETELHOTEL Ahlbecker Hof Map P.311-A3

アールベック 住Dünenstraße 47, Seebad Ahlbeck
📞(38378)620
ⓘwww.seetel.de/hotels-resorts-usedom/
料Ⓢ€133～ Ⓣ€151～ 室91 CM V A D
📶無料 交DB Seebad Ahlbeckから徒歩12分

100年以上の伝統をもつ5つ星ホテル。4軒のレストランとバー、スパを併設。バルト海すぐのロケーションも贅沢。

ビーチが目の前に広がる H

シュトラントホテル
Strandhotel Heringsdorf Map P.311-A2

ヘリングスドルフ 住Liehrstr. 10, Seebad Heringsdorf
📞(038378)2320
ⓘwww.strandhotel-heringsdorf.de
料Ⓢ€85～ Ⓣ€120～ 室89 CM V
📶無料 交私鉄Seebad Heringsdorf駅から徒歩8分

落ち着いた客室で、冬期も客を迎えるためスパに力を入れている。レストランは雰囲気がよく、生演奏も行われている。

旅の準備と技術

旅の準備 旅の必需品

パスポートに関する情報
各都道府県の申請窓口所在地や、パスポートについての最新情報は、外務省のホームページ内、渡航関連情報を参照。
www.mofa.go.jp/mofaj/toko/passport

訂正旅券の取り扱いに注意！
2014年3月20日より前に名前や本籍地等の訂正を行った旅券（訂正旅券）は、訂正事項が機械読取部分およびICチップに反映されておらず、出入国時や渡航先で支障が生じる場合もあるため、新規に取得しなおすことが望ましい。
www.mofa.go.jp/mofaj/ca/pss/page3_001066.html

ドイツ大使館
住〒106-0047
東京都港区南麻布4-5-10
領事部（ビザ）
(03)5791-7700（緊急時のみ）
www.japan.diplo.de
開ビザ関係業務（窓口）
月～金曜8:00～11:00
休土・日曜、祝日、ドイツの祝日

大阪・神戸ドイツ総領事館
住〒531-6035
大阪府大阪市北区大淀中1-1-88-3501　梅田スカイビル　タワーイースト35階
(06)6440-5070
www.japan.diplo.de
開ビザ関係業務（窓口）
9:00～11:30
休土・日曜、祝日、ドイツの祝日
※ビザ申請等は上記サイトから事前登録が必要

ワーキングホリデー制度
ワーキングホリデー制度とは18歳以上31歳未満の日本人を対象に、1年間有効な滞在ビザを発給するもの。ドイツでの滞在費用を補うための就労が認められる。申請はドイツ大使館、ドイツ総領事館（→上記）で。問い合わせは日本ワーキング・ホリデー協会へ。
www.jawhm.or.jp

最も大切なパスポートのほか、海外旅行保険などの手続きが必要なものがいろいろある。取得するのに時間がかかるものもあるので、準備は早めに。

パスポート

左が10年、右が5年有効のパスポート

パスポートは、住民登録している各都道府県のパスポート申請窓口に必要書類を提出して申請する。有効期間は5年用と10年用の2種類（20歳未満は5年用旅券のみ）。子供もひとり1冊のパスポートが必要。

申請後、土・日曜、祝日、年末年始を除き、1週間ほどで発給される。受け取りは、原則として旅券名義の本人が、窓口まで行く。

現在発行されているパスポートはすべてICチップが組み込まれている。強い力を加えたり、強い磁気にさらされたりすると破損するので注意が必要。

パスポートの残存有効期間

パスポートの残存有効期間は、ドイツを含むシェンゲン協定加盟国（→P.323）からの出国予定日から3ヵ月以上必要。新しいパスポートへの切替申請は期限切れの1年前からできるので、残存有効期間が1年を切ったら、早めに切替申請をしておきたい。切替の申請には、古いパスポートも必要。

申請時、受け取り時に必要なもの

申請に必要なもの	**1. 一般旅券発給申請書1通** **2. 戸籍抄本または謄本1通** **3. 写真1枚（縦4.5cm×横3.5cm）** **4. 身元を確認するための書類** ※運転免許証は1点だけでよいが、健康保険証の場合は、年金手帳などもう1点必要。 ※住基ネットワークシステムの利用を希望しない人、住民登録のある場所と異なる都道府県で申請する人は住民票の写しが1通必要。
受け取りに必要なもの	**1. 旅券引換書（申請時に窓口で渡されたもの）** **2. 発給手数料** 収入印紙と都道府県収入証紙 ：5年用1万1000円、10年用1万6000円 ※収入印紙などは窓口近くの売り場で販売されている

ビザ

ドイツを含むシェンゲン協定加盟国（→P.323）での滞在日数の合計が90日以内で、目的が観光であれば、ビザは不要。ただし2021年からETIAS（エティアス：欧州渡航情報認証制度）の申請が必要になる予定。

海外旅行保険

↑けがや病気だけでなく盗難の備えにも

旅行先で思いがけないけがや病気に見舞われたとき、保険なしで現地の病院に行くのは金銭的に大きな負担になる。出発前に海外旅行保険にはぜひとも加入しておこう。

海外旅行保険には、必要な保険と補償を組み合わせた「セット型」と、ニーズと予算に合わせて各種保険を選択できる「オーダーメイド型」がある。基本契約（必ず契約しなくてはいけない保険）である「治療費用」に、特約である「傷害死亡・後遺障害」や「救援者費用」、「携行品損害補償」などを組み合わせる。無駄な保険料を払わずに済むように自分のニーズをよく考えよう。海外旅行保険を扱う損害保険会社はたくさんあるが、保険商品の特徴や保険料の違い、現地連絡事務所の有無、日本語救急サービスの充実度などをよく検討しよう。

「地球の歩き方」ホームページからも申し込める。

ⓘ www.arukikata.co.jp/hoken

国外運転免許証

ドイツの道路はよく整備されており、運転しやすいことで有名。アウトバーンは車に乗らない人でも耳にしたことがあるだろう。ドイツ人は交通規則をきちんと守り、運転マナーもいいので、海外とはいえ運転はさほど難しくない。国外運転免許証を取得して、古城ホテルや郊外の見どころにドライブがてら出かけてみよう。

国外運転免許証は住民登録がしてある都道府県の運転免許試験場に申請する。申請には現在有効な運転免許証、パスポート、写真1枚（縦5cm×横4cm）、印紙または手数料（都道府県ごとに異なる、東京都は手数料2350円）が必要。国外運転免許証は取得日から1年間有効なので、日本の免許証の期限切れまで1年以上あることが原則。必ず日本の免許証も持参すること。詳しくは各都道府県の警察や運転免許センターへ問い合わせのこと。

↑車なら郊外や田舎の町にも足を延ばしやすい

海外旅行保険取扱会社

損保ジャパン日本興亜
ⓘ www.sjnk.co.jp
東京海上日動
ⓘ www.tmn-hoken.jp
AIG損保
ⓘ www.aig.co.jp
三井住友海上
ⓘ www.ms-ins.com

クレジットカード付帯保険

クレジットカードには自動的に保険が付いているものがある。特別な手続きは必要なく、基本的な補償なら保険料が別途にかからない場合がほとんどなので、1枚持っていると安心だ。詳しい情報は各カード会社（→P.319）まで。
ただし、クレジットカード付帯の保険は「疾病死亡保険がない、補償金額が少ない」など必ずしも十分な補償が得られない場合も多い。自分のカードの付帯保険の内容を確認して、不足分をカバーするためにも海外旅行保険に加入することをおすすめする。

アウトバーンについて

アウトバーンAutobahnはドイツ国内に張り巡らされている高速道路網で、原則通行料は無料。制限速度がないことで有名だが、実際は速度制限がされている区間も多く、無制限の区間においても、車の種類によって制限が設けられている。

✉レンタカーで走ってみました

ナビのドイツ語がわかりにくかったり故障していたりすることもあるので、スマートフォンを利用するのも一案です。道路地図もあると安心。高速道路はSAの数自体が少ないうえ、トイレのみのところも多いので、水や軽食は持参したほうが安心です。レンタカーの返却場所もわかりにくいことがあるので借りる際によく確認しておきましょう。
（横浜市　中里愛　'15）['20]

服装と持ち物

ドイツは日本よりもかなり北に位置している。緯度で比較すると、ドイツ南部のミュンヘン（北緯48度）は、北海道よりも北の樺太付近に当たる。冬場の服装は、北海道よりもやや寒いつもりで用意するといいが、夏はかなりの猛暑となる期間もあり、変化が激しい。同じ時期でも年によって傾向が違うので、出発直前の傾向をドイツの天気サイトなどでチェックしておこう。

日中の観光は歩きやすさを第一に考えた服装で。高級そうなものを身につけていると、スリのターゲットになる。オペラ鑑賞や高級レストランなどへ行く予定の人は、男性はジャケットにネクタイ、女性はシンプルなワンピースにアクセサリーなどで変化をつければ、荷物もさほど増えない。

旅先では、身軽に動けることがいちばん。たいていのものはドイツで調達できる。ただ、胃薬や風邪薬などの常備薬は、飲み慣れたものを忘れずに持参したほうがいいだろう。

荷物チェックリスト

貴重品	パスポート	
	クレジットカード	
	現金(ユーロ)	
	現金(日本円)	
	航空券(eチケット控え)	
	交通パス(鉄道パスなど)	
	海外旅行保険証券	
	IDカード類(国際学生証など)	
	パスポートのコピー	
洗面具関係	シャンプー・リンス	
	歯ブラシ	
	タオル	
	ひげそり	
	化粧用品	
	ポケットティッシュ	
	携帯用ウエットティッシュ	
衣類	シャツ	
	下着、くつ下	
	セーター（トレーナー）	
	手袋・帽子	
	パジャマ	
	水着	

	傘、レインコート	
薬品・雑貨	薬品類	
	洗剤	
	生理用品	
	文房具、ノート	
	裁縫用具	
	ツメ切り＆耳かき	
	プラスチックの食器、	
	スプーン、フォーク	
	ビニール袋	
	スリッパ、ビーチサンダル	
	サングラス	
	防寒具(携帯用カイロなど)	
	カギ(南京錠)	
	腕時計、目覚まし時計	
	電池	
	カメラ、充電器	
	携帯電話、充電器	
	計算器	
本類	ガイドブック類	
	会話集、電子辞書	

現地の天気予報
インターネットでドイツの天気予報を知ることができる。服装や持ち物の参考にしよう。
ⓘ www.arukikata.co.jp/weather（日本語）
ⓘ www.dwd.de(ドイツ語、英語)

電圧と周波数
ドイツの電圧は230V。周波数は50Hz。日本で使っている電気製品は、AC100-240Vと表示してあるもの以外は、変圧器が必要だ。

Cタイプのプラグ

シャンプーはあるけれど
ヨーロッパの人は髪がやわらかいからか、シャンプーはあってもコンディショナーなどはないことが多い。

旅の途中、疲れからかひどい歯痛に悩まされました。歯は保険が効かないので、痛み止めを持っていくことをおすすめします。せっかくのドイツ料理が食べられないのは残念なので。（東京都　めぐみ　'20）

旅の準備 旅の情報収集

旅情報をインターネットで探す

ドイツのインターネット情報は、とても充実している。本書でも各都市の観光局のホームページアドレスを適宜掲載しているが、掲載されていない町でも、http://www.　.deの空白部分に、都市名をアルファベットで入力したかたちのアドレスで試してみよう。多くの場合、その町の情報のページにアクセスできる。ホームのメニューの中に、たいていTourismusなどと観光関係のリンクページがあることが多い。これが見つかればしめたもの。サイトによって差はあるが、更新も行われているので、最新情報が得られるし、町によってはオンラインでホテルを予約できるシステムもある。

ドイツの検索エンジン（ドイツ版Yahoo!など）を利用して、都市名を入力して検索する方法もある。

旅に役立つウェブサイト

ドイツ観光局公式サイト	www.germany.travel
ドイツ旅行を思い立ったらまずアクセス。都市別、テーマ別、いろいろな旅の形が見える	
地球の歩き方ホームページ	www.arukikata.com
ガイドブックの更新情報から、現地特派員による最新情報まで、旅のコンテンツ満載	
ドイツ鉄道	www.bahn.de
プランニングに威力を発揮。時刻を調べるだけでなく、チケットの購入も。英語対応	
ルフトハンザ ドイツ航空	www.lufthansa.com
ドイツへのアクセスを調べるだけでなく、国内線の状況もチェック	
ドイツニュースダイジェスト	www.newsdigest.de
日本語で読める最新のドイツニュース。政治・経済から旅行、生活情報まで幅広い	
外務省海外安全ホームページ	www.anzen.mofa.go.jp
ドイツだけでなく、世界各国の治安状況をいち早くキャッチ！	

ドイツでの情報収集

旅行者の強い味方

ドイツの各町には観光案内所Tourist-Informationがある。見どころのパンフレット、地図、ホテルリストなどが用意されており、無料で配布しているところと、有料（簡単なもので€0.50程度）のところがある。最近は観光案内所も民営化されてきているせいか、有料のところが増えている。カウンターに並べられているパンフレット類は、「これをもらってもいいですか？」とひと言係員に尋ねよう。日本語の資料を用意している町もある。

ドイツ観光局公式サイト
www.germany.travel

ドイツ観光局のメルマガ＆ツイッター情報
上記サイトのトップページ画面上にある「ニュースレター」をクリックし、登録画面に名前とメールアドレス（パソコン&スマートフォンのみOK）を入力すると、毎月月末にメルマガが無料配信される。イベントなどの最新情報や旬の話題が盛りだくさんだ。また、日本語の公式ツイッターアカウント＠GermanyTravelJPもある。具体的な旅行の予定がなくても、ドイツに興味がある人には、楽しく読めておすすめ。

国際学生証（ISICカード）について
ドイツの観光ポイントや美術館には、学生割引料金が適用されるところが多数ある。学生であることを証明するには、国際学生証が必要。学生証の申請はウェブサイトからオンラインで申し込めるほか、主要大学の生協店舗などでも取り扱っている。
・ISICジャパン
www.isicjapan.jp

旅の予算とお金

最新換算レートをチェック
・地球の歩き方ウェブサイト
www.arukikata.co.jp/rate

両替に役立つドイツ語
（レート表示の中で）
Kurs（クルス）　レート
Gebühr（ゲビューア）手数料
Ankauf（アンカウフ）
外貨の買い取りレート　日本円をユーロに両替する場合のレートはこの金額をチェックする。
Verkauf（フェアカウフ）
外貨の販売レート　ユーロを日本円に再両替する場合のレートはここをチェック。

その日のレートをチェックして両替しよう

ユーロ参加国
アイルランド、フランス、ベルギー、ルクセンブルク、オランダ、ドイツ、オーストリア、スペイン、ポルトガル、イタリア、ギリシア、フィンランド、スロヴァキア、スロヴェニア、マルタ、キプロス、エストニア、ラトヴィア、リトアニア。ほかにモナコやヴァティカンなどでも流通。

高額紙幣より小額紙幣
両替すると、€100などの高額紙幣で渡されることが多いが、€10や€20にしてもらおう。高額紙幣は自動券売機には使えないし、小額の買い物ではおつりがないといって断られることもある（偽札を疑われている場合も）。たとえ財布がかさばっても常に細かいお金を用意しておきたい。

通貨の単位

通貨単位はユーロ€、補助通貨単位はセント¢。それぞれのドイツ語読みは「オイロEuro」「ツェントCent」となる。
ユーロ通貨の種類→P.8
€1＝100¢＝約121円（2020年2月現在）

旅の予算

旅先の支出は、宿泊代、食費、交通費、博物館などの入場料などの雑費。このうち都市間移動の交通費は旅のルートや期間、交通手段によって大きく差が出る。また、市内交通は、1日乗車券と博物館などのおもな見どころの入場料がセットになったツーリスト向けのチケットを用意している町が多いので、これらをうまく利用すれば市内移動、観光の出費が抑えられるだろう。

ここでは現地で最も支出割合の高い宿泊費と食費の予算がどのくらいになるかを考えてみよう。

一般的な目安としてふたつのコースを想定してみた。ひとつは、せっかくの旅行だから貧乏くさいのは避けたい、だけど予算にもかぎりがあるのでメリハリのある旅をエンジョイしたいという人向けの標準コース。もうひとつは多少ハングリーでもかまわない、節約第一、という人向けの節約コース。

以上の宿泊費と食費に、雑費（入場料や都市内の交通費など）を合計すると、1日の予算の合計は標準コースでひとり1日€130（≒1万6000円）ぐらい、節約コースで€90（≒1万1000円）ぐらいになる。

旅のタイプと費用の目安

	標準コース	節約コース
宿泊費	都市部の中級ホテルのシャワー・トイレ付きのシングルは€70～、ツインは€85～。田舎ではシングル€60～85、ツイン€75～が目安。なお、ドイツのホテルは、一部の高級ホテルを除いて、朝食付きの料金を提示するのが普通。	シャワー、トイレはフロア共同のものを利用するホテルやペンション、ガストホーフに泊まる場合、シングルは€50～、ツインは€60～。ユースホステルやプライベートホステルは1泊朝食付きで€20～25ぐらい。
食費	昼はお手頃なレストランでランチメニュー€8～10、夜は1日おきに土地の名物料理やビアホールなどで€25ほど。カフェでケーキとお茶を楽しむとチップも込みで€6～8程度。レストランに入らない日は、インビスのソーセージやケバブで軽く済ませたりしてちょっぴり節約も。平均すると1日€30～40ぐらい。	昼はサンドイッチやソーセージなどと飲み物で€4～6くらい。夜もファストフードやテイクアウトの店で総菜、サラダなどを調達しホテルで食べたり、ユースのキッチンで自炊すれば€6～8ぐらい。こればかりでは味気ないので3日に一度はレストランに入るとして、平均すると1日€15～20ぐらい。

お金の準備

現地通貨への両替

日本円からユーロへの両替は日本でもドイツでもできるが、ドイツ到着後、すぐに交通費などが必要となるので、日本出国前に、市中銀行や空港の両替所でユーロの現金を手に入れておくと安心だ。現地では、**両替所Geldwechsel**、**銀行Bank**、大きなホテルなどでユーロへの両替ができる。

一般的に最もレートがよいのは銀行で、おおよその営業時間は9:00～12:00と14:30～16:00（木曜は17:30までの銀行もある)、土・日曜、祝日は休業。

空港や大きな駅の構内などにある両替所は営業時間が長くて便利だが、レートはあまりよくない場合もある。

両替には手数料がかかるので、なるべく両替する回数を少なくするほうが経済的だが、あまり多額の現金を持ち歩くのもリスクが大きいので、クレジットカードで支払う予定のホテル代などを除いて、数日間必要な金額を、前ページの「旅の予算」から概算しておくとよい。

クレジットカード

両替の手間もなく、大金を持ち歩かずにすむので安全面でのメリットも大きい。利用できる場所も多く、中級以上のホテルやレストラン、ブティックでの支払いから、ドイツ鉄道の切符の購入にも使える。また、レンタカーを借りる際には身分証明書の役割も果たすために必携。

使用の際、サインだけでなく、暗証番号を入力するケースが多いので、忘れている人は出発前にカード会社で確認しておこう。紛失や不具合に備えて2枚あると安心。

国際キャッシュカード

日本の銀行で開設している普通口座から、現地で引き出しができるカード。発行銀行によりレートや手数料に差はあるが、両替する手間や、現金を持ち歩くリスクを回避できる。国際キャッシュカードは「PLUS」のマークが付いた現地のATMで利用できる。

↑ATMは明るく人どおりが多いところで利用したい

トラベルプリペイドカード

外貨両替の手間や不安を解消してくれる便利なカードのひとつで、多くの通貨で国内の外貨両替よりレートがよく、カード作成時に審査がない。出発前にコンビニATMなどで円をチャージし（預け入れ)、その範囲内で渡航先のATMで現地通貨の引き出しができる。各種手数料が別途かかるが、使い過ぎや多額の現金を持ち歩く不安もない。

キープしておきたいコイン
€0.50、€1、€2のコインは、駅や美術館のコインロッカー、トイレなどに必要。ないと困ることがあるので、常に各1～2枚は財布にキープしておきたい。

おもなクレジットカード会社
- **アメリカン・エキスプレス** ☎0120-020-222
- **ダイナースクラブカード** ☎0120-041-962
- **JCB** ☎0120-015-870
- **三井住友VISA** ☎0120-816-437

クレジットカードでキャッシング
クレジット会社またはその提携金融機関の現金自動支払機**ゲルトアウトマート Geldautomat**（または**バンコマート Bankomat**）でキャッシュを引き出すこともできる。暗証番号の入力が必要。銀行の営業時間外でも利用できるので、とても便利。大きな駅の中や銀行の入口付近に設置されており、機械の操作の手順は画面上に英語でも表示される。自分の持っているクレジットカードが、海外で使用できるかどうか出発前に確認しておくこと。なお、キャッシングには手数料のほかに金利も付くことをお忘れなく。

おもな国際キャッシュカード発行銀行
- 楽天銀行
- SMBC信託銀行
- スルガ銀行

トラベルプリペイドカード
2020年2月現在、発行されているおもなカード。
- **「NEO MONEY ネオ・マネー」** クレディセゾン発行
- **「GAICA ガイカ」** アプラス発行
- **「CASH PASSPORT キャッシュパスポート」** マスターカードプリペイドマネージメントサービシーズジャパン発行

はみだし情報 海外でクレジットカードを使用する際、決済通貨を現地通貨と日本円から選べるところもある。日本円だと不利なレートに設定されている場合もあるので、サインをする前に必ず通貨を確認しよう。

旅の技術 北ドイツへのアクセス

ルフトハンザ ドイツ航空
0570-089-000
(コールセンター)
www.lufthansa.com

全日空
0570-029333(予約)
www.ana.co.jp

日本航空
0570-025031(予約)
www.jal.co.jp

直行便のあるフランクフルトやミュンヘン、デュッセルドルフを第一の目的地にしない場合は、ヨーロッパの別の都市に入り、そこから目的地にフライトすることも考えたい。例えばヘルシンキやアムステルダム、ロンドン、パリ、チューリヒを経由して乗り継げば、フライトによってはスムーズに目的地に到着できる。

航空券の買い方によるメリット/デメリット
①のメリットは、プロが手配するので初めての人でも安心できること。航空券の知識は不要で、疑問があれば手配した旅行会社に問い合わせができる。デメリットは、手配の手数料が追加されるので割高になること。手間と安心をお金で買うつもりで。
②のメリットは値段の安いものが選べること。ただ安いチケットの場合、経由地や乗り継ぎ時間がいろいろあったり、予約の変更ができなかったりと、フライトにもチケットにもさまざまな条件がつく。ある程度旅行の知識がないと適当なフライトが選べないのがデメリット。
③の場合、早めに手配をすれば割引料金が適用されるのがメリット。②と比べると選べるフライトの数はかぎられるが、チケットの条件は緩い。

日本からドイツへのフライト

2020年2月現在、羽田または成田からフランクフルトにノンストップの直行便を運航しているのは、**ルフトハンザドイツ航空(LH)、全日空(NH)、日本航空(JL)**の3社(LHは関空からと名古屋からの便もある)。またNHは成田〜デュッセルドルフ間、LHとNHは羽田〜ミュンヘン間も運航(コードシェア便を除く)。日本を午前に出発する便なら、現地時間でその日の夕方までにはフランクフルト/デュッセルドルフ/ミュンヘンに着く。所要時間は約12時間。

羽田発のフランクフルト便はNH(LHとのコードシェア便)が毎日運航。深夜発で同日朝フランクフルト着。昼間出発で夕方着の便もある。どちらも所要時間は約12時間。

日本からベルリンへの直行便はないが、ほかの航空会社の経由便を利用すれば、ベルリンをはじめドイツ各地方都市の空港へ乗り継ぎが可能。

2020年2月現在

ドイツへの直行便	航空会社	便名	発着時刻	
成田⇒フランクフルト	日本航空	JL407	11:00発	15:15着
羽田⇒フランクフルト	全日空	NH203	00:50発	05:20着
	全日空	NH223	11:20発	15:40着
	ルフトハンザ	LH717	15:20発	19:10着
成田⇒デュッセルドルフ	全日空	NH209	10:55発	15:05着
羽田⇒ミュンヘン	全日空	NH217	12:35発	16:45着
	ルフトハンザ	LH715	12:45発	16:45着

航空券の買い方

①旅行会社に手配してもらう、②個人でインターネットの旅行サイトで購入する、③航空会社から直接購入する、と普通はこの3とおりの方法がある。

①の場合は、希望の旅程と日程を伝えるだけ。旅程に合うフライト候補を挙げてくれるので、予算と相談しながらフライトを決める。②は「エクスペディア」などのオンライン旅行会社で手配する場合で、手配がとても簡単。出発日や目的地など、必要な情報を入力すると、候補になるフライトが表示され、そこから希望のものを選ぶ。支払いはクレジットカードで。③の場合も、まず航空会社の専用サイトにアクセスして、②同様に出発日や目的地などを入力すると、候補となる自社とアライアンス(航空連合)のフライトが表示される。そこから希望のものを選択する。

旅の技術 日本出入国

日本出国（出発）

空港には出発時刻の2時間前までに到着し、以下の順で手続きを行う。

1 搭乗手続き（チェックイン）

航空会社のカウンターで、パスポートとeチケット控えを提示し、**搭乗券（ボーディングパス）**を受け取る。荷物を預け、**荷物引換証（バゲージ・クレーム・タグ）**を受け取る。

2 セキュリティチェック

機内持ち込み用手荷物のX線検査とボディチェックを受ける。

3 税関申告

外国製品（時計や貴金属、ブランド品など）を持っている人は、**「外国製品持出し届」**の用紙に記入し、現品とともに提出、確認印をもらう。該当品がない人は素どおりしてよい。

4 出国審査

出国審査カウンターで、パスポートと搭乗券を提出。以上で出国手続きは完了。搭乗ゲートへ向かい、搭乗開始を待つ。
※パスポートカバーは外しておくこと。

日本入国（帰国）

機内で配られる**「携帯品・別送品申告書」**に記入しておく。家族が同時に税関審査を受ける場合は、代表者が記入し「同伴家族」欄に代表者本人を除く同伴家族の人数を記入する。

1 入国審査

日本人用の審査カウンターに並び、パスポートを提出して入国スタンプをもらう。

2 荷物の受け取り

搭乗した便名のターンテーブルで、預けた荷物をピックアップ。紛失や破損の場合は、荷物引換証を係員に提示して対応してもらう。

3 動植物検疫

果物や肉類、植物などを買ってきた場合は、検疫カウンターで手続きをする。

4 税関申告

持ち込み品が免税範囲内の人は、緑のランプの検査台へ進む。免税範囲を超えていたり、別送品がある場合は、赤いランプの検査台へ進み検査を受ける。帰国便の機内で配られた「携帯品・別送品申告書」を提出する。

空港の問い合わせ先

成田国際空港　総合案内
(0476)34-8000
www.narita-airport.jp

羽田空港国際線　総合案内
(03)6428-0888
www.haneda-airport.jp

関西国際空港　総合案内
(072)455-2500
www.kansai-airport.or.jp

中部国際空港　総合案内
(0569)38-1195
www.centrair.jp

機内持ち込み制限

機内に持ち込める手荷物のサイズは、ルフトハンザのエコノミークラスの場合、55cm×40cm×23cm以内で重さ8kg以下。利用する航空会社によって異なるので、あらかじめ確認しておくこと。液体物（ジェル、クリーム、ペースト、スプレーも含む）は、容量100mℓ以下のものであれば持ち込み可能だが、ファスナー付きの透明プラスチック袋（最大1ℓ以内）にまとめて入れて、チェックを受けなければならない。

機内持ち込みできないもの

ナイフやはさみなど先端が尖った物品、危険物など。また、100mℓを超えるあらゆる液体物は持ち込み禁止なので、これらはチェックイン時に預ける受託荷物のほうへ入れておく。

日本帰国時の免税範囲

たばこ：紙巻きたばこのみの場合400本、加熱式たばこのみの場合個包装20個、葉巻たばこのみの場合100本、その他の場合500g。2021年10月以降は変更の予定あり。
酒類:760mℓ程度のもの3本。
香水：2オンス（約56mℓ）。
同一品目ごとの合計が海外市価で1万円以下のもの（例・1本5000円のネクタイ2本）。
そのほか、上記以外の合計が海外市価で20万円以内のもの。なお、未成年者のたばこ、酒類の持ち込みは範囲内でも免税にならない。

ドイツ入国（到着）

目的地で飛行機を降りたら、以下の順で手続きを行う。

1 入国審査　Passkontrolle

EU加盟国パスポート所持者とそれ以外の窓口に分かれているので、日本人は**Non-EU**のほうに並び、パスポートを提出。何か質問されることはほとんどないが、目的や滞在期間を聞かれたら「観光Sightseeing」「1週間One Week」などと英語で答えればいい。入国カードは必要ない。

2 荷物の受け取り　Gepäckausgabe

搭乗した便名のターンテーブルで、預けた荷物をピックアップ。万一出てこなかったら（ロストバゲージ）、荷物引換証を係員に提示して対応してもらう。

3 税関申告　Zollkontrolle

出口の手前にある。持ち込み品が免税範囲内の人は、緑の表示がある検査台の前を通る。申告するものがある場合（左記参照）は、赤の表示の検査台へ進み検査を受ける。

ドイツ出国（出発）

空港には、遅くとも出発2時間前までには到着すること。免税手続きをする必要がある人は、免税手続きカウンターがかなり混雑していることがあるので、早めに空港に到着していること。

1 免税手続き　USt.-Rückerstattung

免税還付金を受けられる金額の買い物をし、免税申告に必要な書類を持っている人のみ行う。手続きの詳細→P.335。

2 搭乗手続き（チェックイン）　Check-in

利用航空会社のカウンターで、パスポートとeチケット控えを提示し、搭乗券（ボーディングパス）を受け取る。スーツケースなど大型荷物を預け、荷物引換証（バゲージ・クレーム・タグ）を受け取る。インターネットでチェックインを済ませている場合は、大きな荷物を預ける専用のカウンターへ行けばよい。

3 出国審査・セキュリティチェック　Kontrollen

出国審査カウンターで、パスポートと搭乗券を提出。セキュリティチェックは、出国審査の前後で行う場合もある。

ハンブルク空港

以上で出国手続きは完了。免税品店などを見ながら搭乗ゲートへ向かい、搭乗開始を待つ。

ドイツ以外での入国審査
ドイツ以外のシェンゲン協定加盟国を経由してドイツに入国する場合は、経由地の空港で入国審査を受けるので、ドイツの空港での入国審査は不要。シェンゲン協定加盟国は→P.323。

ドイツ入国時の免税範囲
空路で入国する満17歳以上の旅行者の免税範囲。すべて本人の携行品であり、私用目的で使用する品にかぎる。
たばこ：紙巻き200本、または葉巻50本、または細葉巻100本、またはパイプ用たばこ250g。以上の数種類にまたがる場合は総重量250g以下。
酒類：ワインまたは22度以下のアルコール飲料2ℓ、22度を超える場合は1ℓ。
その他：€430相当までの物品。高額なカメラ、パソコン、ブランド品などは要申告。贈答品は家族へのプレゼントの範囲に限定。

ドイツ入国情報
ドイツ大使館のウェブサイト www.japan.diplo.de のトップページ下部にある検索windowに「ドイツ入国」と入力して検索すると、関連情報が出てくる。

セルフチェックイン機
eチケットを持っていれば主要空港に設置されているセルフチェックイン機を利用できる。行列に並ぶこともなく時間の節約になって便利。日本語表示も可能なので、氏名、予約コード、パスポートが手元にあれば、画面の指示に従って手続きできる。荷物は画面に指示された手荷物カウンターで預ける。
※ドイツ出国時における空港使用税は航空券の代金に含まれているので、現地で支払う必要はない。

リコンファーム
ルフトハンザ ドイツ航空、全日空、日本航空など多くの航空会社でリコンファームは不要となっている。

旅の技術 近隣諸国からのアクセス

オランダ、ベルギー、ルクセンブルク、フランス、スイス、オーストリア、チェコ、ポーランド、デンマークと国境を接しているドイツの交通網は、1都市集中型ではなく主要なゲートウエイが分散しているのが特徴だ。いずれの主要都市からも、空路、アウトバーンと高速鉄道網の整備状況がヨーロッパのなかでも飛び抜けていいので、気軽に隣国へと足を延ばせる。

空路で

ベルリン以外の主要都市、ハンブルク、フランクフルト、ケルン、デュッセルドルフ、ミュンヘン、ドレスデンなど各地の空港からも、ヨーロッパ各地の空港への便がある。なお、ドイツから**シェンゲン協定加盟国**へのフライトは国内線扱いとなり、原則として出入国手続きは行われない。ただしパスポートは携帯すること。

鉄道で

ヨーロッパ各国の国境を越えて走る国際特急は、ユーロシティ（ドイツ語で**オイロシティ**）EuroCity（EC）が代表的。もちろんドイツから隣国各地へもECが運行している。

さらに、高速の花形列車としてぜひ乗車してみたいのが、ケルンからブリュッセル、パリを結ぶ**タリス**Thalysと、シュトゥットガルトやフランクフルトからパリへ行くTGVだ。いずれも要予約で、鉄道パスでは追加料金が必要となる。

オーストリア連邦鉄道の高速列車**レイルジェット**Railjetはミュンヘンからウィーンを経て、さらにハンガリーのブダペストまで運行しており、快適な乗り心地。

長距離バスで

近年、ヨーロッパで最も人気のある長距離バス会社が**フリックスバス**FlixBus。格安航空会社（LCC）が攻勢を強めるヨーロッパの長距離移動手段だが、安い運賃と車内Wi-Fi無料などのサービスのよさ、そしてモバイルアプリで簡単にチケットが入手できる利便性などで、急激にシェアを伸ばしているバス会社だ。ドイツの会社なので、国内に路線網をもっているが、近隣諸国の主要都市への移動にも強さを発揮している。

このほか、ヨーロッパ各国にある32のバス会社が共同で、同じ名前で運行しているユーロラインズEurolinesやドイツ鉄道DBが運行するICバスがある。

シェンゲン協定加盟国

ドイツ、スイス、アイスランド、イタリア、エストニア、オーストリア、オランダ、ギリシア、スウェーデン、スペイン、スロヴァキア、スロヴェニア、チェコ、デンマーク、ノルウェー、ハンガリー、フィンランド、フランス、ベルギー、ポーランド、ポルトガル、マルタ、ラトヴィア、リトアニア、ルクセンブルク、リヒテンシュタイン（2020年2月現在）

以上の協定加盟国間においては、国境審査を廃止、航空便は原則として国内線扱いとなる。日本から上記の国を経由してドイツへ行く場合、経由地の空港で入国審査が行われるため、ドイツでの審査は不要となる。

近年の情勢悪化にともなう変化

ヨーロッパの治安情勢の悪化により、空路でも陸路でも、シェンゲン協定加盟国同士の国境でパスポート検査の再導入例が増えている。鉄道やバスで国境を越える場合、パスポートを携帯していないと乗車自体させてもらえないこともあるので常時携帯しておこう。

フリックスバス

ⓘ www.flixbus.com

ICバス

2階建てトイレ付き（一部の路線を除く）の高速バスで、ドイツ国内だけでなく、ベルリン～ロストック～コペンハーゲンやデュッセルドルフ～アントワープ～ロンドンなど近隣諸国へも路線がある。ジャーマンレイルパスやユーレイルパス所持者は割引がある。DBのサイトからスケジュール検索と予約ができる。全席指定、Wi-Fi無料。

「地球の歩き方」なら日本から列車の予約ができる
旅行のスケジュールが事前に決まっている人、特に混む時期、限られた時間でフルに鉄道を利用して旅しようと思っている人は、日本での予約が非常に合理的。ICEなどの高速列車、寝台車、クシェット（簡易寝台）などの予約や区間乗車券の販売など、ヨーロッパの鉄道会社やDBとオンラインで直結し、スピーディな予約発券を行っている。申し込みは→P.329。

DBの公式サイト
www.bahn.de
列車の時刻や料金が検索できるほか、乗車券のオンライン購入も可能。早めに購入すれば割引料金が適用される場合もある。

DB以外の鉄道会社
DB以外の路線や地方のローカル線には、近年、DBから第三セクターに経営が変わったり、別企業が新規参入しているところも一部にあるが、多くはDBと提携関係や、地方交通連合に加盟しており、鉄道パス（→P.329）で利用できる。ただし、DBと競合関係にある鉄道会社や、観光用の登山鉄道などは、鉄道パスでは利用できない。

便利なアプリ
鉄道、バスを使って周遊する場合は、DB Navigatorというアプリ（無料）がたいへん役立ちます。鉄道はもちろんローカルバスも網羅しており、途中の停車駅・時刻やルートも確認できます。「地球の歩き方」とDB Navigatorさえあれば旅の準備は完璧です。
（宝塚市 西川左希子 '15）['20]

鉄道の旅

ドイツ鉄道DBの旅

駅構内に並ぶ券売機

ドイツ全土に路線網をもつドイツ最大の鉄道会社は**ドイツ鉄道Deutsche Bahn**（略称DB）という。旧西ドイツ国鉄と旧東ドイツ国鉄が1994年に合併、民営化して誕生以来、ドイツの旅に欠かせない交通機関だ。

主要路線の列車の多くは、1～2時間ごとに毎時同時刻で発車するダイヤになっており、利用しやすい。

DBのおもな列車の種類 ※（ ）内は時刻表などの表示記号

●インターシティ・エクスプレス（イーツェーエー） InterCity-Express（ICE）

高速で快適なICE

主要都市間を最高時速300キロで走る都市間超特急。フランス、オランダ、オーストリア、デンマーク、スイスなどへも乗り入れている。1・2等車連結。1等車では新聞やドリンクのサービスあり。多くは食堂車を連結している。

●オイロシティ EuroCity（EC）

ドイツと近隣国を結ぶEC

スイス、イタリア、ハンガリー、フランスなどヨーロッパ各国の主要都市間を結ぶ国際都市間特急列車。1・2等車連結。

●インターシティ InterCity（IC）

ドイツ国内の大都市や中都市間を結ぶ、都市間特急。1・2等車連結。多くの場合、ビストロ車を連結している。

●インターレギオ・エクスプレス Interregio-Express（IRE）

地域間快速列車。地域快速列車よりも、長距離区間を走る。

●レギオナル・エクスプレス Regional-Express（RE）

地域快速列車。

●レギオナルバーン Regionalbahn（RB）

普通列車。

市民の足でもあるRE

インターシティ・エクスプレスでは1等車、2等車とも無料のWi-Fiが利用できる。

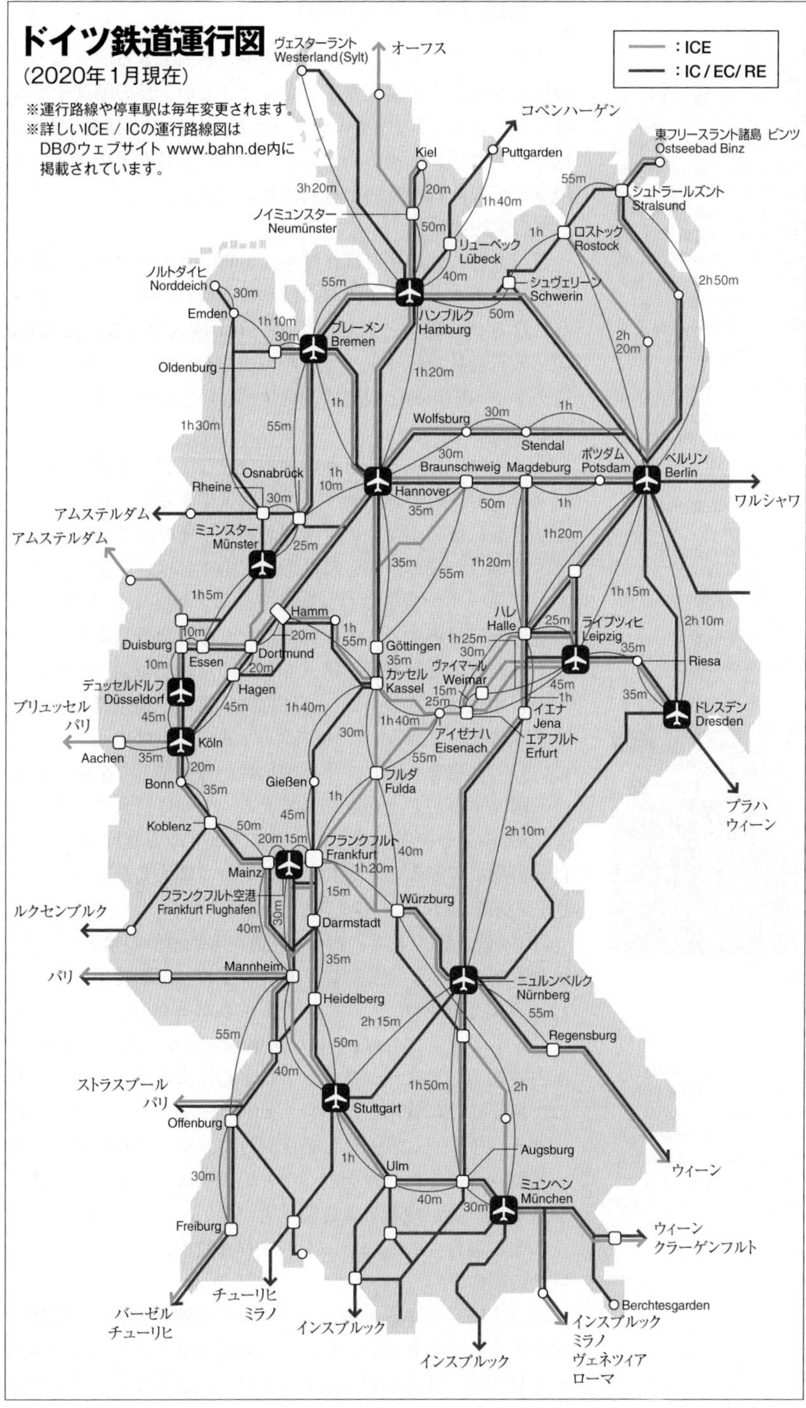
ドイツ鉄道運行図
(2020年1月現在)
※運行路線や停車駅は毎年変更されます。
※詳しいICE / ICの運行路線図は
DBのウェブサイト www.bahn.de内に
掲載されています。
：ICE
：IC / EC/ RE
ヴェスターラント
Westerland (Sylt)
オーフス
コペンハーゲン
Kiel
Puttgarden
東フリースラント諸島 ビンツ
Ostseebad Binz
シュトラールズント
Stralsund
ノイミュンスター
Neumünster
リューベック
Lübeck
ロストック
Rostock
シュヴェリーン
Schwerin
ノルトダイヒ
Norddeich
Emden
ハンブルク
Hamburg
ブレーメン
Bremen
Oldenburg
Wolfsburg
Stendal
ポツダム
Potsdam
ベルリン
Berlin
ワルシャワ
Osnabrück
Rheine
Hannover
Braunschweig
Magdeburg
アムステルダム
ミュンスター
Münster
Hamm
Duisburg
Essen
Dortmund
Hagen
デュッセルドルフ
Düsseldorf
ブリュッセル
パリ
Aachen
Köln
Bonn
Koblenz
Göttingen
カッセル
Kassel
ヴァイマール
Weimar
ハレ
Halle
ライプツィヒ
Leipzig
Riesa
ドレスデン
Dresden
プラハ
ウィーン
アイゼナハ
Eisenach
イエナ
Jena
エアフルト
Erfurt
Gießen
フルダ
Fulda
フランクフルト
Frankfurt
Mainz
フランクフルト空港
Frankfurt Flughafen
ルクセンブルク
Würzburg
Darmstadt
Mannheim
Heidelberg
ニュルンベルク
Nürnberg
Regensburg
ストラスブール
パリ
Offenburg
Stuttgart
Augsburg
Ulm
ミュンヘン
München
Freiburg
ウィーン
クラーゲンフルト
Berchtesgarden
バーゼル
チューリヒ
チューリヒ
ミラノ
インスブルック
インスブルック
ミラノ
ヴェネツィア
ローマ

鉄道チケットの購入

鉄道のチケットは、日本で出発前に購入できる。もちろん現地でも駅などで購入することもできるが、旅の時期や時間帯などによっては、希望のチケットが手に入るとは限らない。旅行のスケジュールが決まっているなら、日本でチケットを用意して限られた時間を有効に使いたい。

日本の旅行会社で

旅行会社に依頼すれば、簡単に希望の鉄道チケットが購入できる。チケットと予約料のほかに手数料が発生するので割高になるが、確実に欲しいチケットが購入できる。ただし、同じ旅行会社で航空券やホテルの予約をしていない場合、鉄道チケットの予約・販売は受け付けない会社もある。

日本語のウェブサイトで

レイルヨーロッパや日本の旅行会社など日本語対応のウェブサイトで鉄道パスやチケットが購入できる。これらのウェブサイトには、ふたつのタイプがある。オンライン式のものは、乗車日、乗車区間、時間帯を入力すれば、希望の列車のスケジュールが表示され、購入できる。サイトによってはeチケットに対応することもある。ただし、自分自身でチケットや鉄道パスを判断し、購入するものなので電話やカウンターでの相談はできないし、座席位置（窓側／通路側など）のリクエストもできない。オフライン式のものは申込フォームに自分の旅程を入力し、手配担当者から見積もり金額をもらい、購入するかどうかを判断できる。すぐに買うことはできないが、相談や座席位置などリクエストもある程度は可能だ。自分自身でできることを判断しながら、購入先を選ぼう。

ドイツ鉄道（DB）のウェブサイトで

DBの公式サイトで、約6ヵ月前から乗車券の購入が可能。英語表示もある。支払いはクレジットカードを使用する。申し込み完了後PDFファイルで表示されるOnline-Ticketをプリントアウトすれば、それが乗車券となる。現地で乗車後、車内検札のときに、プリントアウトした乗車券と、本人確認のため支払いに使用したクレジットカードとパスポートを提示する。DBウェブサイトでの予約は、乗車する日時や列車の種類、普通または割引料金などの選択項目が多い。英語またはドイツ語が理解できる語学力がないと、あとからトラブルになる場合もあるので、くれぐれも慎重に。

現地の窓口で

駅の窓口で乗車券を購入する際は、混雑を予想して時間に余裕をもっておきたい。都市部の駅ではほとんどの場合英語が通じるが、地方の駅ではドイツ語しか話さないスタッフも

鉄道パス
鉄道チケットには区間乗車券のほかに「鉄道パス」がある。使用エリアと期限が定められた周遊券で、有効範囲内であれば、何度でも列車を乗り降りできる。乗車券を買う手間と時間が省けるメリットも大きい。鉄道移動メインの旅なら、鉄道パスが便利でお得。原則として、日本で購入する（鉄道パスの種類と料金は→P.329）。

鉄道チケット購入ができる日本語サイト
地球の歩き方　ヨーロッパ鉄道
rail.arukikata.com
ヨーロッパ鉄道チケットセンター
www.railstation.jp
レイルヨーロッパ
www.raileurope-japan.com
マックスビスタトラベル
www.ohshu.com

↑1等車内

注意！
列車には、必ず目的地までのチケットを購入してから乗車すること。改札がないからといって、乗車後車内で精算すると、手数料が加算される。場合によっては無賃乗車とみなされて罰金を取られることもある。

ICEの場合、予約が入っていない空席に座っているはずが、途中の駅から突然予約席に変わっていて「ここは私の席だ」と言われることがある。これは乗車直前に席を予約する人がいるためで、ICEなど長↗

⬆行列ができるベルリンのチケット窓口

いるので、あらかじめ目的地や希望の出発時刻を紙に書いておくといいだろう。

現地の券売機で

窓口が混んでいて、時間がかかりそうなときは自動券売機を利用するといい。英語表示も選べる。銀行のATMのように、タッチパネル方式で、画面ごとに希望する事項（出発駅、到着駅、出発日、等級、購入枚数など）を選択していく。最後に合計金額と、支払いに使用できる紙幣やクレジットカードが画面に表示される。支払いが終わると乗車券が出てくる。

⬆券売機はクレジットカードも使える

自動券売機は、時刻表の検索にも利用できる。調べた列車時刻をプリントアウトできるので、おおいに活用したい。

座席予約について

座席予約が必要な列車は夜行列車（EuroNight）のみで、それ以外の列車は予約なしで乗車できる。また、日本のように指定席、自由席で車両が分かれておらず、席ごとに予約を入れるシステムなので、予約を示す区間カード、または電光表示がない席はすべて自由席となる。休暇シーズンは混雑するので、確実に座りたいなら予約がおすすめ。

⬆新型ICEの予約は座席のヘッドレスト脇に表示される

列車の乗り継ぎは余裕をもって

列車は5～10分程度の遅れで運行することもときどきあるし、ドイツの駅のホームは長くて、隣のホームへ移る場合も時間がかかるので、乗り換え時間は20～30分程度の余裕をもってプランを立てたい。列車が遅れている場合は、駅の時刻表示板に「etwa 10 Minuten später（約10分遅れ）」などと表示される。列車に乗っていて、予定している乗り継ぎ列車に遅れそうな場合は、対策を車掌に相談するといい。

座席予約料金・方法

予約料金は€4。予約はチケット購入時でなくても、DBのウェブサイト、窓口、自動券売機でも可能。

DBのおもな割引システム

●バーンカード50 BahnCard 50

1年間有効のメンバー割引カードで、あらかじめ購入しておくと普通運賃の50％割引となる。バーンカード自体の購入に、1等€463、2等€229かかるので、その倍以上の区間を乗車しなければもとは取れない。普通運賃の25％割引となるバーンカードもあり、1等€112、2等€55.70。60歳以上、26歳以下（身分証明書提示が必要）は割引料金あり。駅かDBのサイトから申し込む。

●シュパープライス Sparpreis

列車限定の割引乗車券で、乗車当日までウェブサイト、現地の窓口、券売機で購入できる。列車ごとに販売枚数が限定されており、ウェブサイト、券売機で列車時刻を検索すると、その時点での適用可否と料金が表示される。この乗車券のみでは座席の予約はされていない。

上記のほかにも、優等列車以外1日DBが乗り放題になる全国横断切符Quer-durchs-Land-Ticket（有効期間は平日9:00～翌日深夜3:00、土・日曜、祝日は0:00～）などのお得なチケットもある。詳しくはDBのウェブサイトで。

↘距離の場合が多い。長距離移動の際に確実に座るなら、予約して乗車することをおすすめする。

列車の乗り方

↑フランクフルト中央駅

大都市の中央駅構内はとても広く、移動に時間がかかるので、発車15分前には駅に着いておこう。改札はないので、乗車券や鉄道パスを持っているならそのままホームへ。

↑1日の発着便がすべて確認できる時刻表

1　発車ホームの確認

駅構内に掲示されている黄色い発車時刻表で発着ホームを確認。大きな駅では、運行掲示板で確認するほうがわかりやすい。発車ホームにも案内板が掲示されているので、再チェック（ひとつ前の列車が遅れている場合もあるため）。

↑大きな時刻掲示板で確認

2　乗車車両の確認

座席を予約している場合はホーム上にある車両の編成表で、自分の乗る車両を確認。ホームにはセクター別にA、B、C…と表示されている。1等、2等の車両も確認できるので、荷物が多いときは早めに移動しておくとよい。

3　列車に乗る

↑ボタンを押してドアを開ける

列車のドアは自動で開かないので、自分でドアを開ける。ICEや新型車両はドア横の緑色のボタンを押す。旧型車両は取っ手を持って手動で開ける。閉まるのは自動。

4　座席を探す

予約の車両番号と座席番号で席を探す。予約をしていないなら、予約表示がないもの、もしくは予約があっても自分の乗車区間と重ならない席を探せばいい。車掌が検札に来たら、乗車券や鉄道パスを渡してチェックを受ける。

5　下車の準備

次の停車駅が近づくと、ドイツ語と英語でアナウンスがある。列車が停車したら、緑色のボタンを押してドアを開ける。

食堂車

↑食堂車のメニューはレストラン顔負け

ヨーロッパでも年々減少、簡略化している食堂車だが、ドイツでは今も健在。長距離のICE、EC、ICのほとんどに**食堂車Bord Restaurant**またはセルフサービスの**ビストロBistro**が連結されている。

食堂車では、午前中は朝食メニューが、昼食時間や夕食には、しっかりとした食事メニューが味わえる。値段も一般のレストランと比べて、特に高いわけではない。1等車両の乗客には食堂車のスタッフが注文を取りに来る。料理も席まで運んでくれるので、大きな荷物があっても安心。

鉄道パスの種類と料金

ジャーマンレイルパス

DB全線に乗り放題。ICEにも乗車でき、ロマンティック街道バスが割引になるなどの特典もある。オーストリアのザルツブルク、スイスのバーゼル・バード駅まで適用範囲。

連続タイプのパスと、利用開始日から1ヵ月間内なら使用日は自由に選べるフレキシータイプのパスがある。

ジャーマンレイルパス（通用日連続タイプ）

クラス	1等			2等		
有効期間	大人	ツイン	ユース	大人	ツイン	ユース
3日間	€234	€173	€189	€171	€130.50	€139
4日間	€252	€189	€198	€189	€139.50	€148
5日間	€270	€200	€216	€198	€148.50	€162
7日間	€328	€245	€265	€243	€182	€193
10日間	€391	€292	€315	€288	€218	€234
15日間	€548	€409	€441	€405	€303.50	€324

ジャーマンレイルパス（フレキシータイプ）

クラス	1等			2等		
利用日数/有効期間	大人	ツイン	ユース	大人	ツイン	ユース
3日分/1ヵ月間	€243	€180	€193	€180	€135	€144
4日分/1ヵ月間	€261	€193.50	€207	€193	€144	€153
5日分/1ヵ月間	€279	€207	€220	€207	€153	€166
7日分/1ヵ月間	€342	€256	€279	€252	€191	€202
10日分/1ヵ月間	€441	€328	€351	€324	€242.50	€261
15日分/1ヵ月間	€620	€463	€494	€450	€337	€369

※2020年1月現在、ツインは1名分の料金

・大人1名 につき同行する子供（6～11歳）2名まで、無料の鉄道パスが発券可能。購入時に申し出が必要。ユースパスは対象外。
・ユースパスは12～27歳の人のみ購入可。
・パスは初使用日の午前0:00から使用でき、最終使用日の24:00まで有効。また、19:00以降に出発する直通夜行列車から使い始める場合は、翌日が使用初日となる。
・使用開始時に駅の窓口で「今日から使い始めたい」と言って、First Day と Last Dayの日付を記入してもらい、Validaing Stampを押してもらう。パスポート必携。1ヵ月間、使用したい当日の日付を下のマス目に自分で記入する（必ず使用当日1日ごとに日付を記入すること。乗車日がすべて決まっているからといって、日付をあらかじめすべて記入してしまってはいけない）。
・ICEなどの特急料金はすべて含まれているが、座席予約指定や寝台車利用の場合は、別途料金が必要。
・ベルリンなど大都市圏内のSバーンにも有効だがUバーン（地下鉄）には使用不可。
・2等パス所有者は、差額を払えば1等を利用できる。
・ツインパスは2名が同一行動をする場合のみ適用される。
・ドイツ国内の起点駅からDB運行による特急を利用する場合にかぎり、次の区間も利用できる。ミュンヘン～インスブルック（DB/ÖBBの直通EC特急)、ケルン～ブリュッセル（ICE)、ニュルンベルク～プラハ（ICバス、予約料必要)、ミュンヘン～ヴェネツィア、ヴェローナ、ボローニャ（DB/ÖBBの直通EC特急、予約料必要)、ベルリン～ワルシャワ、ベルリン～コペンハーゲン（ICバス、予約料必要)。

⬆鉄道パスで気ままな旅を

ユーレイルグローバルパス

ドイツとほかのヨーロッパ諸国を列車で旅するために、数ヵ国に有効の鉄道パスがある。

ユーレイルグローバルパスはヨーロッパ33カ国で利用できるパスで、28歳未満の人のみ購入できるユースパスや、60歳以上の人のみ購入できるシニアパスがある。パスには、通用日連続タイプと、フレキシータイプ（有効期間のなかから好きな日を選んで使用できるタイプ）があるので、自分に合ったものを選びたい。

ユーレイルグローバルパス、ジャーマンレイルパスなどの鉄道パスの問い合わせ、申し込みは、下記「地球の歩き方」へ。料金は毎月変動する。鉄道パスの種類と最新の料金は下記のサイトでチェックできる。また、パスの申し込みも可能。

地球の歩き方「ヨーロッパ鉄道デスク」

rail.arukikata.com
eメール：eurail@arukikata.co.jp
(03)3553-6641
開 10:30～13:00、14:00～18:00
休 日曜、祝日、年末年始、4／28～5／6
※通信販売専門店

飛行機の旅

ドイツ国内を飛行機で移動する

ドイツ国内の飛行機を利用すれば、限られた旅の時間をかなり節約できる。例えば、ベルリン〜フランクフルト間のように、鉄道で4時間以上の移動になる場合は、飛行機で時間を短縮することを考えたい。この区間は飛行機ならわずか所要1時間15分。空港まで行く時間やチェックインにかかる時間を加えてもまだ早い。

国内航空路線を利用する

国内線を運航しているのはフラッグキャリアの**ルフトハンザ ドイツ航空**Lufthansaが筆頭だが、最近は格安航空会社（ローコストキャリア＝LCC）の**ユーロウイングス**Eurowingsや**トゥイフライ**TUIflyなども国内外に路線網を広げている。

チケットは日本からも各航空会社のウェブサイトで購入可能で、クレジットカードで支払う。購入画面または、予約確認メールのPDFファイルなどで表示される「チケット兼領収書」を自分でプリントアウトして旅に持参し、あとは現地空港のチェックインカウンターで、パスポート、支払いに使用したクレジットカードと一緒に提示すれば、搭乗券を入手できる。

⬆ヨーロッパ内やドイツ国内は飛行機移動が意外と安い

LCC利用の注意

場合によっては鉄道より安く上がるLCCだが、利用の際はいくつか注意が必要だ。

・チケットは座席指定でない航空会社が多いが、購入時に別途料金で指定できる場合もある。また、基本的にキャンセル不可、変更にはかなりの手数料がかかるなどの制限がある。

・発着料が安いローカル空港を利用する場合があるので、予約の際に空港名やその空港までの行き方を要チェック。

・空港にはできるだけ早めに行くことが大切。カウンターが格安航空専門の別ターミナルにあったり、カウンターの数も少ないので、チェックインを完了するまでかなりの時間がかかる場合がある。

・航空券代は安くても、預け荷物の料金が高く設定されていることが多い。そのため、すべて機内持ち込み荷物にする人が多いが、手荷物は重量チェックが厳しく、貴重品を入れたバッグなども含め1個までという場合が多い。大きめのエコバッグなどを用意しておくと便利。

ドイツ国内の主要空港

（ ）内はベルリンからのフライト所要時間の目安を表す。フランクフルト（75分）、ケルン／ボン（70分）、シュトゥットガルト（75分）、ミュンヘン（70分）、ニュルンベルク（60分）、デュッセルドルフ（70分）。以上のほかに、フランクフルト・ハーン、ヴェスターラント、ミュンスター／オスナーブリュック、ドルトムント、パーダーボルン、バーデン・バーデン、フリードリヒスハーフェンなどにも定期便が就航しているローカル空港がある。

ヨーロッパを中心に就航する航空会社・LCC

●ルフトハンザ ドイツ航空 Lufthansa
ⓘ www.lufthansa.com

●コレンドン・エアラインズ Corendon Airlines
ⓘ www.corendon-airlines.com

●ユーロウイングス Eurowings
ⓘ www.eurowings.com

●トゥイフライ TUIfly
ⓘ www.tuifly.com

●ライアンエアー Ryanair
ⓘ www.ryanair.com

●イージージェット easyJet
ⓘ www.easyjet.com

●ペガサス・エアラインズ Pegasus Airlines
ⓘ www.flypgs.com

●ブエリング航空 Vueling Airlines
ⓘ www.vueling.com

バスの旅

路線バス

鉄道よりも路線網が充実しているのが路線バス。ただし、基本的に地元の小・中学生や自動車を持っていない人のための通勤・通学の足なので、時間によっては本数が極端に少なかったり、週末や学校が長期間休みになる夏休みなどは運休することもあるので注意が必要。

長距離高速バス

鉄道事業保護のために規制されていた長距離バス事業が2013年に解禁され、長距離バスFernbusの路線が一気に拡大した。現在は中小都市にも路線がある。トイレ完備で車内Wi-Fi無料のバスも多い。ⓘwww.fernbusse.deでは各バス会社のスケジュールや運賃を検索できる。

レンタカーの旅

自動車王国ドイツに行ったら、一度は自分でハンドルを握ってみたいもの。ドイツ人は交通法規もよく守るうえ、ドライブマナーも徹底しているから、初めてでもとても走りやすい。

レンタカーの借り方

ドイツでレンタカーを借りるのに必要なものは、身分証明書としてのパスポートと国外運転免許証と日本の免許証、そしてクレジットカード。

ドイツのレンタカー会社は、**ハーツ**Hertz、**アヴィス**Avis、**オイロッパカー**Europcar、**ジクスト**Sixtなどの大手のほかに、中小のレンタカー会社がたくさんある。しかしサービス網や車種の豊富さを考えれば、大手のレンタカー会社を利用したほうが安心だろう。日本から予約していくことによって受けられる特別割引システムもある。

ドイツで直接レンタカー会社に行って車を借りる場合は、大手のレンタカー会社なら英語の話せる担当者がいるはず。飛び込みでは、車種に限りがあるのは仕方がないこと。すぐに借りられる車があるかどうかを確認して、借りる期間や車を返す都市（乗り捨てするかどうか）、保険（フルカバーしてもらえるようにすること）、契約者以外の人が運転する場合はその旨など、契約書の各事項に記入、確認して、サインする。

カウンターを離れる前に、空港や町の中心部から出て、目的地へ向かうにはまずどの方向へ行けばよいかをよく確認しておこう。また事故や故障などの際の緊急連絡先も忘れずに聞いておくこと。

⇧ドイツ車で快適な旅を！

バスターミナルを示す記号
ドイツ語でバスターミナルはZOB（Zentraler Omnibusbahnhof、中央バスターミナルの略）またはROB（Regionaler Omnibusbahnhof、地域バスターミナルの略）と示される。

長距離の路線バス会社
ドイツ国内外の主要都市間に路線網をもつ。便によってかなりのディスカウント料金もある。
●フリックスバス
FlixBus
ⓘwww.flixbus.com

日本で予約できるレンタカー会社
●ハーツ
☎0120-489882
ⓘhertz-japan.com
●アヴィス
☎0120-311911
ⓘwww.avis-japan.com
※日本語の表記はエイビスレンタカー

レンタカーの年齢制限条件と運転免許保有歴
ハーツは25歳以上、免許取得から1年以上。アヴィスやオイロッパカーは21歳以上、免許取得から1年以上。ジクストは一部の小型車は18歳以上から可能だが、車種に応じて年齢制限がある。各社とも地域や車種により、おおむね25歳未満の場合にヤングドライバー料金がかかる。高級車などは年齢制限が引き上げられることも多く、免許取得からさらに期間が必要な場合がある。

緊急の場合
レンタカーを借りている場合は、レンタカー会社によって事故や故障の対応方法が異なるので、最寄りのレンタカー会社の緊急サービスへ連絡して指示を受ける。
●警察・事故救助
☎110

ローカルバスは鉄道が通っていないルートをカバーしており、車窓の景色も楽しく、しかも安い、と三拍子揃っておすすめです。時間もほぼ正確に運行しています。（宝塚市　西川左希子　'15）['20]

旅の技術 レストランの基礎知識

レストランの利用法とマナー

入店する

入店したらまず、昼は「Guten Tag（グーテン ターク）」、夜は「Guten Abend（グーテン アーベント）」とあいさつ。ビアレストランやカフェなどの気軽な店なら、空いている席に着いていいが、中級以上のレストランでは、店員の案内を待つ。

ドリンクをオーダー

席に着いたら、まずは飲み物を注文。メニューを渡される際に、「お飲み物は？　Zum Trinken?（ツム トリンケン）」と聞かれることが多い。ビールやジュース、食前酒などを頼んだら食べ物のメニューはそれからじっくり検討しよう。ほとんどの場合、水は有料で、注文しないと出てこない。

料理をオーダー

注文の際に大声で店員を呼ぶのはマナー違反。注文が決まったら、メニューを閉じて待とう。すぐに呼びたい場合は、アイコンタクトをとるか、軽く手を挙げる。

食後のデザート

デザートやコーヒーは食後に注文する。店員が皿を下げる際に食後のデザートは？と声をかけてくれることが多い。もちろん頼まなくてもかまわない。

会計とチップ

会計の際は席に着いたまま支払う。代金にはサービス料が含まれているが、チップは別に渡すのが一般的。支払い額の5～10％、または端数程度を上乗せする。ただし、あくまでも心づけなので、サービスが悪いときにまで渡す必要はない。

マナーを守って食事を楽しもう

メニュー（シュパイゼカルテ）の読み方

日本語でメニューというと「お品書き」を意味するが、ドイツ語のメニューは「定食」という意味。日本のレストランでいう、コースメニューやセットメニューを意味すると思えばいいだろう。「メニュー・プリーズ」というと、コース料理が運ばれてくるなんていうこともあるので注意したい。ドイツではメニューのことを**シュパイゼカルテSpeisekarte**と呼ぶので覚えておこう。本書では原則として「メニュー」と表記したものは日本語でいうメニューを意味する。

レストランは禁煙！
ドイツでは禁煙法が施行され、飲食店内は原則禁煙。州によっては仕切りのある喫煙室を設けるなどの例外を認めている。屋外のテラス席やビアガーデンでの喫煙は可能。禁止の場所で喫煙し、店の責任者の指示に従わない場合は警察に通報され、罰金を徴収される場合もあるので要注意。

メニューの取り扱い
レストランでは、いつまでもメニューを広げて見ていると、まだ食べたいものが決まっていないと思われ、なかなか注文を取りに来てくれないことがある。食べたいものが決まったらいったんメニューを閉じてまず注文し、引き続き見たければ、「見せてくださいね Darf ich diese Speisekarte behalten?（ダルフ・イッヒ・ディーゼ・シュパイゼカルテ・ベハルテン）」と言ってから、あとでゆっくり見るほうがよい。

じっくり読んで注文すれば失敗も少ない

メニュー早わかり単語帳

おもな飲み物

Mineralwasser　ミネラルウオーター
Cola　コーラ
Orangensaft　オレンジジュース
Apfelsaft　リンゴジュース
Traubensaft　ブドウジュース
Tomatensaft　トマトジュース

料理の選び方

観光客が多い店では、英語や日本語のメニューを用意しているところもあるが、ドイツ語だけのメニューを読解するのはやはり難しい。とりあえず、失敗を避けたければ、その日の定食**ターゲスメニューTagesmenü**を頼むといい。一般的に前菜またはスープとメイン料理、デザートがセットになっており、料金も割安。

⬆メイン料理はボリュームたっぷり

もちろん一品料理から選ぶほうが種類も多く、選ぶ楽しみもあるだろう。一品料理のメニューは基本的に**前菜Vorspeisen**、**スープSuppen**、**魚料理Fischgerichte**、**肉料理Fleischgerichte**、**デザートNachtische**に分類されている。また、基本の構成さえ覚えていれば、ドイツ語がわからなくても大きく失敗することは避けられる。

料理の名前にもパターンがある。料理名の頭から、①材料、②肉や魚の部位、③料理法、ソース、④付け合わせ、添え物の順に見ていくと、どういう料理か想像つくだろう。下記のメニューの基本構成、キーワード、欄外のメニュー早わかり単語帳と照らし合わせて、食べたいものを注文してみよう。

メニューの基本構成

前菜Vorspeisen（フォアシュパイゼン）

スープSuppen（ズッペン）

メイン料理Hauptgerichte（ハウプトゲリヒテ）
- **魚料理Fischgerichte**（フィッシュゲリヒテ）
- **肉料理Fleischgerichte**（フライシュゲリヒテ）
- **ジビエ料理Wildgerichte**（ヴィルトゲリヒテ）

デザートNachtische（ナッハティッシュ）**または Desserts**（デセーア）

※サラダ、ひと口料理、ベジタリアン、季節の料理などの項目をたてているレストランもある。

キーワード

①前置詞mitは「～添え、～付き」、inは「～のなかの」（ソースの種類や何風味かがわかる）、aufは「～の上に、～のせ」

②州、地方、町、レストランなどの名前を形容詞化して「～風」とした料理も多い。

Bier	ビール
Faßbier	生ビール
Rotwein	赤ワイン
Weißwein	白ワイン
Whisky	ウイスキー
Sekt	スパークリングワイン
Kaffee	コーヒー
Tee	紅茶

肉　Fleisch（フライシュ）

Brust	胸肉
Ei	卵
Ente	アヒル、カモ
Filet	フィレ肉
Gans	ガチョウ
Gänseleber	フォワグラ
Hirsch、Reh	鹿
Huhn	チキン
Kalbfleisch	仔牛肉
Lamm	仔羊
Ochse	去勢牛
Rindfleisch	牛肉
Hühnerfleisch	鶏肉
Rücken	背肉
Schinken/Wurst	ハム／ソーセージ
Schweinefleisch	豚肉
Speck	ベーコン
Truthahn、Pute	七面鳥

魚介類　Fisch（フィッシュ）

Forelle	マス
Hering	ニシン
Lachs	サケ
Scholle	カレイ
Seelachs	タラ
Seezunge	舌平目
Thunfisch	ツナ（マグロ）

野菜　Gemüse（ゲミューゼ）

Blumenkohl	カリフラワー
Brokkoli	ブロッコリー
Gurke	キュウリ
Kartoffel	ジャガイモ
Lauch	ネギ
Linse	レンズ豆
Paprika	パプリカ（ピーマン）
Petersilie	パセリ
Pilz	キノコ
Sellerie	セロリ
Spargel	アスパラガス
Spinat	ホウレン草
Tomate	トマト
Zwiebel	タマネギ

⬆周りの人の食べているものも参考に

ショッピングのマナー

ドイツの店のショーウインドーには、その店の自慢の商品が、趣向を凝らして飾られている。専門店の場合、ショーウインドーで気に入ったものを見つけた段階で、店の中に入ったほうがいいだろう。

↑ショーウインドーには店自慢の商品が並ぶ。ディスプレイを眺めるだけでも楽しい

ドイツで気持ちよく買い物がしたかったら、語学力があろうとなかろうと、「あいさつ」と「自分の希望をはっきり伝えること」がいちばん大切だ。

ブティックや専門店の中に入るときは、必ず「Guten Tag」とあいさつしよう。店員が応対に来たら、自分の希望を言う。ショーウインドーの品物を指さして、「これを見せてください Zeigen Sie mir das, Bitte.」などと言えばよい。ほかの品物を見たい場合も、勝手に棚の品物に触ったりしないで、希望を伝えて、店員に出してもらうこと。もちろん、気に入らなかったら、断ればよい。ただし、応対してもらったのだから店を出るときに「(見せてもらって) ありがとう、さようならDanke schön. Auf Wiedersehen.」ぐらいは、必ず言おう。

自分で店内をざっと見てみたいなら「ちょっと店内を見たいのです (見ているだけです) Ich möchte mich nur umsehen.」とか、英語で「Just looking.」と言えばよい。

ドイツのバーゲンシーズンについて

ドイツでは、夏のバーゲンSSV (ゾンマー・シュルス・フェアカウフの略) と冬のバーゲンWSV (ヴィンター・シュルス・フェアカウフ) がある。町や店によって開催時期は多少異なるが、SSVが7月上旬から8月上旬、WSVが1月上旬から2月上旬ぐらい。衣服や靴、バッグなどが、かなりの割引価格で処分されるので、この時期に旅行をする人は買い物の楽しみが増える。

↑バーゲンシーズンはぐっとお得になる

商店の営業時間
大都市のブティックなどは一般的に月〜土曜10:00〜20:00というところが多いが、店によってさまざま。デパートは月〜土曜9:30〜20:00というのが目安。日曜、祝日は休み。

包装とショッピングバッグ
環境保護先進国ドイツの一端を見せてくれるのが、買い物の際の簡易包装だ。スーパーなどでは、品物自体、リサイクル素材による簡易パッケージで棚に並んでいる。レジではただでレジ袋をくれないことも多く、欲しい場合はレジで買うことになる。ドイツ人はエコバッグを持参している。

プレゼント用には
プレゼントの品物の場合は、「**アルス・ゲシェンク Als Geschenk**（贈り物です)」と言えばきちんと包装してくれる。デパートなどでは別のカウンターで包装してもらうことになる。

困ったらガソリンスタンド
ドイツにコンビニはなく、休日には必要なものが買えなくて困ることがある。大都市ならば、中央駅構内の店は営業しているが、中都市以下ではそれも無理。そんなときは、ガソリンスタンドへ。食料品や簡単な日用品、地図などを売っている。ほぼ無休で夜遅くまで開いている。ただし、ガソリンスタンドは旧市街など、町の中には少なく、見つけるのに苦労する。

ドイツ出国時の免税手続きについて

ドイツの商品価格には**付加価値税Umsatzsteuer**（USt.と略記。Mehrwertsteuer=Mwst.と表記することもある）がかけられている。税率は一部の商品を除いて19%（食料品、書籍などは7%）。EU加盟国外に居住している旅行者は、以下の条件を満たす場合、所定の手続きをすることにより10.3〜14.5%（食品、書籍などは2.5〜3.5%）の税金が払い戻される。
①免税の取り扱いをする店で、一度に購入した商品の合計が€25以上であること。
②購入店で作成してもらった免税書類とレシート（クレジットカード明細やコピーは不可）が揃っていること。免税書類は店員に「タックス・フリー・ショッピング・チェック・プリーズ」と言って作成してもらう。書類作成にはパスポートの提示が必要なので忘れずに。
③購入した商品は未使用の状態でEU加盟国外へ持ち出すこと。

空港での手続き（フランクフルト空港ターミナル1の場合）

（1）免税対象商品を機内持ち込み手荷物とする場合

①航空会社のカウンターでチェックイン手続き後、機内持ち込み手荷物としてそのまま持ち、出国審査の先（B41ゲート付近）にある**税関Export Certification**（ワシのマークが目印）で対象商品、パスポート、搭乗券を提示して店で作成してくれた免税書類にスタンプをもらう。
②グローバルブルー社やプレミア・タックス・フリーの**税金払い戻し窓口**（Cash RefundまたはTax Freeの表示がある）に書類を提出して、払い戻しを受ける（現金かクレジットカード口座に返金かのいずれかを選択）。

（2）免税対象商品を機内預けの受託手荷物に入れる場合

①航空会社のチェックインカウンターで搭乗手続きを行うとき、免税対象商品が入っているスーツケースなどは、この時点では預けずに、航空会社の職員に税金の払い戻し手続きをすることを伝え、バゲージ・クレーム・タグだけ付けて手元に戻してもらう。
②次に税関（センターエリア643番カウンターの隣にある窓口）で免税書類にスタンプをもらい、この税関の場所で免税対象商品が入ったスーツケースなどを受託手荷物として預ける。
③税関窓口隣の免税手続き代行会社窓口で、払い戻しを受ける。
（上記（1）-②と同）

注意！
ドイツ以外のEU加盟国を経由して日本に帰国する場合は、原則として最後にEU加盟国を出国する空港で免税手続きを行う。

空港へは時間の余裕をもって
フランクフルト国際空港では、混雑により税関や払い戻しの手続きには時間がかかることも多いので、時間の余裕をもって空港へ向かうこと。なお、グローバルブルー社は成田空港、関西空港内にもカウンターがあるので、帰国後の払い戻しも可能だが、税関のスタンプはドイツでもらっておく必要がある。

陸路でEU加盟国以外へ出国する場合
EU加盟国以外の国へ行く国際特急には、原則として国境を越える前に税関職員が車内を回ってくるので、そのときに申告する。しかし、係員が来ないこともあり、その場合は国境駅税関へ行かなくてはならない。確実に免税手続きを行いたいなら、列車での出国は避けたほうがよい。

免税手続き代行会社
最大手グローバルブルーや、最近加盟店を増やしているプレミア・タックス・フリーなどがある。空港での払い戻しカウンターの場所は、代行会社によって異なり、下記サイトに案内されている。
・グローバルブルー
www.global-blue.com
・プレミア・タックス・フリー
www.premiertaxfree.com

グローバルブルーの税金払い戻し窓口

ホテルの基礎知識

ホテルでのチップについて
部屋の清掃とベッドメイクは、どんな安いホテルでもしてくれる。ツアーではメイドへのチップとして枕元のテーブルなどに€1程度のチップを置くようにすすめているが、特別なことを頼んだとき以外は必要ない。ただし、ポーターに部屋まで荷物を運んでもらったり、ルームサービスを頼んだ場合は€1程度のチップを渡す。

覚えておくと役立つ
ホテルリストの略語と単語
EZ（Einzelzimmer）
＝シングルルーム
DZ（Doppelzimmer）
＝ダブルルーム
FW（mit fließendem Wasser）
＝洗面設備のみあり、トイレ・シャワーは付いていない部屋
Frühstück＝朝食

ホテルの無線LAN
ドイツではWi-Fi環境が整っており、ほとんどのホテルで無料で利用できるが、なかには高速の場合は利用料金がかかる場合がある。不明点はチェックイン時に確認しておこう。

ドイツユースホステル協会
www.jugendherberge.de
日本ユースホステル協会
(03)5738-0546
www.jyh.or.jp

ホテルの種類

ドイツのホテルは、政府機関による全国的なランク付けはされていないが、ドイツ・ホテルレストラン協会によって設備の観点から1～5つ星でランク付けされている。星の数はあくまでも目安程度に、旅のスタイルやエリア、予算によって、納得のいくホテル選びをしよう。なお、ホテル以外にも、いろいろな宿の形態があるので知っておきたい。

ホテルHotel

ドイツのホテルの料金には、一般的に朝食代が含まれている。コーヒーや紅茶、ジュースなどのドリンクとパン、ハムやチーズなどが付く。中級以上ならビュッフェ式も。宿泊費は同じ内容なら都市部より田舎のほうがぐっと安く、スタッフも親切。

泊まってみたい、ドイツならではの宿

中世からの歴史ある城に宿泊できる**古城ホテルSchlosshotel**はドイツ人にも人気が高い。森や山の中にあることが多いため交通の便は悪いが、かつての貴族の生活の雰囲気が味わえる。また、1階がレストランで、2階以上が客室になっているアットホームな**ガストホーフGasthof**や、B&B（ベッド＆ブレックファスト）スタイルで、料金も安めな**ペンズィオンPension**もドイツの庶民感覚を知る絶好の宿。

そのほかに、普通の家の一室に宿泊する**プリバートツィマーPrivatzimmer**は、日本の民宿に近い感覚の宿だ。農家にホームステイという形で、自然や動物と触れ合える**ファームステイUrlaub auf dem Bauernhof**、リゾート地に多い長期滞在のための施設**フェーリエンヴォーヌングFerienwohnung**などもそれぞれ違った趣向でおもしろい。

ユースホステル

ユースホステル発祥の地ドイツだけあり、設備は充実している。ユースホステルはドイツ語で**ユーゲントヘアベルゲJugendherberge**という。一般的に6～8人部屋で、シャワールームは共同。町から離れた場所に建っている場合が多く、チェックインの時間に制限があるなど不便な点もあるが、料金は朝食付きで1泊€20～30と安い。世界各国から若者が集まるので、いろいろな出会いがあるのもユースホステルのメリットだ。

ユースホステルを利用するには、ユースホステル協会で会員になっておく必要がある。

はみだし情報　使用済みのタオルは、タオル掛けに戻しておくと「まだ交換しなくてOK」というサイン。バスタブか、バスルームの床に置いておくと交換してくれる。この習慣は環境保護対策の一環として根づいている。

予約について

旅行の日程がすでに決定しているなら、日本からホテルを予約してしまうといい。特にメッセが開催される大都市や、祭りの期間中などは、早めに手配をしておきたい。

インターネットやメールで直接予約する

いちばん簡単なのはホテルのウェブサイトから直接、またはホテル予約サイトから予約をする方法。24時間いつでもできるし、確認も迅速。ホテルのウェブサイト内の予約フォームやメールで問い合わせることも可能。予約を申し込む際には、クレジットカード番号の入力が必要になる。チェーンホテルなどでは、早期にインターネット予約をすると早期割引料金が適用される場合があるが、予約の変更は一切できない。

↑予約時にはホテルの設備もチェックしよう

日本語でドイツのホテル予約が可能なサイトでは、クレジットカード決済となるところが多い。

日本語でドイツのホテル・ホステル予約が可能なサイト

地球の歩き方トラベル 海外ホテル予約 高級ホテルから経済的ホテルまで、予算に応じて世界各地にある宿泊施設が選べる。	hotel.arukikata.com
エクスペディア 米国に本社がある世界最大級のホテル予約サイト。	www.expedia.co.jp
アップルワールド 口コミ情報やユーザー投稿写真が多い。銀行振り込みでの申し込みも可。	appleworld.com
ホステルワールド ホステルのドミトリーや、格安ホテルの手配が可能。経済的に旅したい人におすすめ。	www.japanese.hostelworld.com
HRS - Hotel Reservation Service ドイツでは大手のホテル予約サイト。安いホテルにも対応。早期割引料金以外は、現地ホテルでの支払い。	www.hrs.de
Booking.com オランダに本社があるホテル予約サイト。安いホテルにも対応。予約時に支払うが、現地での支払いを選べるホテルもある。	www.booking.de

旅行会社、予約事務所を利用する

自分で予約するのは難しいという人は、ホテル予約を扱っている旅行会社に依頼する方法もある。ほとんどの場合、中級クラス以上のホテルが対象となるが、小規模のホテルでも、特定の希望があれば予約を請け負ってくれる。世界的なホテルチェーンなら、日本に予約事務所があるので、そこに電話をして予約をしてもらうこともできる。

キャンセル料規定の確認
キャンセル料の規定はホテルによってまちまちなので、正式な予約を入れる前に確かめておこう。特に、クレジットカード番号を知らせてある場合にキャンセルをすると、規定に応じたキャンセル料をカードの口座から引き落とされることを知っておこう。

予約確認書を持参しよう
インターネットやメールで予約した場合、予約先（ホテルや予約サイト）からの「予約確認書」はプリントアウトまたはタブレットに保存しておくこと。何らかの予約上の手違いがあった場合にも、この確認書があれば証拠になるし、チェックインの際に提示すれば、名前の確認などがスムーズに進む。

ホームシェアリング
近年、個人旅行者を中心に、旅の宿泊先として人気があるのが**ホームシェアリング Home Sharing**。ホテルなどの宿泊施設ではなく、一般の住宅の空き部屋を旅行者に提供するもの。インターネット上で部屋を提供したい人と泊まりたい人を簡単にマッチングさせるシステムを構築した**airbnb（エアビーアンドビー）**の登場で、宿泊場所が急激に拡大した（空き部屋の旅行者への貸し出しは昔からあったがairbnbが簡単にした）。今やドイツ全土で利用できるようになっている。ただしairbnbの登場で部屋の供給不足、家賃の急上昇に直面したベルリンでは、2016年より規制を行っている。アパートなどの集合住宅では、旅行者への短期貸しは全戸の半分以下にしなければならず、違反すると罰金が科せられる。

インターネット

ドイツのネット環境は年々よくなってきており、公共の場所での無料Wi-Fiの設置状況は日本をしのぐほど。空港ターミナルや主要駅、デパートやショッピングモールは当然のように無料Wi-Fiがあり、チェーンのドラッグストアやスーパーの店内、大都市では屋外のトラム停留所や広場にさえ無料Wi-Fi環境が整っている（時間・容量に制限がある場合もあるが）。

例えばベルリンの地下鉄（Uバーン）では、観光客の利用する中心部の各駅ホームにはすでに無料Wi-Fiが整備済みで、2020年2月現在ほぼすべての駅に拡大されている。ICEの車内にもすでに整備されているし、Wi-Fi環境を整えていないホテルは、マイナスの口コミが書かれてしまう。ホテルで利用する場合は、宿泊者のみがアクセスできるようにパスワードを渡されることが多いが、スマートフォンやタブレットPCなどを持って旅する人は、積極的にネットを利用しながら旅をしてみよう。

電話

海外で携帯電話を利用するには

日本で使用している携帯電話を海外でそのまま利用する、レンタル携帯電話を利用する、モバイルWi-Fiルーターを日本の出発空港でレンタルする、などの方法がある。任意の1日ごとに定額料金で利用できるサービスもあるので、現地でのネット利用に便利。詳しい情報は出発前に各社に問い合わせてみよう。

現地でプリペイドのSIMカードを購入する場合、ドイツでは2017年7月以降テロ対策のための規制が強化され、SIMカードの購入にはドイツの住所が必要になったため、一般旅行者には現実的ではない。

ホテルの部屋の電話機からかける場合は、ホテル指定の外線番号（0の場合が多い）を最初に押すと外線につながるが、ホテルによってはレセプションを通さなければ外線にかけられない場合もある。また、手数料が加算されるため、通話料金はかなり割高になる。

日本語オペレーターに申し込むコレクトコール

ドイツから日本語オペレーターを通じて電話がかけられ

テレホンカード
カード専用の公衆電話に挿入してそのまま使えるドイチェ・テレコムDeutsche TelekomのICチップ付きカードは€10。
スクラッチ式のコーリングカードは数社が販売しており、料金は格安だが自動ガイダンス言語（ドイツ語、英語）を聞き取る語学力が必要。どちらも主要駅売店や自動販売機などで販売。

国内電話のかけ方（ドイツ国内）
市内へかける場合、市外局番は不要。市外へかける場合は市外局番からダイヤルする。

日本での国際電話の問い合わせ先
- **KDDI**
  ☎0057（無料）
- **NTTコミュニケーションズ**
  ☎0120-506506（無料）
- **NTTドコモ**
  ☎0120-800-000（無料）
- **au**
  ☎0077-7-111（無料）
- **ソフトバンク**
  ☎157（ソフトバンクの携帯から無料）

日本語オペレーターに申し込むコレクトコール
- **KDDI**
  ジャパンダイレクト
  ⓘwww.001.kddi.com/lineup/with-operator/

日本で使用しているスマホ（海外対応機種）をドイツで使用する場合、国内のパケット通信料は適用されないので注意。Wi-Fi環境でのみ使用するなら、設定で「データローミング」をオフにしておこう。

る。支払いは、コレクトコールとなる。

プリペイドカード通話

日本国内であらかじめ購入できる、日本の通信会社が発行するプリペイドカード。アクセス番号にダイヤルし、日本語音声ガイダンスに従って操作する。日本国内の国際空港やコンビニエンスストアなどで購入が可能。KDDIが「スーパーワールドカード」を発行している。

郵便

ドイツから日本へはがきや手紙を出すには、宛名は日本語でもいいが、**国名JAPAN**と**航空便LUFTPOST**（またはPriority）だけは、必ず欧文で目立つように書くのを忘れずに。そして郵便局で**切手Briefmarke**を購入して貼り、黄色いポストに投函する。航空便は通常4日ぐらい（日曜、祝日は除く）で届く。

シンボルカラーの黄色にホルンのマークが目印

携帯電話を紛失した際の現地からの連絡先
（利用停止の手続き。全社24時間対応）

・au※1
（国際電話識別番号00）
+81+3+6670-6944

・NTTドコモ※2
（国際電話識別番号00）
+81+3+6832-6600

・ソフトバンク※3
（国際電話識別番号00）
+81+92+687-0025

※1：auの携帯から無料、一般電話からは有料
※2：NTTドコモの携帯から無料、一般電話からは有料
※3：ソフトバンクの携帯から無料、一般電話からは有料

日本への郵便料金
www.deutschepost.de

はがき		€0.95
封書	50gまで	€1.70
ペックヒェン（小型包装物）	（上限2kg）	€16
小包	5kgまで	€46.99
	10kgまで	€62.99

INFORMATION

ドイツでスマホ、ネットを使うには

まずは、ホテルなどのネットサービス（有料または無料）、Wi-Fiスポット（インターネットアクセスポイント。無料）を活用する方法がある。ドイツでは、主要ホテルや町なかにWi-Fiスポットがあるので、宿泊ホテルでの利用可否やどこにWi-Fiスポットがあるかなどの情報を事前にネットなどで調べておくとよいだろう。ただしWi-Fiスポットでは、通信速度が不安定だったり、繋がらない場合があったり、利用できる場所が限定されたりするというデメリットもある。ストレスなくスマホやネットを使おうとするなら、以下のような方法も検討したい。

☆各携帯電話会社の「パケット定額」

1日当たりの料金が定額となるもので、NTTドコモなど各社がサービスを提供している。

いつも利用しているスマホを利用できる。また、海外旅行期間を通しではなく、任意の1日だけ決められたデータ通信量を利用することのできるサービスもあるので、ほかの通信手段がない場合の緊急用としても利用できる。なお、「パケット定額」の対象外となる国や地域があり、そうした場所でのデータ通信は、費用が高額となる場合があるので、注意が必要だ。

☆海外用モバイルWi-Fiルーターをレンタル

ドイツで利用できる「Wi-Fiルーター」をレンタルする方法がある。定額料金で利用できるもので、「グローバルWiFi（【URL】https://townwifi.com/）」など各社が提供している。Wi-Fiルーターとは、現地でもスマホやタブレット、PCなどでネットを利用するための機器のことをいい、事前に予約しておいて、空港などで受け取る。利用料金が安く、ルーター1台で複数の機器と接続できる（同行者とシェアできる）ほか、いつでもどこでも、移動しながらでも快適にネットを利用できるとして、利用者が増えている。

ルーターは空港などで受け取る

ほかにも、いろいろな方法があるので、詳しい情報は「地球の歩き方」ホームページで確認してほしい。
【URL】http://www.arukikata.co.jp/net/

ドイツの治安

ドイツの治安はヨーロッパのなかでもかなりよいほうだ。それでもベルリンやフランクフルト、ミュンヘンなどの空港や大都市の中央駅周辺などでは置き引きやスリの被害が多いので気をつけよう。

貴重品の入った荷物に気をつける程度のことは日本でも普通にしていること。ほんの一瞬でも荷物を置いたままにしたり、買い物に気を取られていたりするスキを狙われないようにしよう。

最近のスリや盗難被害の傾向

スリや盗難の手口はさまざま。以下は実際の被害例。

●駅で 駅の自動券売機で切符を買う際、「使い方がわからないなら、代わりに買ってあげよう」と話しかけられ、お金を渡すとそのまま持ち去られた。ほかにも、小銭を出し「これを両替してくれる？」と話しかけられ、財布を出したらひったくられたなど、駅での被害は多い。

●ホテルで ホテルの朝食ビュッフェで、料理を取りに行っている間に、椅子に置いたバッグが持ち去られた。椅子にかけたジャケットのポケット内の財布を抜き取られた。

財布などの貴重品は見えるところに置かない、むやみに取り出さない、体から離さないなど、気をつけていれば、被害はある程度防ぐことができる。

盗難・紛失

盗難、貴重品の紛失が発生したら、最寄りの警察署へ行き（ホテルなどで教えてもらおう）、証明書を発行してもらう。盗難証明書は帰国後、保険会社へ請求する際にも必要となる。

パスポートをなくしたら

パスポートの盗難被害に遭ったら、最寄りの警察署に行き、盗難届出証明書を発行してもらう。

その後、日本大使館または総領事館（→P.341）へ行き、新規パスポートの発給、または帰国のための渡航書（日本に直行で帰国するためだけに利用できる）の発行手続きをとる。

手続きに必要なものは、盗難届出証明書、写真2枚（縦45mm×横35mm）、戸籍謄本または抄本1通、旅行の日程などが確認できる書類（eチケット控えや旅行日程表など）、手数料（10年用は€122、5年用は€84、帰国のための渡航書€19）。

緊急時の連絡先
●警察 ☎110
●消防 ☎112
各公衆電話には警察、消防への緊急連絡のための装置があり、受話器を上げ、レバーを押すと無料で通じる。

安全情報を入手するには
外務省の海外安全ホームページで最新情報が得られる。
www.anzen.mofa.go.jp

貴重品袋の中身
パスポートのコピー（写真のページ）、海外旅行保険証書、現金、クレジットカードなど。

万一に備えて手帳にメモしておくこと
パスポート番号、発行日、発行場所（コピーを貼っておくのもいい）、航空券番号、クレジットカードの番号と有効期限、緊急連絡先の電話番号、旅行会社の現地連絡事務所、海外旅行保険の現地緊急連絡先と日本の緊急連絡先

パスポート携行の義務
旅行者は官憲（警官等）から求められたら、パスポートを提示する義務がある。パスポートはホテルの金庫に預けても、コピーは携帯するようにしよう。きちんと対応しないと検挙され、€1000以下の罰金を科されることがあるが、その場で徴収されることはない。支払いを求められたらニセ警官の可能性が高いので、できるだけひとめのある所で、警官の身分証明書の提示を求めて確認、領収書を受け取ることが望ましい。

クレジットカードをなくしたら

クレジットカードは、盗難直後に悪用されるケースが多いので、盗難に遭ったら落ち着いて素早く対応することが大切となる。まずはクレジットカードの発行会社に電話して、カードの無効手続きを取る。盗難、紛失時の連絡先を必ず控えておくこと。旅行を続けるためにどうしてもクレジットカードが必要な人は、緊急再発行ができる場合もある。

荷物の管理はしっかりと

たとえわずかな時間でも、空港や駅構内などにスーツケースなどの荷物を放置しないこと。盗難の危険があるというだけでなく、テロ目的の不審物とみなされた場合、空港や駅が閉鎖のうえで撤去されるなどの混乱にいたるおそれもある。ドイツでは実際にそのような事例があった。その結果、重大な責任が問われることもあるので、自分の荷物は必ず携行するか、コインロッカー等に預けること。

↑大きな荷物に気をとられて注意力が散漫になりがちなので注意

病気・けが

ドイツで病気になったら

時差や気候の違いなどの環境の変化に加えて、ハードなスケジュールで動き回っている間に、突然体調の変化が現れることもある。疲労を感じたら、無理をせずにゆっくり休養を取ることが大切。頭痛薬程度のものは**薬局Apotheke**でも買えるが、飲みなれた常備薬を持っていくほうがよいだろう。持参した薬を飲んでも回復しなかったら、泊まっているホテルの人に相談して病院を紹介してもらう。ドイツの病院は予約診療が原則なので、診察可能かどうかも確認してもらったほうがよい。動けない場合は救急車を呼んでもらう。ただし救急車はドイツでは有料。

海外旅行保険に入っていれば、保険会社のアシスタントサービスやサービスセンターに連絡して、提携病院を紹介してもらう。加入時にもらった小冊子にも提携病院が掲載されているはず。治療費はキャッシュレス診療が可能な提携病院以外は、いったんは全額自己負担で支払うことになるが、診断書や領収書などの必要書類をもらっておけば、帰国後に治療費を保険会社に請求できる。海外での治療費はかなり高額になるので、海外旅行保険には必ず加入しておこう。

※緊急時の医療会話→P.343

●在ドイツ日本国大使館
Botschaft von Japan in Deutschland
Map P.45-C5
住Hiroshimastr. 6
10785 Berlin
☎(030)210940
ⓘ www.de.emb-japan.go.jp

●在フランクフルト日本国総領事館
Generalkonsulat von Japan in Frankfult
Map P.154-B1
住MesseTurm, 34. OG
Friedrich-Ebert-Anlage 49
60327 Frankfurt
☎(069)2385730
ⓘ www.frankfurt.de.emb-japan.go.jp

●在ハンブルク日本国総領事館
Japanisches Generalkonsulat Hamburg
Map P.111-B3
住Rathausmarkt 5
20095 Hamburg
☎(040)3330170
ⓘ www.hamburg.emb-japan.go.jp

旅の技術　旅の言葉

ドイツでは、都市部や観光客が多い町のホテルなどでは英語が比較的よく通じる。しかし、旧東ドイツ地域や年齢層が高くなると通じない場合もあるし、せっかくドイツまできたのだから、ぜひドイツ語を使ってみよう。最初はあいさつやお礼の言葉だけでもいい。どんなに下手なドイツ語でも、わかるまで熱心に耳を傾けてくれるのが、ドイツ人の性分なのだから。

これだけは覚えておこう！

Ja. ヤー	はい
Nein. ナイン	いいえ
Guten Morgen. グーテン・モーゲン	おはようございます
Guten Tag. グーテン・ターク	こんにちは
Guten Abend. グーテン・アーベント	こんばんは
Gute Nacht. グーテ・ナハト	おやすみなさい
Auf Wiedersehen. アウフ・ヴィーダーゼーエン	さようなら
Tschüss. チュス	さようなら（くだけた感じ）
Danke. ダンケ	ありがとう
Danke schön. ダンケ・シェーン	ありがとうございます
Bitte. ビッテ	お願いします
Nein danke. ナイン・ダンケ	いいえ、けっこうです
Bitte. ビッテ	どういたしまして
Entschuldigung. エントシュルディグング	ごめんなさい
Entschuldigung. エントシュルディグング	すみません（人に呼びかけるとき）
Verzeihung. フェアツァイウング	すみません（人にぶつかったときなど）
Ich verstehe. イッヒ・フェアシュテーエ	わかりました
Mein Name ist ○○. マイン・ナーメ・イスト・○○	私の名前は○○です
○○, bitte. ○○、ビッテ	○○をください

いろいろな場面で使えるフレーズ

これは何ですか？
Was ist das?
ヴァス・イスト・ダス

いくらですか？
Was kostet das?
ヴァス・コステット・ダス

これをください
Das, bitte! / Ich nehme das.
ダス・ビッテ／イッヒ・ネーメ・ダス

あれと同じものをください
Bitte geben Sie mir das gleiche!
ビッテ・ゲーベン・ズィー・ミーア・ダス・グライヒェ

このクレジットカードは使えますか？
Kann ich mit dieser Kreditkarte zahlen?
カン・イッヒ・ミット・ディーザー・クレディートカルテ・ツァーレン

ここでWi-Fiは使えますか？
Kann ich hier WLAN benutzen?
カン・イッヒ・ヒーア・ヴェーラン・ベヌッツェン

どのぐらい時間がかかりますか？
Wie lange dauert es?
ヴィー・ランゲ・ダウアート・エス

トイレはどこですか？
Wo ist die Toilette?
ヴォー・イスト・ディ・トアレッテ

ここに書いてください
Bitte schreiben Sie es hier auf!
ビッテ・シュライベン・ズィー・エス・ヒーア・アウフ

シチュエーション別

観光

どこで両替できますか？
Wo kann ich Geld wechseln?
ヴォー・カン・イッヒ・ゲルト・ヴェクセルン

日本語パンフレットはありますか？
Haben Sie eine Broschüre auf Japanisch?
ハーベン・ズィー・アイネ・ブロジューレ・アウフ・ヤパーニシュ

レストラン

英語のメニューはありますか？
Haben Sie eine Speisekarte auf Englisch?
ハーベン・ズィー・アイネ・シュパイゼカルテ・アウフ・エングリシュ

お勘定をお願いします
Zahlen, bitte!
ツァーレン・ビッテ

ショッピング

試着してみていいですか？
Darf ich das einmal anprobieren?
ダルフ・イッヒ・ダス・アインマル・アンプロビーレン

違う色はありますか？
Haben Sie das auch in anderen Farben?
ハーベン・ズィー・ダス・アウホ・イン・アンデレン・ファルベン

移動

タクシーを呼んでください
Können Sie mir bitte ein Taxi rufen?
ケネン・ズィー・ミーア・ビッテ・アイン・タクスィ・ルーフェン

ハンブルク行きの片道切符を1枚ください
Eine einfache Karte nach Hamburg, bitte.
アイネ・アインファッヘ・カルテ・ナーハ・ハンブルク・ビッテ

緊急時の医療会話

ホテルで薬をもらう

具合が悪い。
Ich fühle mich krank.
イッヒ・フューレ・ミッヒ・クランク

下痢止めの薬はありますか。
Haben Sie Medikament gegen Durchfall?
ハーベン・ズィー・メディカメント・ゲーゲン・ドゥルヒファル

病院へ行く

近くに病院はありますか。
Gibt es hier in der Nähe ein Krankenhaus?
ギプト・エス・ヒーア・イン・デア・ネーエ・アイン・クランケンハウス

日本人の医者はいますか？
Sind hier japanische Ärzte?
ズィント・ヒーア・ヤパーニッシェ・エルツテ

病院へ連れていってください。
Würden Sie mich ins Krankenhaus bringen?
ヴュルデン・ズィー・ミッヒ・インス・クランケンハウス・ブリンゲン

病院での会話

診察の予約をしたい。
Ich möchte einen Untersuchungstermin vereinbaren.
イッヒ・メヒテ・アイネン・ウンターズーフングステルミーン・フェアアインバーレン

○○ホテルからの紹介で来ました。
○○Hotel hat mir Sie empfohlen.
○○ホテル・ハット・ミア・ズィー・エムプフォーレン

私の名前が呼ばれたら教えてください。
Bitte teilen Sie mir mit, wenn mein Name gerufen wird.
ビッテ・タイレン・ズィー・ミア・ミット・ヴェン・マイン・ナーメ・ゲルーフェン・ヴィルト

診察室にて

入院する必要がありますか。
Muss ich im Krankenhaus aufgenommen werden?
ムス・イッヒ・イム・クランケンハウス・アウフゲノメン・ヴェアデン

次はいつ来ればいいですか。
Wann soll ich wieder kommen?
ヴァン・ゾル・イッヒ・ヴィーダー・コメン

通院する必要がありますか。
Muss ich regelmäßig ins Krankenhaus kommen?
ムス・イッヒ・レーゲルメースィヒ・インス・クランケンハウス・コメン

ここにはあと2週間滞在する予定です。
Ich bleibe hier noch zwei Wochen.
イッヒ・ブライベ・ヒーア・ノホ・ツヴァイ・ヴォッヘン

診察を終えて

診察代はいくらですか。
Was kostet die Untersuchung?
ヴァス・コステット・ディー・ウンターズーフング

今支払うのですか。
Soll ich das jetzt bezahlen?
ゾル・イッヒ・ダス・イェツト・ベツァーレン

保険が使えますか。
Wird das von meiner Versicherung abgedeckt?
ヴィルト・ダス・フォン・マイナー・フェアズィッヒャルング・アプゲデックト

クレジットカードでの支払いができますか。
Akzeptieren Sie Kreditkarte?
アクツェプティーレン・ズィー・クレディートカルテ

保険の書類にサインをしてください。
Unterschreiben Sie bitte die Versicherungspapiere.
ウンターシュライベン・ズィー・ビッテ・ディー・フェアズィッヒャルングスパピーレ

緊急時の医療単語

※該当する症状があれば、チェックをして医師に見せよう

□吐き気 Übelkeit
□悪寒 Schüttelfrost
□食欲不振 Appetitlosigkeit
□めまい Schwindel
□動悸 Herzklopfen
□熱 Fieber
□炎症 Entzündung
□脇の下で計った Sublinguale Temperaturmessung
□口の中で計った Axillare Temperaturmessung
______℃
□下痢 Durchfall
□便秘 Verstopfung
□水様便 dünnflüssiger Stuhlgang
□軟便 weicher Stuhlgang
1日に__回 __mal täglich
時々 manchmal
頻繁に häufig
絶え間なく dauernd
□風邪 Erkältung
□鼻づまり verstopfte Nase
□鼻水 Nasenschleim
□くしゃみ Niesen
□咳 Husten
□痰 Sputum
□血痰 Blutauswurf
□耳鳴り Tinnitus
□難聴 Schwerhörigkeit
□耳だれ Ohrenausfluss
□目やに Augenschleim
□目の充血 blutlaufende Augen
□見えにくい schwer zu sehen

※下記の単語を指差して医師に必要なことを伝えよう

▶どんな状態のものを
生の roh
野生の wild
油っこい fettig
よく火が通っていない halbroh
調理後時間がたった Nach dem Kochen lange Zeit liegengelassene

▶けがをした
刺された・噛まれた gestochen/gebissen
切った geschnitten
転んだ gefallen
打った geschlagen
ひねった verdreht
落ちた abgestürzt
やけどした sich verbrannt

▶痛み
ヒリヒリする brennend
刺すように stechend
鋭く scharf
ひどく akut

▶原因
蚊 Mücke
ハチ Biene
アブ Bremse
リス Eichhörnchen

▶何をしているときに
キャンプをした Campen gegangen
登山をした auf einer Berg gegangen
川で水浴びをした im Fluss gebadet

索　　引 INDEX

地名、美術館・博物館

世界遺産

ユースフルアドレス

旅の準備と技術

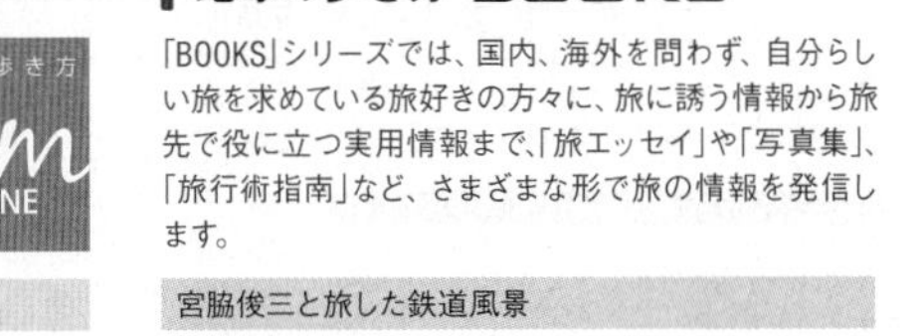

地球の歩き方 シリーズ一覧

2024年1月現在

＊地球の歩き方ガイドブックは、改訂時に価格が変わることがあります。＊表示価格は定価（税込）です。＊最新情報は、ホームページをご覧ください。www.arukikata.co.jp/guidebook/

地球の歩き方 ガイドブック

A ヨーロッパ

A01	ヨーロッパ	¥1870
A02	イギリス	¥2530
A03	ロンドン	¥1980
A04	湖水地方&スコットランド	¥1870
A05	アイルランド	¥1980
A06	フランス	¥2420
A07	パリ&近郊の町	¥1980
A08	南仏プロヴァンス コート・ダジュール&モナコ	¥1760
A09	イタリア	¥1870
A10	ローマ	¥1760
A11	ミラノ ヴェネツィアと湖水地方	¥1870
A12	フィレンツェとトスカーナ	¥1870
A13	南イタリアとシチリア	¥1870
A14	ドイツ	¥1980
A15	南ドイツ フランクフルト ミュンヘン ロマンチック街道 古城街道	¥2090
A16	ベルリンと北ドイツ ハンブルク ドレスデン ライプツィヒ	¥1870
A17	ウィーンとオーストリア	¥2090
A18	スイス	¥2200
A19	オランダ ベルギー ルクセンブルク	¥2420
A20	スペイン	¥2420
A21	マドリードとアンダルシア	¥1760
A22	バルセロナ&近郊の町 イビサ島／マヨルカ島	¥1760
A23	ポルトガル	¥2200
A24	ギリシアとエーゲ海の島々&キプロス	¥1870
A25	中欧	¥1980
A26	チェコ ポーランド スロヴァキア	¥1870
A27	ハンガリー	¥1870
A28	ブルガリア ルーマニア	¥1980
A29	北欧 デンマーク ノルウェー スウェーデン フィンランド	¥1870
A30	バルトの国々 エストニア ラトヴィア リトアニア	¥1870
A31	ロシア ベラルーシ ウクライナ モルドヴァ コーカサスの国々	¥2090
A32	極東ロシア シベリア サハリン	¥1980
A34	クロアチア スロヴェニア	¥2200

B 南北アメリカ

B01	アメリカ	¥2090
B02	アメリカ西海岸	¥1870
B03	ロスアンゼルス	¥2090
B04	サンフランシスコとシリコンバレー	¥1870
B05	シアトル ポートランド	¥2420
B06	ニューヨーク マンハッタン&ブルックリン	¥1980
B07	ボストン	¥1980
B08	ワシントンDC	¥2420
B09	ラスベガス セドナ&グランドキャニオンと大西部	¥2090
B10	フロリダ	¥2310
B11	シカゴ	¥1870
B12	アメリカ南部	¥1980
B13	アメリカの国立公園	¥2640
B14	ダラス ヒューストン デンバー グランドサークル フェニックス サンタフェ	¥1980
B15	アラスカ	¥1980
B16	カナダ	¥2420
B17	カナダ西部 カナディアン・ロッキーとバンクーバー	¥2090
B18	カナダ東部 ナイアガラ・フォールズ メープル街道 プリンス・エドワード島 トロント オタワ モントリオール ケベック・シティ	¥2090
B19	メキシコ	¥1980
B20	中米	¥2090
B21	ブラジル ベネズエラ	¥2200
B22	アルゼンチン チリ パラグアイ ウルグアイ	¥2200
B23	ペルー ボリビア エクアドル コロンビア	¥2200
B24	キューバ バハマ ジャマイカ カリブの島々	¥2035
B25	アメリカ・ドライブ	¥1980

C 太平洋／インド洋島々

C01	ハワイ オアフ島&ホノルル	¥2200
C02	ハワイ島	¥2200
C03	サイパン ロタ&テニアン	¥1540
C04	グアム	¥1980
C05	タヒチ イースター島	¥1870
C06	フィジー	¥1650
C07	ニューカレドニア	¥1650
C08	モルディブ	¥1870
C10	ニュージーランド	¥2200
C11	オーストラリア	¥2200
C12	ゴールドコースト&ケアンズ	¥2420
C13	シドニー&メルボルン	¥1760

D アジア

D01	中国	¥2090
D02	上海 杭州 蘇州	¥1870
D03	北京	¥1760
D04	大連 瀋陽 ハルビン 中国東北部の自然と文化	¥1980
D05	広州 アモイ 桂林 珠江デルタと華南地方	¥1980
D06	成都 重慶 九寨溝 麗江 四川 雲南	¥1980
D07	西安 敦煌 ウルムチ シルクロードと中国北西部	¥1980
D08	チベット	¥2090
D09	香港 マカオ 深圳	¥2420
D10	台湾	¥2090
D11	台北	¥1980
D13	台南 高雄 屏東&南台湾の町	¥1650
D14	モンゴル	¥2090
D15	中央アジア サマルカンドとシルクロードの国々	¥2
D16	東南アジア	¥1
D17	タイ	¥2
D18	バンコク	¥1
D19	マレーシア ブルネイ	¥2
D20	シンガポール	¥1
D21	ベトナム	¥2
D22	アンコール・ワットとカンボジア	¥2
D23	ラオス	¥2
D24	ミャンマー（ビルマ）	¥2
D25	インドネシア	¥1
D26	バリ島	¥2
D27	フィリピン マニラ セブ ボラカイ ボホール エルニド	¥2
D28	インド	¥2
D29	ネパールとヒマラヤトレッキング	¥2
D30	スリランカ	¥1
D31	ブータン	¥1
D33	マカオ	¥1
D34	釜山 慶州	¥1
D35	バングラデシュ	¥2
D37	韓国	¥2
D38	ソウル	¥1

E 中近東 アフリカ

E01	ドバイとアラビア半島の国々	¥2
E02	エジプト	¥1
E03	イスタンブールとトルコの大地	¥2
E04	ペトラ遺跡とヨルダン レバノン	¥2
E05	イスラエル	¥2
E06	イラン ペルシアの旅	¥2
E07	モロッコ	¥1
E08	チュニジア	¥2
E09	東アフリカ ウガンダ エチオピア ケニア タンザニア ルワンダ	¥2
E10	南アフリカ	¥2
E11	リビア	¥2
E12	マダガスカル	¥1

J 国内版

J00	日本	¥3
J01	東京 23区	¥2
J02	東京 多摩地域	¥2
J03	京都	¥2
J04	沖縄	¥2
J05	北海道	¥2
J07	埼玉	¥2
J08	千葉	¥2
J09	札幌・小樽	¥2
J10	愛知	¥2
J12	四国	¥2
J13	北九州市	¥2

地球の歩き方 aruco

●海外

1	パリ	¥1650
2	ソウル	¥1650
3	台北	¥1650
4	トルコ	¥1430
5	インド	¥1540
6	ロンドン	¥1650
7	香港	¥1320
9	ニューヨーク	¥1320
10	ホーチミン ダナン ホイアン	¥1650
11	ホノルル	¥1650
12	バリ島	¥1320
13	上海	¥1320
14	モロッコ	¥1540
15	チェコ	¥1320
16	ベルギー	¥1430
17	ウィーン ブダペスト	¥1320
18	イタリア	¥1760
19	スリランカ	¥1540
20	クロアチア スロヴェニア	¥1430
21	スペイン	¥1320
22	シンガポール	¥1650
23	バンコク	¥1650
24	グアム	¥1320
25	オーストラリア	¥1430
26	フィンランド エストニア	¥1430
27	アンコール・ワット	¥1430
28	ドイツ	¥1430
29	ハノイ	¥1430
30	台湾	¥1650
31	カナダ	¥1320
33	サイパン テニアン ロタ	¥1320
34	セブ ボホール エルニド	¥1320
35	ロスアンゼルス	¥1320
36	フランス	¥1430
37	ポルトガル	¥1650
38	ダナン ホイアン フエ	¥1430

●国内

東京	¥1540
東京で楽しむフランス	¥1430
東京で楽しむ韓国	¥1430
東京で楽しむ台湾	¥1430
東京の手みやげ	¥1430
東京おやつさんぽ	¥1430
東京のパン屋さん	¥1430
東京で楽しむ北欧	¥1430
東京のカフェめぐり	¥1480
東京で楽しむハワイ	¥1480
nyaruco 東京ねこさんぽ	¥1480
東京で楽しむイタリア&スペイン	¥1480
東京で楽しむアジアの国々	¥1480
東京ひとりさんぽ	¥1480
東京パワースポットさんぽ	¥1599
東京で楽しむ英国	¥1599

地球の歩き方 Plat

1	パリ	¥1320
2	ニューヨーク	¥1320
3	台北	¥1100
4	ロンドン	¥1320
6	ドイツ	¥1320
7	ホーチミン／ハノイ／ダナン／ホイアン	¥1320
8	スペイン	¥1320
10	シンガポール	¥1100
11	アイスランド	¥1540
14	マルタ	¥1540
15	フィンランド	¥1320
16	クアラルンプール／マラッカ	¥1100
17	ウラジオストク／ハバロフスク	¥1430
18	サンクトペテルブルク／モスクワ	¥1540
19	エジプト	¥1320
20	香港	¥1100
22	ブルネイ	¥1430
23	ウズベキスタン サマルカンド ブハラ ヒヴァ タシケント	¥16
24	ドバイ	¥13
25	サンフランシスコ	¥13
26	パース／西オーストラリア	¥13
27	ジョージア	¥15
28	台南	¥14

地球の歩き方 リゾートスタイル

R02	ハワイ島	¥16
R03	マウイ島	¥16
R04	カウアイ島	¥18
R05	こどもと行くハワイ	¥15
R06	ハワイ ドライブ・マップ	¥19
R07	ハワイ バスの旅	¥13
R08	グアム	¥14
R09	こどもと行くグアム	¥16
R10	パラオ	¥16
R12	プーケット サムイ島 ピピ島	¥16
R13	ペナン ランカウイ クアラルンプール	¥16
R14	バリ島	¥14
R15	セブ&ボラカイ ボホール シキホール	¥16
R16	テーマパークｉｎ オーランド	¥18
R17	カンクン コスメル イスラ・ムヘーレス	¥16
R20	ダナン ホイアン ホーチミン ハノイ	¥16

地球の歩き方 御朱印

御朱印でめぐる鎌倉のお寺 三十三観音完全掲載 三訂版	¥1650
御朱印でめぐる京都のお寺 改訂版	¥1650
御朱印でめぐる奈良の古寺 改訂版	¥1650
御朱印でめぐる東京のお寺	¥1650
日本全国この御朱印が凄い！ 第壱集 増補改訂版	¥1650
日本全国この御朱印が凄い！ 第弐集 都道府県網羅版	¥1650
御朱印でめぐる全国の神社 開運さんぽ	¥1430
御朱印でめぐる高野山 改訂版	¥1650
御朱印でめぐる関東の神社 週末開運さんぽ	¥1430
御朱印でめぐる秩父の寺社 三十四観音完全掲載 改訂版	¥1650
御朱印でめぐる関東の百寺 坂東三十三観音と古寺	¥1650
御朱印でめぐる関西の神社 週末開運さんぽ	¥1430
御朱印でめぐる関西の百寺 西国三十三所と古寺	¥1650
御朱印でめぐる東京の神社 週末開運さんぽ 改訂版	¥1540
御朱印でめぐる神奈川の神社 週末開運さんぽ 改訂版	¥1540
御朱印でめぐる埼玉の神社 週末開運さんぽ 改訂版	¥1540
御朱印でめぐる北海道の神社 週末開運さんぽ	¥1430
御朱印でめぐる九州の神社 週末開運さんぽ 改訂版	¥1540
御朱印でめぐる千葉の神社 週末開運さんぽ 改訂版	¥1540
御朱印でめぐる東海の神社 週末開運さんぽ	¥1430
御朱印でめぐる京都の神社 週末開運さんぽ 改訂版	¥1540
御朱印でめぐる神奈川のお寺	¥1650
御朱印でめぐる大阪 兵庫の神社 週末開運さんぽ	¥1430
御朱印でめぐる愛知の神社 週末開運さんぽ 改訂版	¥1540
御朱印でめぐる栃木 日光の神社 週末開運さんぽ	¥1430
御朱印でめぐる福岡の神社 週末開運さんぽ 改訂版	¥1540
御朱印でめぐる広島 岡山の神社 週末開運さんぽ	¥1430
御朱印でめぐる山陰 山陽の神社 週末開運さんぽ	¥1430
御朱印でめぐる埼玉のお寺	¥1650
御朱印でめぐる千葉のお寺	¥1650
御朱印でめぐる東京の七福神	¥1540
御朱印でめぐる東北の神社 週末開運さんぽ 改訂版	¥1540
御朱印でめぐる全国の稲荷神社 週末開運さんぽ	¥1430
御朱印でめぐる新潟 佐渡の神社 週末開運さんぽ	¥1430
御朱印でめぐる静岡 富士 伊豆の神社 週末開運さんぽ 改訂版	¥1540
御朱印でめぐる四国の神社 週末開運さんぽ	¥1430
御朱印でめぐる中央線沿線の寺社 週末開運さんぽ	¥1540
御朱印でめぐる東急線沿線の寺社 週末開運さんぽ	¥1540
御朱印でめぐる茨城の神社 週末開運さんぽ	¥1430
御朱印でめぐる関東の聖地 週末開運さんぽ	¥1430
御朱印でめぐる東海のお寺	¥1650
日本全国ねこの御朱印&お守りめぐり 週末開運にゃんさんぽ	¥1760
御朱印でめぐる信州 甲州の神社 週末開運さんぽ	¥1430
御朱印でめぐる全国の聖地 週末開運さんぽ	¥1430
御船印でめぐる全国の魅力的な船旅	¥1650
御朱印でめぐる茨城のお寺	¥1650
御朱印でめぐる全国のお寺 週末開運さんぽ	¥1540
日本全国 日本酒でめぐる 酒蔵&ちょこっと御朱印〈東日本編〉	¥1760
日本全国 日本酒でめぐる 酒蔵&ちょこっと御朱印〈西日本編〉	¥1760
関東版ねこの御朱印&お守りめぐり 週末開運にゃんさんぽ	¥1760

52	一生に一度は参りたい！ 御朱印でめぐる全国の絶景寺社図鑑	¥2479
53	御朱印でめぐる東北のお寺 週末開運さんぽ	¥1650
54	御朱印でめぐる関西のお寺 週末開運さんぽ	¥1760
D51	鉄印帳でめぐる全国の魅力的な鉄道40	¥1650
	御朱印はじめました 関東の神社 週末開運さんぽ	¥1210

地球の歩き方 島旅

1	五島列島 3訂版	¥1650
2	奄美大島 喜界島 加計呂麻島（奄美群島①）4訂版	¥1650
3	与論島 沖永良部島 徳之島（奄美群島②）改訂版	¥1650
4	利尻 礼文 4訂版	¥1650
5	天草 改訂版	¥1760
6	壱岐 4訂版	¥1650
7	種子島 3訂版	¥1650
8	小笠原 父島 母島 3訂版	¥1650
9	隠岐 3訂版	¥1870
10	佐渡 3訂版	¥1650
11	宮古島 伊良部島 下地島 来間島 池間島 多良間島 大神島 改訂版	¥1650
12	久米島 渡名喜島 改訂版	¥1650
13	小豆島～瀬戸内の島々1～ 改訂版	¥1650
14	直島 豊島 女木島 男木島 犬島～瀬戸内の島々2～	¥1650
15	伊豆大島 利島～伊豆諸島1～ 改訂版	¥1650
16	新島 式根島 神津島～伊豆諸島2～ 改訂版	¥1650
17	沖縄本島周辺15離島	¥1650
18	たけとみの島々 竹富島 西表島 波照間島 小浜島 黒島 鳩間島 新城島 由布島 加屋	¥1650
19	淡路島～瀬戸内の島々3～	¥1650
20	石垣島 竹富島 西表島 小浜島 由布島 新城島 波照間島	¥1650
21	対馬	¥1650
22	島旅ねこ にゃんこの島の歩き方	¥1344

地球の歩き方 旅の図鑑

W01	世界244の国と地域	¥1760
W02	世界の指導者図鑑	¥1650
W03	世界の魅力的な奇岩と巨石139選	¥1760
W04	世界246の首都と主要都市	¥1760
W05	世界のすごい島300	¥1760
W06	地球の歩き方的！ 世界なんでもランキング	¥1760
W07	世界のグルメ図鑑 116の国と地域の名物料理を食の雑学とともに解説	¥1760
W08	世界のすごい巨像	¥1760
W09	世界のすごい城と宮殿333	¥1760
W10	世界197ヵ国のふしぎな聖地&パワースポット	¥1870
W11	世界の祝祭	¥1760
W12	世界のカレー図鑑	¥1980
W13	世界遺産 絶景でめぐる自然遺産 完全版	¥1980
W15	地球の果ての歩き方	¥1980
W16	世界の中華料理図鑑	¥1980
W17	世界の地元メシ図鑑	¥1980
W18	世界遺産の歩き方 学んで旅する！ すごい世界遺産190選	¥1980
W19	世界の魅力的なビーチと湖	¥1980
W20	世界のすごい駅	¥1980
W21	世界のおみやげ図鑑	¥1980
W22	いつか旅してみたい世界の美しい古都	¥1980
W23	世界のすごいホテル	¥1980
W24	日本の凄い神木	¥2200
W25	世界のお菓子図鑑	¥1980
W26	世界の麺図鑑	¥1980
W27	世界のお酒図鑑	¥1980
W28	世界の魅力的な道	¥1980
W29	世界の映画の舞台&ロケ地	¥2090
W30	すごい地球！	¥2200
W31	世界のすごい墓	¥1980

地球の歩き方 旅の名言&絶景

ALOHAを感じるハワイのことばと絶景100	¥1650
自分らしく生きるフランスのことばと絶景100	¥1650
人生観が変わるインドのことばと絶景100	¥1650
生きる知恵を授かるアラブのことばと絶景100	¥1650
心に寄り添う台湾のことばと絶景100	¥1650
道しるべとなるドイツのことばと絶景100	¥1650
共感と勇気がわく韓国のことばと絶景100	¥1650
人生を楽しみ尽くすイタリアのことばと絶景100	¥1650
今すぐ旅に出たくなる！ 地球の歩き方のことばと絶景100	¥1650
悠久の教えをひもとく 中国のことばと絶景100	¥1650

地球の歩き方 旅と健康

地球のなぞり方 旅地図 アメリカ大陸編	¥1430
地球のなぞり方 旅地図 ヨーロッパ編	¥1430
地球のなぞり方 旅地図 アジア編	¥1430
地球のなぞり方 旅地図 日本編	¥1430
脳がどんどん強くなる！ すごい地球の歩き方	¥1650

地球の歩き方 旅の読み物

今こそ学びたい日本のこと	¥1760
週末だけで70ヵ国159都市を旅したリーマントラベラーが教える自分の時間の作り方	¥1540

地球の歩き方 BOOKS

BRAND NEW HAWAII とびきりリアルな最新ハワイガイド	¥1650
FAMILY TAIWAN TRIP #子連れ台湾	¥1518
GIRL'S GETAWAY TO LOS ANGELES	¥1760
HAWAII RISA'S FAVORITES 大人女子はハワイで美味しく美しく	¥1650
LOVELY GREEN NEW ZEALAND 未来の国を旅するガイドブック	¥1760
MAKI'S DEAREST HAWAII	¥1540
MY TRAVEL, MY LIFE Maki's Family Travel Book	¥1760
WORLD FORTUNE TRIP イヴルルド遙華の世界開運★旅案内	¥1650
いろはに北欧	¥1760
ヴィクトリア朝が教えてくれる英国の魅力	¥1320
ダナン&ホイアン PHOTO TRAVEL GUIDE	¥1650
とっておきのフィンランド	¥1760
フィンランドでかなえる100の夢	¥1760
マレーシア 地元で愛される名物食堂	¥1430
やり直し英語革命	¥1100
気軽に始める！大人の男海外ひとり旅	¥1100
気軽に出かける！ 大人の男アジアひとり旅	¥1100
香港 地元で愛される名物食堂	¥1540
最高のハワイの過ごし方	¥1540
子連れで沖縄 旅のアドレス&テクニック117	¥1100
食事作りに手間暇かけないドイツ人、手料理神話にこだわり続ける日本人	¥1100
総予算33万円・9日間から行く！ 世界一周	¥1100
台北 メトロさんぽ MRTを使って、おいしいとかわいいを巡る旅	¥1518
北欧が好き！ フィンランド・スウェーデン・デンマーク・ノルウェーの素敵な町めぐり	¥1210
北欧が好き！2 建築&デザインでめぐるフィンランド・スウェーデン・デンマーク・ノルウェー	¥1210
地球の歩き方JAPAN ダムの歩き方 全国版 初めてのダム旅入門ガイド	¥1712
日本全国 開運神社 このお守りがすごい！	¥1522

地球の歩き方 スペシャルコラボ BOOK

地球の歩き方 ムー	¥2420
地球の歩き方 JOJO ジョジョの奇妙な冒険	¥2420
地球の歩き方 ディズニーの世界 名作アニメーション映画の舞台	¥2420
地球の歩き方 宇宙兄弟 We are Space Travelers!	¥2420